"十二五"普通高等教育规划教材·国际经济与贸易学系列

国际金融

（第二版）

主编◎吴腾华

International Finance

清华大学出版社
北京

内容简介

本书主要以世界经济发展实践为背景,以国际金融基本原理为主线,以全球金融、热点问题为导向,以服务于中国经济新一轮改革开放为目的,主要涵盖了国际货币、外汇与汇率、汇率制度与汇率政策、国际收支、国际储备、外汇市场与外汇风险管理、欧洲货币市场与离岸金融市场、国际融资、国际资本流动、国际货币体系、国际金融机构、国际金融危机以及开放经济的宏观经济政策等内容。本书的主要特色是理论性与实践性并重,知识性与学术性兼顾,专业性与综合性协调,规范性与创新性统一,思想性与思政性融合。

本书既可作为普通高等院校财经类专业的本科教材,也可作为研究生和相关业务人员的学习参考书。

本书封面贴有清华大学出版社防伪标签,无标签者不得销售。
版权所有,侵权必究。举报:010-62782989,beiqinquan@tup.tsinghua.edu.cn。

图书在版编目(CIP)数据

国际金融/吴腾华主编. —2版. —北京:清华大学出版社,2020.1(2024.2重印)
"十二五"普通高等教育规划教材.国际经济与贸易学系列
ISBN 978-7-302-54645-0

I. ①国… II. ①吴… III. ①国际金融-高等学校-教材 IV. ①F831

中国版本图书馆 CIP 数据核字(2019)第 292685 号

责任编辑:邓 婷
封面设计:刘 超
版式设计:文森时代
责任校对:马军令
责任印制:沈 露

出版发行:清华大学出版社
网 址:https://www.tup.com.cn,https://www.wqxuetang.com
地 址:北京清华大学学研大厦A座
邮 编:100084
社 总 机:010-83470000
邮 购:010-62786544
投稿与读者服务:010-62776969,c-service@tup.tsinghua.edu.cn
质量反馈:010-62772015,zhiliang@tup.tsinghua.edu.cn
印 装 者:三河市龙大印装有限公司
经 销:全国新华书店
开 本:185mm×260mm
印 张:22.25
字 数:547千字
版 次:2015年10月第1版 2020年1月第2版
印 次:2024年2月第2次印刷
定 价:59.80元

产品编号:082859-01

编 委 会

丛书主编 吴国新

丛书编委 （排名不分先后）

毛小明	尹肖妮	王　殊	冯　跃	孙丽江
孙　钰	刘　瑗	刘　晶	何一红	李元旭
李勤昌	陈红进	汪浩泳	吴国新	吴腾华
严复雷	杨春梅	范冬云	赵　宏	洪　静
郭凤艳	郭峥嵘	凌定成	蒋秀娟	潘红梅

丛书序

我国改革开放四十余年，成就卓越、举世瞩目。取得如此的经济成就，可以归因于成功地抓住了世界经济的梯度转移契机。一次发生在20世纪七八十年代，中国以"市场换技术"战略，全面承接了国际制造业巨头们的"制造产业"，中国人的勤劳和智慧得到充分发挥，通过"引进、消化、吸收和创新"，中国迅速成为"世界工厂"，进而成为"世界制造中心"。21世纪初，随着新信息技术、全球网络技术的发展，又一次发生了世界范围内的产业转移。作为新兴产业的现代服务业加快了从发达国家向发展中国家的转移速度，其中与全球化进程紧密联系的服务外包产业发展迅速，同时也推动着全球化进程的深化。

在经济全球化浪潮的推动下，我国于2001年加入世界贸易组织（WTO），十几年来我国面临的国际经济与贸易环境发生了翻天覆地的变化。正是在这样的历史大背景下，党中央高瞻远瞩，审时度势，宣布成立中国（上海）自由贸易试验区。上海自由贸易试验区是我国改革开放史上的一件大事，必将在金融创新、商务服务等方面大有作为。

面对纷繁复杂、千变万化的外部世界，我国国际经济与贸易专业的人才培养必须适应时代的变迁和需要。国际经济与贸易人才的培养经历过20世纪八九十年代的大发展期，2001年加入WTO后的机遇期，以及2005年以来人民币升值后的困难期，该专业人才的培养不仅仅是掌握国际经济与贸易知识和惯例就能满足需求，更重要的是要结合时代的变迁，培养出符合时代要求的专业人才。

"'十二五'普通高等教育规划教材·国际经济与贸易学系列"丛书的编写正是适应了我国国际经济与贸易专业人才培养的时代需要，强调对基础理论知识的把握，同时注重对高素质应用型人才的培养，兼顾专业发展前沿动态。具体来说，本套丛书主要有以下几个特色。

一、内容新颖，关注专业动态前沿，体系完整

丛书关注国际经济与贸易专业发展的最新动态和前沿发展，介绍国际经济与贸易的新变化和新发展。例如，在《国际贸易理论与政策》中，强调对服务贸易和服务外包内容的介绍，增加了上海自由贸易试验区的内容；在《国际贸易实务》《国际贸易单证实务》和《国际结算》中，对《国际贸易术语解释通则2010》和《跟单信用证统一惯例》（UCP600）等做了重点介绍。另外，丛书还采用其他形式介绍了专业动态和前沿发展。

二、注重互动式教学内容设计和应用性特色

为了加强互动式教学，我们在每章中都穿插了案例；为体现应用性和实用性强的特点，在编写教材时和国际经济与贸易类资格考试密切联系，每章后均有练习题，对读者参加目前我国经济类各种资格考试有一定的帮助。为了方便教师高效、便捷地使用丛书，我们将通过清华大学出版社数字教学服务平台，建设"'十二五'普通高等教育规划教材·国际经济与贸易学系列"教材网站，主要提供PPT课件、每章思考题参考答案、案例讨论、练习题以及实训模拟等，并跟踪国际贸易最新发展动态，及时更新网站内容。

三、突出特色，强化应用

丛书围绕培养应用型人才的目标，构建应用型本科特色教材，编写遵循"特色鲜明、应用务实"的基本精神，完全符合2014年6月24日教育部在北京召开的全国职业教育工作会议"关于加快构建中国特色现代职业教育体系"有关教育改革的相关精神。参与教材编写的多位作者都是双师型教师，编写内容对学生考取本专业的证书很有帮助，与教育部提出的职业教育要培养"双证书"的学生的理念一致。

清华大学出版社的编辑老师在这样的时代背景下，前瞻性地邀请我组织全国高等院校相关老师编写这套应用型系列教材，他们为这套教材的面世倾注了极大的心血，在此我代表丛书编委会表示衷心的感谢。

当然，由于丛书的编写者来自不同高校，在编写风格等方面可能存在一些差异，加之水平有限，丛书难免有不尽如人意之处，请全国各地院校使用本丛书的同人多提宝贵意见，我们将在以后修订的过程中进一步完善。在此，我代表丛书编委会和清华大学出版社向大家表示诚挚的谢意！

丛书总主编

上海对外经贸大学　吴国新教授

第二版前言

自 2015 年本书第一版出版至今，国际金融领域又出现了一些新情况、新现象和新问题；同时，中国经济也进入了高质量发展的新时代。因此，为顺应时代发展的需要，本次修订主要涉及以下几方面内容。

一、凝练并聚焦当前国际金融的热点问题

书中热点问题具体包括：国际货币理论的构建与人民币国际化；全球经济失衡与中国国际收支双顺差；国际货币体系改革与美元霸权演变；国际资本流动新趋势与中国资本"走出去"；全球金融治理体系改革与中国方案；等等。

二、尝试构建具有中国特色的国际金融课程体系

在对国内外《国际金融》教材成果进行充分吸收借鉴的基础上，尝试构建具有中国特色的国际金融课程体系，以便更好地服务于新时代中国特色社会主义的发展。

三、凸显商科创新人才培养目标的"国际金融"课程内容

本书为"上海对外经贸大学一流本科建设引领计划系列教材"，其建设的总目标：一是能适应商科创新人才"规范化、国际化、全球化"的培养目标；二是从商科创新人才培养的学科优势出发，充分利用和挖掘现有教学资源，主动接轨国际化办学理念；三是确立具有国际化视野的全球通用人才的培养目标，明确服务于改革开放和国际金融教学目的的内容。

四、本次修订的主要内容

本次修订的内容主要有三方面：一是进一步优化了教材框架体系，不再采用原来的篇章结构，教材内容由第一版的 15 章调整为 13 章；二是进一步完善和更新了各章内容；三是新增了"专栏"等部分内容。

五、本次修订的主要特色

本次修订的特色可归纳为：理论性与实践性并重；知识性与学术性兼顾；专业性与综合性协调；规范性与创新性统一；思想性与思政性融合。

本次修订工作由上海对外经贸大学吴腾华独立完成，恳请读者对书中存在的错误与疏漏之处提出批评与建议。

特别感谢上海对外经贸大学课程思政教育教学改革建设项目为本次出版提供的资助。

吴腾华
2019 年 9 月于上海松江大学城

第一版前言

国际金融学属于金融学领域的一个重要分支，是从货币金融角度研究开放经济下如何实现一国内外均衡问题的一门独立学科。它大体上可以分为两个部分：国际金融理论和国际金融实务。前者的内容主要包括：国际货币、国际收支、外汇与汇率、外汇管理、国际储备、国际金融市场、国际资本流动、国际货币体系以及国际金融协调与全球金融治理等；后者的内容主要包括：外汇交易、国际结算、国际信贷、国际证券投资和国际银行业务与管理等。

从学科性质来看，国际金融学是一门内容十分丰富的学科，主要表现为：第一，国际金融学要研究一个开放型经济体的对外经济金融关系及其相应的宏观经济政策，这使它具有宏观经济学的性质；第二，国际金融学要研究国际经济学的货币面，这使它与只研究商品、劳务、技术及对外贸易关系的国际贸易学有所不同而成为国际经济学中的一门新的分支学科；第三，国际金融学与货币银行学也有本质的区别，国际金融学不仅涉及外汇、汇率和国际货币体系问题，而且还涉及影响国际资本流动的各国制度、法律及政策问题，这些都使国际金融学的内涵远比货币银行学丰富得多和复杂得多。

国际金融学研究的实质是"生产的国际关系"的货币表现。"生产的国际关系"这一概念是马克思在《政治经济学批判》一书的导言中提出的。所谓"生产的国际关系"，即各国之间在物质生产中所表现出来的相互关系，"汇率"的本质则是"生产的国际关系"的货币表现。当然，在马克思生活的时代，"生产的国际关系"的货币层面仅仅表现为各国金本位制下的汇兑、国际借贷等，而没有今天我们所遇到的如此丰富且复杂的内容。

从学科特点来看，国际金融学具有三个特点：

（1）宏观性。国际金融学主要集中于经济的宏观方面，从国民经济整体角度来分析和解决问题，使之具有高度的理论概括性和统一的分析框架。

（2）综合性。国际金融学是一门具有交叉性质的边缘性学科，这种综合性可以从国际金融学与其他学科的研究性质的横向比较和与其他学科的研究范围的纵向比较两个方面来认识。从横向比较看,尽管国际金融学是研究国际经济的货币层面,但在实际研究中又要突破货币银行学只对经济的货币层面进行分析的做法,而是比较广泛地涉及宏观经济的各个方面;从纵向比较看,国际金融学的研究范围覆盖了一个开放经济体的内部部分、外部部分以及国际的经济关系这一传统上由不同学科进行分工的领域,并且要找出将这三者贯穿起来的一条主线。

(3)政策导向性。国际金融学自产生起就具有非常强烈的政策意义,这一特点是许多其他学科所不具备的。例如,流行于20世纪六七十年代的国际金融教材是以布雷顿森林体系及固定汇率制下的政策分析为导向,而80年代的国际金融学则是以浮动汇率制及汇率政策理论为导向。再如,在国际金融学中处于基础地位的重要理论,如蒙代尔-弗莱明模型、多恩布什模型、丁伯根模型等均具有政策导向的属性。

关于国际金融学的研究对象问题,目前尚无统一的认识。不过,国内比较流行的观点认为它是一国经济的内外均衡目标的同时实现。持这种观点的学者有吉林大学的杨惠昶教授和复旦大学的姜波克教授。杨惠昶教授认为,"国际金融是研究在不同的汇率制度下,通过货币、证券、票据的买卖和转让,市场的自发力量和政府的经济政策相互作用,如何实现国际收支均衡,以及国际收支均衡与国内经济均衡的联合均衡。"姜波克教授认为,"国际金融学是从货币金融角度研究开放经济下内外均衡目标同时实现问题的一门独立学科。"其理由如下:

(1)内外均衡之间的矛盾是开放经济社会始终面临的经济学课题。内外均衡问题是开放经济所特有的经济现象,既保持经济体自身的稳定发展,又使经济体的对外开放处于合理状态之中。

(2)内外均衡问题具有鲜明的货币金融属性。内外均衡问题之所以能对宏观经济产生重大影响,成为各国政府及经济学者研究的重要对象,是与国际资本流动密切相关的。现在,不仅各国经济的货币化程度提高,而且国与国之间联系的货币化程度也大大提高。国际资本流动正深刻地影响着开放经济的运行,使内外均衡问题的货币金融属性越来越明显和突出。货币金融因素在引发危机、传导危机和管理危机的过程中始终处于中枢地位。

本书的观点是,国际金融学的研究对象应从如下两个方面来认识:一方面,内外均衡问题是国际金融学研究的出发点和归宿点,这导致国际金融学与货币银行学等相关学科具有不同的主导问题;另一方面,随着现代经济和互联网经济的发展,特别是从美国金融危机和欧债危机的爆发及其对世界经济的影响来看,国际货币金融问题在内外均衡矛盾的形成及其解决中居于核心的地位。因此,只有将"国际货币金融关系及其运动规律"作为国际金融学的研究对象,才能真正体现现代国际金融学的学科性质和特点。其理由如下:一是国际货币金融关系乃是国际金融活动的前提和基础,从科学性来说,国际货币金融的自身运动规律应是超国界的;二是在当今世界体系中,国家或国家主权仍是独立的,国家之间的货币金融关系仍不能脱离各自的国家利益,国家利益乃是各国处理国际的货币金融关系的出发点和基本原则,这体现了国际金融学的民族性特征。可见,只有将国际金融学的"科学性"和"民族性"有机地统一起来,才能真正地实现开放经济的内外均衡问题。这里的"国际货币金融关系及其运动规律",既包括全球视角下的超主权国际货币金融的自身运动规律,又包括一国视角下的国际的双边或多边货币金融关系。

第一版前言

当今的世界经济格局和国际金融领域正在发生着重大而又深刻的变化,各种新现象、新问题和新趋势正在不断涌现,这些都需要从理论上进行科学地揭示。为此,本书不仅广泛借鉴了国内外现有教材的经典成果,而且也吸收了现有文献的前沿学术思想,特别是紧密联系了最新国际金融领域中的重大事件和中国进一步深化改革开放的新举措。同时,本书自始至终遵循了经济学的学科发展特点与专业教学规律,兼顾了学生的知识、能力与素质三者协调发展,集理论性、知识性、学术性与前沿性等特点于一体,因而弥补了国内现有教材可能存在的不足。

本书由上海对外经贸大学吴腾华担任主编,上海应用技术大学谷冬青副教授、上海海洋大学王晓静副教授担任副主编。全书由吴腾华策划统稿,具体分工为:吴腾华编写第一章、第二章、第三章、第四章、第五章和第十五章;谷冬青编写第十章、第十一章、第十二章和第十三章;王晓静编写第六章、第七章、第八章、第九章和第十四章。

在本书编写过程中,我们借鉴和参考了国内外有关的文献资料,在此谨向其作者表示诚挚的感谢。当然,尽管我们付出了很大努力,但书中难免仍会存在疏漏、不足甚至错误之处,敬请各位专家和读者不吝指正。

作　者
2015 年 9 月

目录

第一章 国际货币 ··· 1
    第一节 国际货币的概念、职能与性质 ····························· 1
    第二节 货币国际化的条件、成本与收益 ··························· 8
    第三节 英镑与美元的国际化路径及其启示 ······················· 18

第二章 外汇与汇率 ··· 28
    第一节 外汇 ·· 28
    第二节 汇率及其标价方法 ··· 31
    第三节 汇率的折算 ·· 37
    第四节 汇率的决定、变动与影响 ··································· 41
    第五节 西方汇率理论 ·· 48

第三章 汇率制度与汇率政策 ·· 65
    第一节 汇率制度 ··· 65
    第二节 汇率政策 ··· 77
    第三节 货币自由兑换与外汇管制 ··································· 83

第四章 国际收支 ··· 92
    第一节 国际收支的概念与国际收支平衡表 ····················· 92
    第二节 国际收支失衡及其影响 ···································· 102
    第三节 国际收支失衡的调节 ······································· 105
    第四节 西方国际收支理论 ··· 110

第五章 国际储备 ··· 124
    第一节 国际储备基础 ··· 124
    第二节 国际储备管理 ··· 133
    第三节 世界主要国家或地区的外汇储备管理 ··············· 139

第六章 外汇市场与外汇风险管理 ······································· 147
    第一节 外汇交易与外汇市场 ······································· 147
    第二节 外汇的基本交易方式及其原理 ························· 153
    第三节 外汇的衍生交易方式及其原理 ························· 160
    第四节 外汇风险及其管理 ··· 166

第七章 欧洲货币市场与离岸金融市场 ... 176
- 第一节 欧洲货币与欧洲货币市场 ... 176
- 第二节 亚洲货币市场 ... 184
- 第三节 离岸金融市场 ... 186

第八章 国际融资 ... 196
- 第一节 国际信贷融资 ... 196
- 第二节 国际证券融资 ... 202
- 第三节 国际项目融资 ... 208
- 第四节 国际贸易融资 ... 212

第九章 国际资本流动 ... 219
- 第一节 国际资本流动概述 ... 219
- 第二节 国际长期资本流动 ... 222
- 第三节 国际短期资本流动 ... 227
- 第四节 国际资本流动理论 ... 229

第十章 全球金融治理规则：国际货币体系 ... 241
- 第一节 全球金融治理与国际货币体系的概念 ... 241
- 第二节 国际金本位制 ... 244
- 第三节 布雷顿森林体系 ... 247
- 第四节 牙买加体系 ... 253
- 第五节 国际货币体系改革 ... 257

第十一章 全球金融治理机制：国际金融机构 ... 264
- 第一节 全球性国际金融机构 ... 264
- 第二节 区域性国际金融机构 ... 279
- 第三节 新型国际金融机构 ... 282

第十二章 国际金融危机 ... 285
- 第一节 国际金融危机概述 ... 285
- 第二节 国际银行危机 ... 293
- 第三节 国际货币危机 ... 295
- 第四节 国际债务危机 ... 304

第十三章 开放经济的宏观经济政策 ... 310
- 第一节 开放经济的宏观经济政策目标 ... 310
- 第二节 开放经济的宏观经济政策工具 ... 312
- 第三节 开放经济的内外均衡理论 ... 317
- 第四节 开放经济的宏观经济政策框架：IS-LM-BP 模型 ... 319
- 第五节 开放经济的宏观经济政策协调 ... 330

参考文献 ... 338

第一章 国际货币

学习目标

理解国际货币与世界货币的概念；掌握国际货币的职能、性质与演变形态；掌握货币国际化的概念及其影响因素；熟悉货币国际化的主要成本与收益；了解世界主要国际货币的国际化路径。

国际金融活动的形成、演变与发展是以一国的经济开放为前提的。随着要素、商品与服务在国际上的不断流动，国际间的货币金融问题，如国际货币、汇率、国际收支以及国际资本流动等随之产生。其中，国际货币则是国际金融问题研究的逻辑起点。

第一节 国际货币的概念、职能与性质

在国际交往中，各国的主权货币不再像其在国内那样具有无限法偿能力。这是因为在国际市场上，任何国家都不可能通过其法定强制力来保证本国货币的流通。一国主权货币要能够在国际市场上被普遍接受和广泛使用，就必须成为国际货币。

一、国际货币的概念

在纷繁复杂的国际经济交易活动中，对充当计价、结算以及储备等职能的货币有了更高的要求，一般的国家货币是达不到上述要求的，而能够达到上述要求的货币只能是国际货币。

在以黄金作为基本货币的金本位制时代，由于黄金货币是一种金属货币，其本身具有实实在在的商品价值，并能够在世界范围内进行流通和自由兑换，因此黄金就自然成了这一时期的国际货币。当金本位制崩溃后，国际货币体系进入了信用货币本位制时代，纸币充当了世界各国的法定货币，但纸币是一种信用货币，其本身是没有价值的，于是国际货币的内涵就随之发生了变化。

在信用货币本位制下，关于国际货币的定义并没有形成统一的看法，国际组织也没有对国际货币规定有统一的标准。在多数情况下，国际货币的定义主要采用描述性的界定，即当一国货币的使用范围扩展到了货币发行国以外，且能够发挥货币的基本职能时，该种货币就是国际货币。显然，这一定义主要是从货币职能的角度进行界定的。当一种国家货币成为国际货币时，就说明其基本职能由一国范围扩展到了国际范围，该种货币就得到了世界多数国家的普遍接受和认可，并且可用于国际支付和充当国际储备资产等。

因此，所谓国际货币，是指在国际上能够执行货币基本职能的货币。这里的基本职能主要包括交易媒介、计价单位、支付手段和储备手段等。根据其执行上述职能的多少，可将国际货币划分为准国际货币、关键国际货币和世界货币。

（一）准国际货币

所谓准国际货币，是指一国货币的基本职能向境外延伸，但其国际使用范围相对较小，一般仅在货币发行国和周边国家或地区之间的贸易与投资中使用，其基本职能主要是交易媒介、计价单位和支付手段，没有或者较少被其他国家当作储备货币。

（二）关键国际货币

所谓关键国际货币，是指一国货币的基本职能扩展到国际范围，并在国际范围内执行交易媒介、计价单位、支付手段和储备手段四种职能的货币。作为交易媒介，国际货币可以成为其他货币间确定汇率的基准货币；作为计价单位，国际货币可用于国际商品和债务的价值衡量；作为支付手段，国际货币被用于国家间债务的清偿和国际援助等；作为价值储备，国际货币被各国中央银行作为外汇储备并用于调节国际收支平衡。从目前世界各国货币的国际地位看，美元、欧元、日元、英镑等货币都属于关键国际货币的范畴，特别是美元，其在国际经济交易中的占比最大，甚至达到了霸权地位。

（三）世界货币

所谓世界货币，是指超主权的国际货币。前面谈到的国际货币都是由一国主权货币演变而来的，而当国际货币是由一种超主权的货币充当时，显然，这种国际货币不属于任何一个主权国家，而是具有了世界属性，因此称之为世界货币。其通常具有的特征如下：

（1）超主权国际货币是各国无条件接受的计价单位，既是各国汇价的定价基础，又是各国官方和民间贸易与金融活动的通用工具。

（2）超主权国际货币是最高形态的信用货币，作为国际上共同的计价单位，其信用担保不是某一国家的信用，而是超越了各国主权而比一国信用更高层次的权威信用。

（3）超主权国际货币应当由世界性的中央银行发行和管理，这样才能保证货币政策指向全球范围内的利益最大化。

从这几个特征看，历史上符合以上特征的超主权国际货币只有金本位时代的黄金货币比较接近。当然，黄金货币属于金属货币而不是信用货币。在现代信用货币条件下，世界货币目前只是理论上的一种探讨，如国际货币基金组织提出的特别提款权概念，也许是一个有益的尝试。

二、国际货币的基本职能

在实际的国际经济活动中，根据一般国际惯例，一国货币是不能够在另一国直接流通使用的。因而，国际货币将更主要体现以下三种基本职能：即价值尺度、支付手段和贮藏手段。当然，对于不同的市场主体其侧重的职能并不完全相同。在政府或其他公共部门中，国际货币往往被用作基准货币、外汇市场干预货币和官方储备货币；在私人（企业和个人）部门中，国际货币则常常被用作计价货币、贸易结算货币及投资（或金融资产配置）货币等。其具体情况如表1.1所示。

表1.1 国际货币的职能

层次	职能		
	价值尺度	支付手段	贮藏手段
私人（企业和个人）部门	计价货币	贸易结算货币	投资（或金融资产配置）货币
政府或其他公共部门	基准货币	外汇市场干预货币	官方储备货币

（一）价值尺度

国际货币的价值尺度职能是指国际货币作为一种计价货币，可以用来衡量或表示国际市场上"所有商品和劳务的价值"，从而可以方便地进行比较。根据购买力平价理论，不同的信用货币在执行价值尺度职能时具有内在的一致性。因此，作为价值尺度的国际货币，必须保持其币值的相对稳定，否则就会引起汇率的频繁波动，增加持有该种货币的风险。

在私人（企业和个人）部门交易中，国际货币的价值尺度职能是以计价货币的形式发挥作用的，即作为国际贸易中的计价单位表示国际上商品与劳务的买卖价格，或者表示国际投资时债权债务的金额。在金本位制度下，私人部门交易中的计价货币是黄金。进入信用货币（纸币）本位制度以来，由于国际贸易错综复杂、规模巨大，历史上有多种货币都在一定程度上充当过或正在充当着计价货币。但在现行国际货币体系下，私人部门交易中的计价货币通常是在国际上被普遍接受的国际货币，美元、欧元、日元等仍是最常用和最主要的国际贸易计价货币。目前，国际贸易的报价惯例是：发达国家之间的贸易往来主要以出口方的货币来报价；发达国家与发展中国家的贸易往来主要以发达国家的货币来报价；在差异性制成品的贸易中，主要以出口方的货币来报价。而能成为国际债权债务计价标准的，也只能是各国普遍接受的国际货币。总体上，在全球国际贸易中，美元的贸易计价地位处于绝对优势地位，其次是欧元和日元，英镑则处于不被广泛使用的国际货币地位。

在政府或其他公共部门（如国际组织等）交易中，国际货币发挥价值尺度职能是作为其他国家货币的基准货币来表现的，即在制定本国货币平价或对外汇率时使用。在布雷顿森林体系下，各主要西方国家的货币都是以美元作为定价标准的；其他发展中国家的货币或直接钉住美元，或通过英镑、法郎间接钉住美元，也是以美元作为定值标准的。布雷顿森林体系崩溃以后，西方主要国家的货币相继脱离美元，不再钉住美元，但是许多发展中国家仍然以美元作为定值标准，钉住美元。在现行国际货币体系下，只有很少的货币（如美元和欧元）能够成为国际基准货币。

（二）支付手段

马克思的货币理论认为，货币发挥支付手段职能是以货币偿付债务，而西方经济学理论认为货币的支付手段职能是经济行为的发生与货币支付在时间上的分离所引起的货币单方面运动。在国际贸易和国际资本市场迅速发展的今天，支付手段必须尽量避免由于币值的波动而带来的损失，所以以美元等国际货币为结算单位的贸易量和债权债务量在整个交易量中占有绝大部分的份额。目前，支付手段已成为当今国际货币最主要和最重要的职能，在平衡国际收支、国际贸易结算和国际债务及信贷的偿付方面发挥了巨大作用。

在私人（企业和个人）部门交易中，充当支付手段的国际货币通常称为结算货币，在商品劳务交易中充当交易媒介，被用于国际贸易支付和债务清偿等。各国在开展对外贸易活动中，既输出商品也输入商品，而且主要以信用方式进行，于是就产生了国际债权债务关系。这些债权债务关系的结算可以通过信用工具（汇票、支票等）的相互抵消来进行。对于相互抵消后的差额，就要利用真实的国际货币作为最终的清偿。这时，国际货币就执行着国际支付手段的职能。充当支付手段的国际货币通常是执行价值尺度职能的同一国际货币，但有时为了防范汇率风险，也可能将结算货币与计价货币分离。目前，在国际贸易结算方面，美元是各国进出口商品结算的主要支付手段。

在政府或其他公共部门交易中，国际货币的支付手段职能则表现为外汇市场干预货币，其作用是政府对外汇市场进行干预和为国际收支差额进行融资。在固定汇率制下，各国政府有义务在外汇市场上买进或卖出某种货币，以使汇率的波动维持在一定的范围之内。在浮动汇率制下，政府虽然没义务这样做，但是为了避免汇率的过度波动对本国经济甚至整个世界经济的发展产生不利影响，政府也会经常利用某种货币的买卖来控制汇率，将其波动的幅度限制在政府预期的范围内。一直以来，美元都是最主要的干预货币。

（三）贮藏手段

在金属货币流通的时代，人们可以把货币以财富的形式保存，让货币发挥贮藏手段的职能。在信用货币进入流通领域后，货币贮藏的只是货币的购买力，而购买力的大小取决于商品的价值和货币的发行量。货币的贮藏手段在一国国内表现为贮藏一定的购买力，而作为国际货币其贮藏手段则转化为货币的储备，这种储备就表现为私人的财富积累和国家的外汇储备。

在私人（企业和个人）部门交易中，国际货币的贮藏手段被称为资产货币，即私人部门在持有对外财富时使用的货币。资产货币作为国际上可以自由转移和支付的社会财富的价值存放方式，因为持有者贮藏的目的是既具有保值性又具有收益性，所以资产持有者总是选择价值相对稳定的国际货币作为投资货币（即资产配置货币）。当今世界金融市场高度开放、规模巨大，而且资产运用方式繁多，那些币值稳定且投资效益高的国家货币常被私人部门作为投资货币所持有。由于浮动汇率制下存在汇率波动的风险，私人部门持有的国际资产货币结构具有多样化、分散化趋势，但最主要的资产货币仍然是美元。

在政府或其他公共部门交易中，国际货币的贮藏手段表现为各国中央银行所持有的国际储备货币。一国外汇储备资产的货币构成反映了某种国际货币在货币体系中的重要地位。对于特定的国家而言，某种国际储备货币在其外汇储备中的比重一般受到以下主要因素的影响：一是该货币在国际货币体系中的重要程度，这也是最重要的；二是该国所选择的汇率制度，如果一国需要经常干预外汇市场，则它必然会加大作为干预货币的储备货币在其外汇储备中的比重；三是该国与储备货币国的经济交易关系，如果该国与储备货币国存在相对较大的贸易和其他经济交易关系，则必然会加大此种储备货币在其外汇储备中的相对比重。自布雷顿森林体系崩溃以来，全球外汇储备中美元始终相当稳定地居于绝对支配地位；在欧元诞生之前，德国马克在全球外汇储备中高居第二位，而欧元诞生之后，其在储备货币方面对美元的竞争力要明显大于之前的德国马克；在这一过程中，日元的储备货币地位呈现逐渐下降的趋势。目前，美元依然是重要的国际货币，其占到全球官方外汇储备的 2/3，而且超过 4/5 的外汇交易和超过 1/2 的全球出口也都是以美元来计值的。此外，所有的国际货币基金组织贷款也是以美元来计值的。

三、国际货币的性质

国际货币的性质是国际货币区别于一般国家货币的根本属性。如何把握国际货币的性质，通常可从以下几方面入手。

（一）国际货币的基本矛盾

从全球角度来看，无论哪一种国家货币成为国际货币，都会存在该种货币的发行目的是追求本国利益最大化而不是全球利益最大化的问题。例如，国际货币的过多发行将会引发全球性的通货膨胀，但国际货币发行国只需考虑通货膨胀对本国经济的影响而不会考虑其对全球经济的影响，这样就低估了增加国际货币供给的成本，从而容易造成国际货币的过度发行；除此之外，如果国际货币发行国出现经济危机或者政治动荡，其货币的信用程度就会被严重削弱，那么该种国际货币就不能很好地执行其基本职能，这将严重影响其在国际经济交易中的地位。

当今国际市场上存在着多种国际货币，这些国际货币之间的竞争以及汇率的变动都会增加国际经济往来的交易成本，并导致国际贸易与投资需要在不同的国际货币之间进行抉择。也就是说，国际货币的发行都将存在一个两难的问题：一方面，货币发行本来是一个自然垄断的行业，应该单独供给并由更高层次的权威部门进行监管，但国际货币的发行却没有一个国际权威机构可以对其进行监管，所以国际货币由某个国家发行就会出现该国货币由于缺乏监管而牟取垄断收益的问题；另一方面，如果国际货币由多个国家分别供给，又无法实现交易成本的最小化。

可见，国际货币无论是由一个国家供给还是由多个国家供给，都会产生国际货币体系的不稳定性或无效率问题。要克服这一难题，最理想的国际货币应该是由世界中央银行发行的超主权国际货币。然而，真正意义上的超国家政权或世界中央银行并不存在，自然也就无法提供比国家信用更高层级的信用担保，所以由一个代表整个世界利益的机构来提供国际货币是不现实的。即使是国际性的组织，如国际货币基金组织，其控制权主要还是掌握在少数发达国家手中，仍然没有办法真正代表整个世界经济利益。因此，从现实条件上说，国际货币无法实现由超主权机构来供给，只能由个别国家供给。也就是说，虽然国际货币由少数国家供给会造成国际货币体系内在的不稳定性，但是国际货币又不得不由少数国家供给。这就造成了国际货币存在一个基本矛盾，即国际货币发行国所代表的国别利益的局部性与国际货币所服务的世界利益的全局性之间的矛盾。

（二）国际货币供给的内生性与外生性

国际货币供给与一国货币的供给一样，兼具内生性与外生性。

国际货币供给的内生性是指国际货币的供给量会受到诸多变量的影响，不是完全由国际货币发行国所直接控制的。其主要原因有以下几点：

（1）货币的本质是信用，国际货币其实是由货币发行国所担保的一种信用货币，国际上对该发行国所提供信用的信任程度决定了该国际货币被接受的程度，所以国际货币发行国的经济政治状况与未来预期都将决定其货币在世界市场上的流通量。

（2）世界经济的增长状况将对国际货币的需求量产生重大影响，从而影响国际货币的供给。当世界经济处于高速增长的阶段时，国际贸易与投资的快速增长对国际货币的需求就会增加，国际货币的供给也会随之增加；反之，当世界经济进入衰退阶段时，对国际货币的需求就会减少，国际货币的供给也将随之减少。

（3）国际货币发行国的利率与其他国家货币的利率之间存在差异时将导致国际货币的流出流入发生变化；各国际货币之间、国际货币与其他国家货币之间的汇率波动都会导致国际货币供给的变化。

国际货币供给的外生性是指国际货币的供给可以由发行国直接控制。国际货币发行国增加国际货币的供给，在促进本国经济的同时也会增加本国的进口，从而向国外输出该国际货币。另外，发行国调整国际货币供给量也会影响国内外利差而导致国际货币的流出和流入发生变化等。

可见，国际货币的供给兼具内生性与外生性，国际货币发行国在一定程度上能够控制国际货币的供给量，但却不能完全控制。因为在世界市场上会存在多种国际货币相互竞争与制衡的状态，如果某一国际货币过多地发行，其币值就会下降，持有成本就会上升，那么持有该种国际货币的国家就会转而持有其他国际货币，从而该种国际货币的国际地位就会受到影响。因此，国际货币的外生性与其在国内相比要弱得多，其内生性的特点更加突出。

（三）国际货币的非中性

在一国范围内，如果货币供给最终只是影响了物价水平，对实际产出没有任何影响，那么货币就是中性的。在国际范围内，如果国际货币的供给只是影响了整个世界的物价水平，对整个世界的实际产出虽然没有影响，但却导致了资源在不同国家间的转移，那么国际货币就是非中性的。因此，国际货币无论是从长期还是短期来看都是非中性的，主要有以下两个原因：

（1）任何货币的发行都可以获得铸币税，但国际货币的铸币税与国家货币的铸币税有着不同的含义。对于在本国范围内流通的国家货币而言，中央银行发行的货币虽然可以获得铸币税，政府可以通过这种方式把社会的一部分购买力集中到手中，但这部分购买力最终都会通过政府购买或政府投资等方式又流回到本国经济运行当中，发行货币的结果只是导致购买力在不同部门之间的转移，但从整个国家角度看并没有导致购买力发生变化。而国际货币的发行也会获得铸币税收入，但这部分额外获得的购买力是由国际货币发行国所拥有的。国际铸币税的征收对象是全世界所有该国际货币的持有者，但税收的使用范围却只在国际货币的发行国国内，这样就使得货币发行国获得了额外的收入，而其他国家却要为持有国际货币付出成本。可见，国际货币发行会导致实际资源从其他国家流向国际货币发行国，而且随着世界经济的不断增长和国际贸易与投资的日益深化，对国际货币的需求会日益增加，国际货币发行国也有增加国际货币供给的主观意愿，所以只要一个国家可以长期维持其货币的国际地位，对该国际货币的需求就会不断增加，发行国就可以通过增加货币供给长期向全世界征收铸币税。因此，国际货币在长期是非中性的。

（2）在一国范围内，货币发行机构可以通过调整货币供给量在短期内影响整个国家经济的运行状况；作为国际货币发行国，同样也可以调整其国际货币的供给而影响整个世界经济的运行状况。虽然国际货币供给具有内生性，但是国际货币发行国可以通过调整本国利率水平而影响国际货币的流动方向，从而间接地影响国际货币的供给。也就是说，国际货币发行国可以在某种程度上向整个世界经济实施货币政策，这种货币政策必然是对货币发行国最有利的。以美元为例，很多国家都选择将本国货币钉住美元，实行与美元之间的固定汇率制或者有管理的浮动汇率制，这时美联储就可以通过改变美元的供给影响美元的利率，从而最终影响这些国家货币的利率水平，间接地使这些国家实施美国所希望的货币政策，从而使美国拥有单方面影响其他国家经济运行的政策优势。

总之，国际货币非中性的根本原因是国际货币的基本矛盾。由于国际货币发行国所代表的国家利益与世界经济整体利益不一致，使得国际货币虽然在世界范围内使用，却只顾及其发行国的利益，世界经济总会向着有利于国际货币发行国的方向发展。而由于国际货币发行国通常都是经济最发达的经济体，国际货币的特殊地位将使这些发达经济体更具有发展优势。国际货币的基本矛盾在短期内并没有办法得到更好的解决，这也就决定了国际货币始终是非中性的。

四、国际货币的形态演变

国际货币的形态演变与一国货币的演变相类似，经历了由低级形态到高级形态、由不完善到完善的发展过程。国际货币是由一国主权货币演变而来的，既然一国货币的演变主要经历了实物货币、金属货币、信用货币及数字货币四种形态，那么国际货币的演变也同样会经历这四种形态。

（一）国际实物货币

国际货币产生的基础是国际贸易，国际货币形态的演变历史是从国际实物货币开始的。最原始的商品货币形态是在19世纪以前，互不信任和相互分割的世界以实物商品作为它的货币，商品交易是易货贸易，交易的实物执行着国际货币的职能。在国际实物货币的形式下，商品的一般等价物的特殊社会属性与使用价值的属性结合在一起，它既是国际交易的商品，又是国际货币，凡是结实耐用、便于运输、易于估价、供应量稳定的商品都可作为货币使用。这一货币形态经历了漫长的发展过程。最早采用价值低的商品作为一般等价物，后来由于其量大、费力等缺点逐渐被高价值的商品（如贵金属）所取代。

（二）国际金属货币

随着实物货币的逐步淘汰，19世纪成为金、银等贵金属货币主导的时代，西方各主要资本主义国家逐渐过渡到单一金铸币本位制。作为金属货币的黄金以其特殊的自然属性，以国际商品价值的表现形式在世界领域内自由流通，具有了国际货币的全部职能，成为全球统一的支付手段、购买手段和一般财富的化身。在以黄金为本位货币的金本位制时期，各国中央银行必须在黄金与本国货币之间维持官方的平价关系，所以为了保持货币的稳定，中央银行必须保持大量的黄金储备以支持本币的价值。货币汇率是稳定的，不存在外汇风险，各国货币可以自由兑换，实行多边自由结算，黄金作为唯一的储备资产，是最后的国际结算手段。黄金成为国际货币，为平稳的世界经济环境提供了良好的基础。金本位虽然有其自身的优越性，但随着社会经济的发展，它也暴露出难以克服的缺陷，如黄金产量少、运送困难等客观因素的限制，黄金供应量的增长难以满足经济迅速增长对货币材料的需要，金币最终被不兑现的国际信用货币所取代，退出了国际货币舞台，仅作为保值或偿债的物质保证。

（三）国际信用货币——纸币

根据货币信用担保方式的不同，国际信用货币可以分为两种，即由某一国家提供信用担保的国际信用货币和由某一区域多个国家共同提供信用担保的国际信用货币。

1. 单个主权国的纸币

这种国际信用货币的优点是引入成本较低，只需要在原先存在的某一种国家信用货币的基础上扩展其流通域；其缺点就是货币的供给由某一个国家政府垄断，容易导致国际贸易中国际货币发行国与其他国家地位的不平等。在各种国际信用货币中，这种由某一国家提供信用担保是最为常见的形式，如英镑、美元、日元等都是这种形式的国际信用货币。

2. 多个主权国的纸币

这种形式的国际信用货币是由不同的国家信用货币通过货币一体化的途径合并流通域而产生的，由于从产生伊始就在多个国家间流通，所以这种货币从一开始就是区域性的国际信用货币。一般来说，由于这种货币在一个较大范围的经济体内强制性流通，具有较强的规模经济，所以很容易受到其他国家和地区的认可，从而在国际经济往来中被广泛使用。这类国际信用货币的优点是避免了由一国单独决定货币供给而带来的风险。其缺点主要有两个：一是引入成本较高，需要生成一种全新的货币；二是其信用担保是由多个国家信用共同组成，并非由高于国家的权威机构提供，所以该货币存在内在的不稳定性，如不能有效地执行货币纪律、共同的货币政策与独立的财政政策相冲突使货币政策失效等。目前真正意义上存在的区域性国际信用货币只有欧元一种。欧元是在欧盟区域一体化、经济一体化进程中发展起来的，作为信用货币在短短 10 年内完成了国际化进程，是区域内各国协调与合作的结果，是货币国际化的一种独特模式。

（四）国际数字货币

从演进趋势上看，随着信息科技的发展以及移动互联网、区块链等技术的不断演进，全球范围内的支付方式无疑将发生巨大的变化，数字货币的发展正在给中央银行的货币发行和货币政策带来新的机遇和挑战。所谓数字货币，是指对数字化货币的一种统称。它是基于区块链技术的法定加密数字货币。它与 Q 币等一般的虚拟货币完全不同，Q 币只能在特定的虚拟环境中流通，而数字货币则可以被用于真实的商品和服务交易。数字货币必须是由一国央行来发行，这样做的好处在于：可以降低传统纸币发行、流通的高昂成本；减少洗钱、逃税、漏税等违法犯罪行为；提升央行对货币供给和货币流通的控制力；减少传统货币如纸质钱币、硬币在流通环节中寿命有限、携带不便、易滋生细菌等弊端。当数字货币作为一国货币的未来演进形式而顺利实现时，在国际范围内数字货币也许将成为国际货币的一种未来选择形态。

第二节 货币国际化的条件、成本与收益

一、货币国际化的含义

所谓货币国际化，是指一国货币跨越了其国界，在国际范围内被普遍接受和认可，并成为计价单位、结算货币及储备货币的过程。简单地说，它是指一国货币逐步演变成为国际货币的过程。这里用"化"来表达，是指一个正在进行的、尚未完成的行为或行动过程；而货币国际

化作为一个过程，具有丰富的内涵和重要的影响。首先，货币国际化是一种货币的国内职能向境外逐步延伸的过程；其次，货币国际化是一种国内公共产品逐步演变为一种国际公共产品的过程；再次，货币国际化是一国软实力逐步扩展到国际领域的过程；最后，货币国际化是一个由既定的国际货币格局向新的国际货币格局逐步调整的过程。

根据货币国际化影响范围的大小，可将其分为三个层次：

（1）货币的周边化。货币的周边化是指某一国家货币的流通域延伸到境外，在周边国家和地区流通。

（2）货币的区域化。货币的区域化是指某一国家货币在某一国际区域内成为被普遍接受并持有，作为区域内贸易、投资的计价结算货币，作为国际储备资产的货币；或者是指在一个国际区域内不同国家的货币通过长期合作最终整合为一种新型的、统一的国际区域货币（如欧元）。

（3）货币的全球化。货币的全球化是在货币区域化基础上进一步扩展货币的使用区域，某一货币最终在全球范围内广泛使用。

根据货币国际化所实现职能的多少，可将其分为部分国际化和完全国际化。所谓部分国际化，是指一国货币在国际经济中只发挥交易媒介、计价单位、支付手段和价值储备四种职能中的一种、两种或三种。所谓完全国际化，是指一国货币在国际经济体系中发挥交易媒介、计价单位、支付手段和价值储备四种职能。可见，货币国际化是一个由量变到质变的过程，在世界众多的主权国家货币中，并不是每种货币都能通过货币国际化而顺利地成为国际货币。实践证明，能够完成货币国际化的四个阶段而成为关键国际货币的只有少数几种货币。因此，货币国际化并不是仅仅依靠一国的主观意愿就能实现的，而是只有在满足一定的条件时才有可能实现，同时它还将给该国带来一定的收益和成本。

二、货币国际化的主要条件

（一）经济条件：货币国际化的决定性因素

经济因素是一国货币能否成为国际货币的决定性因素。一般来说，一国货币要实现国际化，在经济方面需要具备三个条件，即强大的经济实力、完善的金融体系和稳定的币值。

1. 强大的经济实力

国际货币本身并不具有价值，其购买力是由发行国进行担保的，而经济实力就是一国货币购买力最直接和最有力的保证。一国货币要成为国际货币，除了要实现可自由兑换外，还需要得到其他国家的广泛认可和接受，愿意将它作为国际经贸交往中的交易媒介和计价单位，作为一国的对外支付手段和储备手段。也就是说，一国货币国际化需要其他国家对该国货币具有信心，而这种信心很大程度来自对该国经济实力的认同。一国的经济实力是一国货币的经济基础，往往决定了该货币的国际地位，而一国货币成为国际货币往往就是该国经济实力强大的象征。强大的经济实力可以为本国货币提供较大的贸易投资空间，并使本国货币不易受到外部冲击的影响。一般来说，经济实力可通过两个指标反映：一是经济总量；二是贸易规模。

从国际货币的历史与现状看，主要的国际货币都是世界经济中经济总量最大的一个或几个经济体的货币。20世纪90年代欧元诞生之前，世界上最大的三个经济体分别是美国、日本和德国，而美元、日元和德国马克恰好是三种最主要的国际货币。可见，经济总量与本国货币的国际地位是紧密相关的，很少有国家经济总量在世界前十之外而其本国货币却成为国际货币的。当然，经济总量只是货币国际化的必要条件而不是充分条件。比如，日本的GDP长期位居世界第二，但日元的国际地位却与之不相符，在日本的出口中，以日元计价的比例要低于其他发达国家的水平，而如今取代日本成为世界第二经济体的中国，人民币国际化进程也才刚刚起步。当然，人均GDP也是衡量一国经济实力的一个很重要的指标，历史上的国际货币发行国不仅仅是经济总量在世界经济中位居前列，人均GDP也都处于靠前的位置。因为仅仅从GDP的绝对数量进行考量，一些经济发展水平较低但疆域较广、人口较多的国家的GDP也会排在前面，如巴西和印度等国家，显然这些国家的经济实力不足以支撑本国货币成为国际货币，即使是GDP排在世界第二位的中国，也不能说完全具备了货币国际化的条件。因此，应该把本国GDP和人均GDP进行综合考量，这样才能更好地反映一国经济实力对该国货币国际地位的决定作用，也才能解释为何人民币的国际化进程才刚刚起步而瑞士法郎却已经拥有较高的国际地位。

从贸易规模的角度来看，一国对外贸易的规模不仅是衡量一国经济实力的重要指标，也是一国货币国际化的重要条件。一方面，国际贸易是货币国际化的基础，货币国际化是国际贸易的客观要求和发展结果。如果不存在国际贸易，那么各国货币只需在各自国家内部执行交易媒介、计价单位、支付手段和储备手段的职能，根本不需要某种货币在国际市场上充当国际货币。另一方面，一国货币要实现国际化，首先就要对外输出货币，那么最直接的途径就是通过进口商品然后用本国货币进行支付，将本国货币输出到其他国家，通过这种方式逐渐增加本国货币在国际市场上流通量的过程，也就是本国货币逐渐国际化的过程。因此，一国进出口规模与该国货币是否能够成为国际货币关系密切。一国的进出口贸易规模越大、进出口范围越广，就意味着同该国进行贸易的国家越多。当大多数国家可以频繁地通过正常贸易渠道吸取和使用该国的货币时，该国货币被大多数贸易伙伴接受并成为国际货币的可能性就越大。

2. 完善的金融体系

货币的流通、兑换和交易都是通过金融市场或金融体系进行的，因而一个发达完善的金融市场和国际化的金融体系有利于促进对该国货币的国际需求，吸引外国投资，扩大该国货币的使用范围。

（1）一国如果拥有完善的金融体系和高效透明的金融市场，那么就会给持有和使用该国货币的贸易伙伴带来极大的便利，使他们能快捷地结算货款、适时地划拨头寸、便利地融通资金，这种金融环境当然使国际贸易伙伴愿意持有和使用该国的货币。

（2）一国要将本国货币输出到世界市场，除了进行国际贸易外，还可以进行国际借贷和国际投资，而这就需要一个发达完善的金融体系，一个发达完善的金融市场可以减少市场摩擦，降低交易成本，有利于促进本国货币在更大范围内流通使用。

（3）一国货币成为国际货币，意味着其他国家将持有该货币作为外汇储备，那么一个完善的金融体系可以为该货币的存放和调换提供便利。完善的金融市场意味着较高的市场透明度，这有利于市场参与者形成合理预期，促进资本的有序流动和金融稳定。

总之，一国货币要成为国际货币，很大程度上取决于该货币能否在世界范围内成为金融活动的媒介和国际金融资产。一方面，完善高效的金融体系能让资本在世界范围内流动和优化配置，通过金融体系的规模经济效应提供低成本的服务；另一方面，发达完善的金融体系提供足够数量与流动性很强的以本币计价的金融资产，进而满足海外拥有储备资产的需求，最终促进本币在世界范围内的使用。

从历史经验来看，世界金融中心总是与国际货币体系中主导货币的发行国紧密联系在一起的。国际金本位时期，英镑与伦敦的金融市场完美地结合在一起。作为最重要的国际货币，大量英镑涌向了伦敦，而伦敦金融市场为投资者提供了各种投资途径，英镑具有其他货币所不具备的灵活性，增强了各国持有英镑的意愿，强化了英镑的国际地位。到了20世纪中叶，随着英镑霸权让位于美元霸权，伦敦世界金融中心的地位也被纽约取而代之，美国高效的金融市场至今仍是维系美元霸权地位的重要因素。20世纪80年代，随着日元地位的提高，东京的金融市场也迅速发展，而东京金融市场的发展又进一步推动了日元国际化的进程。

3. 稳定的币值

稳定的币值是一国货币成为国际货币的内在基础。稳定的币值不仅可以提升其他国家对该货币的信心，而且也有利于对该货币的未来趋势形成正确的预期，减少获取和传递信息的成本以及持有该货币的风险。稳定的币值有两方面的含义：对外稳定（稳定的汇率）和对内稳定（稳定的通货膨胀率）。

一种货币要成为国际货币，必须要在国际上被广泛接受和使用，那么稳定的汇率就是不可或缺的条件，就像我们不希望持有的股票等资本亏损一样，国家不希望持有的外汇储备贬值造成亏损，贸易伙伴不希望汇率频繁大幅度波动而带来汇兑风险，所以国际货币必须具有长期稳定的币值。在国际金本位时期，英镑与黄金保持长期稳定的比价；在布雷顿森林体系时期，美元与黄金保持固定的比价。英镑和美元现在的国际地位与它们长期保持稳定币值有着密不可分的关系。国际货币发行国的通货膨胀率必须保持在一个较低的水平，通货膨胀率相对较高或频繁波动都会增加持有和使用该种货币的成本。通货膨胀降低了货币的购买力，削弱了其充当国际储备货币的能力，也不利于其执行国际交易媒介和国际支付手段的职能，因为在国际贸易中，从交易产生到完成之间存在一定的时滞，如果在这一时期所使用的国际货币发生通货膨胀，那么以交易产生时约定的价格进行支付就会导致出口国蒙受损失，从而增加了使用该国际货币的机会成本。作为国际货币，虽然不可避免地总会存在通货膨胀导致单位货币购买力下降的情况，但历史上主要的国际货币的实际购买力总要比其他货币下降得慢。例如，在英镑占绝对主导地位的国际金本位时期，1914—1924年平均值与 1815—1913 年平均值相比，英镑的实际购买力下降了 41%，而同期法郎、马克和瑞士法郎分别下降了 60%、67%和50%；而在第二次世界大战结束至今即美元占主导地位的时期，1995—2004 年平均值与 1950—1964 年平均值相比，美元的购买力是原来的 1/7，而英镑和法郎分别只有原来的 1/15 和 1/10。

（二）历史条件：货币国际化的时滞性因素

虽然经济实力是货币国际化的决定因素，但这并不意味着各国经济实力的相对变化将会马上导致各国货币地位的变化，从经济实力的超越到货币地位的超越会存在一定的时滞。也就是说，国际货币地位与国际经济地位之间并不是完全同步的，而是存在一定程度的时间错位。例如，英国的经济实力在18世纪末、19世纪初就已经位居世界第一，但是英镑直到1870年前后才成为真正意义上的国际货币；而美国的经济实力在19世纪末、20世纪初就已经赶超英国，但是美元的地位一直不如英镑，最后还是依靠对两次世界大战的历史契机的准确把握，才成功地取代英镑的地位；在经历了布雷顿森林体系的解体、20世纪七八十年代的经济衰退以及21世纪的美国金融危机之后，美国经济地位虽然有所下降，但是美元霸权时至今日依旧无法撼动。

现有国际货币存在时滞作用主要有两方面的原因：

（1）成为国际货币需要经济实力作为基础，但当一种货币成为国际货币后，其经济条件是可以自我强化的，国际货币被其他国家频繁地使用，那么这些国家跟国际货币发行国的贸易联系必然更加紧密，这有利于促进发行国的经济增长和贸易规模的扩大；世界上大量的外汇储备需要存放和调换，也必须跟国际货币发行国的金融市场发生联系，这有利于发行国的金融市场实现规模经济。因此，虽然一国经济实力和货币地位成正比，但经济实力最强的国家，其货币在国际结算与国际储备中的比重肯定要远远高于其GDP在全球GDP中所占的比重。在这种情况下，要扭转某一货币的国际地位是一个长期而艰巨的过程。

（2）对于其他国家来说，改变在国际经济往来中所习惯使用的货币也需要一些成本。也就是说，国际货币存在着转换成本，在其他条件不变的情况下，维持原来习惯的交易方式在短期内肯定是最节约成本的，所以每个国家都有按照原来习惯的方式进行交易的主观意愿，这当然也包括了习惯使用的国际货币。因此，一国货币要成为国际货币需要经历一个漫长的过程，从历史经验看这个过程长达30~50年，但从另一个角度来看，当一国货币成为国际货币后，要被其他货币所取代也需要经历一个漫长的过程。

（三）政治或军事条件：货币国际化的外部性因素

一国货币若要成为国际货币，还需要良好的国际政治或军事条件。

（1）该国必须是世界上的政治强国或军事强国。强大的政治地位或军事地位可以保障本国货币和以本国货币持有的金融资产的安全，保证本国利益不受其他国家的侵害。一国在国际政治军事事务中的广泛参与也有利于促进该国经济与世界经济更好地融合，从而间接推动该国货币国际化。蒙代尔曾指出："最强的货币是由最强的政治实力提供的，这是一个具有历史传统的事实。"

（2）本国政治必须保持长期稳定，只有政治稳定才能保证其他国家对该国货币有信心，从而保证其货币的国际地位。因此，19世纪末到20世纪初，最主要的国际货币是英镑，而从20世纪中期至今，美元成了最主要的国际货币，这并非偶然，而是强有力的政治力量创造了强有力的货币。在第二次世界大战后重新建立国际货币体系的问题上，美国和英国都认为应该建立一个稳定的国际货币体系，但在具体的实施方案上，美国的"怀特计划"和英国的"凯恩斯计划"仍然体现了各自国家的利益诉求，但英国"凯恩斯计划"相对而言比较顾及各国之间的利益。然而，美国凭借着第二次世界大战后强大的经济地位，特别是政治军事地位，逼迫英国不断退缩和让步，最后形成的布雷顿森林体系可以说基本上是按照美国的"怀特计划"构建的。第二次世界大战后的日本虽然经济发展速度很快，长期位列世界第二，但其国际政治军事地位相对较弱,这也是日元的国际地位与其经济地位不一致的原因之一。

(3) 货币国际化的进程还取决于一国政府对本国货币国际化的态度。货币国际化对一个国家来说,既有收益又有成本,推动货币国际化并不一定就能获得满意的结果,货币国际化的进程也并非越快越好。因此,一国政府都会基于本国国情而对本国货币国际化持积极或者消极的态度,而政府的态度对一国货币国际化的进程尤为重要,特别是在重要的历史机遇下,这种重要性更为明显,如在第二次世界大战后美国政府对美元国际化的积极态度是美元一直保持强势的坚强后盾。当然,也有一些国家政府对本国货币的国际化持比较消极的态度,如20世纪六七十年代,日本政府就担心日元国际化后日元升值对本国出口贸易产生制约而不鼓励日元国际化;20世纪七八十年代,德国也因为担心马克国际化会影响其实施货币政策的能力而不鼓励马克国际化等。

三、货币国际化的主要收益

英国、美国、德国(如今的欧元区)和日本都曾经或正在极力拓展与维护本国货币的国际地位。进入21世纪,国内很多学者也开始讨论人民币国际化的现实条件与路径。从理性的角度看,如果一国货币的国际化没有收益或者收益小于成本,各国政府不可能如此积极主动地推动本国货币的国际化进程。那么,货币国际化可以给本国带来什么收益呢?一般而言,货币国际化带来的收益主要有以下几方面。

(一) 国际铸币税收入

所谓铸币税(Seigniorage),是指中央银行发行货币的成本与货币流通中的币值之间的差额。从本质上说,铸币税并不是国家通过权力征收的一种税赋,而是政府通过垄断货币发行权而获得的一种收入。在金属货币制度下,铸币税的来源主要有两个:一是当货币本身的价值低于它所代表的价值时,可通过降低货币中的贵金属含量和成色来获得;二是当货币本身的价值与它所代表的价值相等时,可通过收取铸币费用来获得。在信用货币(纸币)制度下,由于国家发行纸币的边际成本几乎为零,所以铸币税就是货币的发行额。当一个国家的货币演化为国际货币时,铸币税也演化为国际铸币税。所谓国际铸币税,是指国际货币发行国通过向外输出货币所获取的收益与其发行货币的成本之间的差额。以美国为例,其他国家为了获取美元,就必须通过向美国出口实物资产(商品或服务)才能换取一定的美元,相应地,美国则通过输出美元获得了实物资产。由于获得实物资产的好处远远大于美元发行的成本,这样美国就从两者的差额中获得了国际铸币税。一般来说,国际货币发行国可以获得国际铸币税收入,但是获取国际铸币税收入的多少还要受到多种因素的影响,其中具有决定性的因素就是该国际货币在国际货币体系中的垄断地位,该国际货币垄断地位的高低与其获得国际铸币税收入的多少成正比。

(二) 改善贸易条件

贸易条件是用来衡量在一定时期内一国出口相对于进口的盈利能力和贸易利益的指标,反映了该国的对外贸易状况。具体地说,货币国际化可以通过降低汇率风险和增强贸易便利性两个方面改善发行国的贸易条件。例如,在跨境商品和服务交易中,只要交易商使用非本国货币作为计价结算货币，就可能面临汇率风险。尽管交易商可以使用金融衍生工具进行套期保值，但也将承担相应的交易成本，并且会由于本国金融衍生市场发展不足而不能完全套期保值。当一国货币充当国际货币时，国际货币发行国的私人部门可以使用本国货币在对外贸易中执行计价单位和交易媒介职能，从而消除汇率风险。另外，如果一种国际货币在国际交易中的使用量增加，交易成本趋于下降，将吸引更多的交易使用该国际货币进行计价结算。这意味着当某一种国际货币被越来越多的非居民所接受时，每一单位该货币能购买的商品和服务的数量也将随之上升，这样国际货币发行国的贸易条件就得到了实质改善。

（三）增强国际支付能力

国际货币发行国相对于非国际货币发行国在调节国际收支方面具有特殊的便利。非国际货币发行国在出现临时性的国际收支逆差时，由于本国货币不是国际支付手段，必须使用外汇储备进行融资，如果本国的国际收支逆差是长期性和根本性失衡，就需要通过财政政策、货币政策、直接管制政策和供给政策等各种方式进行调节，而这种调节往往周期长、成本高、副作用大。对于国际货币发行国而言，本国货币本身就是国际支付手段和国际储备货币，本国的对外支出可以直接使用本国货币支付。因此，在国际收支出现逆差时，可以直接使用本国货币进行融资，避免了对国内经济产生较大冲击，增强了本国经济政策的灵活性，同时将失衡调节压力转嫁给其他国家。可见，一国因其货币执行国际货币职能而增强了自身的国际支付能力。以美国为例，1976年以来，美国贸易持续逆差且不断扩大，但凭借美元的国际地位，贸易顺差国家的美元储备基本上又回流到美国，形成美国资本项目的顺差，这样美国就可以维持巨额贸易逆差下的经济增长，享受"无泪赤字"。

（四）享有非对称性政策优势

当一国货币演变为国际货币时，该货币发行国的中央银行就成为某种意义上的世界中央银行。作为一国的中央银行需要制定符合本国经济发展的货币政策，而作为世界中央银行则需要制定符合世界经济发展的货币政策，然而这两个目标经常会发生冲突。国际货币发行国一般会选择以本国利益为重、符合本国经济发展的货币政策，这样通过溢出效应就会损害其他国家的利益，而其他国家往往只能被动地进行政策调整。换句话说，国际货币发行国在货币政策制定方面有着某种程度的单边优势，而其他国家是享受不到这种优势的。例如，在固定汇率制下，非国际货币发行国一般具有让本币币值钉住"锚货币"的单方面义务，如果国际货币发行国由于本国经济萧条而实行扩张性的货币政策，就会导致发行国利率下降，促进发行国经济的复苏。然而，对于实行固定汇率制的非国际货币发行国而言，本国货币由于"锚货币"供给增加而有升值的压力，为了维持本国货币的固定汇率，必须用本国货币购买"锚货币"，增加本国的货币供给，从而被动地实行扩张性的货币政策。虽然当前很多国家实行的是浮动汇率制，但真正意义上的完全自由浮动的国家只有少数几个（如美国、瑞士、日本），大多数国家实行的是有管理的浮动汇率制，这些国家的汇率制度是介于固定汇率与完全浮动汇率的一种中间状态。在国际货币发行国实行扩张性的货币政策时，为了避免本国汇率过于剧烈地波动，这些国家的政府还是会对本币汇率进行干预，所以在某种程度上它们也同样面临固定汇率制国家所面临的问题，国际货币发行国仍然可以享有某种程度的非对称性政策优势。

(五)促进本国金融业的发展

从微观角度看,国际货币发行国的企业在贸易与投资中无须使用其他国家的货币作为媒介货币和支付手段,相比非国际货币发行国而言,减少了交易步骤,节约了交易成本,而且国际货币发行国的进出口企业也不会面临国际商品计价货币与本币汇率变动的风险,有利于对外贸易与对外投资的发展。总之,国际货币发行国的贸易结算和对外投资都是使用本国货币,在很大程度上降低了结算风险和折算风险,国际货币发行国的企业将更容易融入全球经济。从宏观角度看,货币国际化对于发行国有以下好处:优化国际储备的结构和规模,降低通货膨胀和汇率波动给本国外汇储备带来的风险。由于非国际货币发行国以该国际货币持有了大量外汇储备,这部分外汇储备更倾向于购买货币发行国的债券,从而增加了对该国债券的需求,这有助于降低国际货币发行国为出售债券所支付的利息。另外,货币国际化还有利于本国金融市场的发展。随着一种货币国际化进程的推进,与该国际货币相关的各种金融业务都将通过货币发行国的金融机构进行,所以国际货币发行国的金融机构将受益于规模经济带来的好处,这就为发行国的金融市场创造了相对于非发行国而言更好的发展环境。随着发行国金融机构业务量的增加,金融机构的规模逐渐增大,金融服务的成本也将随之降低,这有利于发行国提供更优质的金融服务。在这种良性循环下,国际货币发行国的金融市场将更加专业化与规范化。

(六)获得国际政治收益

国际货币的基本矛盾决定了国际货币发行国的政策措施总会影响非国际货币发行国的利益,一国货币的国际化不仅可以给本国带来经济上的收益,还有利于本国国际政治地位的提升。一国货币的国际地位逐渐提升的过程,也是其发行国国际政治影响力逐渐扩张的过程。货币国际化有利于提高发行国在国际事务中的话语权。当一国货币成为国际货币后,国际市场上对该国际货币就会产生需求,如果该国际货币具有较高的垄断地位,国际市场对该国际货币就会形成一定程度的依赖(如美元)。然而,国际货币只能由发行国供给,这种特殊的权力会增强国际货币发行国在国际事务中的话语权,这种话语权也意味着发行国可以左右国际经济中游戏规则的设定或者国际争端谈判的结果,使其更多地倾向于国际货币发行国的利益。例如,美国在 IMF 中的一票否决权就可以使 IMF 无法通过任何有损美国利益的提案;国际市场上的大宗商品(特别是石油和矿石)都是以美元作为计价货币的,美元在某种程度上就拥有了对国际大宗商品的定价权。一个国家对于国际货币的依赖程度越高,其在国际事务中被国际货币发行国制约的可能性就越大,最极端的情形就是一些国家直接使用某种国际货币作为本国的通货,其政治的自主权将受到发行国一定程度的控制。在美元化的国家中,巴拿马就是最典型的例子。

四、货币国际化的主要成本

一国货币国际化既会给该国带来收益也会带来成本,货币的国际地位越高,货币国际化就能获得更多的收益而承担较小的成本;反之,如果货币的国际地位低,货币国际化的成本可能高于收益。同时,一国货币成为国际货币后将面临其他国际货币的竞争,而要保持其竞争力,巩固甚至提高其国际地位也要受到许多条件的制约,需要付出更多的努力。一般而言,货币国际化的成本主要有以下几方面。

(一)"特里芬难题"对国际货币地位的自我削弱

"特里芬难题"是美国耶鲁大学教授罗伯特·特里芬(Robert Triffin)于20世纪50年代在研究布雷顿森林体系时提出的:在布雷顿森林体系下,美元是一国货币,它的发行必然受制于美国的货币政策和黄金储备;美元同时又是关键国际货币,它的发行必须适应国际贸易和世界经济增长的需要。由于黄金的产量和美国黄金储备增长跟不上世界经济发展的需要,在"双挂钩"原则下,美元便处于一个两难的境地:为满足世界经济增长对国际支付手段和储备货币的需求,美元应当不断增加供给;而美元供给的增加又会导致美元与黄金的固定比价难以维持。在布雷顿森林体系下,"特里芬难题"始终得不到解决,最终导致了布雷顿森林体系的解体。然而,"特里芬难题"并未因为布雷顿森林体系的解体而成为历史。应当说,"特里芬难题"并非布雷顿森林体系的特有问题,而是所有国际货币都必然要面临的一个难题。"特里芬难题"解释了由一国货币作为国际货币所具有的内在不稳定性,在不同时期有着不同的表现方式:在国际金本位下,"特里芬难题"表现为英镑与黄金保持稳定的比价,从而无法满足国际市场对英镑流动性需求的增加;在布雷顿森林体系下,"特里芬难题"表现为美元与黄金的官方比价与实际比价不断偏离,当这种矛盾激化到不可调和时,其他持有美元的国家会向美国要求将持有的美元储备兑换成黄金,正是这种"挤兑"导致了布雷顿森林体系的解体;在当前的国际货币体系下,任何国际货币都不再有承兑黄金的义务,"特里芬难题"表现为国际货币发行国为了满足国际市场对本国货币不断增加的需求,不得不持续增加供给量,而不断增加的货币供给不仅会使该国际货币存在贬值的压力并且使境外持有者对该货币的信心下降,甚至抛售该种货币转而持有其他的国际货币,从而导致该国际货币的地位的自我削弱。

(二)削弱宏观调控能力、增大宏观调控的难度

虽然国际货币发行国可以通过本国的货币政策对其他国家产生影响,但是这也带来了货币国际化的另一个负面影响,就是本国实行宏观调控的效果往往达不到预期目标,主要表现在以下三方面。

1. 货币政策的自主性减弱

一国货币的国际化必然要开放本国资本市场,该国货币可以自由地流入或流出货币发行国,从而制约了发行国对本国货币供给的控制能力,削弱了其国内宏观调控政策的效果。例如,美国爆发金融危机后,为了提振本国经济,美国分别于2009年和2010年实行了两次量化宽松政策,然而其结果却远不如预期,国内经济依然低迷,失业率依旧居高不下,与此同时,美国的量化宽松政策也引发了全球经济的通货膨胀。

2. 国外货币政策对本国货币政策的影响

国际货币发行国的货币政策对非国际货币发行国带来冲击的同时,非发行国的货币政策也会反作用于发行国,这种现象也称为"输入效应"。如果各个非发行国同时采取共同的、与发行国相持的货币政策,这种合力造成的冲击就可能对发行国的经济产生实质的影响。例如,非发行国共同实施扩张性的货币政策,导致经济复苏、本国进口增加,在出口不变的情况下,贸易逆差增加,外汇储备减少,减少的外汇储备将流回到国际货币发行国,这相当于对发行国实施了扩张性的货币政策,如果发行国本身面临着经济过热的问题,那么在此情况下这一问题将会

更加严重。

3. 中央银行对外汇市场的干预能力降低

货币国际化意味着发行国必须实行浮动汇率制和允许资本自由流动,中央银行在外汇市场上只能通过自身的储备干预外汇市场,无法像非发行国一样采取资本管制,避免外汇市场的波动,从而降低了中央银行对外汇市场的干预能力。一国货币被围剿而该国央行束手无策的例子并不少见。例如,1992 年,国际资本瞄准英镑,在一番拉锯战后,英镑从年初的 1 英镑兑换 2.95 马克下跌到兑换 2.64 马克;1997 年,国际资本的矛头指向了泰国并直接导致了亚洲金融危机,在这场危机中,泰铢贬值了 60%,韩元贬值了 50%,印尼卢比更是贬值了 80%。此外,国际资本还曾经对法郎、德国马克等进行过围剿,虽然从结果上来说国际资本对这些国家货币的围剿并不算成功,但是也对这些国家的经济造成了沉重的打击。

(三)加剧金融市场波动、增加金融稳定成本

货币国际化可以促进发行国金融市场的完善,但也增加了发行国金融市场的风险。作为国际货币发行国,其国内金融交易量的扩大以及金融市场的发达,给金融创新提供了一个良好的平台,但如果金融监管无法很好地跟上金融创新的步伐,那么金融企业很可能忽视存在的风险,导致金融创新过度。收益与风险的正相关性是金融市场的客观规律,金融产品衍生的过程也是金融风险衍生的过程,所以金融创新很容易引发资本市场的泡沫,当泡沫破裂时,除了资本市场会受到严重的冲击之外,实体经济也将遭受沉重的打击。例如,2008 年美国金融危机的爆发,正是因为美国金融机构通过金融杠杆以及各种金融衍生品创新(如担保债务凭证、信用违约掉期),将其垃圾债券进行打包,并由信用评级机构给予不合理的评级,掩盖其风险然后进行销售,造成了美国金融市场的泡沫。这种模式虽然一度促进了美国经济的繁荣,但这种繁荣并没有坚实的基础,甚至是建立在欺诈投资者的基础上的,所以最终导致了次贷危机的爆发,虚拟经济的衰退最终波及实体经济,美国经济出现整体衰退。

另外,由于国际货币发行国必须保证各种资本可以自由进出本国市场,这自然也包括了国际游资的自由进出。而国际游资的频繁流动容易影响整个资本市场的预期,从而引导其他投机资本的流动方向。当发行国的金融市场处于繁荣期时,国际游资的大规模进入会导致发行国金融市场泡沫堆积;当发行国的金融市场处于萧条期时,国际游资的大规模撤离又会导致发行国金融市场跌入谷底。国际游资不仅会导致发行国金融市场的波动加剧,甚至还可以左右发行国金融市场的走向,并通过影响金融市场间接影响发行国的实体经济,严重威胁发行国的经济安全。因此,国际货币发行国还承担着维持本国及整个世界金融稳定的职责。

(四)存在汇率调整上的非对称性劣势

一般来说,国际货币作为其他货币的"锚货币",其他货币与国际货币之间的联系主要有以下三种类型:

(1)虽然很多国家选择浮动汇率制,但是真正实现独立浮动的国家其实很少,一部分国家为了避免汇率的大幅度波动而选择有管理的浮动汇率制,所谓有管理的浮动其实就是将本国货币与国际货币的汇率波动控制在一定范围内。

(2)一部分国家选择参考某一种国际货币或者由几种国际货币组成的"货币篮子",维持本币与国际货币或"货币篮子"之间汇率的相对稳定。

（3）一部分国家直接将本国货币钉住某一种国际货币，维持固定汇率。从本质上看，以上三种方式都是将本币钉住国际货币的做法，只是程度不同而已。一旦某种国际货币成为被钉住的货币，发行国一般只能被动地接受被钉住的汇率水平，非国际货币发行国可以通过单方面调整本国货币与国际货币之间的汇率，改善本国的经济运行与国际收支状况。非发行国在汇率调整中获得好处的同时也损害了发行国的利益，但发行国对此并没有更好的对策。因此，在汇率调整上国际货币发行国就存在着非对称性的劣势。例如，1994 年中国实施人民币汇率制度改革，进行汇率并轨，并将美元与人民币的兑换比例从 1∶5.7 调整为 1∶8.7。此次汇制改革对中国经济特别是对出口贸易的促进效果十分显著，从而带动了中国经济的长期增长，但美国只能被动地接受人民币贬值加剧美国贸易逆差的结果。

第三节　英镑与美元的国际化路径及其启示

一、英镑的国际化路径及其启示

从严格意义上说，英镑并不是世界上最早的国际货币，在英镑成为国际货币之前，金银等贵金属货币在国际贸易中曾充当过计价结算货币的角色。与这些贵金属货币不同，英镑作为历史上第一次由主权国家发行的信用货币，能够执行国际货币的职能，无疑具有划时代的意义。

（一）英镑国际化的路径

19 世纪下半叶，英国确立了在世界经济中的霸主地位，当时的英国拥有"世界工厂""世界贸易垄断者""世界金融中心""海上霸王"和"世界最大殖民帝国"这五项王冠。凭借经济上与政治上的霸主地位，英国大力推进英镑的国际化进程。英镑地位的确立主要通过以下三方面的途径：

（1）建立币值稳定与自由兑换的英镑体制。1816 年，英国颁布了《金本位制度法案》，并于 1821 年正式实施，这标志着金本位制第一次从法律层面正式确立，英国也是世界上第一个实行金本位制的国家。英国实施金本位后，英镑的国际地位逐步上升，各国在国际结算中大量使用英镑，伦敦成为世界金融中心，办理大部分国际贸易中的结算、交割，各国公债都在这里配销。英国各大银行资金充足，向美国、欧洲、殖民地及世界其他国家发放贷款，扮演着世界银行家的角色。1844 年，为了稳定英镑币值，英国国会通过了《英格兰银行法》，赋予了英格兰银行发行英镑纸币的垄断权，并保证英镑纸币可自由兑换金币，从此英格兰银行开始有了中央银行的色彩。为了保证英镑的可兑换性，增强人们持有英镑的信心，英国与其他实行金银复本位制的欧洲大陆国家建立了中央银行间的合作，主要采取的方式是签订金银互换和相互贷款协议。这些措施很好地保证了英镑的可兑换性，维持了英镑币值的稳定，增强了英镑的国际支付能力。

（2）打造与欧洲国家间的自由贸易网络。19 世纪 50 年代开始，英国大力发展对外贸易。1860 年，英国与法国签订了贸易协定——《科布登—谢瓦利埃条约》，该协定成功地将自由贸易的思想引入法国。此后,《英法条约》中所包含的最惠国条约的内容迅速扩散到欧洲其他国家,使欧洲的大部分地区成了低关税区。英国的贸易自由化的浪潮推动着欧洲乃至世界贸易自由化的进程,自由贸易的精神和原则开始主导国际贸易,这标志着欧洲开始走向自由贸易主义。英国在国际贸易中扮演着日益重要的角色,通过适度的贸易逆差和大量的对外投资,英镑不断向外扩展其流通域,英镑对国际贸易与国际金融的影响力逐渐加强,英镑的国际地位不断提升。在这一时期,全球国际贸易中有 60%是以英镑计价和结算的,以英镑为核心的国际金本位制最终确立。

（3）建立自治领单边关税特惠区以对抗贸易保护主义。19 世纪 80 年代,世界经济增长速度放缓,贸易保护主义再次盛行,欧洲各国开始使用各种贸易壁垒保护本国经济以应对经济萧条,从而打击了英国经济的发展,也威胁了英镑的国际地位。为此,英国开始与自治领建立特惠联盟,通过实施一系列税收优惠政策,英国与自治领之间的单边关税特惠区基本形成。在英国与自治领之间的贸易往来与国际投资中,英镑继续扮演着重要的角色。

（二）英镑地位的衰落

1873—1896 年的经济危机削弱了英镑的国际地位,随着英国在国际贸易中地位的逐渐下降,英镑的国际地位也开始受到其他货币的挑战,特别是后起的工业化国家美国。到 1913 年,美国在国际贸易中位居全球第三,仅次于英国和德国,而其增长速度更是领先于其他资本主义国家,美元的国际地位也逐步上升。在第一次世界大战期间,许多国家停止了黄金的自由输出,国际金本位制终结。第一次世界大战后,英国在 1925 年恢复了金本位制,但这反而对英国经济造成了重创,英镑币值的高估削弱了英国的出口,大量黄金外流,而 1929 年席卷全球的经济大萧条使英国的国际收支状况更加恶化,人们对英镑已经失去了信心,纷纷将持有的英镑兑换成黄金,英国被迫宣布放弃金本位制,彻底失去了英镑在国际货币体系中长达一个世纪的主导地位。

（三）对英镑国际化的评述

回顾 19 世纪到 20 世纪初英镑国际化的进程,英镑成功地将其他国家的货币逐渐纳入以英镑为核心的国际货币体系中来,首次建立了真正意义上的国际货币体系。通过对英镑国际化历程的研究,可以对货币国际化有更深刻的认识。

（1）英镑国际化是建立在与黄金稳定比价的基础上的。英镑实行金本位要早于其他欧美国家,并长期保持与黄金的固定比价,使人们相信英镑可以等同于黄金在市场上流通,其他国家在与英国进行贸易时也愿意以英镑作为计价结算工具,英镑的国际计价结算职能逐渐扩展到其他国家间的贸易,因为与黄金相比,英镑运输成本较小,而且持有英镑还可以获取存款利息,当人们相信英镑与黄金的比价不会改变时,英镑反而比黄金更受欢迎。英镑正是依靠着与黄金的稳定关系以及本国强大的经济实力与政治实力,成功地实现了英镑的国际化。

（2）英镑的国际化是通过其贸易霸权实现的,是特殊历史条件下的产物。英国是世界上第一个完成"工业革命"的国家,依靠机器大工业的绝对优势获取了"世界贸易垄断者"的地位。纵观 20 世纪以来的国际环境,其复杂程度远高于当年英国的单边格局,世界经济格局呈现出各国经济多元化发展、竞争更为激烈的趋势。各国政府无法像国际金本位时期一样将本国货币与黄金的可兑换性放在最重要的位置，维持国际金本位的最重要的条件已经无法具备。因此，英镑主宰国际货币体系时的世界经济格局已经不复存在，英镑的国际化路径已不可复制。

（3）从英镑国际化的条件看，在经济方面，推进英镑国际化进程时，英国经济实力雄踞世界首位，拥有大量黄金储备；在政治方面，英国经历了英法七年战争，确立了欧洲霸主的地位，拥有大量的殖民地；在历史时机上，自由贸易思想开始盛行，国际贸易与投资日益频繁，客观上有了对国际货币的需求。正是因为具备了这些条件，英镑才实现了国际化。

二、美元的国际化路径及其启示

不同于英镑国际化，美元国际化是在各工业国纷纷崛起，各国经济竞争异常激烈的情况下完成的。美元的国际化进程十分典型，可以概括为以市场自然演进为主，政府推动为辅，通过国际联系强化美元霸权，巩固美元的国际地位。

（一）美元国际化的路径

布雷顿森林体系的建立是美元国际化路径上的一个标志性时期，美元霸权在布雷顿森林体系时期达到顶峰，成为其他国家货币的"锚货币"。以布雷顿森林体系为分水岭，美元国际化大致可以分为三个阶段：前布雷顿森林体系、布雷顿森林体系和后布雷顿森林体系。

1. 布雷顿森林体系建立前美国为美元国际化所做的努力

南北战争结束后，美国经济进入快速增长阶段。1870—1913 年，美国工业生产增长了 8.1 倍，远高于英国和法国的 1.3 倍和 1.9 倍。也就是在这个时期，美国的产出超过了西欧，之后差距不断拉大。到 1929 年，美国的工业总产值在世界总产值中的比重已经接近 50%，超过了英国、法国、德国和日本四国工业总产值之和，美国成为世界第一工业强国，经济实力遥遥领先。1900 年，美国颁布《金本位法》，正式建立了金本位制；1912 年，美国提出了"美元外交政策"；1913 年，美国国会通过《联邦储备法案》，该法案创造了联邦储备券这一新型货币并建立了联邦储备体系，维护了金本位制度下货币的可兑换性。以上政策有效地稳定了美国的物价水平，保障了美元的可兑换性，提升了美元的国际地位。另外，在美元的国际化进程中，遇到了两次绝佳的历史机遇——第一次世界大战和第二次世界大战。两次世界大战极大地削弱了欧洲传统强国的实力，为美元取代英镑的地位创造了绝佳的机会，为实现美元霸权做了坚实的铺垫。

2. 布雷顿森林体系时期美元霸权的确立

第二次世界大战后，美国取代英国成为世界第一政治强国与经济强国。凭借着强大的经济实力，美国主导了战后国际货币体系的重构。1944 年，以美元为核心的布雷顿森林体系正式建立，由此确立了美元在国际货币体系中的绝对主导地位。与此同时，经历第二次世界大战重创后的世界经济元气大伤，各国经济的恢复需要大量的资金和物资，从而给美国对外贸易和对外投资提供了机会。美国通过"马歇尔计划"和"道奇计划"，向其他国家提供了大量的美元，从而使英镑交出了国际资本输出货币的头把交椅。然而，从 20 世纪 50 年代开始，由于其他发达国家经济的逐渐恢复和大量美元资产的积累，再加上美国不断对外进行军事与经济扩张导致大量美元外流，美国的国际收支状况开始恶化，美元购买力持续下降，美元的信用受到质疑，先后出现了两次抛售美元抢购黄金的危机。最终，布雷顿森林体系宣告解体。

3. 布雷顿森林体系解体后的美元国际化

布雷顿森林体系解体，美元国际地位相对下降，而与此同时德国马克和日元开始崛起。1976年随着《牙买加协议》的签订，国际货币体系进入了牙买加体系下的多元化时代。布雷顿森林体系解体之后，美国积极参与国际货币体系的重构，采取各项措施促使美国从工业大国转变为金融大国，重新树立了国际上对美元的信心，巩固了美元的国际地位。美国主要采取了三方面的措施：第一，美国通过一系列反垄断措施鼓励竞争与金融创新，建立了一个高效安全的金融体系，为美元的持有者提供了良好的投资环境；第二，美国对外关系的重心转向美欧关系，美国对外投资更加注重欧洲金融市场和大型控股公司，增强美国在国际金融领域的影响力，世界金融中心也从欧洲转移到美国；第三，积极开展与发展中国家的合作，扩大美元在世界经济中的影响力。可见，布雷顿森林体系的解体并不意味着美元霸权的丧失，美元依然是国际货币体系中最重要的、最具影响力的、国际化程度最高的货币。

（二）金融危机难以撼动美元的霸权地位

虽然美国是2008年全球金融危机的始作俑者和重灾区，但是美元的霸权地位仍然难以撼动，这主要有内外两方面的原因：

（1）美国方面的原因。经历了金融危机的美国仍然是全球独一无二的超级大国，无论是经济实力、政治实力还是军事实力，美国都远远超过其他国家，所以美元依然是最具备作为国际关键货币条件的货币。

（2）其他国际货币发行国也深受金融危机的影响，无法挑战美元的地位。欧元至今还深陷欧洲主权债务的泥潭中，而日本经济从20世纪90年代以来就一直低迷，都不具备挑战美元的实力。此外，包括中国在内的新兴市场国家的货币，在短期内也无法挑战美元的国际地位。

因此，虽然此次金融危机对美元的霸权地位产生了一定的负面影响，但美元在当前以及未来的一段较长时间内，将依然是国际货币体系中的核心货币。

（三）对美元国际化的评述

美元国际化是以市场自然演进为基础，并通过第二次世界大战后国际新秩序的建立得到进一步加强的过程。通过对美元国际化历程的分析，可以得到以下几点认识：

（1）美元与英镑都是通过与黄金建立某种形式的联系而确立自身的国际地位的，但是两者并不完全相同。英镑与黄金的固定比价是通过国家内部的法律确定且由英国政府自觉遵守的，英镑在国际金本位制下并没有对外正式承诺维持英镑与黄金的比价，英镑在国际范围内被接受也是国际市场自发选择的结果；而美元与黄金的比价是通过国际协议确定下来的，美元在布雷顿森林体系下有维持美元与黄金比价的义务，其他国家货币在布雷顿森林体系下不得不接受本国货币与美元地位的不平等。

（2）美国经济的强盛造就了美元霸权，而美国又充分利用了美元霸权来推动其经济的发展，二者互相作用。美元正是凭借其在18世纪末与19世纪初几十年取得的经济上与政治上的优势地位，主导了布雷顿森林体系的建立，确立了美元霸权，并享有布雷顿森林体系给美国带来的各种好处，即使经历了布雷顿森林体系解体以及21世纪全球金融危机的打击，美国依旧是经济实力与政治实力最强的国家,美元霸权依旧无法撼动。而美元霸权又可以让美国获得各种好处,主要表现在:第一,美国可以近乎无限制地发行美元以购买全球资源和商品;第二,美国不断地向全世界借债来发展本国经济,同时主导美元贬值间接"赖债",改善美国对外净债务;第三,投资其他国家的高收益资产,却限制外国资本到美国控制企业和进行外商直接投资,尽量引导外国资本进入美国债券市场和其他金融市场,并借助庞大的美元债券市场的规模效应和锁定效应来吞噬外国政府的外汇储备。

(3)从美元国际化的条件来看,在两次世界大战之前,美元已经完全具备了国际化的条件,只是因为英镑地位的制约,美元始终无法确立其霸权。两次世界大战与经济大萧条彻底摧毁了以英镑为核心的国际货币体系,美国可以根据自己的意愿来设计战后国际货币体系的蓝图,并建立了布雷顿森林体系。布雷顿森林体系解体后,美元依旧凭借各方面的条件维持其霸权。在牙买加体系下,美元依旧享有货币国际化的各种收益,其他货币尚且无法对其构成实质性的威胁,其承担的成本也是微乎其微的,即使是金融危机以及此后的两次量化宽松政策,也没有对美元的霸权地位造成实质性的冲击。

(4)美元国际化下的许多经验还是值得借鉴的,比如建立币值稳定的货币制度和高效稳定的金融市场,并以此为基础构建以美元为核心的国际货币体系;准确把握外部环境,抓住重大历史机遇;发展以美国为核心的自由贸易网络,促使国际市场对美元形成依赖。此外,美国在维持美元的国际地位与照顾本国利益的矛盾上做到了很好的协调,历史上每次看似会对美元形成重大打击的事件,都没有对美元的地位造成实质性的影响,反而通过美元的特殊地位向全世界转嫁危机,最大限度地降低了危机对美国的损害。

【专栏1.1】　　　　　欧元的国际化路径及其评述

不同于其他货币最初只在一个国家和地区内部流通,欧元从一开始就是作为国际货币而诞生的,所以欧元并没有从国家货币走向国际货币的过程。研究欧元的国际化进程,其实就是研究欧元登上历史舞台的过程。

(一)欧元国际化的路径

从德国马克的崛起开始,为了与美苏两个超级大国相抗衡,欧洲各国以法、德为核心,寻求合作自强的道路,在最优货币区理论的指导下,历经半个世纪的努力最终推出了欧元。欧元的诞生经历了以下几个发展阶段。

1. 欧洲经济一体化——组建欧共体

1950年9月1日,欧洲16国[①]为解决相互之间的货币结算和自由兑换问题,建立了欧洲支付同盟,正式拉开了欧洲货币一体化的序幕。1957年3月25日,法国、德国、意大利、比利时、荷兰和卢森堡在罗马签订了《罗马条约》,这也是欧共体的纲领性条约。该条约确立了欧共体的基本框架——在欧洲建立一个共同市场,并要求各成员国将其经济、汇率及货币政策"看作共同关心的事情"。1965年4月8日,上述六国在比利时签署了《布

---

① 欧洲16国分别是德国、法国、英国、意大利、奥地利、比利时、丹麦、希腊、冰岛、卢森堡、荷兰、瑞典、葡萄牙、瑞士、土耳其和挪威。

鲁塞尔条约》，决定将欧洲煤钢共同体、欧洲原子能共同体和欧洲经济共同体合并，统称为欧洲共同体（European Community，EC）。

2. 欧洲经济与货币联盟的建立

20 世纪 60 年代，由于布雷顿森林体系运行的不稳定，欧共体内部货币危机频发，欧共体开始反思布雷顿森林体系的不利影响并试图进行纠正。1969 年，欧共体海牙会议提出了建立欧洲经济与货币联盟（European Economic and Monetary Union，EMU）的构想，但各国对如何建立联盟存在分歧。随后，欧共体委员会提交了一份为期十年、分三步建成 EMU 和统一货币的计划——《维尔纳计划》，为最终实现金融一体化奠定了良好的基础。1978 年 2 月 5 日，欧共体成员国①在布鲁塞尔达成协议，决定建立欧洲货币体系（European Monetary System，EMS）。

3. 《马斯特里赫特条约》的签署及欧元的诞生

1991 年 12 月，欧共体成员国在马斯特里赫特召开的首脑会议上签署了 EMU 的重要条约——《政治联盟条约》和《经济与货币联盟条约》，通称《马斯特里赫特条约》（简称《马约》），并于 1993 年生效，同时欧共体正式易名为欧洲联盟（European Union，EU），简称欧盟。从 1999 年 1 月 1 日到 2002 年 1 月 1 日，这是欧元的过渡阶段，欧元和欧元区国家货币并存，欧盟内 11 个国家的货币实现固定汇率且不可更改，各国的货币政策的权力逐渐转向欧洲中央银行。2002 年 7 月 1 日，欧元正式取代各国货币，成为唯一的法定货币。《马约》的实施是欧洲启动单一货币的重要里程碑，欧元的诞生不论是对欧盟经济一体化，还是对当代国际货币金融体系，乃至整个世界经济，都具有重要的意义。

4. 欧元区的扩大

进入 21 世纪，随着欧盟的东扩②，欧元区的东扩也积极进行，欧盟委员会 2006 年的评估报告显示，斯洛文尼亚经济已全面达标，获准于 2007 年 1 月 1 日进入欧元区。此后，塞浦路斯、马耳他两国相继通过欧盟委员会的评估验收，于 2008 年 1 月 1 日正式成为欧元区国家，欧元区成员国迅速增至 15 个。2015 年 1 月 1 日，立陶宛正式成为欧元区成员国，标志着欧元区成员国已达 19 个。

（二）欧元启动后的表现

从欧元启动以后的实际情况来看，在起步初期，欧元存在着一定的高估，美国也通过各种方式打压欧元，所以面世之后欧元兑美元的汇率一直震荡下行，从最初 1 欧元兑换 1.17 美元下跌至 2002 年 10 月的 1 欧元兑换 0.83 美元，跌幅达到 20%以上。不过欧元最终抵御了各种不利因素，汇率保持在了较为稳定的水平，欧元区经济稳定增长。在外汇市场上，欧元与美元在交易货币方面的差距依然很大。在结算货币方面，美元依然是国际贸易中最重要的结算货币，所占比重达到 67%，而欧元的份额从长期看也很难超过 30%，而且欧元在国际贸易中的使用大部分仍在欧元区国家内部，欧元区国家与其他国家和地区的贸

---

① 最初有德国、法国、意大利、荷兰、比利时、卢森堡、丹麦和爱尔兰，后来英国、西班牙和葡萄牙也相继加入。
② 2004 年 5 月，欧盟吸纳波兰、匈牙利、捷克、斯洛伐克、斯洛文尼亚、爱沙尼亚、拉脱维亚、立陶宛、塞浦路斯、马耳他 10 位新成员；2007 年 1 月，保加利亚、罗马尼亚加入欧盟；2013 年 7 月 1 日，克罗地亚正式成为欧盟成员国，至此欧盟成员国达到 28 个。

易仍然以美元结算为主。由此可见,欧元的国际化水平依然有限,并没有办法对美元地位造成实质性威胁。

(三) 对欧元国际化的评述

欧元的产生是国际货币史上的重要事件。作为国际货币的一员,欧元的国际化模式最为特殊,它是迄今为止唯一人为主动设计的国际货币。欧元国际化体现出一种人为设计和政府推动的模式,而这种人为设计和政府推动有着较为坚实的欧洲经济金融一体化的基础和实际需求。通过对欧元诞生的进程以及欧元启动后的表现的梳理,可以从欧元国际化中得到以下两点认识:

(1) 区域货币合作是实现货币国际化的一条比较可行的路径。如果从单个国家的经济实力而言,不可能出现一种可以与美元相抗衡的货币。而欧盟通过区域内各国之间的紧密协调,从区域利益最大化的角度出发,经过不懈的努力最终推出了欧元,虽然欧元目前还难以与美元相抗衡,但至少已经成功抢占了美元的一部分份额。因此,欧元给予世界其他国家的启示就是:通过实现区域内经济金融合作,逐步实现区域内的单一货币化,是那些在世界经济中比重较小的国家实现货币国际化的有效途径。然而,欧元区国家有着相似的经济发展水平、相同的政治体系和历史文化,这些都是统一货币必不可少的条件,这也是其他区域国家间很难具备的条件。

(2) 欧元从设计到诞生离不开欧盟区内部各国之间在经济与金融领域的紧密合作。区域经济合作使成员国获得了巨大的经济利益,而这又驱使各国进行更深层次的合作,在这种良性循环下欧盟内部经济一体化的程度逐渐加深——从最开始的互惠自由贸易区到共同市场,从经济一体化到最终货币一体化,最终逐渐构建了一个统一的欧洲大市场,实现了欧盟内部要素自由流动、各国货币之间汇率的稳定以及经济指标的趋同,这些都是实现统一货币的前提条件。

【专栏 1.2】 日元的国际化路径及其评述

日元的国际化不同于英镑、美元和欧元,很多时候是被当成一国货币国际化的失败案例进行探讨。然而,日元与人民币都是亚洲货币,日本与中国经济的增长模式又有某种程度的相似性,分析日元国际化的进程对人民币的国际化有着重要的借鉴意义。

(一) 日元国际化的路径

日本政府对日元国际化的态度是一个不断总结经验、自我反思和自我调整的过程,日元国际化的战略随着日本政府态度的变化而变化,日元国际化的进程分为以下三个阶段。

1. 第二次世界大战后至20世纪70年代末的消极阶段

第二次世界大战后,美国在日本推行"道奇计划",日本通货趋于稳定。虽然日本政府对金融体系进行了严格的监管,但是随着战后日本经济的复苏与发展,尤其是日本在20世纪70年代成为资本主义世界第二经济体之后,日元国际化成为日本政府不得不面对的问题。日本政府更加提倡日元计价单位职能的国际化,这主要是为了降低出口商的汇率风险,而对日元价值贮藏职能的国际化则比较消极,从中可以看出日本国内对日本能否消化日元国际化给日本经济带来的影响缺乏信心。

2. 20世纪80年代至90年代末的中立阶段

为了完善国内金融市场，放松金融管制，日本修改了外汇法，其基本原则是"原则自由，有事规制"（原先是"原则禁止"）。1980年，修改后的《外汇及外贸管理法》正式实施，金融机构的外汇交易原则上实现了自由交易，日元也可以更多地承担国际结算职能。20世纪70年代后期，美国经常项目开始出现巨额逆差，其中对日本的逆差尤为突出，日美贸易摩擦日益激化。为了扭转不断扩大的贸易逆差，美国政府不断给日本施加压力，要求日本加快金融市场和资本市场自由化以及日元国际化的步伐。从1985年开始，日本经济进入了一个大调整时期。经过一系列的改革，日元的国际地位有了很大程度的提高，但进入20世纪90年代后，由于日本经济长期低迷，日元国际化反而出现了一定程度的倒退。这一时期的日元国际化虽然是在以美国为主的外界压力下进行的，但是相对前一期而言，日本政府还是采取了一些比较积极的措施。总体而言，这一时期日本政府对日元国际化的态度还是比较中立的。

3. 20世纪90年代末至今的积极阶段

亚洲金融危机给包括日本在内的亚洲国家的经济和金融体系造成了巨大冲击，亚洲各国开始探讨如何改革国际金融体制，加强区域货币合作以有效应对外部经济冲击，规避金融风险。日本政府深刻体会到稳定汇率对本国经济的重要性，欧元的诞生也让日本产生了强烈的危机感，开始把日元国际化的战略重心转向亚洲地区，希望树立日元亚洲区域关键货币的地位，并以此为依托向其他地区渗透。在这一阶段，日本政府对日元国际化的态度明显要比前两个阶段积极。1997年，在世界银行和国际货币基金组织的年会上，日本提出了建立亚洲货币基金（Asian Monetary Fund，AMF）的构想，但由于AMF的建立损害到美元在亚洲地区的地位和IMF的权威，所以这个提议很快就被美国和IMF否定。1998年，日本又提出"新宫泽构想"，倡议建立总额为300亿美元的亚洲基金。这一构想不仅受到金融危机国家的欢迎，美国和IMF也表示支持。与此同时，日本充分利用分化策略，削弱其他国际货币的实力，提升日元的国际地位。

（二）对日元国际化的评述

（1）从日元国际化的进程可以看出，日本政府在相当长一段时间对日元国际化本身的态度并非很坚决。这主要是因为日元并不具备美元那样完备的国际化条件，虽然日本经济长期位居世界第二，但其政治势力与经济实力的巨大反差也导致了日元国际化的条件并不成熟，所以日本政府对于日元国际化采取的是逐步缓慢推进的方法，避免因为步伐过快而给日本经济造成太大的冲击。日本政府在相当长一段时期内对日元国际化持消极态度和被动态度的另一个重要原因是日本的经济结构，即第二次世界大战后在日本经济逐步形成了一个以外向型经济为主、严重依赖海外市场的经济结构。在这种情况下推进日元国际化意味着开放日本金融市场，让日元升值，这显然与日本政府的经济政策相冲突。

（2）在日元国际化的收益与成本上，从短期看，日元国际化似乎是成本大于收益，日本并没有从日元国际化中获得更多的好处，反而因为日元的大幅升值给出口贸易造成了沉重的打击；虽然不能说日本长期的经济萧条是由于日元国际化造成的，但是日元的升值一定程度上加重了日本经济的萧条。然而，从长期看，日元国际化还是能给日本带来更多的收益，否则日本政府也不会转而采取比较积极的态度。对于一个经济实力强大而政治地位偏弱的国家来说，通过日元国际化加强日本在亚洲地区甚至是整个世界的政治地位就是最大的收益。

（3）日元国际化最明显的特征就是政府推动，但从实际效果看，日元当前的地位与日本政府的预期还有很大的差距，主要原因有：第一，经济长期萧条。强大的经济实力是推行货币国际化的重要条件，日本自20世纪90年代进入了"失去的十年"，即使进入21世纪，经济增长的颓势也没有得到根本扭转，日本经济的低迷影响了境外持有者对日元的信心，从而制约了日元国际地位的提升。第二，日元未能摆脱美元的影响。第二次世界大战后，日本从经济开始复苏时就受到美国的牵制，在日元国际化的三个阶段中，可以说前面两个阶段都是迫于压力被动完成的，即使是在日本积极推进日元国际化的第三阶段，日元也一直处于美元的阴影下。第三，日本缺乏与亚洲的合作。日本历来不屑于与亚洲国家为伍，一度以"脱亚入欧"为主导思想，所以早期的日元国际化战略中很少考虑与亚洲国家间的合作，采取的是"单边推进"的模式。亚洲金融危机的教训和欧元的成功经验使日本意识到亚洲对于日本国家经济战略的重要性。

本章小结

国际货币是指在国际上能够执行交易媒介、计价单位、支付手段和储备手段职能的货币。根据其执行上述职能的多少即货币国际化程度的不同，可将国际货币分为准国际货币、关键国际货币和超主权国际货币。

国际货币的演变经历了由低级形态到高级形态的发展过程，即国际实物货币、国际金属货币、国际信用货币以及数字货币。一国货币充当国际货币的条件是国际货币必须是可兑换货币，发行国际货币的国家要有强大的经济实力和政治基础，并且币值稳定，拥有发达的金融市场。

所谓货币国际化，是指一国货币逐步成为国际货币的过程。影响一国货币国际化的主要因素有经济因素、历史因素以及政治、军事因素。货币国际化主要的收益有：国际铸币税收益、贸易条件的改善、非对称的政策优势、金融体系的完善以及国际政治上的收益等。货币国际化的成本主要有："特里芬难题"对国际货币地位的自我削弱、增大宏观调控的难度、金融稳定成本的增加以及汇率调整上的劣势等。

世界主要国际货币如美元、英镑、欧元、日元等的国际化路径并不完全相同，其对人民币国际化带来的主要启示也不尽一样。

本章重要概念

铸币；信用货币；国家货币；国际货币；关键国际货币；世界货币；货币国际化；本位

货币；特里芬难题；国际铸币税；国际货币的非中性；国际货币供给的外生性与内生性。

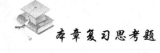

本章复习思考题

1. 什么是国际货币？试述国际货币形态的演变历程。
2. 国际货币的基本职能有哪些？它与一国货币的基本职能有何区别？
3. 货币国际化的含义是什么？一国货币国际化的主要条件有哪些？
4. 货币国际化的成本与收益有哪些？
5. 美元国际化的基本路径与经验有哪些？
6. 试述美元霸权的形成与演变。
7. 欧元国际化的基本路径与经验有哪些？
8. 英镑国际化的基本路径与经验有哪些？
9. 日元国际化的基本路径与经验有哪些？

第二章 外汇与汇率

本章学习目标

理解外汇与汇率的概念；掌握汇率的标价方法和基本分类；熟悉汇率折算的基本方法；掌握汇率决定与变动的影响因素；熟悉汇率变动对一国经济产生的主要作用；掌握西方主要汇率理论的基本内容。

在世界范围内，本币只是众多主权货币中的一种。对于本国居民来说，本币之外的其他货币均称为外币。在实际的国际交往中，本币不再像其在国内那样拥有法定货币的身份，即它并不一定能够得到其他国家或地区的认可或接受。在此情况下，就存在着本币与外币之间的兑换问题，即汇率问题。在开放经济条件下，汇率既是影响一国经济发展的基本经济变量，又是联系国内外商品市场和金融市场的纽带，汇率的变动或波动对于本国经济或他国经济均会产生诸多方面的影响。

第一节 外 汇

一、外汇的概念

在国际金融领域中，"外汇"（Foreign Exchange）是一个重要的基本范畴，因为它已成为各国从事国际经济活动不可缺少的媒介。在历史上，"外汇"是"国际汇兑"（International Exchange）的简称。在国际经济交易和国际支付过程中，由于各国货币制度的不同，所以国际债权债务的清偿需要用本币与外国货币相兑换。这种兑换过程通常由银行来办理，往往不必用现金支付，而是由银行之间通过不同国家货币的买卖来结算，银行的这种国际清偿业务就叫国际汇兑。可见，这是一个动态概念，是指一种汇兑行为。所谓"兑"，是指把一个国家的货币兑换成另一个国家的货币；所谓"汇"，是指货币资金在地域之间的移动，即以汇款或托收的方式，借助于各种信用流通工具对国际债权债务关系进行非现金结算的专门性经营活动。例如，我国某进出口公司从美国进口一批机器设备，双方约定用美元支付，而我方公司只有人民币存款，为了解决支付问题，该公司用人民币向中国银行购买相应金额的美元汇票，寄给美国出口商，美国出口商收到汇票后，即可向当地银行兑取美元。这样一个过程就是国际汇兑，也就是外汇的最原始概念。

随着世界经济的发展，国际经济活动日益活跃，国际汇兑业务也越来越广泛，"国际汇兑"逐渐由一个动态概念演变为国际汇兑过程中的国际支付手段这样一个静态概念，从而形成了目

前外汇的一般静态定义,即外汇是指外币或用外币表示的可用于国际结算的支付手段。在这个一般定义的基础上,各国政府或国际组织对外汇的界定又略有不同。

国际货币基金组织(IMF)对外汇的界定是这样的:"外汇是货币行政当局(中央银行、货币管理机构、外汇平准基金组织以及财政部)以银行存款、财政部债券、长短期政府债券等形式所持有的在国际收支逆差时可使用的债权。"显然,从这个解释中可看出,国际货币基金组织特别强调外汇应具备弥补国际收支逆差的能力以及中央政府的持有性,并且将一国居民所持有的外币债权排斥于外汇概念之外。显然,这一界定主要强调了外汇的官方持有性。

根据《中华人民共和国外汇管理条例》(2008年8月修订)第一章第三条的规定,我国将外汇界定为"以外币表示的可以用作国际清偿的支付手段和资产",具体包括:①外币现钞,包括纸币、铸币;②外币支付凭证或者支付工具,包括票据、银行存款凭证、银行卡等;③外币有价证券,包括债券、股票等;④特别提款权;⑤其他外汇资产。显然,这一定义主要强调了外汇的外币资产范围。

综合来说,狭义上的静态外汇概念应具有以下几个特征:

(1)外币表示性。外币表示性即外汇必须是以外币计值表示的金融资产或支付手段,而用本币计值表示的金融资产或支付手段则不属于外汇。例如,美元虽然是国际支付中最常用的外汇,但对美国人来说,即使用美元对外进行的收付都不算是动用了外汇,而只有对美国以外的国家来说,美元才算是外汇。

(2)可兑换性。可兑换性即外汇必须是不受限制地可以自由兑换成其他货币或购买其他信用工具的外币资产。从这个意义上说,外国货币不一定都是外汇,只有那些能够自由兑换成其他国家的货币且能够不受限制地存入该国商业银行普通账户的外国货币才算作外汇。一般而言,一国货币是不能够在另一国内直接流通的,为了清偿国际的债权债务关系或实现某一形式的单方面转移(如经济援助、无偿捐款与侨民汇款等),一种货币只有能够不受限制地兑换成别国货币或其他支付手段,才能被其他国家普遍接受为外汇。从实际情况看,能够充当外汇的外国货币只能是国际货币。例如,美元、欧元、日元、英镑等是世界上主要的国际货币,无疑它们也是其他国家的主要外汇;而人民币目前还不是真正意义上的国际货币,所以人民币还不具有世界主要外汇的地位。

(3)普遍接受性。普遍接受性即外汇能够被其他国家普遍接受和广泛承认,拥有外汇的国家可以随时在国际市场上用它购买外国商品或服务。一国拥有外汇的目的是为了购买货币所在国的商品或服务,从这个意义上说,外汇本质上是一种对外国商品或服务的要求权,拥有外汇的多少意味着可支配外国资源能力的大小。

(4)可偿付性。可偿付性即外汇必须是在国际上能够得到真正偿付的债权。空头支票、拒付的汇票等均不能视为外汇,否则国际汇兑的过程也就无法进行。同时,在多边国际结算制度下,在国际上得不到偿付的债权显然是不能用作本国对第三国债务的清偿的,因此外汇的偿付必须有可靠的物质保证。

二、外汇的种类

根据不同的标准,可将外汇划分为不同的类型。

（1）根据外汇的来源和用途，外汇可分为贸易外汇与非贸易外汇。贸易外汇是指通过出口贸易而取得的外汇或开展进口贸易时所使用的外汇；相应地，非贸易外汇主要是指实现国际服务、旅游、侨汇、捐款以及援助形式时的外汇和属于国际资本流动性质的外汇等。

（2）根据外汇自由兑换程度的差异，外汇可分为自由外汇和记账外汇。所谓自由外汇，是指不需货币发行国的批准，就可以随时自由兑换成其他国家货币，用于向对方或第三国办理支付的外国货币及其支付手段。根据国际货币基金组织提供的资料，目前有四十多个国家和地区的货币是可自由兑换的货币。其中，主要包括美元、英镑、欧元、日元、瑞士法郎、加拿大元、港币等。所谓记账外汇，又称双边外汇或协定外汇，是指不经货币发行国的批准，不能自由兑换成其他货币，或用于对第三国支付的外汇。该种外汇只能在一定条件下可以作为两国交往中的清算工具。例如，我国曾与苏联、东欧及部分第三世界国家签订有关支付协定，规定双方进出口货款仅在双方指定银行的账户上记载，使用本币、对方货币或者第三国货币，在规定时期集中冲销双方债权债务，有关差额双方协商处理。这种在双方银行账户中记载的外汇，既不能兑换成自由外汇，也不能转给第三国使用，故称之为记账外汇。

（3）根据外汇币值的走势强弱，外汇可分为硬通货和软货币。所谓硬通货，是指在国际金融市场上的国际地位日益增强且币值具有走强趋势的外汇；与之相反，所谓软货币，是指在国际金融市场上的国际地位日益削弱且币值具有走低趋势的外汇。

另外，根据外汇交易时的交割期限不同，外汇可分为即期外汇与远期外汇；根据外汇管理对象的不同，外汇可分为居民外汇与非居民外汇等。

三、外汇的作用

外汇在促进国际贸易与国际经济关系发展中具有重要作用，具体表现在以下几方面：

（1）外汇是国际购买手段，可以使国际上商品与服务交易成为可能。随着国际贸易和银行经营业务的不断发展，外汇成为国际购买手段而被各国普遍接受。一国如果掌握大量外汇，就意味着拥有大量的国际购买力，该国可以运用所持有的外汇在国际市场上购买本国所需要的各种商品与服务，从而使不同国家之间货币购买力在国际上的转移成为现实。外汇作为国际购买手段，大大扩展了国际商品与服务的范围，促进了国际经济交往。

（2）外汇是国际支付手段，可以避免在国际结算中使用黄金，节约非生产费用。进行国际贸易的双方可以通过银行买卖用作国际结算主要支付手段的外汇，使国际债权债务关系得以清偿。外汇作为国际支付手段，不仅弥补了黄金作为支付手段存在的数量有限、开采及运送费用大、容易失窃等缺陷，还大大缩短了支付时间，加速了资金周转，从而促进了国际贸易的发展。

（3）外汇是国际储备手段，可以弥补国际收支逆差。当今世界各国普遍把外汇作为一项重要储备资产，以备调节国际收支、维护汇率稳定、提高国家对外信誉之用。因此，外汇收入及其储备的增加，对于稳定本币币值与外汇汇率、保持国际收支平衡、提高一国经济实力与对外地位、增强一国对外借债信誉与偿还能力等都具有重要作用。

（4）外汇是国际信用手段，可以调节国际上的资金余缺，促进货币信用的国际化。由于世界各国经济发展的不平衡，资金余缺情况不同，因而在国与国之间产生了调节资金余缺的客观需要。一方面，一些发达国家存在着大量过剩资金，迫切需要寻求出路；另一方面，许多发展中国家资金严重短缺,迫切需要引入资金。实现国际上资金余缺的相互调节,必须依靠外汇这种支付手段。同时,通过经营外汇业务的银行,并通过各国银行业务的相互联结,可以把国内银行信用扩展为国际银行信用,从而促进货币信用的国际化,方便国际上资金余缺的调节。

第二节 汇率及其标价方法

一、汇率的概念

在国际经济交易中,一种货币与另一种货币按照什么样的比价进行兑换?这涉及国际金融领域中一个最重要的基本概念,即汇率。所谓汇率(Exchange Rate),是指一国货币兑换成另一国货币时的价格,或者一国货币用另一国货币所表示时的价格。换句话说,汇率就是两种不同货币之间的比价或兑换比率,故又称为汇价或兑换率。可见,汇率属于一个"价格"的范畴,它虽然与一般商品的价格具有许多相似之处,但它又是一种特殊的价格,即"货币"的价格,因而这种"特殊的价格"具有以下特点:

(1)汇率是一种特殊的价格指标。它通过对其他价格变量的作用而对一国经济社会具有特殊的影响力。作为货币的特殊价格,汇率成为本币与外国货币之间价值联系的桥梁,在本国物价和外国物价之间起着一种纽带作用,它首先会对国际贸易产生重要影响,同时也对本国的经济结构产生影响,因为汇率的高低会影响资源在出口部门和其他部门之间的配置关系。

(2)汇率是两国货币之间的兑换比率。在数量上,它是一国货币等于若干单位的其他国货币。即在国际范围内,一国货币的对外价值(或所代表的价值)的多少只能通过另一国货币表现出来。因此,汇率的大小与其对外价值之间具有密切的关系。

(3)汇率是一国国民经济发展中的基本经济变量。它对其他经济变量有着重要的影响,不仅影响经济社会的实体部门,而且也对货币部门具有特殊的影响力,这是其他价格指标所不具备的。

二、汇率的标价方法

汇率的标价方法亦即汇率的表示方法。由于汇率是两国货币之间的兑换比率,这就使得汇率的表示具有双向特征,一方面可用本币表示外币的价格,另一方面也可用外币表示本币的价格。在不同的汇率标价方法下,汇率的上升与下降代表着不同的含义。在具体表示时,因所选择的基准货币不同,于是就产生了不同的标价方法,即直接标价法和间接标价法。

(一)直接标价法

所谓直接标价法(Direct Quotation),又称应付标价法(Giving Quotation),是指以一定单位的外国货币为基准,将其折算为一定数额的本币来表示汇率的一种方法。在这种标价方法下,外币为基准货币,其数额固定不变(一般为1、100或1000个单位),汇率的涨跌以本币数额的变化来表示,即以一定单位的外币为基准计算其应值多少本币,本币为标价货币。因此,一定单位外币所折算的本币数量越多,表示汇率上涨,说明外币升值、本币贬值;反之,一定单位外币所折算的本币数量越少,表示汇率下降,说明外币贬值、本币升值。可见,在直接标价法下，汇率的上升或下降与外币价值的变化是同方向的，与本币价值的变化是反方向的。目前，国际上绝大多数国家均采用直接标价方法，我国人民币也采用直接标价法。直接标价法的形式如表2.1和表2.2所示。

表2.1 中国银行外汇牌价 单位：元

货币名称	现汇买入价	现钞买入价	现汇卖出价	现钞卖出价	中行折算价	发布日期
阿联酋迪拉姆		176.15		188.93	183.01	2019-04-13
澳大利亚元	479.3	464.41	482.83	484.01	478.93	2019-04-13
巴西里亚尔		165.77		181.31	174.22	2019-04-13
加拿大元	501.35	485.52	505.05	506.27	502.64	2019-04-13
瑞士法郎	666.29	645.73	670.97	673.18	670.33	2019-04-13
丹麦克朗	101.08	97.96	101.9	102.18	101.42	2019-04-13
欧元	755.05	731.58	760.61	762.3	757.07	2019-04-13
英镑	873.47	846.33	879.9	882.04	877.75	2019-04-13
港币	85.32	84.64	85.66	85.66	85.69	2019-04-13
印尼卢比		0.045 9		0.049 3	0.047 5	2019-04-13
印度卢比		9.109 3		10.272 1	9.736 3	2019-04-13
日元	5.965 9	5.780 5	6.009 7	6.013	6.023	2019-04-13
韩国元	0.588 5	0.567 9	0.593 3	0.614 8	0.589	2019-04-13
澳门元	83	80.22	83.33	86	83.3	2019-04-13
林吉特		164.16		165.65	163.32	2019-04-13
挪威克朗	78.63	76.21	79.27	79.49	78.81	2019-04-13
新西兰元	451.74	437.8	454.92	460.49	452.08	2019-04-13
菲律宾比索	12.92	12.52	13.02	13.63	12.92	2019-04-13
卢布	10.38	9.74	10.46	10.86	10.4	2019-04-13
沙特里亚尔		173.81		182.86	179.23	2019-04-13
瑞典克朗	72.05	69.83	72.63	72.83	72.43	2019-04-13
新加坡元	493.84	478.6	497.3	498.79	495.57	2019-04-13
泰国铢	21.01	20.36	21.17	21.82	21.11	2019-04-13
土耳其里拉	115.83	110.16	116.77	131.74	117.23	2019-04-13
新台币		20.98		22.63	21.77	2019-04-13
美元	669.24	663.8	672.08	672.08	672.2	2019-04-13
南非兰特	47.86	44.18	48.18	51.86	47.97	2019-04-13

注：表中数据为每100单位外币所兑换的人民币数额。
资料来源：中国银行全球门户网站（https://www.boc.cn）。

表2.2 中国银行驻新加坡分行的外汇牌价 单位：新加坡元

货币 (Currency)	汇买价 (Telegraphic Transfer Buying Rate)	汇卖价 (Telegraphic Transfer Selling Rate)	钞买价 (Cash Buying Rate)	钞卖价 (Cash Selling Rate)	发布时间 (Update)
AUD	0.96 067 8	0.98 667 8	0.95 867 8	0.98 867 8	2019-04-13
CAD	1.00 747 8	1.02 597 8			2019-04-13

续表

货币 （Currency）	汇买价 （Telegraphic Transfer Buying Rate）	汇卖价 （Telegraphic Transfer Selling Rate）	钞买价 （Cash Buying Rate）	钞卖价 （Cash Selling Rate）	发布时间 （Update）
CHF	1.34 304 7	1.36 304 7			2019-04-13
CNY	0.20 054 2	0.20 314 2	0.19 884 2	0.20 314 2	2019-04-13
EUR	1.51 969 1	1.54 369 1	1.51 769 1	1.54 569 1	2019-04-13
GBP	1.75 706 5	1.78 406 5	1.72 006 5	1.82 006 5	2019-04-13
HKD	0.17 157 1	0.17 377 1	0.17 137 1	0.17 397 1	2019-04-13
JPY	0.01 195 3	0.01 225 3			2019-04-13
NZD	0.90 379 3	0.92 979 3			2019-04-13
USD	1.346 4	1.362 4	1.344 4	1.364 4	2019-04-13

注：表中数据为每1单位外币所兑换的新加坡元数额。

资料来源：中国银行全球门户网站（https://www.boc.cn）。

（二）间接标价法

所谓间接标价法（Indirect Quotation），又称应收标价法（Receiving Quotation），是指以一定单位的本币为基准，折算为一定数额的外国货币来表示汇率的一种方法。在这种标价法下，本币为基准货币，其数额固定不变（一般为1、100或1000个单位），汇率的涨跌是以外国货币数额的变化来表示，即以本币为标准计算其应收多少外币，外币为标价货币。因此，一定单位本币折算的外币越多，表示汇率上升，说明本币升值、外汇贬值；反之，一定单位本币折算的外币越少，表示汇率下降，说明本币贬值、外汇升值。与直接标价法相反，在间接标价法下，汇率的上升或下降与本币价值的变化是同方向的，与外币价值的变化是反方向的。目前，主要是英国和美国采用间接标价法。

直接标价法和间接标价法都是针对本币与某种外币之间的双边兑换关系而言的，其适用的范围主要是一国国内的商业银行面对其顾客时所使用的外汇标价方法，这样可以直观地看出本币汇率的变化情况。然而，对于本币以外的其他货币之间的兑换关系则无法使用上述两种基本标价法来判断。针对国际外汇市场上不同外币之间的兑换关系，通常采用另一种习惯做法，即美元标价法。

（三）美元标价法

所谓美元标价法，是指以一定单位的美元作为基准来计算其应兑换多少其他货币的汇率表示方法。其特点是：将美元作为基准货币，其美元数额单位保持不变，汇率的变化通过其他货币数额的变化来表示。这时，汇率的涨跌与美元价值变化是同方向的，与其他货币价值的变化是反方向的。目前，美元标价法已普遍使用于世界各大国际金融中心，其根本原因在于当今的国际金融领域中美元仍然是最重要的国际货币。当然，美元标价法与上述两种基本标价法之间并不矛盾，只是其使用的范围不同而已。如在一国范围内，商业银行可根据两种基本标价法进行报价，报出本币与其他外币之间的牌价；如在国际范围内，需要计算美元以外的两种货币之间的汇率，则可通过美元标价法即其各自对美元的汇率进行套算。因此，在讨论某种货币的汇率涨跌时，应首先明确其属于哪种范围的情况才有针对意义。

三、汇率的种类

按照不同的标准，可将汇率进行如下分类。

（一）根据汇率计算的方法，可将汇率分为基本汇率和套算汇率

由于外币种类很多，一国在制定本币的对外汇率时，如果逐一地根据它们的实际价值进行对比来确定，既麻烦也没有必要。一般的做法是，在众多的外币中选择一种货币作为基准货币，根据本币与这种基准货币的兑换关系，计算出对它的汇率，称为基本汇率（Basic Rate），然后其他外币与本币之间的汇率就可以通过基本汇率与国际金融市场行情进行套算，这样得出的汇率称为套算汇率（Cross Rate）或交叉汇率。可见，一国所确定的汇率是否合理在很大程度上取决于其对基准货币的选择合理与否。一般来说，选择基准货币时要遵循三个原则：①必须是该国国际收支中，尤其是在该国国际贸易中使用最多的货币；②必须是在该国外汇储备中所占比重最大的货币；③必须是可自由兑换的、在国际上可被普遍接受的货币。由于美元在国际上的特殊地位，多数国家都选择美元作为基准货币，而把对美元的汇率作为基本汇率。

（二）根据银行买卖外汇的方向，可将汇率分为买入汇率、卖出汇率和中间汇率

买入汇率（Buying Rate）或买价是指外汇银行从客户手中买进外汇时所采用的汇率。卖出汇率（Selling Rate）或卖价是指外汇银行卖给客户外汇时所采用的汇率。中间汇率（Middle Rate），又称中间价，是指买入价和卖出价的算术平均数，即中间价＝（买入价+卖出价）/2。中间汇率不是外汇买卖的执行价格，通常报纸杂志、电台、电视公布的汇率都是中间价，它常被用作分析汇率的指标。另外，银行在对外挂牌公布汇率时，还需另注明外币现钞汇率（Bank Notes Rate），这主要是因为一般国家都规定外币现钞不能在国内直接流通，只有将外币现钞兑换成本币才能使用，所以就产生了买卖外币现钞的兑换率，即现钞汇率。由于外币现钞需要运到各发行国去，在运输现钞过程中需要花费一定的保险费与运费，所以银行购买外币现钞的价格通常略低于购买外币现汇的价格，而卖出外币现钞的价格通常和外币现汇的卖出价基本相同。

注意：在外汇牌价中，外汇的买价与卖价都是从外汇银行交易的角度说的，由于标价方法不同，买价和卖价的位置也不同。在直接标价法下，汇率数值的大小与外汇价值的高低变化是同向的，因此，买价在前、卖价在后。例如，某日我国的外汇牌价中，1 USD= 8.2645~8.2893 RMB，"8.2645"代表我国银行买入外汇时采用的汇价，"8.2893"代表我国银行卖出美元外汇时所采用的汇价。相反，在间接标价法下，第一个数字表示卖价，第二个数字表示买价。在实践中，汇率通常表示到小数点的后4位，小数点的第四位数为"个数基点"，一个"基点"相当于万分之一，即1个基点=0.0001，以此类推。

（三）根据汇率的用途，可将汇率分为单一汇率和多重汇率

所谓单一汇率（Single Rate），是指一国货币对某种外币只有一种汇率，各种国际收支都按这一种汇率结算。所谓多重汇率（Multiple Rate），是指一国货币对某种外国货币的比价因用途

或交易种类的不同而规定有两种或两种以上的汇率，又称复汇率。这种复汇率安排方式多在发展中国家实行，其主要目的是为了某些特殊的经济利益，如鼓励出口、限制资本流入等。例如，根据外汇资金的用途可实行贸易汇率（Commercial Rate）和金融汇率（Financial Rate）。贸易汇率是指用于进出口贸易及其从属费用方面支付结算的汇率。金融汇率是指用于资本移动、旅游和其他非贸易收支方面支付结算的汇率。一般来说，一国在实行这种复汇率时，金融汇率要比贸易汇率高一些，这样，一方面可以达到鼓励出口、改善贸易收支的目的，另一方面可以控制国际资本流动对本国国际收支和经济发展所带来的冲击。

（四）根据汇率与币值的关系，可将汇率分为名义汇率、实际汇率和有效汇率

所谓名义汇率（Normal Exchange Rate），又称现实汇率，是指现实外汇市场上由外汇供求关系决定的两种货币之间的汇率。名义汇率通常是指社会经济生活中被直接公布使用的一种汇率，它只是外汇银行进行外汇买卖时所使用的汇率，并不能完全反映两种货币实际所代表的价值量的比值。

所谓实际汇率（Real Exchange Rate），又称真实汇率，是指将名义汇率按两国同一时期的物价指数调整之后得到的汇率。二者的关系可表示为

$$e_r = e \frac{p^*}{p} \tag{2-1}$$

式中：e_r 为实际汇率；e 为名义汇率；p^* 为外国物价指数；p 为国内物价指数。由式（2-1）可以看到，实际汇率主要反映了汇率变动与两国通货膨胀率的偏离程度，旨在解释通货膨胀对名义汇率的影响。实际汇率的另一种含义是名义汇率用财政补贴和税收等因素调整后得到的汇率，即实际汇率=名义汇率±财政补贴和税收减免，它在研究汇率调整、倾销调查与反倾销措施、考察货币的实际购买力时，常常被用到。

所谓有效汇率（Effective Exchange Rate），又称有效汇率指数或汇率指数（Exchange Rate Index），是一种以某个变量为权重计算的各种双边汇率的加权平均汇率指数，其权重通常用一国与样本国双边贸易额占该国对所有样本国全部对外贸易额比重来表示。有效汇率可以综合反映其货币对一篮子货币是升值还是贬值的情况。有效汇率是一个非常重要的经济指标，以贸易比重为权数计算的有效汇率所反映的是一国货币汇率在国际贸易中的总体竞争力和总体波动幅度。具体计算公式为

$$A币的有效汇率 = \sum_{i=1}^{n} A国货币对i国货币的汇率 \times \frac{A国同i国的贸易值}{A国的全部对外贸易值} \tag{2-2}$$

有效汇率主要反映了一国在某一报告期内加权平均汇率与基期汇率的变动程度，通常用于度量一国商品贸易的国际竞争力，也可以用作研究货币危机的预警指标，还可以用于研究一个国家相对于另一个国家居民生活水平的高低。有效汇率通常区分为名义有效汇率和实际有效汇率。比较有影响的名义有效汇率指数有 IMF 编发的多边汇率模型指数（Multilateral Exchange Rate Model Index, MERM 指数）和美国联邦储备委员会编发的多边贸易加权的有效汇率指数（Multilateral Trade-weighted Effective Exchange Rate）。在实际中，一国的产品出口到不同的国家可能会使用不同的汇率，而且一国货币在对某种货币升值时也可能同时在对另一种货币贬值。

即使该种货币同时对其他货币贬值或升值,其幅度也不一定完全一致。因此,从 20 世纪 70 年代末起,人们开始使用有效汇率来观察某种货币的总体波动幅度及其在国际经贸和金融领域中的总体地位。

(五)根据外汇的支付方式,可将汇率分为电汇汇率、信汇汇率和票汇汇率

电汇汇率(Telegraphic Transfer Rate,T/T Rate)是指经营外汇业务的本国银行在卖出外汇后,开具付款委托书,即以电报或电传方式将付款委托书传递给其国外分支机构或代理行,委托其付款给收款人所使用的一种汇率。由于电汇付款快,银行无法占用客户资金头寸,再加上国际电报费用较高,所以电汇汇率通常高于其他汇率。但是电汇调拨资金速度快,有利于加速国际资金周转,因此电汇在外汇交易中占有极大的比重。在现代国际业务中基本上以电汇业务支付结算,因而电汇汇率是基础汇率,其他汇率都是以电汇汇率为基础来计算的,西方外汇市场上所显示的汇率多为银行的电汇汇率。

信汇汇率(Mail Transfer Rate,M/T Rate)是指经营外汇业务的本国银行在卖出外汇后,开具付款委托书,即以信函方式通过邮局将付款委托书寄给其国外分支机构或代理行,委托其付款给收款人所使用的一种汇率。由于付款委托书的邮递需要一定的时间,银行在这段时间内可以占用客户的资金,再加上信汇业务具有收付时间慢、安全性低、交易费用低的特点,因此,信汇汇率通常低于电汇汇率。

票汇汇率(Demand Draft Rate,D/D Rate)是指经营外汇业务的本国银行在卖出外汇后,开立一张由其国外分支机构或代理行付款的汇票交给汇款人,由汇款人自带或寄往国外付款行然后取款所使用的一种汇率。由于票汇从卖出外汇到实际支付外汇会有一段较长的间隔时间,银行在这段时间内可以占用客户的资金头寸,所以票汇汇率一般比电汇汇率低。票汇汇率根据票汇支付期限的不同,又可分为即期票汇汇率和远期票汇汇率。即期票汇汇率(On Demand Rate)是银行买卖即期外汇的汇率,比电汇汇率要低,大致同信汇汇率相当。远期票汇汇率(On Forward Rate)是银行买卖远期票汇的汇率。由于远期票汇比即期票汇交付的时间更长一些,所以其汇率比即期票汇汇率又低一些。

(六)根据外汇的交割期限,可将汇率分为即期汇率和远期汇率

即期汇率(Spot Rate),也称现汇汇率,是指买卖外汇的双方在成交后的两个营业日办理交割手续时所使用的汇率。所谓外汇买卖交割,是指按照协议约定将卖出的货币划入对方指定账户的处理过程,即外汇购买方付出本币,外汇出售方付出外汇的行为。

远期汇率(Forward Rate),也称期汇汇率,是指买卖外汇成交后签订外汇交易合同,按约定的时间进行交割所使用的汇率。买卖远期外汇的期限一般为 1、3、6、9、12 个月等。远期汇率的报价通常有两种形式:一是直接报出远期外汇的买价和卖价,这种直接报价法用于银行与一般客户之间;二是以远期差价表示的报价法,用于银行同业之间,是在即期汇率的基础上加减一定差额形成的,这个差额就称为远期差价(Forward Margin),即

$$远期汇率 = 即期汇率 \pm 远期差价 \qquad (2\text{-}3)$$

远期差价用升水(at premium)、贴水(at discount)和平价(at par)来表示。升水表示远期汇率高于即期汇率;贴水表示远期汇率低于即期汇率;平价表示远期汇率等于即期汇率。

由于汇率的标价法不同，按远期差价计算远期汇率的方法也不同。在直接标价法下，远期升水时，远期汇率等于即期汇率加升水；远期贴水时，远期汇率等于即期汇率减贴水。具体可用下面的公式表示：

远期汇率=即期汇率+升水

远期汇率=即期汇率-贴水

而在间接标价法下，远期升水时，远期汇率等于即期汇率减升水；远期贴水时，远期汇率等于即期汇率加贴水。可用下面的公式表示：

远期汇率=即期汇率-升水

远期汇率=即期汇率+贴水

但在实际中，计算远期汇率时，可以不必考虑汇率的标价方式及升水还是贴水，仅根据升水或贴水的排列情况即可进行计算。若远期差价以"小/大"排列，则远期汇率=即期汇率+远期差价；若远期差价以"大/小"排列，则远期汇率=即期汇率-远期差价。

除上述分类外，按照汇率波动的幅度可将汇率分为固定汇率与浮动汇率。固定汇率是指汇率基本上是固定不变的或只在规定的很小幅度内变动。浮动汇率是指汇率波动幅度不受限制，而是随外汇市场供求情况自由涨落。本部分的相关内容将在下一章中详述。

第三节 汇率的折算

在日常的外汇业务中，最基本的业务就是不同货币的汇率之间如何进行折算或换算。这里主要介绍一些比较常见的汇率折算方法。

一、即期汇率的折算

（一）外币/本币的汇率折算为本币/外币的汇率

所谓"外币/本币"，即一单位外币等于多少本币。这时外币为基准货币，本币为标价货币。所谓"本币/外币"，即一单位本币等于多少外币。这时本币为基准货币，外币为标价货币。显然，在折算时，二者是倒数关系，即 1 单位外币=N 单位本币，则 1 单位本币=1/N 单位外币。

【例 2.1】 在中国外汇市场上，某日的人民币兑美元汇率中间价为 1 美元=6.152 3 元人民币，则 1 元人民币=1÷6.152 3=0.162 5 美元。

如果汇率报价不是中间价而是买入价和卖出价（一般情况下，买入价在前，卖出价在后），在折算时，本币/外币的买入价等于外币/本币卖出价的倒数，而本币/外币的卖出价等于外币/本币买入价的倒数。

【例 2.2】 在中国外汇市场上，某日的人民币兑美元汇率为 1 美元=6.202 6～6.227 4 元人民币，则 1 元人民币=1÷6.227 4～1÷6.202 6=0.160 6～0.161 2 美元。在国际外汇市场上，通常用"斜线"隔开不同的汇率，即斜线左边为买入价，斜线右边为卖出价，则上述汇率可表示为 1 美元= 6.202 6/6.227 4 元人民币，或 1 元人民币=0.160 6/0.161 2 美元。

（二）本币/未挂牌外币的汇率或未挂牌外币/本币的汇率

其计算方法主要分为三步：

第一步，在本国外汇市场上查出本币对已挂牌的某一主要国际货币（如美元、欧元、日元或英镑等）的中间汇率。

第二步，在国际外汇市场上查出某一主要国际货币对某一未挂牌外币的中间汇率。

第三步，以某一国际货币为中间变量，建立汇率套算恒等式。

【例2.3】 中国银行并未公布人民币对巴基斯坦卢比的汇率中间价，而要计算人民币对巴基斯坦卢比的汇率中间价，就需要进行汇率套算。

第一步，通过中国银行的官网，查出2015年1月30日美元/人民币的中间价为1美元=6.137 0元人民币。

第二步，在国际外汇市场上查出当天美元/巴基斯坦卢比的汇率中间价为1美元=101.080 0巴基斯坦卢比。

第三步，建立套算恒等式，1美元=6.137 0元人民币=101.080 0卢比，则1元人民币=101.080 0÷6.137 0=16.470 6巴基斯坦卢比，或者1巴基斯坦卢比=6.137 0÷101.080 0=0.060 7元人民币。

（三）不同外币之间的汇率折算

在国际贸易中，一种出口商品可能要涉及多个国家，因而需要多个报价，这样就需要进行不同货币之间的套算。其套算方法具体可分为以下几种。

（1）基准货币相同、标价货币不同，求标价货币之间的汇率。其套算方法是将两种标价货币的买入价与卖出价"交叉相除"。其具体规则是：第一种标价货币兑第二种标价货币的买入价等于第二种标价货币的买入价除以第一种标价货币的卖出价，其卖出价等于第二种标价货币的卖出价除以第一种标价货币的买入价。

【例2.4】 在国际外汇市场上，某银行采用美元报价法报出美元兑瑞士法郎与美元兑日元的汇率如下：

$$美元/瑞士法郎=1.486\,0/1.487\,0$$

$$美元/日元=110.00/110.50$$

求：瑞士法郎兑日元的买入汇率与卖出汇率；日元兑瑞士法郎的买入汇率与卖出汇率。

其具体计算方法如下：

瑞士法郎/日元的买入价=110.00÷1.487 0=73.974 4

瑞士法郎/日元的卖出价=110.50÷1.486 0=74.360 7

即　　　　　瑞士法郎/日元=73.974 4/74.360 7

同样，可以计算出：

日元/瑞士法郎的买入价=1.486 0÷110.50=0.013 4

日元/瑞士法郎的卖出价=1.487 0÷110.00=0.013 5

即　　　　　日元/瑞士法郎=0.013 4/0.013 5

（2）基准货币不同，标价货币相同，求基准货币之间的汇率。其套算方法与上述方法相同，即两种基准货币的买入价与卖出价"交叉相除"。其具体规则是：第一种基准货币兑第二种基准货币的买入价等于第一种基准货币的买入价除以第二种基准货币的卖出价，其卖出价等于第一种基准货币的卖出价除以第二种基准货币的买入价。

【例 2.5】 在国际外汇市场上，某银行采用非美元报价法报出澳大利亚元与加拿大元兑美元的汇率分别如下：

$$澳大利亚元/美元=0.735\ 0/0.736\ 0$$
$$加拿大元/美元=0.764\ 0/0.765\ 0$$

求：澳大利亚元兑加拿大元的买入汇率与卖出汇率；加拿大元兑澳大利亚元的买入汇率与卖出汇率。

其具体计算方法如下：

$$澳大利亚元/加拿大元的买入价=0.735\ 0 \div 0.765\ 0=0.960\ 8$$
$$澳大利亚元/加拿大元的卖出价=0.736\ 0 \div 0.764\ 0=0.963\ 4$$

即 澳大利亚元/加拿大元=0.960 8/0.963 4

同样，可以计算出：

加拿大元/澳大利亚元的买入价=0.764 0÷0.736 0=1.038 0
加拿大元/澳大利亚元的卖出价=0.765 0÷0.735 0=1.040 8

即 加拿大元/澳大利亚元=1.038 0/1.040 8

（3）基准货币不同，标价货币也不同，求某一基准货币与另一标价货币之间的汇率。其套算方法是两种货币买入汇率与卖出汇率"同边相乘"。其具体规则是：两种货币的买入价相乘得出买入价，两种货币的卖出价相乘得出卖出价。

【例 2.6】 在国际市场上，某银行美元标价的美元兑瑞士法郎与非美元标价的英镑对美元的汇率如下：

$$美元/瑞士法郎=1.565\ 0/1.568\ 0$$
$$英镑/美元=1.543\ 0/1.545\ 0$$

求：英镑兑瑞士法郎的买入价与卖出价。

其具体计算方法如下：

英镑/瑞士法郎的买入价=1.565 0×1.543 0=2.414 8
英镑/瑞士法郎的卖出价=1.568 0×1.545 0=2.422 6

即 英镑/瑞士法郎=2.414 8/2.422 6

当然，在本例中，如果求瑞士法郎兑英镑的汇率，即求某一标价货币对某一基准货币的汇率，则其计算方法为：

瑞士法郎/英镑=1÷2.422 6/1÷2.414 8=0.412 8/0.414 1

二、远期汇率的折算

在折算远期汇率时，可分为以下两种情况。

（1）基准货币相同，标价货币不同时，求标价货币之间的远期汇率，按照"交叉相除"规则计算。

【例 2.7】 已知：

	即期汇率	3 个月远期
美元/瑞士法郎	1.486 0-70	55-45
美元/人民币	6.135 0-60	30-40

求：瑞士法郎兑人民币的 3 个月远期汇率是多少？

其计算方法如下：

第一步，计算美元兑瑞士法郎的 3 个月远期汇率（按照前面的规则，由于升贴水是"大/小"排列，所以远期汇率=即期汇率-升贴水数）：

买入价=1.486 0-0.005 5=1.480 5

卖出价=1.487 0-0.004 5=1.482 5

即美元兑瑞士法郎的 3 个月远期汇率为 1.480 5/1.482 5。

第二步，计算美元兑人民币的 3 个月远期汇率（按照前面的规则，由于升贴水是"小/大"排列，所以远期汇率=即期汇率+升贴水数）：

买入价=6.135 0+0.003 0=6.138 0

卖出价=6.136 0+0.004 0=6.140 0

即美元兑人民币的 3 个月远期汇率为 6.138 0/6.140 0。

第三步，求两种标价货币之间的远期汇率，可按照前面例题中的"交叉相除"规则计算得出：

美元/人民币   6.138 0   6.140 0

交叉相除

美元/瑞士法郎   1.480 5   1.482 5

瑞士法郎兑人民币的 3 个月远期汇率的买入价为 6.138 0÷1.482 5=4.140 3

瑞士法郎兑人民币的 3 个月远期汇率的卖出价为 6.140 0÷1.480 5=4.147 2

即瑞士法郎兑人民币的 3 个月远期汇率为 4.140 3/4.147 2。

当然，如果要计算人民币兑瑞士法郎的 3 个月远期汇率，其计算方法与上述相同，即按照"交叉相除"规则计算：

美元/瑞士法郎   1.480 5   1.482 5

交叉相除

美元/人民币   6.138 0   6.140 0

可得出：

人民币兑瑞士法郎的 3 个月远期汇率的买入价为 1.480 5÷6.140 0=0.241 1

人民币兑瑞士法郎的 3 个月远期汇率的卖出价为 1.482 5÷6.138 0=0.241 5

即人民币兑瑞士法郎的 3 个月远期汇率为 0.241 1/0.241 5。

（2）已知美元标价法与非美元标价法下的即期汇率与远期汇率，求某一基准货币兑另一标价货币的远期汇率，按照"同边相乘"规则计算。

【例 2.8】 已知：

	即期汇率	2 个月远期
美元/瑞士法郎	1.486 0-70	15-25
英镑/美元	1.641 0-20	30-20

求：英镑兑瑞士法郎的 2 个月远期汇率是多少？

其计算方法如下：

第一步，计算美元兑瑞士法郎的 2 个月远期汇率：

$$买入价=1.486\ 0+0.001\ 5=1.487\ 5$$
$$卖出价=1.487\ 0+0.002\ 5=1.489\ 5$$

即美元兑瑞士法郎的 2 个月远期汇率为 1.487 5/1.489 5。

第二步，计算英镑兑美元的 2 个月远期汇率：

$$买入价=1.641\ 0-0.003\ 0=1.638\ 0$$
$$卖出价=1.642\ 0-0.002\ 0=1.640\ 0$$

即英镑兑美元的 2 个月远期汇率为 1.638 0/1.640 0。

第三步，美元兑瑞士法郎属于美元标价法，英镑兑美元属于非美元标价法。现在求英镑兑瑞士法郎的 2 个月远期汇率，可按照前面的"同边相乘"规则计算得出：

英镑/美元	1.638 0	1.640 0
同边相乘		
美元/瑞士法郎	1.487 5	1.489 5

可得出：

英镑兑瑞士法郎的 2 个月远期汇率的买入价为 1.638 0 × 1.487 5=2.436 5

英镑兑瑞士法郎的 2 个月远期汇率的卖出价为 1.640 0 × 1.489 5=2.442 8

即英镑兑瑞士法郎的 2 个月远期汇率为 2.436 5/2.442 8。

当然，按照上述方法也可以求出某一标价货币兑某一基准货币的远期汇率，即瑞士法郎兑英镑的远期汇率，这里不再赘述。

第四节 汇率的决定、变动与影响

汇率是不同货币之间的比价，其实质是各种货币的价值体现。也就是说，一方面，货币具有的或代表的价值决定汇率水平的基础，汇率在这一基础上受其他各种因素的影响而变动，形成现实的汇率水平；另一方面，货币本位制度又是汇率存在的基本客观环境，形成了汇率决定的机制。或者说，在不同的货币本位制度下，各国货币所具有的或者所代表的价值是不同的，即汇率具有不同的决定因素，并且影响汇率水平变动的因素也不相同。从历史上看，货币本位制度主要经历两个阶段，即铸币阶段与纸币阶段。

一、铸币条件下汇率的决定与变动

(一) 铸币条件下汇率的决定基础

金本位制是指黄金直接参与流通的货币制度。它是从19世纪初到20世纪初资本主义国家实行的货币制度。从广义的角度,金本位制具体包括金币本位制、金块本位制和金汇兑本位制三种形式,其中金币本位制是典型的金本位制度,后两种是削弱了的、变形的金本位制度。

在典型的金本位制下,各国货币均由黄金铸成,金铸币有一定重量和成色,有法定的含金量;金币可以自由流通、自由铸造、自由输出、输入,具有无限清偿的特点;辅币和银行券可以按其票面价值自由兑换为金币。金本位制发展到后期,由于黄金产量跟不上经济发展对货币日益增长的需求,黄金参与流通、支付的程度下降,其流通、支付手段职能逐步被以其为基础的纸币所替代,国际货币制度从金币本位制演变成为金块本位制和金汇兑本位制。金块本位制依然是一种金本位制,以黄金为基础的纸币代表黄金流通并与黄金保持固定的比价,在需要的时候黄金仍直接参与清算和支付。金汇兑本位是一种广义上的金本位制,因为纸币作为法定的偿付货币,充当价值尺度、流通手段和支付手段,并且由政府规定其所代表的黄金量(又称法定平价)维持与黄金的比价。

在典型的金本位制下,金币本身在市面上流通,铸造的金币与可兑现的银行券以 1:1 的严格比例进行互换,这时两种货币之间的含金量之比,即铸币平价(Mint Parity)就成为决定两种货币汇率的基础。铸币平价是金平价(Gold Parity)的一种表现形式。所谓金平价,是指两种铸币的含金量或所代表金量之比。

例如,1925—1931年,英国规定1英镑的含金量为113.0016格令(Grains),美国规定1美元的含金量为23.22格令,则英镑与美元之间的汇率即为

$$1 \text{英镑} = 113.0016 \div 23.22 = 4.8665 \text{美元}$$

即1英镑金币的含金量等于1美元金币含金量的4.8665倍。这就是英镑与美元之间汇率的决定基础,它建立在两国法定的含金量基础上,而法定的含金量一经确定,一般是不会轻易改动的,因此,作为汇率基础的铸币平价是比较稳定的。

(二) 铸币条件下汇率的变动范围

在金本位制下,汇率的决定基础是铸币平价。但在实际经济中,外汇市场上的汇率水平及其变化还要取决于许多其他因素,最为直接的就是外汇供求关系的变化。汇率以铸币平价为中心,在外汇供求关系的作用下上下浮动。当某种货币供不应求时,其汇价会上涨,超过铸币平价;当某种货币供大于求时,其汇价会下跌,低于铸币平价。但是,值得注意的是,金本位制下由供求关系变化造成的外汇市场汇率变动并不是无限制地上涨或下跌,而是被界定在铸币平价上下各一定界限内,这个界限就是黄金输送点(Gold Point)。

黄金输送点是指在金本位制下外汇汇率波动引起黄金输出和输入国境的界限,它等于铸币平价加上(或减去)运送黄金的费用(如包装费、运输费、保险费、检验费以及利息等)。这是因为在金本位制度下黄金具有自由熔化、自由铸造和自由输出、输入的特点,黄金可以代替货币、外汇汇票等支付手段用于国际上的债务清偿,只是黄金的运送需要一定的费用。这样,对

一国来说，当外汇汇率上涨超过铸币平价加上向外输送黄金的各种费用时，该国的债务人用黄金对外清算较为有利，黄金会替代外汇流向国外。因此，铸币平价加上黄金运送费用便构成黄金输出点，即汇率上涨的上限。反之，当一国的外汇汇率下跌至低于铸币平价减黄金运送费用时，则该国的债权人收进黄金比收进外汇更为有利，黄金会替代外汇流向国内，由此铸币平价减去黄金运送费用则构成黄金输入点，亦即汇率下跌的下限。

例如，英镑（£）与美元（$）的铸币平价为£1=$4.876 5，对于美国商人来说，如果从纽约到伦敦运送 1 英镑黄金，所需的各种费用为 0.02 美元，则其黄金输出点是£1=$4.876 5+$0.02=$4.896 5，也就是说当汇率高于这个点时，对于美国的债务人来说，就不再采用外汇支付（将美元兑换为英镑）的方式进行付款，而是直接采用黄金支付的方式进行付款，因为这时采用直接运送黄金的方式更划算。而黄金输入点为£1=$4.876 5-$0.02=$4.856 5，也就是说当汇率低于这个点时，对于英国的债权人来说，就不再采用外汇结算，而是用黄金结算，因为这样对他更有利。因此，4.876 5±0.02 就是英镑与美元两种货币的黄金输送点，在外汇市场上英镑与美元汇率的变动界限为最高不超过 4.896 5、最低不低于 4.856 5。

由此可见，在金本位制下，汇率决定的基础是铸币平价，汇率的波动是以黄金输出点作为上限，以黄金输入点作为下限，它总是以铸币平价（或金平价）为中心，在这个上限和下限的幅度内波动。黄金输出点和黄金输入点统称为黄金输送点。由于黄金输送点主要取决于黄金输送成本，而黄金输送成本主要取决于两国之间的距离，因此不同国家之间的黄金输送点是不同的。在这种汇率制度下，只要各国不改变本币的法定含金量，各国货币之间的汇率就会长期保持稳定。如果两国货币之一的含金量变动，或者两国货币的含金量按不同方向或不同比例变动，则铸币平价就会发生变动，而汇率在黄金输送点内的波动则是以国际经济交易所决定的外汇供需状况为条件的。

但在金块本位制和金汇兑本位制下，由于黄金已经较少或者根本不再充当流通手段和支付手段，典型金本位制下的黄金自由输出、输入受到了不同程度的限制，此时两种货币的汇率则由其所代表的金量之比决定，即由法定金平价决定，汇率围绕法定金平价上下波动。法定金平价也是金平价的一种表现形式。在上述两种金本位制下，由于黄金不能自由输出、输入、黄金输出、输入点已经不复存在，但汇率决定的基础依然是金平价，其波动幅度则由政府来决定和维持，政府通过设立外汇平准基金来维护汇率的稳定。

二、信用货币（纸币）条件下汇率的决定与变动

在经历了第一次世界大战的破坏和 1929—1933 年资本主义经济危机的冲击之后，金本位制宣告崩溃，开始进入信用货币流通的时期。到第二次世界大战后，国际货币制度过渡到布雷顿森林体系阶段。信用货币（纸币）是价值的符号，是金属货币的替代物。由于信用货币（纸币）本身不具有十足的含金量或法定的含金量，因而其流通手段与支付手段的职能是由各国政府以法令形式赋予并保证其实施的。

从信用货币（纸币）制度产生之日起，各国政府都规定了本币所代表的（而不是其本身具有的）含金量，即代表的一定价值。因此，一方面，信用货币（纸币）条件下，铸币平价或金平价不存在了，各国货币之间的汇率则由它们各自所代表的价值量之比来确定；另一方面，在

信用货币本位制下,无论汇率是固定的还是浮动的,由于纸币本身的特点使得汇率丧失了保持稳定的基础。同时,外汇市场上的汇率波动也不再具有黄金输送点的制约,波动变得无止境了,任何能够引起外汇供求关系变化的因素都会造成汇率的波动。

显然,在信用货币(纸币)条件下,纸币所代表的价值量则是汇率的决定基础。但在现实经济生活中,由于各国劳动生产率存在差异、国际经济交往日益密切、金融市场一体化和信息传递技术进步等因素,纸币本位制下汇率的决定因素是非常复杂的。因此,在国际金本位制度崩溃以后,汇率的波动越来越频繁和剧烈了,对此,西方学者从不同角度进行了解释,提出了诸多有代表性的思想与观点,并形成了不同时期的汇率决定理论。

三、信用货币(纸币)条件下汇率变动的影响因素

作为一国货币对外价值的表现形式,汇率受到了国内与国际等诸多因素影响。同时,由于货币是国家主权的一种象征,因此,除经济因素外,它还受到政治、社会、心理以及投机等非经济因素的影响。这里仅对影响汇率变动的主要因素进行分析。

(一)经济因素

1. 国际收支

国际收支表示了一国对外交易活动中所发生的收入与支出情况。从短期看,一国国际收支是影响该国货币对外价值的直接因素。当一国的国际收入大于支出时,即国际收支出现顺差时,在外汇市场上则表现为外汇(币)的供给大于需求,因而外汇汇率下降(外汇贬值)、本币汇率上升(本币升值)。相反,当一国国际收入小于支出,即国际收支出现逆差时,在外汇市场上则表现为外汇供不应求,因而外汇汇率上升(外汇升值),而本币汇率下降(本币贬值)。当然,国际收支状况并不一定会影响到汇率变动,这还要看国际收支顺差或逆差的性质。短期的、临时的、小规模的国际收支差额,可以轻易地被国际资本流动、相对利率与通货膨胀率、政府在外汇市场上的干预程度以及其他因素等所抵消。但是,长期的巨额的国际收支逆差,一般会导致本币汇率下降,即本币具有贬值的趋势;相反,长期的巨额的国际收支顺差,一般会导致本币汇率上升,即本币具有升值的趋势。

2. 相对通货膨胀率

货币的对内价值(通胀率)是决定其对外价值(汇率)的基础,货币对内价值的变化必然引起其对外价值的变化。对内价值具体体现为货币在国内购买力的高低,而通货膨胀正是纸币发行量超过商品流通所需货币量所引起的货币贬值、物价上涨现象。一国出现通货膨胀意味着该国货币代表的价值量下降。因此,国内外通货膨胀率差异就是决定汇率长期趋势的主导因素。当一国出现通货膨胀时,其出口商品成本会加大,出口商品以外币表示的价格也会上涨,这将导致该商品的国际竞争力减弱,引起出口减少;同时,将提高外国商品在本国市场上的竞争力,导致进口增加,从而导致经常账户收支情况发生变化。此外,通货膨胀率差异还会通过影响人们对汇率的预期,对资本与金融账户的收支情况产生影响。当一国通货膨胀率较高时,人们就会预期该国货币的购买力将趋于疲软,因此将手中的该国货币转化为其他货币,造成该国货币的汇率下跌。一般而言,相对通货膨胀率持续较高的国家,其货币在外汇市场上将会趋

于贬值;反之,相对通货膨胀率较低的国家,其货币则会趋于升值。

3. 相对利率水平

利率作为货币资产的一种价格,是借贷资本的成本或收益,它与各种金融资产的价格、成本和利润紧密相关。一国利率水平的高低反映了借贷资本的供求状况。利率水平变化对汇率的影响主要是通过资本流动,尤其是短期资本在国际上的流动起作用的。当一国的利率水平高于其他国家时,表示使用本币资金的成本上升,由此外汇市场上本币的供应相对减少,同时也表示放弃使用本币资金的收益上升,国际短期资本由此趋利而入,外汇市场上外汇供应相对增加,从而导致外币汇率下降、本币汇率上升。反之,当一国利率水平低于其他国家时,外汇市场的外汇供应将相对减少,从而导致外币汇率上升、本币汇率下降。这里需要注意以下两点:

(1)这里所说的利率对汇率的影响指的是相对利率水平。如果本国利率上升,但上升的幅度不如外国利率上升的幅度,或不如本国通货膨胀率上升的幅度,则不会导致本币汇率的上升。

(2)与国际收支、通货膨胀率等因素不同,利率变动对汇率的影响更多的是短期性的,利率对汇率的长期影响是十分有限的,因为利率在很大程度上属于政策工具的范畴。

4. 宏观经济政策

一国的宏观经济政策也是影响汇率变动的一个重要因素。一般来说,宏观经济政策主要包括财政政策与货币政策。扩张性的财政政策与货币政策将分别导致财政支出增加与通胀率上升,这样会使本币对外贬值;紧缩性的财政政策与货币政策将分别导致财政支出减少与通货稳定,这样会使本币对外升值。但与国际收支等因素一样,财政政策与货币政策对汇率的影响也不是绝对的。它们在短时期内可能起到立竿见影的政策作用,但对汇率的长期影响则要看这些政策对经济实力与长期国际收支状况的影响程度。因为扩张性政策可能最终促进了本国经济增长,国际收支顺差扩大,从而本币对外具有升值趋势;同时紧缩性政策可能导致本国经济增长乏力,国际收支逆差扩大,从而本币对外具有贬值趋势。

5. 经济增长率

经济增长率对汇率的影响是多方面的。当一国实际经济增长率提高时,一方面反映该国经济实力增强,其货币在外汇市场上的国际地位提高,使本币汇率具有上升趋势;另一方面,经济高速增长,其国民收入提高,就会扩大进口的需求,在该国出口不变的条件下,该国进口的大量增加,将导致国际收支出现逆差,从而本币汇率下降。但如果该国经济以出口导向为主,其经济高增长则意味着出口的增加,从而使经常项目产生顺差,导致本币汇率上升。同时,一国经济增长势头较好,其利润率也往往较高,由此吸引更多外资流入本国进行直接投资,从而改善资本账户的收支状况。一般来说,较高的经济增长率在短期内不利于本币在外汇市场上走强,但从长期看却有力地支持着本币具有走强势头。

(二)非经济因素

1. 政治形势

一国的政治局势、社会状况、外交关系甚至军事、自然灾害等因素都会对外汇市场产生巨大冲击。一旦上述情况或因素出现恶化时,国内经济必然出现萎缩或低迷,这将导致投资者信心下降而引发资本外逃,造成本币汇率下跌等。

2. 市场心理预期

市场心理预期对于汇率的波动也会产生重大的影响。在国际金融市场上，数额庞大的短期资金对于世界各国的政治、经济、军事等方面的预期因素都具有高度的敏感性，一旦出现风吹草动，这些短期资金就会四处流动，或为保值，或为获取高额投机利润。这些将给一国外汇市场带来巨大的冲击，成为各国货币汇率频繁波动的重要根源。从经济方面看，市场预期包括对国际收支状况、通货膨胀率以及相对利率水平等方面的预期。例如，当人们预期某国的通胀率较高时，其经常项目将会产生逆差，那么外汇市场上将出现该国货币的贬值预期而被大量抛售，从而导致该种货币出现真正的贬值；反之该国货币就会升值。

3. 中央银行干预

中央银行的干预也是影响市场供求关系和汇率水平的重要因素。各国中央银行为维护经济稳定、避免汇率变动对国内经济造成不利影响，往往对外汇市场进行干预，即通过在外汇市场上买卖外汇，改变外汇的供求关系，从而改变汇率走势来达到其政策目的。例如，当一国货币汇率处于较高水平而影响该国国际收支改善和经济发展时，该国中央银行就会在外汇市场上买进外汇而抛售本币，从而使本币汇率下跌，以达到扩大出口和推动国内经济发展的目的。相反，当一国货币汇率水平过低而影响该国货币的国际信誉时，中央银行则在市场上抛售外汇而买进本币，从而使本币汇率上升。当然，政府干预外汇时，一般是在市场汇率出现剧烈波动、本币大幅度升值或贬值等特殊情况下进行的，其目的是为了实现某一特定的政策目标，如促进出口、改善贸易状况等，因而它对汇率的影响作用一般是短期的，无法从根本上改变汇率的长期走势。

4. 新闻舆论

在外汇市场上，新闻舆论甚至是谣传或小道消息等，都会掀起轩然大波。尤其对于金融市场不太成熟的国家来说，外汇市场更容易被所谓的"信息"所左右，投机者总是千方百计地通过制造、发布、传播不实信息等，对汇率走势进一步推波助澜。

综上所述，信用货币条件下影响汇率变动的因素是多方面的，它们之间相互联系、相互制约，甚至相互抵消，彼此之间的相互关系十分复杂。因此，在分析汇率变动时，不能简单地只从某一角度或某一因素入手，必须从多个角度进行综合性分析，才能保证分析结果的客观性和合理性。

四、信用货币（纸币）条件下汇率变动对一国经济的影响

作为一国宏观经济中的一个重要变量，汇率与多种经济因素有着密切的关系。这种关系一方面表现为经济因素对于汇率变动具有根本性影响，另一方面表现为汇率变动对于各种经济因素也具有反作用，即汇率变动会对一国宏观经济产生重要的影响。本币汇率的变动具体表现为本币升值与贬值。由于贬值与升值的方向相反，其作用也正好相反。这里以本币贬值为例，分析汇率变动对一国宏观经济的影响。

（一）汇率变动对其国际贸易收支的影响

汇率变动的一个最直接也是最为重要的影响就是对国际贸易的影响。当本币汇率下降、外

币汇率上升时，其出口商品在国际市场上以外币表示的价格会降低，从而刺激国外对该国商品的需求，有利于扩大出口。同时，一国货币汇率下跌，以本币表示的进口商品价格上涨，从而抑制本国居民对进口商品的需求，减少进口。如果一国货币汇率上涨，其结果则与上述情况相反。但是，本币贬值具有扩大出口、限制进口的作用不是在任何条件下都能实现的。一国货币贬值最终能否改善其贸易收支状况，还要看其进出口弹性是否符合马歇尔—勒纳条件。此外，即使满足了这一条件，贬值对贸易差额的影响往往还有一个先恶化、后改善的过程，即 J 型曲线效应。另外，汇率变动对非贸易收支的影响如其对贸易收支的影响类似。当本币汇率下跌时，外国货币兑换的本币数量增多，外币的购买力相对提高，本国的商品和劳务相对低廉，就会增加对外国游客的吸引力。与此同时，由于本币兑换外币数量减少，意味着本币购买力相对降低，国外商品和劳务价格也变得昂贵了。这有利于该国旅游与其他劳务收支状况的改善。如果本币汇率上升，则其作用相反。

（二）汇率变动对其物价水平的影响

货币贬值的一个直接后果就是对物价的影响水平。汇率变动对物价水平的影响主要体现在两个方面：一是对贸易品价格的影响；二是对非贸易品价格的影响。以可贸易商品为例，当本币汇率下降时，以本币表示的进口商品价格提高，进而带动国内同类商品价格的上升。如果进口商品作为生产资料投入生产，导致生产成本提高，还会促使其他商品价格的普遍上涨。另外，在国内商品供应既定的条件下，本币汇率下降将降低出口产品的外币价格，由此刺激商品出口，这将加剧国内商品市场的供求矛盾，从而致使物价上涨。但是，这里是以商品需求弹性较高为分析前提的。实际上，贬值不一定能真正产生如此理想的效果。因为，贬值还可能通过货币工资机制、生产成本机制、货币供应机制和收入机制导致国内工资和物价水平循环上升，到最后则可能抵消它所能带来的全部好处。

（三）汇率变动对其国际资本流动的影响

国际资本流动的主要目的是追求利润和避免受损。国际资本流动不仅是影响汇率变动的重要因素，同时也受汇率变动的直接影响。汇率变动对资本流动的影响表现为两个方面：一是本币真正对外贬值时，每单位外币能折合更多的本币，这样就会促使国际资本流入增加，国内资本流出减少；二是本币出现对外贬值预期时，会造成市场上大量抛售本币、抢购外汇的现象，资本加速外流或外逃。当然，货币贬值对资本流动的影响程度还取决于人们对该国货币今后走势的预期。如果人们认为贬值的幅度还不够时，该国货币的进一步贬值将不可避免，那么人们就会将资金从该国转移到其他国家，以避免再遭损失；如果人们认为贬值已使得汇率处于均衡水平时，那些原先因本币定值过高而抽逃的资金就会回流到国内；如果人们认为贬值已经过头、本币价格已低于正常的均衡水平时，就会将资金从其他国家调拨到本国，以牟取更大收益。

（四）汇率变动对其外汇储备的影响

汇率变动对外汇储备的影响主要体现在以下三个方面：一是货币贬值对一国外汇储备规模的影响。一方面，本币贬值引起国内短期资本外流，从而导致本国国际储备减少；另一方面，本币贬值同时有利于出口、抑制进口，可使经常项目收入增加，增加本国的外汇储备。二是储备货币的汇率变动会影响一国外汇储备的实际价值。储备货币所代表的实际价值会随该种货币的贬值而减少,从而使持有该种储备货币的国家遭受损失,而该种储备货币发行国则因该种货币贬值而减少了债务负担。三是汇率的频繁波动将影响储备货币的地位。由于储备货币的多元化,汇率变动对外汇储备的影响也多样化了。有时外汇市场汇率波动较大,但因储备货币中升贬值货币的力量均等,外汇储备就不会受到影响;有时虽然多种货币汇率下跌,但占比较大的储备货币汇率上升,外汇储备总价值也能保持稳定或略有上升。

(五)汇率变动对其国内就业与资源配置的影响

本币贬值有利于促进该国出口增加而抑制进口,这就使得其出口工业得到快速发展,在现代社会大生产条件下,就会带动国内其他相关产业的发展,从而使整个国民经济发展速度加快,国内就业机会因此增加,国民收入也随之增加。如果一国经济已处于充分就业状态,本币贬值只会带来物价的上升,而不会有产量的扩大,除非贬值能通过纠正原先的资源配置扭曲来提高生产效率。从资源配置的角度看,本币贬值导致进口品的本币价格上升,相应地,进口替代品价格也被带动上升,从而整个贸易品部门的价格相对于非贸易品部门的价格就会上升,由此会诱发经济资源从非贸易品部门转移到贸易品部门;反之,如果本币升值,该国出口受阻,将导致该国的萎缩,则经济资源就会从出口产业及其相关产业转移到其他产业中。

(六)汇率变动对其国际经济关系的影响

汇率变动不仅影响着一国的对外贸易和国内经济增长,而且也影响着各国之间的经济关系。如果一国货币贬值,就会使贸易伙伴国的货币相对升值,这样贸易伙伴国的产品出口竞争力就会下降,尤其是以外汇倾销为目的的本币贬值必然会引起对方国家和其他利益相关国家的抗议甚至报复,这些国家就会采取针锋相对的措施,直接地或隐蔽地抵制贬值国商品的侵入,"汇率战"或"贸易战"由此产生。"汇率战"或"贸易战"将诱发不同利益国家之间的分歧与矛盾,恶化国际经济关系,甚至引发国际金融市场动荡以及影响世界经济增长等。

第五节 西方汇率理论

汇率理论作为国际金融体系中的核心理论,它是关于汇率如何决定、如何变动以及如何波动的观点与思想的总称。当然,汇率理论也是一个不断发展和完善的过程。西方汇率理论的历史演变,主要经历了传统汇率理论、现代汇率理论以及汇率理论新进展等几个阶段。

一、传统汇率理论

(一)国际借贷理论

国际借贷理论是英国经济学家葛逊于1861年在其《外汇理论》一书中提出来的,该理论认为汇率是由外汇供求关系或国际借贷关系变化决定的。这一汇率理论在第一次世界大战以前非常流行。其基本内容可概括为以下四方面:

(1)汇率的变动取决于外汇供求关系的变化。

(2)外汇供求关系的变化源于国家之间的借贷关系。葛逊认为,国家间商品的输入或输出、提供劳务形成的货币收支、资本的国际流动等必然会产生国际借贷。

（3）只有流动借贷才会对外汇供求产生影响。葛逊把国际借贷区分为固定借贷和流动借贷两类：前者是指借贷关系已经产生但尚未到支付阶段的借贷；后者是指已经进入了支付阶段的借贷。

（4）汇率变动与否取决于流动借贷是否相等。葛逊指出，一国的流动债权（外汇收入）多于流动债务（外汇支出）时，外汇的供给大于需求，因而外汇汇率下降；一国的流动债务多于流动债权时，外汇的需求大于供给，因而外汇汇率上升；一国的流动借贷平衡时，外汇的收支相等，汇率则处于均衡状态，不会发生变动。

国际借贷理论的意义与贡献有：①用外汇的供求关系变化来解释汇率的决定与变动是符合价值规律原理的。②这一学说使用了均衡汇率概念或均衡分析理论是有道理的，均衡汇率正是国际收支失衡所引起的汇率变动趋向的目标或状态。③这一学说侧重于国际借贷这一因素来分析汇率，简明扼要，容易被人们理解与接受。

当然，这一理论也有它的局限性，即只说明了短期汇率变动的原因，没有论证决定汇率的基础；没有对影响汇率变动的其他重要因素做出解释；假定国际收支完全独立于汇率，即汇率不影响国际收支是不符合实际的。

（二）购买力平价论

购买力平价论（Theory of Purchasing Power Parity，PPP）是一种历史非常悠久的汇率决定理论，其理论渊源可以追溯到16世纪，它是由瑞典学者卡塞尔（G. Cassel）于1922年系统提出的。该理论的基本思想是：货币的价值在于其具有的购买力，因此不同货币之间的兑换比率取决于它们各自具有的购买力的对比，也就是说汇率与各国的价格水平之间具有直接的联系。对汇率与价格水平之间关系的分析主要是从某一商品在不同国家的价格之间存在的联系开始的。

1. 开放经济下的"一价定律"

先分析某一商品在一国内部不同地区的价格之间的关系。这里有两个假设前提：①假设位于不同地区的该商品是同质的，即不存在任何的商品质量、规格、品牌方面的差异。②该商品的价格能够根据供求关系灵活地进行调整，即价格具有弹性。一国内部的商品可以分为两类：一类是可以通过套利活动消除区域间价格差异的商品，称之为可贸易商品（Tradable Goods）；另一类是无法通过套利活动消除区域间价格差异的商品，可称之为不可贸易商品（Nontradable Goods）。不可贸易商品主要包括不动产和个人劳务项目等。

对于可贸易商品而言，地区间的套利活动将其在地区间的价格差异大幅收敛，假设交易成本为零，则每一种可贸易商品在各地的价格应该都是一致的，即所谓的"一价定律"（One Price Rule）。

首先，在开放经济中，可贸易商品在不同国家的价格之间的联系与一国内部的情况有所区别，产生这种差别的首要原因是两国货币不同，需要用同一种货币进行价格比较；其次，若国与国之间仍然存在套利的可能，国家间的套利活动产生了外汇市场上的交易活动；最后，国家间的套利活动比一国内部套利更困难，因为套利者面临许多障碍，如关税和非关税壁垒等，即国际套利的交易成本比国内套利更为高昂。

同样，如果不考虑成本等因素，则以同一种货币表示的不同国家的某种可贸易商品的价格应该是一致的。如以 e 表示直接标价法下的汇率，P_i 为本国价格，P_i^* 为外国价格，则有

$$P_i = e \cdot P_i^* \tag{2-4}$$

式（2-4）即为开放经济下的一价定律。

2. 购买力平价的基本形式

购买力平价理论主要包括绝对购买力平价和相对购买力平价两种。

（1）绝对购买力平价。其假定前提是：①一价定律对于任何一种可贸易商品都成立；②各种可贸易商品在各国物价指数的编制中占有相等的权重。这样，两国可贸易商品的物价水平间的关系为

$$\sum_{i=0}^{n} \alpha_i P_i = e \cdot \sum_{i=0}^{n} \alpha_i P_i^* \tag{2-5}$$

式中，α 表示权数。如果将这一物价指数分别用 P、P^* 表示，则有

$$P = e \cdot P^* \tag{2-6}$$

式（2-6）的含义是：不同国家的可贸易商品的价格以同一种货币计量时是相等的。将式（2-6）变形，可得

$$e = \frac{P}{P^*} \tag{2-7}$$

式（2-7）就是绝对购买力平价的一般形式。该式的含义是两国货币之间的汇率取决于两国可贸易商品的价格水平之比，即取决于不同货币对可贸易商品的购买力之比。

（2）相对购买力平价。相对购买力平价也称弱购买力平价，是在放松绝对购买力平价的某些假定后得到的。该理论认为一价定律并不能始终成立，而且各国对一般物价水平的计算方法各异，所以各国的一般物价水平以同一种货币计算时并不相等，而是存在着一定的偏离。其公式为

$$e = \frac{\theta \cdot P}{P^*} \quad (\theta 为常数) \tag{2-8}$$

将式（2-8）写成对数形式，再取变动率，得

$$\Delta e = \Delta P - \Delta P^* \tag{2-9}$$

式（2-9）即为相对购买力平价的表达形式。该式的经济学含义为：两国货币的汇率变动取决于两国物价水平的变动。也就是说，如果本国物价上涨幅度超过外国物价上涨幅度，则本币贬值，表现为 e 值增大；相反，则意味着本币升值，表现为 e 值降低。显然，相对购买力平价对真实汇率变动的解释力更强，也更符合实际，原因是其假定前提与客观现实更为接近。

购买力平价理论主要是从货币的基本职能入手来对汇率决定展开研究的，这既符合逻辑又容易为人所理解，其直观的表达方式也令人一目了然。在所有汇率决定理论中，它始终居于重要的地位。但是，该理论存在的致命的缺陷是在理论上还不能回答这样一个问题：在汇率与物价的关系中，汇率一定是因变量而物价是自变量吗？在现实中，汇率变动导致物价水平变化的

例子比比皆是，很难说清楚是物价决定了汇率还是汇率决定了物价。显然，购买力平价理论本身无法给出一个满意的回答。

（三）汇兑心理理论

汇兑心理理论是20世纪20年代后期由法国学者阿夫达里昂（A. Aftalion）提出的一种汇率理论，其理论基础是奥地利学派的边际效用价值论。该理论核心的观点是：汇率的决定与变动所依据的是人们各自对外国货币的效用所做出的评价。人们之所以需要外国货币，除了满足人们的购买需求外，还有满足支付、投资以及投机等方面的需求，这种需求则是外国货币具有价值的基础。因此，外国货币的价值决定于外汇供求双方对外汇效用所做出的主观评价。不同的人，其主观评价也是不尽相同的，不同的主观评价就产生了外汇的供应与需求，供求双方通过市场达成均衡，其均衡点就是外汇汇率。当均衡点被打破时，汇率又会随着人们的主观评价的变化而达到新的均衡点。

汇兑心理理论是在法国1924—1926年的国际收支顺差背景下提出的，这一理论解释了当时法国法郎的汇率下降与物价上涨之间的反常关系。显然，汇兑心理理论主要是从主观心理评价的角度来分析一国汇率是如何变化的，它实质上是把主观评价的变化与客观事实的变动结合起来考察汇率变动的。特别是解释在经济波动和政局动荡等情况下，由于人们的恐慌心理造成外汇市场的大幅波动等现象时，具有一定说服力。但是，由于这一理论的核心思想是建立在边际效用价值论基础上的，因而人们对于外汇的主观评价会随着人们的社会地位、财富与欲望等的变化而变化，这必然带来一定的主观片面性。

（四）利率平价理论

在开放经济条件下，国与国之间不仅存在着密切的贸易联系，也存在着复杂的金融联系，这种紧密的金融联系使得汇率与利率之间也存在联动关系。从金融市场角度，分析汇率与利率所存在的关系就是利率平价理论（Theory of Interest-rate Parity）。该理论的基本思想起源于19世纪下半叶，在20世纪20年代由凯恩斯等人加以完善。它具体分为可抵补的利率平价（Covered Interest-Rate Parity，CIP）和非抵补的利率平价（Uncovered Interest-Parity，UIP）两种。

1. 可抵补的利率平价

所谓抵补，简单地说是指一种亏损可以用另一种盈利来弥补，又称套补或抛补。假设资金在国际上流动不存在任何交易成本，投资者在国际上进出也不存在任何壁垒，世界上只有两个国家：本国和外国。现在有本国的一个投资者持有一笔闲置资金，决定其资金投向的唯一因素显然是在哪一个国家投资可以获得更高的收益率。那么，该投资者该如何选择呢？

设本国金融市场一年期存款利率为 i，外国金融市场的利率为 i^*，即期汇率为 e（直接标价法）。

如果投资于本国金融市场，则每单位本币到期时的本息为

$$1+(1 \cdot i)=1+i$$

如果投资于外国金融市场，则首先应将本币在外汇市场上兑换成外国货币；然后用这笔外国货币在外国金融市场上进行为期一年的存款；最后一年后将到期的外国货币资金本息在外汇市场上兑换成本币。

假设在当前，每 1 单位本币可在金融市场上即期兑换 1/e 单位的外国货币。将这 1/e 单位的外国货币用于一年期存款，期满时本息之和为

$$\frac{1}{e}+\frac{1}{e}\cdot i^* = \frac{1}{e}(1+i^*)$$

一年后存款到期，假定当时的即期汇率为 e_f，则这笔外国货币可兑换的本币数为

$$\frac{1}{e}(1+i^*)\cdot e_f = \frac{e_f}{e}(1+i^*)$$

由于一年后的即期汇率 e_f 是不确定的，因此，这笔投资的最终收益难以确定，或者说这笔投资有很大的汇率风险。为了规避风险，投资者可以在即期购买一年后交割的远期合约，设此合约上的远期汇率为 f。这样，该笔投资就不存在任何的汇率风险，一年后的收益为

$$\frac{f}{e}(1+i^*)$$

是投资于本国金融市场还是外国金融市场？这取决于两种投资方式收益率的高低。

若 $1+i > \frac{f}{e}(1+i^*)$，则投资于本国金融市场；

若 $1+i < \frac{f}{e}(1+i^*)$，则投资于外国金融市场；

若 $1+i = \frac{f}{e}(1+i^*)$，则投资于哪个金融市场都可以。

但市场上其他的投资者也面临着同样的抉择。所以，在 $1+i < \frac{f}{e}(1+i^*)$ 情况下，众多投资者都会将资金投入外国金融市场，这会导致即期外汇市场上外国货币需求上升，从而使本币即期贬值（e 增大），远期升值（f 减少），投资外国金融市场的收益率下降。只有当两种投资方式的收益率相同时，市场才处于均衡状态。即

$$1+i = \frac{f}{e}(1+i^*)$$

整理得

$$\frac{f}{e} = \frac{1+i}{1+i^*}$$

记即期汇率与远期汇率之间的升（贴）水率为 ρ，则

$$\rho = \frac{f-e}{e} = \frac{1+i-(1+i)^*}{1+i^*} = \frac{i-i^*}{1+i^*}$$

即

$$\rho + \rho \cdot i^* = i - i^*$$

由于 $\rho \cdot i^*$ 的数值极小，可以忽略不计，因此

$$\rho = i - i^* \qquad (2\text{-}10)$$

式（2-10）即为抵补的利率平价的一般形式，它的经济含义是：汇率的远期升（贴）水率等于两国货币利率之差。若本国利率高于外国利率，则本币远期贬值；若本国利率低于外国利率，则本币远期升值。也就是说，汇率的变动会抵消两国间的利率差异，使金融市场处于平衡状态。

抵补的利率平价理论具有很高的实践价值。事实上，抵补的利率平价公式被作为指导公式广泛用于外汇交易中，许多大银行基本上就是根据各国间的利率差异来确定远期汇率的升（贴）水的。除非外汇市场出现剧烈波动，一般来讲，抵补的利率平价基本上能较好地成立。当然，由于外汇交易成本与风险等因素的存在，抵补的利率平价与实际汇率之间也存在着一定的偏差。

2. 非抵补的利率平价

在上面的分析中，投资者是通过远期交易来规避风险的。实际上，投资者还有另外一种选择：根据自己对汇率未来变动的预测，不进行相应的远期交易，而是在承担一定汇率风险的情况下进行投资。

按照投资学原理，投资者对风险持有三种不同的态度：风险厌恶、风险中立和风险偏好。这三种态度可以简单地表述为：风险厌恶者通常要求风险大的资产提供更高的利率作为风险补偿；风险中立者则对提供相同利率而风险不同的资产不加区别；风险偏好者则在利率相同的情况下偏好风险更大的资产。如果假定投资者是风险厌恶者，则意味着在存在风险的情况下要求更高的收益，将使我们的分析更为复杂，这里采用了简化形式，即假定投资者风险中立。

在不进行远期交易时，投资者通过对未来汇率的预测来计算投资活动的收益。

假设投资者预期一年后的即期汇率为 Ee_f，那么在外国金融市场投资的本息和为 $\dfrac{Ee_f}{e}(1+i^*)$。如果其与在本国金融市场投资的收益存在差异，那么投资者会通过套利行为使两者一致。这样，当市场出现均衡状态时，有

$$1+i = \frac{Ee_f}{e}(1+i^*)$$

整理可得

$$E_\rho = i - i^* \tag{2-11}$$

式中，E_ρ 为汇率远期变动率。式（2-11）即为非抵补的利率平价的一般形式，其经济含义为：预期的汇率远期变动率等于两国货币利率之差。

在非抵补的利率平价成立时，如果本国的利率高于外国利率，意味着市场预期本币在远期将会贬值；反之，市场预期本币远期将会升值。若本国政府提高利率，当市场预期未来的即期汇率不变时，本币的即期汇率将升值。

由于预期的汇率变动率是一个心理变量，难以得到可信的数据进行分析，而且实际意义也不大，所以利用非抵补的利率平价的一般形式进行实证检验并不多见。对非抵补的利率平价的实证研究一般与对远期外汇市场的分析相联系。

当 Ee_f 与 f 存在差异时，投机者认为有利可图，就会通过在远期外汇市场的交易使二者相等，此时抵补的利率平价和非抵补的利率平价同时成立，即

$$f = E_{e_f}, \ \rho = E_\rho = i - i^*$$

利率平价理论将汇率决定问题从商品市场（主要变量的物价）转移到金融市场上来，明确指出了汇率与利率之间存在着联动关系，说明了外汇市场上即期汇率与远期汇率的关系，对预测远期汇率走势、调整汇率政策等均有着深远的意义。此外，该理论还使人们开始注意到在汇率问题研究上一直忽略的金融市场对汇率的影响，对于汇率问题研究方向的改进无疑起到了积

极作用。不可否认,该理论也存在着重大缺陷:第一,该理论在假设上的苛刻使之要成立必须有一个完美市场的存在,而这是不可能的;第二,与购买力平价理论一样,也没有说清楚利率与汇率之间到底哪一个是自变量,哪一个是因变量,这说明该理论仍然需要进一步完善。

二、现代汇率理论

(一)国际收支论

由于一国的国际收支状况决定了外汇市场上的供求关系,而外汇供求必然对汇率产生直接的影响,因此,一国国际收支与该国汇率间存在着密切的联系。国际收支论是从国际收支角度分析汇率决定的一种理论,它的前身就是国际借贷说(Theory of International Indebtedness)。在各国实行浮动汇率制以后,一些经济学家将凯恩斯主义关于国际收支的分析应用于对外汇供求关系的分析,进而分析了这些因素如何通过国际收支影响汇率,从而形成了国际收支论的现代形式。

我们知道,外汇价格即汇率的变动会使外汇市场实现供求平衡,从而使国际收支处于平衡状态。国际收支(BP)由经常账户(CA)、资本与金融账户(K)组成,有

$$BP = CA + K = 0$$

如果汇率完全自由浮动,政府不对外汇市场进行任何干预,而且将经常账户简单视为贸易账户,则汇率主要由商品和劳务的进出口来决定。其中,进口主要是由本国国民收入(Y)和实际汇率 $\left(e_r = \dfrac{eP^*}{P}\right)$ 决定的;出口主要由外国国民收入(Y^*)和实际汇率决定,由此得到

$$CA = f'(Y, Y^*, P, P^*, e)$$

再假定资本与金融账户的收支由本国利率(i)、外国利率(i^*)以及未来汇率变动的预期 $\left(\dfrac{Ee_f - e}{e}\right)$ 决定,由此得到

$$K = f''\left(i, i^*, \dfrac{Ee_f - e}{e}\right)$$

将两式合并得到

$$BP = f(Y, Y^*, P, P^*, i, i^*, e, Ee_f) = 0$$

如果将除汇率以外的变量视为外生变量,则汇率将在这些变量的共同影响下发生变动,直至实现国际收支平衡的水平。由此得到

$$e = g(Y, Y^*, P, P^*, i, i^*, Ee_f) \tag{2-12}$$

式(2-12)表明,影响汇率的因素有本国国民收入、外国国民收入、本国物价水平、外国物价水平、本国利率水平、外国利率水平以及对未来汇率的预期。凯恩斯主义的经济学家认为:

(1)当其他变量不变时(下同),本国国民收入的增加将带来进口的上升,在外汇市场上会出现对外汇的超额需求,则本币趋于贬值;外国的国民收入的增加将带来本国出口的上升,外汇市场上会出现外汇的超额供给,则本币趋于升值。

（2）本国价格水平的上升将带来实际汇率的升值，这意味着提高了本国商品相对于外国商品的价格，会导致本国出口下降，从而本币贬值；外国价格水平的上升意味着本国实际汇率的贬值，降低了本国商品相对于外国商品的价格，本国出口上升，经常账户得到改善，从而本币升值。

（3）本国利率水平的提高将带来更多的资本流入，外汇市场出现超额的外汇供给，本币升值；外国利率的提高将导致本国资金外流，外汇市场出现对外汇的超额需求，本币将贬值。

（4）如果预期未来本币贬值，资本将流出以避免损失，导致本币即期贬值；反之，则本币币值在即期升值。

国际收支论是凯恩斯主义的国际收支理论在浮动汇率制下的一种变形，在20世纪70年代早期占据了突出地位。该理论运用供求分析方法将影响国际收支的各种因素纳入对汇率水平的分析，对于分析短期内汇率的变化方向具有重要的指导意义。该理论从宏观经济角度分析汇率，是现代汇率理论的一个重要分支。但是，国际收支论还不能被视为完整的汇率决定理论，因为它只指出了汇率与其他变量间存在着的联系，而没有深入分析各变量间的关系，也没有明确的因果关系的结论。另外，国际收支说的分析基础是一国的国际收支状况，而一国的国际收支状况又是一种流量，所以国际收支说是关于汇率决定的流量理论，这主要体现在它认为国际收支引起的外汇供求流量决定了汇率水平及其变动，但是外汇市场上汇率变动比其他普通商品市场上的价格变动更为剧烈和频繁。可见，简单地运用普通商品市场上的价格与供求之间的关系来对外汇市场进行分析并不合适。

（二）**资产市场论**

20世纪70年代以来，国际资金流动规模越来越大，外汇市场上90%以上的交易量都与国际资金流动有关，国际资金流动主宰了汇率的变动。外汇交易表现出与资产市场上交易相似的特点，如价格变动极为频繁而且波动幅度很大，价格受心理预期因素影响很大等。这启发了人们应将汇率看成一种资产价格，即一国货币资产用另一国货币进行标价的价格，这一价格是在资产市场上确定的，从而分析汇率的决定应采用与普通股价格决定基本相同的理论。这一分析方法被统称为汇率决定的资产市场论，自20世纪70年代末以来取代了汇率的国际收支流量分析，成为汇率理论的主流。

与传统的汇率决定理论相比，资产市场论在分析方法上有两点不同：第一，该学说特别强调存量资产变动来恢复市场的均衡，即在一国外汇市场或金融市场失衡时，在各国资产具有完全流动性条件下，资产存量的变化可以有效地调节外汇市场或金融市场。当各国资产市场处于均衡状态时，此时的汇率才是均衡汇率；第二，该理论强调运用一般均衡分析法，即强调本国的商品市场、外汇市场和证券市场与外国的商品市场、外汇市场和证券市场联系在一起来进行汇率决定的分析。这与以往运用局部均衡分析法来研究汇率决定问题相比是一个理论飞跃。

在讨论资产市场说中，我们假定：

（1）外汇市场是有效的，即汇率的变化已经反映了所有影响汇率变动的信息。

（2）本国是一个高度开放的小国，即本国对世界商品市场、外汇市场和证券市场的影响为零，只是各种价格的接受者。

（3）本国居民不持有外国货币，外国居民不持有本国资产，因此，本国居民只持有三种资产，即本币、本国发行的金融资产（主要是本国债券）、外国发行的金融资产（主要是外国债券）。这样，一国资产市场由本币市场、本国债券市场和外国债券市场组成。

（4）资金完全流动，即抵补的利率平价（CIP）始终成立。依据本币资产与外币资产可替代性的不同假定，将资产市场论划分为货币分析法（Monetary Approach）和资产组合分析法（Portfolio Approach）。前者假定两种资产可完全替代（投资者风险中立），因此非抵补的利率平价成立。根据对价格弹性的假定不同，它又可分为弹性价格分析法（Flexible-Price Monetary Approach）和黏性价格分析法（Sticky-Price Monetary Approach）。后者假定两种资产完全不可替代，即投资者是风险厌恶者。

1. 汇率的弹性价格分析法

汇率的弹性价格分析法是国际收支的货币分析理论在浮动汇率制下的变形，可简称为汇率的货币模型，其代表人物是美国芝加哥大学的约翰逊（Harry Johnson）。该理论认为，货币市场均衡的条件是货币需求等于货币供给，而一国的货币需求是稳定的，它不受货币存量变化的影响，只受一些实际经济活动的影响。当货币供给过分扩张时，超额的货币供给就会采取各种方式外流，从而影响汇率水平。

（1）弹性价格分析法的基本模型。这里首先要做如下假定：总供给曲线是垂直的，这意味着已经达到了充分就业，产出已经不可能再增加；货币需求稳定，这意味着货币市场无法容纳过多的货币供给；购买力平价始终成立，这意味着影响汇率水平变动的决定因素是物价水平；货币供给是中央银行可以控制的外生变量，这意味着中央银行货币政策的变化是导致汇率变动的起因；物价可以灵活调整，即货币供给变化后可以影响的唯一变量是物价，而不能影响产出和利率。

在上述假设前提下，货币需求等于货币供给这一本币市场平衡的条件可写成

$$M_s - P = \alpha Y - \beta i \quad (\alpha > 0, \beta > 0)$$

除利率 i 外，其他变量均为对数形式。α 与 β 为某一常数，分别表示货币需求的收入弹性与利率弹性。调整后，可得本国价格水平表达式为

$$P = M_s - \alpha Y + \beta i$$

如果外国的货币需求函数的形式与本国相同，同样可得

$$P^* = M_s^* - \alpha Y^* + \beta i^*$$

购买力平价提供了本国价格水平与外国价格水平之间的联系，即

$$e = P - P^*$$

将上面三式合并，得

$$e = (M_s - M_s^*) + \alpha(Y^* - Y) + \beta(i - i^*) \tag{2-13}$$

式（2-13）即为弹性价格分析法的基本模型。可以看出，本国与外国之间实际国民收入水平、利率水平以及货币供给水平通过对各自物价水平的影响决定了汇率水平。这样，弹性货币分析法就将货币市场上的一系列因素引进了汇率水平的决定之中。

（2）引进预期后的货币模型。由于本币资产与外币资产可以完全替代，因此非抵补的利率平价成立。根据利率平价理论，可写成

$$i - i^* \cong E_t e_{t+1} - e_t \qquad (2\text{-}14)$$

式中，e_t 和 $E_t e_{t+1}$ 分别表示 t 时期的即期汇率和市场上投资者所预期的下一期的汇率水平（对数形式）。将上式代入 $e = (M_s - M_s^*) + \alpha(Y^* - Y) + \beta(i - i^*)$，并将 $(M_s - M_s^*) + \alpha(Y^* - Y)$ 简写成 Z，可以得到

$$e_t = Z_t + \beta(E_t e_{t+1} - e_t)$$

整理后得

$$e_t = \frac{1}{1+\beta}(Z_t + \beta E_t e_{t+1}) \qquad (2\text{-}15)$$

式（2-15）表示，即期汇率水平是即期的经济基本面状况和对下一期预期的汇率水平的函数，所以对下一期汇率水平的预期直接影响到即期汇率水平的形成。

（3）对弹性价格分析法的评价。货币模型是建立在购买力平价论基础上的，但有许多创新之处，在现代汇率理论中具有重要的地位，主要体现在：

①将形成于商品市场上的购买力平价引入资产市场中，将汇率看作一种资产价格，一定程度上符合资金高度流动的现实情况，对现实生活具有指导意义。

②引入了诸如货币供给量、国民收入等经济变量，分析了这些变量的变动对汇率造成的影响，从而使这一理论较购买力平价论更能在现实生活中得到广泛应用。

③货币模型是一般均衡分析，因为它考虑了多个市场的均衡问题。

④货币模型是资产市场论中最为简单的一种，但却反映了这一分析方法的基本特点，成为更加复杂的汇率理论的基础。

弹性价格分析法的不足之处在于：该理论以购买力平价为理论前提，则无法避开购买力平价理论所具有的种种缺陷；假定货币需求是稳定的，这在理论上仍然存在争议，因为到底货币需求是稳定的还是不稳定的，在理论界仍然没有统一的结论；假定价格水平具有充分弹性，这与客观现实不符；假设总供给曲线垂直，经济已经达到充分就业，这往往是一种理想。在大部分实证检验中，尤其是在解释汇率短期内的变动时，货币模型不能成立。但也有研究者认为，货币模型在分析汇率变动的长期趋势方面对其有帮助。

2. 汇率的黏性价格分析法

汇率的黏性价格分析法，又称为射击过头理论或汇率超调模型（Overshooting Model）。它是由美国经济学家多恩布什（Dornbusch）于 20 世纪 70 年代提出的。这一模型的最大特点是认为商品与资产市场的调整速度不同，商品市场上的价格水平具有黏性的特点，使购买力平价在短期内不能成立；而金融市场反应却非常灵敏，利率会迅速发生变化，使金融市场恢复均衡。由于商品价格在短期内黏住，恢复经济均衡的重担完全依赖于利率的变化，这就必然带来利率的超调。在资本自由流动的情况下，利率的变化会引发大量的套利活动，导致汇率的变动幅度超过长期均衡值，即表现出超调的特征。经济中存在着由短期平衡向长期平衡的过渡过程。短期平衡时价格来不及发生变动，在一段时间后，价格开始调整，长期均衡时价格得到充分调整。因此，货币模型得出的结论实际上是超调模型的中长期平衡的情况。

（1）经济的短期平衡。短期内价格水平不能充分调整，而利率作为资产价格却可以迅速调整。由于利率平价始终成立，可以用来分析短期内的汇率变动。

假定其他条件不变,以本币一次性扩张为例,说明超调模型中的平衡调整过程。

根据非抵补的利率水平,决定即期汇率的主要因素是预期的未来汇率水平和两国利率差。在货币扩张后,二者发生变化。由于投资者是理性经济人,预期未来汇率处于长期平衡水平($\bar{e}$)。而在价格水平不变的条件下,本国利率水平会下降,导致两国利率差发生改变。有下式:

$$e_t = \bar{e} - (i_t - i^*), \quad \bar{e} = E_t e_{t+1} \tag{2-16}$$

由式(2-16)可知,由于利率的降低导致即期汇率相对于预期的未来汇率水平贬值。当期由于价格水平不变,本币实际汇率也发生贬值,带来净出口的增加,产出超过充分就业水平。

(2)由短期平衡到长期均衡。在较长的时期,价格水平可以调整,总供给曲线利率也不断增加。由于预期的未来汇率处于长期平衡水平而不发生变化,使汇率调整的主要变量为本国利率的调整(外国利率水平不变)。在货币市场上,由于价格水平的上升,货币需求上升,导致利率水平上升。根据利率平价,本国利率的逐步上升会导致本国汇率的逐步上升,但这一升值是在原有过度贬值的基础上进行的,体现为汇率逐步向长期均衡水平靠近。此外,由于利率的提高和实际汇率的恢复,本国的投资和净出口下降,总产出由短期水平向充分就业水平靠近。由此可见,由于商品市场价格黏性的存在,货币扩张之后,本币最初的贬值程度大于其长期贬值程度,我们称这一现象为汇率的超调(overshooting)。

(3)对超调模型的评价。首先,超调模型的主要贡献在于合理地解释了现实世界中广泛存在的汇率超调现象,而且该模型是对货币主义和凯恩斯主义的一种综合,为研究开放经济下的汇率问题提供了一种新的分析方法。其次,超调模型首次涉及了汇率的动态调整问题,并由此创立了汇率理论的分支——汇率动态学(Exchange Rate Dynamics)。此外,该模型具有鲜明的政策意义。既然汇率可能发生超调,那么政府对资金流动、汇率进行监管,降低汇率剧烈波动带来的冲击,就显得很有必要了。对超调模型的批评主要是除了具有与弹性价格模型类似的缺陷外,还将汇率变动完全归因于货币市场,而忽略了商品市场对汇率的冲击。

3. 汇率的资产组合分析法

汇率的资产组合分析法形成于 20 世纪 70 年代,美国普林斯顿大学教授布朗森(W.Branson)对此进行了最系统和最全面的阐述。与货币分析法相比,这一理论有两个特点:一是假定本币资产与外币资产是不完全的替代物,风险等因素使非抵补的利率平价不成立,从而需要对本币资产和外币资产的供求平衡在两个独立的市场上进行考察;二是将本国资产总量直接引入了分析模型,本国资产总量直接制约着对各种资产的持有量,而经常账户的变动会对这一资产的变动造成影响。这一模型将流量因素与存量因素结合了起来。

(1)资产组合模型的分析前提。第一,分析对象是一个小国家,国外利率 i^* 是给定的;第二,本国居民持有三种资产:本币(记为 M)、本国政府发行的以本币为面值的债券(记为 B)、外国发行的以外币为面值的债券(记为 F)。外币债券的供给仅在短期内被看作是固定的,它的本币价值等于 $F \cdot e$(e 为直接标价法时的汇率)。

(2)资本组合模型的基本形式。在上述分析前提下,以本币发行量来计值的一国资产总量(总财富)在任何时候都由下式构成

$$W = M + B + e \cdot F \tag{2-17}$$

一国资产总量是分布在本币、本国债券、外国债券之中的。从货币市场来看，货币供给是由政府控制的，货币需求则是本国利率、外国利率和资产总量的函数。当本国利率及外国利率上升时，投资者都倾向于减少货币的持有，造成货币需求降低；而资产总量增加时，对货币的需求也会增加。因此，货币需求是本国利率、外国利率的减函数，是资产总量的增函数。

从本国债券市场看，本国债券供给同样是由政府控制的。本国利率水平提高时，投资者会更倾向于持有本国债券，外国利率水平提高时则反之。因此，对本国债券的需求是本国利率的增函数、外国利率的减函数、资产总量的增函数。从外国债券市场看，外国债券的供给是通过经常账户的盈余获得的，在短期内，我们假定经常账户状况不发生变动，因此外国债券的供给也是外生的固定值。同理，对外国债券的需求是本国利率的减函数、外国利率的增函数、资产总量的增函数。

在以上三个市场中，不同资产供求的不平衡都会带来相应变量——主要是本国利率与汇率——的调整。由于各个市场是相互关联的，因此，只有当三个市场都处于平衡状态时，该国的资产市场整体才处于平衡状态。这样，在短期内各种资产的供给量既定的情况下，资产市场的平衡会确定本国的利率与汇率水平。在长期内，对于既定的货币供给与本国债券供给，经常账户的失衡会带来本国持有的外国债券总量变动，这一变动又会引起资产市场的调整。因此，在长期内，本国资产市场的平衡还要求经常账户处于平衡状态。这样本国的资产总量就不会发生变动，由此确定的本国利率与汇率水平亦将保持稳定。

（3）资产组合模型的图形分析。为了便于理解，我们将利用图形来对这一模型进行解释。我们作一个以本国利率为横轴、本国汇率（直接标价法）为纵轴的曲线图，来分析各个市场的平衡情况。需要重申的是，当资产总量（W）供求平衡时，任何两个市场处于平衡状态，则另一个市场也肯定处于平衡状态。所以在分析中，我们可以省略掉一个市场。

假定各种资产供给量的初始水平是给定的，那么货币市场的平衡情况如图 2.1 所示。在图 2.1 中，MM 曲线表示使货币市场处于平衡状态的本国利率与汇率的组合。这一曲线斜率为正，是因为随着 e 值的增大（本币的贬值），在外国债券数量 F 一定时，以本币衡量的这一资产的价值提高，从而导致资产总量的本币价值提高。因此，如果其他条件不变，以本币衡量的资产总量的增加将导致货币需求的上升。在货币供给既定的情况下，为了维持或恢复货币市场的平衡，需要提高本国利率来降低货币需求。因此，MM 曲线的斜率为正。另外，货币供给增加将使 MM 曲线向左移动，因为在汇率既定时，为了恢复货币市场的平衡，利率必须下降以提高货币需求。相应地，货币供给减少将使 MM 曲线向右移动。

本国债券市场的平衡情况如图 2.2 所示。在图 2.2 中，BB 曲线表示本国债券市场处于平衡状态时本国利率与汇率的组合。这一曲线斜率为负，因为本币贬值同样带来本国资产总量的增加和对本国债券需求的上升，这导致本国债券价格上涨、本国利率下降。另外，本国债券供给增加会使 BB 曲线向右移动。因为在汇率既定时，本国债券市场上的供给超过需求，将导致本国债券价格下降，即本国利率上升。相应地，本国债券供给减少会使 BB 曲线向左移动。

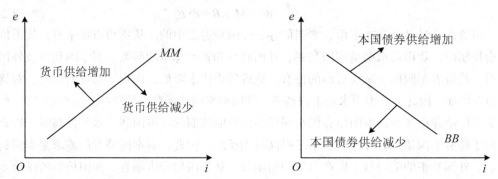

图2.1 货币市场平衡时本国利率与汇率的组合　　图2.2 本国债券市场平衡时本国利率与汇率的组合

外国债券市场的平衡状况如图2.3所示。在图2.3中，FF曲线表示外国债券市场处于平衡状态时的本国利率与汇率的组合。这一曲线斜率为负，因为随着本国利率的上升，部分对外国债券的需求转移到本国债券之上，在外国债券市场上出现超额供给，这就需要外汇贬值及本币升值来维持市场平衡。需要指出的是，FF曲线比BB曲线更平缓，这是因为本国债券市场对本国利率的变化更为敏感——在本国市场中，同样的汇率变动引起的债券供求波动只需较小的利率调整便能恢复平衡。此外，外国债券供给增加将导致FF曲线向左下方移动。因为在利率既定时，外国债券市场上的供给超过需求将导致本币汇率升值。相应地，外国债券供给减少将使FF曲线向右上方移动。

当货币市场、本国债券市场、外国债券市场同时达到平衡时，经济将处于短期平衡状态。显然，这意味着经济的短期平衡位于三条曲线的交点，如图2.4所示。

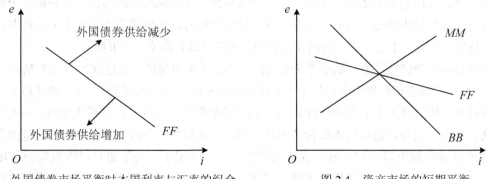

图2.3 外国债券市场平衡时本国利率与汇率的组合　　图2.4 资产市场的短期平衡

上面分析的是短期汇率的决定，但资产市场论关于汇率决定的理论并没有到此为止。在某一特定的时点上，当汇率和利率达到均衡时，经常账户可能为顺差，也可能为逆差。在浮动汇率制度和政府不干预外汇市场的情况下，经常账户的顺差（逆差）意味着资本账户的逆差（顺差），同时又意味着外币资产存量的增加（减少），这反过来又影响到汇率，使汇率下降（上升）。这种不断的反馈过程对汇率产生不间断的影响，从而形成对汇率的动态调节，直到外币资产存量不再增加（减少），即经常账户差额为零为止。这样，资产市场论便从短期汇率决定学说延伸到了长期汇率决定学说。当经济位于短期平衡并存在经常账户赤字或盈余时，由短期平衡向长期平衡的调整机制就体现为经常账户差额与汇率互相作用的动态反馈机制。长期平衡能否达到，关键在于本币贬值能否增加经常账户盈余，即是否符合马歇尔—勒纳条件。当这一条件满足时，经济的动态调整必然会实现经常账户平衡，直到经济达到长期平衡状态为止。

【专栏 2.1】　　　　　　　汇率理论的新发展

20 世纪 70 年代末至 80 年代初，汇率决定理论的发展主要依托于两个新思想：① 资产市场分析方法，它把外汇市场看作是一种资产市场，这意味着汇率是一种资产价格，从而汇率的决定和其他资产价格的决定之间具有相似的特点，然而在 20 世纪 70 年代以前，外汇市场被看作是一个普通的商品市场，汇率是由外汇市场上外汇的供求平衡决定的；② 理性预期假说，它假定经济代理人利用所有的信息，包括体现在经济学家所使用的经济模型中的信息。汇率的决定和对汇率未来变化的预期紧密相关，任何关于未来汇率预期的改变，都会立即引起当前汇率的变化。

（一）"新闻"分析论

在资产市场分析方法中，预期是决定汇率的一个重要因素。预期的方式有外推性预期、适应性预期和理性预期等，把资产市场分析方法中的预期看作是理性预期，实际上是对资产市场分析方法的一种理论扩展。正是这种扩展导致了汇率决定的"新闻"分析论的产生。"新闻"分析论是依据汇率决定的资产市场分析方法的一般理论模型。

所谓"新闻"，是指那些令经济代理人感到意外的或未预见到的，并且能够引起他们对汇率的预期值进行修正的任何新的信息。"新闻"分析论的主要目标在于分析"新闻"对于汇率的冲击，从而说明浮动汇率制下汇率频繁变动或不稳定的原因。"新闻"分析论的思想来源于宏观经济学中对理性预期论的检验。理性预期经济学家根据他们的理论推导出了宏观经济政策"无效"的结论。这一命题的实质是，只有预料到的政策才是有效的。1977 年，巴罗（Barro, R.J.）通过将货币增长率分为预料到的和未预料到的两部分，用计量经济学的方法检验了货币政策对就业水平的影响。其结论是，货币政策中未预料到的部分能够影响就业水平，而预料到的部分则不能。这种实证检验对理性预期理论提供了有力的支持。尽管其结论不久便受到了挑战，但他的这种利用"新闻"检验理性预期的方法，很快在汇率的研究中被许多经济学家所接受。

可以说汇率决定的"新闻"分析论在依据基本经济变量中未被预料到的部分来解释汇率的变动方面，在一定程度上是成功的。但是，"新闻"分析论不能解释那种存在于汇率运动中的、与基本经济变量的运动不一致的自我强化的汇率运动——投机泡沫现象。

汇率决定的"新闻"分析论是汇率决定的资产市场分析方法和理性预期假说相结合的产物。从"新闻"模型的推导过程中可以明显看出这一论断的正确性。1973 年，穆萨（Mussa）首先给出了一个简单的描述汇率决定的资产市场分析方法的模型：

$$s_t - E_{t-1}(s_t) = \sum_{j=0}^{\infty} b^j [E_t(x_{t+j}) - E_{t-1}(x_{t+j})] \quad (2\text{-}18)$$

式（2-18）就是汇率决定的"新闻"模型的一般表达式。式中，x_{t+j} 表示现在（t 时期）对于基本经济变量 x_{t+j} 的预期中，在前一个时期（t-1 时期）没有被预见到的部分，即"新闻"或"惊人事件"。所以式（2-18）的右边是关于未来经济变量的"新闻"加总，左边是现在（t 时期）的即期汇率中在前一个时期（t-1 时期）所没有预见到的即期汇率的变化。"新闻"模型的这一论断具有重要的理论价值，它为借助实际汇率数据而发现的几个明显的汇率运动的经验规则提供了理论说明。

（二）"混沌"分析论

自然科学中的混沌理论表明，运动的确定性并不等价于它的可预测性，确定性运动能够产生出不可预测的貌似随机的行为。一些学者受此启发，认为汇率变动也是一个混沌过程。他们放弃了传统汇率理论预期的假设前提，代之以市场参与者异质性的假定，并试图通过混沌理论来模拟汇率的运动，从而开辟了汇率额定的混沌分析方法。

运用混沌分析法研究汇率的行为必须弄清楚两个最基本的问题：①能否给出一个合理的具有混沌特征的汇率决定模型；②在实际汇率时间序列中能否找出混沌存在的证据。前一个问题是理论性的，后一个问题是实证性的。1990 年，比利时经济学家保罗·德格劳森（Paul De Crauwe）和汉斯·杜瓦赫特（Hans Dewachter）一起开了利用混沌理论研究汇率之先河，提出了一个汇率决定的混沌货币模型。1993 年，他们又和马科·艾布雷茨（Mark Embrechts）合作，共同出版了《汇率理论：外汇市场的混沌模型》一书。此书对上述两个基本问题进行了系统和全面的论述，从而把汇率决定的混沌分析法提升到了一个较高的研究水平。

保罗·德格劳森等人提出的汇率决定的混沌模型，其基本思想是假定经济代理人是异质的（技术分析者和基础分析者），他们分别使用不同的有限的信息集合。正是它们之间的相互作用在汇率的形成中引入了非充分的非线性，从而使得外汇市场上的混沌运动成为可能。保罗·德格劳森等首先给出了一个简单的汇率混沌模型，然后对这一简单模型进行扩展，又提出了一个更切合实际的汇率的混沌货币模型。

$$s_t = [s_{t-1} f(s_{t-1}, \cdots, s_{t-N})^{m_t} (s_{t-1}^* / s_{t-1})^{a(1-m_t)}]^b \tag{2-19}$$

$$\beta m_t = 1/[1 + \beta (s_{t-1} - s_{t-1}^*)^2] \tag{2-20}$$

式中，s_t 代表 t 时期的汇率，b 是投机者用来贴现汇率的因子，m_t 是 t 时期给予技术分析者的权数，$1-m_t$ 是 t 时期给予基础分析者的权数，s_t^* 为均衡汇率，β 是决定技术分析者的权数下降的速度，同时，它还表示基础分析者对均衡汇率估计的准确程度。β 越大，意味着基础分析者对均衡汇率估计的准确程度越高，即他们的估计很少有偏差，结果导致一个相对小的市场汇率对均衡汇率的偏离将会引起基础货币分析者在市场上有着强大的影响力。当 β 降低时，则相反。

以上模型表明，在假定代理人是异质的情况下，汇率有可能呈现混沌运动状态，从而为把现代混沌理论应用于汇率的理论与实践开启了大门。例如，混沌系统所具有的对初始条件的敏感性特征，可用来说明现实中预测汇率的困难；混沌系统的内在随机性波动，可用来阐明汇率决定的"新闻"模型的困惑，因为"新闻"模型无法解释在没有"新闻"发生时汇率的明显波动。该模型的缺点是没有详细说明决定汇率的基本经济变量的结构，只是简单地概括这一结构并把它当作是外生的，从而割裂了汇率与基本经济变量之间明显存在的相互联系。为了克服这种缺陷,保罗·德格劳森等又提出了汇率决定的混沌货币模型。

目前,汇率决定的混沌分析法尚处于发展阶段。它的理论意义和实践意义在于:

(1)传统的汇率理论主要关注的是汇率的稳定状态,而汇率的混沌模型使人们认识到汇率的周期性和混沌运动状态也是可能的,从而丰富了对汇率行为的认识。同时它还告诉我们貌似随机的、复杂的汇率现象,其形成的机制本质上可能是确定的、简单的。

(2)混沌分析法提供了一种利用纯内生的方式来解释汇率波动的方法,这种方法无须求助于外部的随机性,从而克服了利用"新闻"模型解释汇率波动的困难。

(3)混沌模型并不否认外部冲击对汇率的影响,而是说明这种冲击的效应依赖于决定汇率的经济系统本身的性质。在一个高度稳定的能够迅速回到均衡状态的系统中,外部冲击的效应是很小的。而在一个对初始条件敏感依赖的混沌系统中,一个很小的冲击所造成的影响会很大,使汇率不再回到原来的运动轨道上。

(4)混沌行为在长期内的不可预测性与传统的理性预期假说不相容,从而使理性预期假说这种一直支配汇率研究的思想变成了一个构建汇率模型的非常不稳定的基础。

(5)从实践的角度看,混沌分析法为制定有效的汇率管理政策、利用可能的混沌控制方法提供了一种新的思路。

本章小结

外汇与汇率都属于国际金融领域中的基本范畴。外汇是以外币表示的、能用来清算国际收支差额的资产,它一般具有外币表示性、可兑换性、普遍接受性以及可偿付性的特征。

汇率是以一种货币表示另一种货币的相对价格。汇率的标价方法主要有直接标价法、间接标价法和美元标价法。从不同的角度,汇率可以进行不同的分类。

在不同的货币本位制下,汇率的决定基础是不同的。在信用货币条件下影响汇率变动的主要经济因素有:国际收支、相对通货膨胀率、相对利率水平、宏观经济政策、市场预期、政府干预与经济增长率等。同时,汇率变动对经济也具有反作用,如对贸易收支、物价水平、就业水平、外汇储备、资本流动以及国际经济关系等都有重要影响。

汇率决定理论是一个不断演变发展的过程,主要包括传统的汇率决定理论(铸币平价理论、国际借贷理论、购买力平价和利率平价理论)和现代汇率决定理论(国际收支理论和汇率资产市场论)等。

本章重要概念

外汇;汇率;直接标价法;间接标价法;基本汇率;套算汇率;买入汇率;卖出汇率;固定汇率;浮动汇率;单一汇率;复汇率;名义汇率;真实汇率;有效汇率;电汇汇率;信汇汇率;票汇汇率;即期汇率;远期汇率;均衡汇率;铸币平价;金平价;法定平价;黄金输送点;一价定律;汇率超调

本章复习思考题

1. 外汇的特征与种类有哪些?
2. 如何区分汇率的直接标价法和间接标价法?
3. 在金本位制下,汇率决定的基础是什么?
4. 在信用货币条件下,汇率决定的基础是什么?
5. 汇率变动对经济的影响有哪些?
6. 国际借贷理论的主要内容是什么?
7. 试比较绝对购买力平价和相对购买力平价的区别。
8. 试述利率平价理论的主要内容。
9. 在信用货币条件下,影响汇率的主要因素有哪些?
10. 汇率的资产市场说的基本思想是什么?

第三章 汇率制度与汇率政策

本章学习目标

理解汇率制度和汇率政策的基本内涵；熟悉汇率制度的基本类型；了解汇率制度的最新分类情况；掌握汇率制度选择的基本理论；熟悉汇率管理的基本方法；熟悉外汇管制的主要内容及措施；了解人民币汇率制度的历史演变与改革进程。

从世界范围来看，为了促进国际贸易和金融的顺利进行，国际社会需要构建一个普遍认同的关于各国汇率关系的国际性规则，即国际汇率制度。一百多年来，国际汇率制度经历了多种形态的演变与变迁。从单个主权国家来看，一国货币当局为保证汇率对于本国经济发展的积极作用，需要在国际汇率制度约束下对本币汇率的确定、维持、调整以及变动等做出一系列的制度性安排，即本国汇率制度。当然，由于世界各主权国家仍是当今国际事务中的行为主体，因此，各主权国家均有权安排符合自身国情需要的本国汇率制度和汇率政策等。

第一节 汇率制度

一、汇率制度的内涵

所谓汇率制度（Exchange Rate Regime），是指货币当局对于本币汇率的确定、形成、维持、调整与变动的原则、方式与方法等所做出的系统性安排。对于一个国家来说，汇率制度作为汇率管理的一种基本原则和基本框架，通常具有普遍适用性和相对稳定的特点。其内容主要包括以下几方面：

（1）汇率确定的原则与依据，如汇率确定依据是货币本身的含金量，还是货币的法定含金量或者所代表的价值量等。

（2）汇率形成的机制，如汇率的形成是由官方规定的，还是由市场供求关系决定的等。

（3）汇率维持与调整的方式，如汇率是保持基本稳定，还是大幅度调整；汇率的调整方式是采用法定升值或贬值的办法，还是任由其自由浮动或由官方干预等。

（4）汇率变动的幅度，如汇率水平是长期基本稳定的，还是大幅度波动的或者在规定的合理区间范围内浮动等。

当然，一国汇率制度的选择与调整还要受到某一时期的国际货币体系的制约。一国汇率制度的选择，不仅可以影响到该国汇率的变动与国际收支状况，而且可以通过汇率与国际收支这两个渠道影响该国国内的货币需求与社会总需求，进而可以影响该国的宏观经济发展情况。

二、汇率制度的基本分类

汇率制度可以从不同角度进行分类，但最传统的和最基本的分类是按照汇率变动的灵活程度进行划分，可分为两大类型：固定汇率制（Fixed Exchange Rate System）和浮动汇率制（Floating Exchange Rate System）。

（一）固定汇率制

所谓固定汇率制，是指一国政府规定（用行政或法律手段）本国货币与某种参考物之间保持固定比价的一种汇率制度。充当参考物的东西可以是黄金，也可以是某一主要国际货币或一篮子货币。简单地说，固定汇率制度是一种汇率比较稳定、波动范围较小的汇率制度。在信用货币条件下，不同货币之间的固定比价往往是由政府人为规定的，在经济形势发生较大变化时可以调整，因此，固定汇率制又称为可调整的钉住汇率制（Adjustable Pegging System）。从历史发展上看，固定汇率制度可分为 1880—1914 年金本位制下的固定汇率制和 1944—1973 年布雷顿森林体系下的可调整的固定汇率制以及牙买加体系下的各种钉住汇率安排。

（二）浮动汇率制

所谓浮动汇率制度，是指一国政府既不规定本币与外币之间的黄金平价和汇率波动界限，也不承担维持汇率波动界限的义务，而是由外汇市场的供求关系决定本币汇率上下变动的一种汇率制度。该制度是在布雷顿森林体系崩溃后，于 1976 年 1 月得到国际货币基金组织的正式承认的。1978 年 4 月，国际货币基金组织通过"关于第二次修改协定条例"，正式废止布雷顿森林体系，浮动汇率制至此在世界范围内得到了合法的地位。从实践上看，由于各国政府或货币当局都会或多或少、或明或暗地对本币汇率水平进行干预或指导，因此，浮动汇率制在具体内容上又是不完全相同的，具体可分为以下两种形式：

（1）按照汇率的政府干预程度，可分为自由浮动与管理浮动。自由浮动（Free Floating）是指一国货币当局完全不干预汇率水平，任由市场供求关系决定汇率水平，因而又称"清洁浮动"（Clean Floating）。当然，这是一种理想主义的汇率制度，在现实生活中纯粹的、完全的自由浮动制是不存在的。管理浮动（Managed Floating）是指货币当局对外汇市场进行干预，以使市场汇率朝有利于自己的方向浮动，因而又称"肮脏浮动"（Dirty Floating）或可调节的浮动汇率制。在实际中，各国为了自身利益都会或多或少地干预外汇市场，犹如一只"肮脏"的手操纵着外汇市场。从这个意义上说，当今的浮动汇率制大多属于管理浮动制或具有管理浮动制特点的浮动汇率制。

（2）按照汇率浮动的形式，可分为单独浮动、联合浮动和钉住浮动。单独浮动（Independent Floating）是指本国货币价值不与他国货币发生固定联系，其汇率根据外汇市场的供求变化单独浮动，如美元、日元、瑞士法郎、加拿大元等均采用单独浮动。

联合浮动（Joint Floating），又称蛇形浮动（The Snake System），是指某些国家出于保护和发展本国经济的需要，组成某种形式的经济联合体，在联合体内各成员国之间制定固定汇率，规定上下波动界限，而对成员国以外其他国家的货币汇率则采取共同浮动的办法。1999 年 1 月欧元启动前，欧洲经济共同体成员国的货币一直实行联合浮动。

钉住浮动（Pegged Floating）是指一国货币与某一种货币或一篮子货币挂钩保持固定的汇率，并随所挂钩的货币汇率的变动而变动一种汇率浮动方式。钉住浮动具体可分为钉住单一货币浮动和钉住一篮子货币浮动两种。在国际外汇市场动荡不定的情况下，许多发展中国家为避免相互间汇率频繁波动所带来的不利影响，在汇率安排上通常选择本币钉住与本国经贸关系密切的国际货币。

相对于固定汇率制来说，浮动汇率制主要具有以下几个特点：①汇率浮动的形式多样化，主要包括自由浮动、管理浮动、单独浮动、联合浮动和钉住浮动等；②汇率波动的幅度很大，而且波动频繁剧烈；③汇率波动的影响因素多而复杂。

（三）IMF对汇率制度的分类

从历史发展上看，自19世纪末期金本位制在西方主要各国确定以来，一直到1973年，世界各国的汇率制度基本上属于固定汇率制；而1973年以后，世界主要工业国则实行了浮动汇率制。大体上看，国际货币基金组织（IMF）对汇率制度的划分，主要经历了三个阶段：1999年以前基于名义分类的分类，1999—2008年基于事实分类法的分类和2009年最新修正的分类。

1999年以前基于名义分类的分类，是IMF根据成员国的官方宣告围绕固定汇率制和浮动汇率制的两分法所进行的分类。但这一分类方法的最大缺陷是，各国名义上宣告采取的汇率制度与其实际操作中采取的汇率制度并不相符。例如，一些国家宣称自己实行的是固定汇率制，但事实上该国为了扩大出口而实行了具有浮动汇率制特征的名义汇率行为，或者一些新兴市场国家宣称实行浮动汇率制，但由于国内金融市场不完善而害怕浮动等在实际中采取了钉住其他国家货币的做法，这与其宣称的汇率制度也是不相符的。因此，基于这些名义上与事实上不相符的情况，IMF从1999年开始实行事实分类法。

传统的汇率制度分类存在较大的缺陷，突出地表现为国际货币基金组织成员国所汇报的汇率制度类型往往没有反映实质性的内容。亚洲金融危机以后，国际货币基金组织加强了对成员国汇率制度安排问题的研究、监督和指导。因此，从1999年开始，IMF改变过去二十多年来的固定汇率制、浮动汇率制的简单两分法，而是根据成员国在实际中的名义汇率的灵活程度和货币当局的干预程度来划分，它可能与一国宣告的汇率制度并不完全一致。具体地说，根据各国汇率弹性的大小，IMF将汇率制度划分为三类八种，即无独立法定货币汇率制度（NS）、货币局安排（CBA）、传统钉住（FP）、水平区间钉住（HB）、爬行钉住（CP）、爬行区间钉住（CB）、管理浮动（MF）和独立浮动（IF）。然而，随着国际经济形势的变化，此种分类方法的弊端也日益显现：一是作为管理浮动类别下的各国汇率制度存在较大的差异，如果笼统地将其归为一类，则违背了汇率制度划分避免歧义性的基本原则；二是随着各国央行干预力度的不断提高，IMF获取真实数据的难度较大，难以将其准确界定为上述八个种类中的一种。因此，2009年IMF公布了最新的汇率制度分类方法。

2009年，IMF进一步修正了汇率分类方法，对国际汇率制度进行了重新分类，具体划分为4类10种。第一类是硬钉住型，它具体包括无独立法定货币汇率制度和货币局安排两种。第二类是软钉住型，此类汇率制度的特点是货币当局对汇率均实行一定程度的干预，从而确保汇率围绕某一中心汇率上下波动，中心汇率或者钉住单一货币，或者钉住一篮子货币。它具体包括传统的固定钉住制度、稳定化安排、水平区间钉住、爬行钉住和类爬行安排五种。第三类是浮动安排，此类汇率制度的特点是汇率波动幅度不受限制，汇率水平在很大程度上由市场供求关系决定，政府对汇率干预较少。它具体包括浮动汇率和自由浮动两种。第四类是其他管理安排，对不属于上述九种汇率类别的汇率安排，都划为其他管理安排。国际货币基金组织汇率制度分类方法修正前后的比较情况如表 3.1 所示。

表 3.1 国际货币基金组织汇率制度分类方法修正前后的比较

类 别	1999—2008 年的事实分类法	国 家 数	2009 年修正后的分类法	国 家 数
硬钉住		23		23
	无独立法定货币汇率制度	10	无独立法定货币汇率制度	10
	货币局安排	13	货币局安排	13
软钉住		81		65
	传统钉住	68	传统的固定钉住制度	42
	水平区间钉住	3	稳定化安排	13
	爬行钉住	8	水平区间钉住	4
	爬行区间钉住	2	爬行钉住	5
			类爬行安排	1
浮动安排		84		79
	管理浮动	44	浮动汇率	46
	独立浮动	40	自由浮动	33
其他管理安排				21
汇总		188		188

资料来源：IMF. International financial statistics[M]. Washington: IMF, 2010。

根据 2009 年 IMF 关于汇率制度的最新分类，其 10 种汇率制度的具体含义如下。

1. 无独立法定货币汇率制度（Exchange Arrangements With No Separate Legal Tender）

无独立法定货币是指一国采用另一国的货币作为本国的法定货币或者若干个国家实行货币联盟。如美元化国家，具体包括巴拿马和厄瓜多尔等拉美国家；货币联盟的典型代表是欧元区，在欧元区内流通着超国家主权的单一货币，建立统一的中央银行。

2. 货币局安排（Currency Board Arrangement）

货币局安排是指在法律上明文规定本币与某一外国可兑换货币保持一个固定兑换比率，并对本币的发行做出特殊限制以保证履行这一法定比率的汇率制度。一般来说，实行这种汇率制度的大多为小型经济体，如爱沙尼亚、保加利亚、立陶宛、文莱以及中国香港地区等。

3. 传统的固定钉住制度（Conventional Fixed Peg Arrangement）

传统的固定钉住制度是指本国货币钉住另一国货币，并限制在 ±1% 甚至更狭窄的范围内波动。其中，钉住货币可以是单一货币，也可以是一篮子货币。一国不论选择钉住何种货币形式，都应向 IMF 公布其锚货币或者货币篮子。在这种汇率制度下，钉住并不意味着一国承诺永久维持某一固定平价。名义汇率可以在中心汇率上下小于 1% 的幅度内波动，或者说汇率的波动幅度要小于 2%，而且至少要维持 3 个月。当一国的汇率水平偏离中心汇率时，货币当局可通过直接干预（如公开市场业务）或间接干预（如利率政策）来维持这一平价。显然，这一汇率制度比无法定货币和货币局的情况要灵活一些，货币当局至少可以调整汇率水平，虽然频率较低。

4. 稳定化安排（Stabilized Arrangement）

稳定化安排是指一国在汇率不浮动的情况下，本国即期市场汇率的波动幅度在 6 个月或更长的时间内不超过 ±1% 的范围。一国一旦被划为稳定安排，则该国不仅要保持汇率稳定，而且官方干预所引发的汇率波动也必须严格限制在 2% 的范围内。

5. 水平区间钉住（Pegged Exchange Rates Within Horizontal Peg）

水平区间钉住是指汇率保持在官方承诺的范围内波动，波动幅度可以超过 ±1%，或者说运行汇率波动范围的最大值和最小值之差超过 2%。这一汇率制度与传统的钉住汇率制度的不同之处是汇率变动幅度有所扩大。这种汇率安排，既有浮动汇率的灵活性，又有固定汇率的稳定性。同时，汇率在公布的区间范围内波动，有利于形成合理的市场预期。但是，存在的最大问题是如何确定波动的范围，如果波动范围过度，则异化为浮动汇率；波动范围过小，则异化为固定汇率。

6. 爬行钉住（Crawling Pegs）

爬行钉住是指将汇率钉住某种平价，同时根据一组选定的指标不定期地对汇率进行小幅度调整的一种汇率制度安排，又称蠕动汇率制度。在该汇率制度下，货币当局每隔一段时间就对本国货币的汇率进行一次较小幅度的贬值或升值，每次变动的时间和幅度都是随意确定的，可以以主要贸易伙伴之间的通胀率差异作为调整的依据（购买力爬行钉住），也可以不设参照依据（任意爬行钉住）。

7. 类爬行安排（Crawl-like Arrangement）

类爬行安排是指在中心汇率爬行的基础上，汇率带有一定程度的波动性，但汇率波动幅度不超过 2%，且同时不低于 1%。其特点是中心汇率变化较为频繁，同时需要确定一个爬行幅度。其中，向后爬行是指以过去的经济指标，如通货膨胀差异等确定爬行幅度；向前爬行是根据预期变化和预期目标确定爬行幅度。

8. 浮动汇率（Floating）

浮动汇率是指汇率大小均由市场决定，除非有足够的证据证明现阶段汇率的稳定属于非政府行为，否则汇率波动幅度必须突破 2% 的限制。在此期间，为了防止汇率过度波动，货币当局可以直接或间接地进行干预。

9. 自由浮动（Independently Floating）

自由浮动，又称不干预浮动汇率制度，其对汇率"自由"的要求则更为严格，是指货币当局对汇率上下浮动不采取任何干预措施，完全由外汇市场的供求关系决定。当然，有时官方进行干预的目的是缓和汇率过度波动，而不是确定汇率水平。一般来说，只有市场无序的时间超过 6 个月的特殊情况下，官方才能进行干预，但干预的次数要小于两次，每次干预的天数也不能超过 3 天。在实际中，自由浮动汇率制度对所在国的经济金融发展要求比较高，通常实施这一汇率制度的国家都是市场经济体系较为完善、金融市场体系发达、企业产权制度明晰和汇率形成机制健全的国家。目前，实施这一汇率制度的国家主要是美国、日本、英国、瑞士、加拿大、韩国、挪威、瑞典、新西兰、以色列和冰岛等。

10. 其他管理安排

其他管理安排是一个剩余分类项。它是指当一国的汇率制度安排不符合上述任意一种汇率制度的标准时,则将其划为此类;对于频繁变动汇率制度的国家也划为此类。

总之,新的分类突出了汇率的形成机制和政策目标的差异。例如,欧元区国家被列入无独立法定货币汇率制度(表 3.1 中的第一类);原来的管理浮动的中国、埃及、伊朗和独立浮动的瑞士等因为汇率基本上钉住美元,并且波动幅度很小,被列入传统的固定钉住制度(表 3.1 中的第二类)。目前,世界各国的汇率制度呈现出多样化的局面,并仍在演变过程中。

三、汇率制度选择理论

(一)早期的汇率制度选择理论

1. 关于固定汇率制与浮动汇率制优劣的争论

作为汇率制度的两极,固定汇率制度与浮动汇率制度的优劣问题一直存在着争论。其争论所涉及的问题很多,其中,在实现内外均衡调节效率方面的争论可归纳为:

(1)单一性。以本国产品的国际竞争力下降为例。浮动汇率制的支持者认为,在浮动汇率制下,只需听任汇率这唯一的变量进行调整,让本币汇率贬值即可;而在固定汇率制下,则必须通过货币供应量的变动进而调整本国的价格体系(各种商品、各种市场上的价格),这就牵涉许多变量的调整。显然,前者的调整时间更快、成本更低。尤其是本国价格调整存在黏性时,浮动汇率制的优势更为明显。但是,固定汇率制的支持者指出,在很多情况下,对本国价格体系的调整是非常必要的,而仅仅通过汇率变动是不合理的。例如,如果本国产品国际竞争力的下降是生产出口品的经济部门劳动生产率提高缓慢导致的成本过高所致,汇率贬值虽可在短期内增加出口,但从长期看不利于本国产品竞争力的提高、不利于本国相关产业的发展;而在固定汇率制下,相关产业部门将被迫主动采取措施降低成本、提高技术水平,这一价格调整往往是不可回避的。因此,从长期看,固定汇率制的调节成本反而较低。

(2)自发性。在浮动汇率制下,只要一国的国际收支出现失衡,汇率就会自动地贬值或者升值,从而对国际收支与整个经济进行自发调节,不需要任何专门的政策乃至强制性措施。而在固定汇率制下,国际收支的失衡一般都需要政府制定出特定的政策组合来加以解决,这一过程中存在的时滞等问题使其效率较低。因此,浮动汇率制的调节更加灵活。

(3)微调性。在浮动汇率制下,汇率可以根据一国国际收支的变动情况进行连续微调而避免经济的急剧波动。而在固定汇率制下,一国对国际收支的调整往往是在问题已经积累到相当程度时才进行,调整幅度一般较大,对经济的震动也比较剧烈。固定汇率制的支持者不否认固定汇率制下的调整较为僵硬,但是他们同时指出,固定汇率制可以避免许多无谓的汇率调整,尤其是在这些调整是由货币性干扰所造成的时候。例如,当资产市场上出现供求的暂时性变化时(如本国货币需求暂时下降),在固定汇率制下可以通过储备变动予以消除,避免汇率的频繁调整。另外,固定汇率制的支持者还指出,在资金流动对汇率形成具有决定性影响时,浮动汇率制的无谓调整是很剧烈的,对经济的冲击也非常大。

(4)稳定性。浮动汇率的倡导者认为,以下两个因素使浮动汇率制具有稳定性。首先,浮动汇率制下的投机主要是一种稳定性投机（Stabilizing Speculation），因为投机者只有在汇率低于均衡水平时（低估）买入或在汇率高于均衡水平时（高估）卖出，才能持续获利。这一投机策略对市场价格的影响是稳定性的，倾向于低价市场价格的波幅。其次，在浮动汇率制下，由于汇率随时都在进行调整，政府也不承诺维持某一汇率水平，因此，投机性资金不易找到汇率明显高估（或低估）的机会，同时在进行投机活动时还得承担汇率反向变动的风险。而在固定汇率制下，政府对汇率的调整是很少见的，这便会给投机性资金找到汇率错误定值的时机，而且在政府承诺支持汇率水平时，投机活动就演变为和政府进行的较量，并且在前者实力非常强大的情况下，国际投机性资金可以从政府的失败干预中获得高额利润。尤其重要的是，固定汇率制下的投机活动可以不承担任何风险，失败后还可以按固定汇率水平进行抵补交易，大大刺激了投机活动的发生。因此，资金的高度流动再加上固定汇率制可能是一种最不稳定的组合。

除上述问题外，两种汇率制度在下列问题中也存在着争论：

（1）对国际贸易和国际投资的影响。浮动汇率制的拥护者是从两个方面论证浮动汇率有利于国际经济交往的：一是汇率自由浮动使固定汇率制下政府为维持固定汇率而采取的种种直接管制措施失去意义，浮动汇率制可以推动经济自由化，而这会极大地促进国际经济往来的发展；二是汇率浮动固然给国际贸易、投资带来了一定的不确定因素，但这可以通过远期交易等方式规避风险，国际金融创新的飞速发展已使这一问题的严重性大大减轻了。赞成固定汇率制的人则认为绝不能低估浮动汇率对国际贸易与投资的危害：第一，进行各项规避风险的交易本身也是有成本的，有时成本还比较高，这不可避免地对国际经济活动产生负面影响；第二，许多经济活动是无法规避汇率风险的，如跨国的长期投资、实物投资等；第三，广大发展中国家由于金融市场不发达，缺乏远期交易等规避风险的工具，浮动汇率制对它们是特别不利的。

（2）对通货膨胀国际传播的影响。浮动汇率制的拥护者认为，浮动汇率有利于隔绝通货膨胀的国际传递。这是因为在固定汇率制下两国的货币和商品市场通过固定汇率紧紧地联结在一起。一国的物价水平上涨必引起另一国物价的上涨。而在浮动汇率制下，汇率的变动则可抵消这种传递影响。浮动汇率犹如一堵墙，对通货膨胀和经济周期的传播起到一种隔绝作用。主张实行固定汇率制的学者则指出，浮动汇率制下同样存在通货膨胀的传递问题，并且这一传递具有不对称性。当本币汇率贬值时，进口成本上升，物价上升；当本币升值时，进口成本则因价格刚性而不容易下降或下降不足，其净效应便是物价的上涨。扩大到两个国家的相互关系来看，一国货币的升值便是另一国货币的贬值。贬值国家的物价上升幅度要超过升值国家物价下降的幅度，其净效应便是世界物价水平的上升，这称为不对称效应或棘轮效应。

（3）对国际上政策协调的影响。浮动汇率制的拥护者指出，汇率本质上是个具有"竞争性"的变量，任何一种汇率制度都不可能完全解决这一问题。在浮动汇率制下，汇率的大幅度波动往往会引起各国的关注，进而形成国际上的磋商协调，这在某种程度上反而会加强各国的政策协调。赞成固定汇率制者则认为，由于浮动汇率制缺乏关于汇率约束的协议，各国将本国国内经济目标摆在首位，易于利用汇率的自由波动而推行"以邻为壑"的政策，这会造成国际经济秩序的混乱。

从上述的比较可以看出，两种汇率制度都不是十全十美的，各有其特点。从本质上来说，这两种汇率制度的比较，实际上意味着在内外均衡目标的实现中，对"可信性"（Credibility

与"灵活性"(Flexibility)的权衡,而这两者往往是不可兼得的。因此,不能简单得出哪种汇率制度更为优越的结论。

2. 最优货币区理论

最优货币区理论(The Theory of Optimum Currency Areas,OCA 理论),又称为最适度通货区理论。基于固定汇率和浮动汇率的争论,美国经济学家罗伯特·蒙代尔(Robert Mundell)于 1961 年提出了"最优货币区"理论。该理论认为,国家在具备一定条件的基础上可以组成货币区,在经济趋同的基础上实行单一货币。这一学说为实行区域货币一体化奠定了理论基础。所谓最优货币区,不是按国家边界划定的,而是由地理区域限定的。它是指这样一种区域:在此区域内,"一般的支付手段或是一种单一的共同货币,或是几种货币,这几种货币之间具有无限可兑换性,其汇率在进行经常交易和资本交易时互相钉住,保持不变;但是区域内国家与区域以外的国家之间的汇率保持浮动。"继蒙代尔之后,其他经济学家对"最优货币区"理论又进行了补充和完善。最优货币区理论提出了一系列用以选择汇率制度的标准,即最优货币区的指标。具体分为单一指标分析方法和综合指标分析法。其中,单一指标分析法主要包括以下内容:要素流动性标准、经济开放度标准、产品多样化标准、金融一体化程度标准、政策一体化标准以及通货膨胀相似性程度标准等。最优货币区理论的出现是第二次世界大战后区域性货币一体化发展的趋势在西方理论界的反映。这一理论为货币一体化提供了理论依据,并指导了实践的发展,即欧元区的创设过程是最优货币区理论的一次伟大实践。

但最优货币区理论也存在着一些缺陷:一方面,组成货币区往往涉及成员国政治和经济的各个方面,单以一个或几个经济因素作为设立标准存在片面性和局限性;同时设立货币区会使各成员国丧失货币和政策主权,这就需要更多的政治合作;另一方面,该理论只限于静态分析,不仅没有考虑到货币区内各国的相互影响,而且对组成货币区的基础也缺乏长期的、动态的分析。进入 20 世纪 90 年代以后,宏观经济学理论、博弈理论等的发展对最优货币区理论的这一缺陷进行了部分弥补和修正。

(二) 20 世纪 70 年代至 90 年代的传统汇率制度选择理论

1. 经济结构决定论

经济结构决定论是由罗伯特·海勒(Robert Heller)于 1978 年提出的。他认为,一国汇率制度的选择,主要受到经济因素的影响,这些经济因素主要是:经济开放程度;经济规模;进出口贸易的商品结构和地域分布;国内金融市场的发达程度及其与国际金融市场的联系程度;相对通货膨胀率等。这一理论成为发展中国家选择汇率制度的主要理论依据。

2. 依附论

依附论是由一些发展中国家的经济学家 Frankel,Semen 等于 20 世纪 80 年代提出的。他们认为发展中国家由于自身的经济特点决定了它们一般不具备实行浮动汇率制度的客观条件,只能选择钉住汇率制度。其原因在于:

(1)发展中国家的市场化程度偏低,汇率制度选择更多倾向于政府定价行为。

(2)发展中国家一般多为规模较小的经济体,其货币在国际货币体系中的地位相对较低,因而在选择汇率制度时,就必须考虑相对固定的汇率制度,以增强贸易和投资的稳定性。

（3）发展中国家贸易的地区结构和产品结构比较单一，选择相对稳定的汇率制度，有利于进出口贸易的稳定。

（4）发展中国家的金融市场发育程度一般不高，市场主体行为不成熟，选择相对固定的汇率制度，有助于本国宏观经济和金融市场的稳定。至于钉住哪一种或哪几种货币，则取决于该国对于世界经济、贸易和政治等诸多方面的依附程度。如果一个国家对某一发达国家产生了依附，就会选择该发达国家的货币作为钉住对象。被钉住货币一旦选定，虽然可以减少汇率波动对于两国贸易的不利影响，但被钉住国的经济政策也必然会对本国产生一系列的副作用。

3. 名义锚理论

20 世纪 80 年代，由于许多国家出现高通货膨胀，一些经济学家（Corden，Edwards，Krueger，Fisher）又转而较多地关注固定汇率制度，从而导致了名义锚理论的盛行。锚的本义是指轮船停泊后用来固定自身方位的一种工具，即将一个巨大的叉形物抛入海中，让轮船不会随意漂泊。该理论认为，一国汇率应当选择与本国相关程度较高的一种外币作为名义锚，并且具有较大的刚性，甚至完全固定，这样名义汇率就可以起到一种"锚"的作用，使得一国政府可获得可靠的公信力和有效的财经纪律，从而可以降低通货膨胀。当一国的国内通货膨胀率过高时，实行钉住汇率（提出明确而透明的汇率水平）有助于树立国内经济稳定计划的信誉；当通货膨胀率大幅下降时，由于货币需求的不稳定性，汇率的名义锚更为可取。这与传统的汇率制度选择理论正好相反，即该国的通货膨胀率与其主要贸易伙伴的差异越小，越应该采取固定汇率制。名义锚方法确实在拉丁美洲反通货膨胀的经济稳定计划中取得了巨大成就，但是这种方法面临的问题也受到格外关注。名义锚方法可以帮助制止恶性通货膨胀时期的价格上涨。然而，在其他情况下，其绩效却未必能够实现。如欧洲汇率机制和北欧国家的经验表明，固定汇率并不是价格稳定的捷径。货币稳定和政府公信力应该在国内建立，而不是从国外进口方面。

4. 三元悖论

三元悖论，又称"三元冲突"或"不可能三角难题"（Impossible Triangle / Impossible Trinity Theory）。1999 年，美国麻省理工学院教授克鲁格曼在蒙代尔—弗莱明模型的基础上，结合对 1997 年亚洲金融危机的实证分析，提出了"不可能三角难题"（见图 3.1）。其基本含义是，一个国家不可能同时实现"资本的完全流动性""货币政策的独立性"和"汇率的稳定性"三个目标。也就是说，一个国家最多只能实现其中两个目标，而放弃另一个目标。如果一个国家想允许资本流动，又要求拥有独立的货币政策，那么就难以保持汇率稳定；如果要求汇率稳定和资本流动，就必须放弃独立的货币政策。例如，在 1944—1973 年的布雷顿森林体系中，各国"货币政策的独立性"和"汇率的稳定性"得到实现，但"资本流动"受到严格限制，而 1973 年以后，"货币政策独立性"和"资本自由流动"得以实现，但"汇率稳定"不复存在。

根据三元悖论，在资本完全流动、货币政策独立和汇率稳定三者之间只能进行以下三种选择：

（1）保持本国货币政策的独立性和资本的完全流动性，必须牺牲汇率的稳定性，实行浮动汇率制。这是由于在资本完全流动条件下，频繁出入的国内外资本带来了国际收支状况的不稳定，如果本国的货币当局进行干预，亦即保持货币政策的独立性，那么本币汇率必然会随着资本供求的变化而频繁地波动。利用汇率调节将汇率调整到真实反映经济现实的水平，可以改善进出口收支，影响国际资本流动。虽然汇率调节本身具有缺陷，但实行汇率浮动确实较好地解决了"三难选择"。但对于发生金融危机的国家来说，特别是发展中国家，信心危机的存在会大大削弱汇率调节的作用，甚至会导致危机恶化。当汇率调节不能奏效时，为了稳定局势，政府的最后选择是实行资本管制。

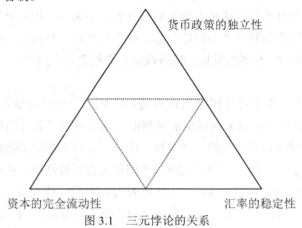

图 3.1　三元悖论的关系

（2）保持本国货币政策的独立性和汇率稳定，必须牺牲资本的完全流动性，实行资本管制。在金融危机的严重冲击下，在汇率贬值无效的情况下，唯一的选择是实行资本管制，实际上是政府以牺牲资本的完全流动性来维护汇率的稳定性和货币政策的独立性。大多数经济不发达的国家，如中国，就是实行的这种政策组合。这一方面是由于这些国家需要相对稳定的汇率制度来维护对外经济的稳定，另一方面是由于它们的监管能力较弱，无法对自由流动的资本进行有效的管理。

（3）保持资本的完全流动性和汇率的稳定性，必须放弃本国货币政策的独立性。根据蒙代尔—弗莱明模型，资本完全流动时，在固定汇率制下，本国货币政策的任何变动都将被所引致的资本流动的变化而抵消其效果，本国货币丧失自主性。在这种情况下，本国或者参加货币联盟，或者更为严格地实行货币局制度，基本上很难根据本国经济情况来实施独立的货币政策对经济进行调整，最多是在发生投机冲击时，短期内被动地调整本国利率以维护固定汇率。可见，为实现资本的完全流动与汇率的稳定，本国经济将会付出放弃货币政策的巨大代价。

在实际中，如果一个经济体选择了货币政策独立性、资本账户开放，那么就不可能实现固定汇率的政策目标，而应该实行浮动汇率制，如美国等发达国家；如果一个经济体选择了货币政策独立性和固定汇率，那么就不可能实现资本项目开放，则应实行资本管制，如中国等新兴经济体；如果一个经济体选择了固定汇率和资本项目开放，那么就必须放弃货币政策独立性，如中国香港地区的联系汇率制度等。当然，该理论的成立需要具备两个前提条件：一是货币政策必须独立于财政政策。只有这样，两种政策工具才能分别发挥不同的功能。假若财政政策决定货币政策或服从于货币政策，则二者本质上就成了一个政策工具，从而无法独立实现不同的政策目标，其宏观经济政策组合就达不到预期的效果。二是本国必须具备发达的资本市场和货币市场，本国个人和企业能够以本币进行国际借贷和汇率风险对冲。假若本国没有发达的资本市场和货币市场，本国企业（尤其是进出口企业）无法有效对冲汇率风险，那么国际资本流动

（尤其是国际投机热钱）必将对本国货币需求、货币供应量、资产价格造成巨大冲击，从而极大地削弱宏观政策效果，那么该结论也就不再成立。如多数发展中国家就不具备发达的资本市场和货币市场，自然不能简单照搬该理论来分析和制定宏观经济政策组合。

（三）20 世纪末以来的汇率制度选择理论

20 世纪 90 年代以后，随着一些新兴市场国家频繁爆发金融危机，围绕着发展中国家的汇率制度如何选择及其现实选择中的困境，又相继出现了"中间制度消失论""原罪论""害怕浮动论"等汇率制度选择理论。

1. 中间制度消失论

20 世纪 90 年代中后期，美国加州大学伯克莱分校的 Eichengreen, Obstfeld, Rogoff, De Grauwe 等提出了中间制度消失论。这里的中间汇率制度是指介于完全固定汇率和完全浮动汇率之间的汇率制度，具体包括新分类法中的传统的固定钉住汇率制度、稳定化安排、水平区间钉住、爬行钉住、类爬行钉住和浮动汇率。这些汇率制度的共性是都在政府控制之下，汇率在一个或大或小的范围之内变化，它们没有质的区别。

该理论认为，唯一可持久的汇率制度是自由浮动汇率制，或是具有强硬承诺机制的固定汇率制。介于两者之间的中间性汇率制度，包括"软钉住"汇率制，如可调节的钉住、爬行钉住、目标区汇率制和管理浮动制等正在消失或应该消失。因此，未来各国不是选择完全自由浮动汇率制，就是选择"硬钉住"汇率制。由于中间汇率制度消失，形成所谓的"空洞的中部"，因而这一理论又称为"两极汇率制度理论"或"中间制度消失理论"。其主要理论依据是，完全的浮动汇率制度和完全的固定汇率制度有助于消除货币投机，从而避免货币危机发生。

反对中间制度消失论的学者认为，不可能三角难题没有令人信服的理由，针对三个政策目标，政府可以将其中两个目标分别放弃一半，从而实现第三个目标。克鲁格曼曾论证过，在资本完全流动的条件下，一国可以采取中等波幅的目标区汇率制，也可以采取管理浮动的汇率制度，即对其货币需求的变动，政府可以用外汇市场干预来吸收其中的一半，另一半则可以让其反映在汇率中，中央银行只需"逆风向而行"。

2. 原罪论

原罪论是由 Eichengreen, Hausmann（1999）和 Hausmann, Panizza, Stein（2000）等学者提出的。在"原罪论"的假说中，原罪是指这样一种状况：由于一国货币在国际市场上不可自由兑换，使得该国货币不能用于国际借贷；而且由于本国金融市场的不完全性，在本国市场上也不能用本币进行长期借贷。在这种情况下，借贷人（如企业）就面临着一种"魔鬼的选择"，要么在国际金融市场上借入外币（如美元等）而导致货币错配，要么在本国金融市场上借入本币短期贷款来做长期用途而出现期限错配。因此，当企业借入外币用于国内投资而出现货币错配时，汇率变动（如本币贬值）就会使企业负债（本币的借款成本）大幅上升而出现财务危机甚至资不抵债；当企业将短期本币借款用于长期投资而出现期限错配时，利率变动（如利率上升）也会导致企业借款成本大幅增加。不论哪种情况发生，都会导致企业亏损或破产，进而银行也被卷入，整个金融体系就变得十分脆弱。于是，无论是企业还是政府，都不愿意汇率变动，更不愿意本币贬值，久而久之，汇率就变得僵化而缺乏弹性，这种情况其实在发展中国家非常普遍，几乎在所有非经合组织国家中都有发生。

"原罪论"最重要的政策结论就是，在存在原罪的情况下，由于汇率难以浮动，政府的汇率政策就会陷入两难之地，再加上无论现有的固定汇率制还是浮动汇率制都无法解决原罪问题，因此，最好的办法就是本币美元化。根据这种理论，对于发展中国家来说，更好的选择是放弃本国货币实行美元化，或者实行类似于欧元的制度等。

3. 害怕浮动论

害怕浮动论由 Calvo 和 Reinhart（2000）提出。所谓的"害怕浮动"，可定义为这样一种现象：一些归类为实行弹性汇率制的国家，却将其汇率维持在对某一货币（通常为美元）的一个狭小幅度内，这反映了这些国家对大规模的汇率波动存在一种长期的害怕状态。害怕浮动论的主要发现可归纳为四点：

（1）许多声称允许其货币自由浮动的国家，多数实际上未能真正浮动，似乎传染了一种"害怕浮动症"，同真正实行浮动汇率制的国家，如美国、日本等相比，其汇率变动率非常低。

（2）这种很低程度的汇率可变动性是由政策行为有意识造成的结果，因为它们的国际储备的变动性相当高，而在典型的浮动汇率制下，这不应当发生。

（3）在这些国家中，名义的和实际的利率的变动率明显高于那些真正实行浮动汇率制的国家。其原因有两种解释：一是这些国家不但在外汇市场上进行干预，而且也利用利率变动进行干预；二是这些国家存在着长期的公信力问题。

（4）由于那些按国际货币基金组织分类属于管理浮动制的国家同实行一种不具公信力的钉住汇率制的国家很相似，因此，所谓的"固定汇率制已死"的说法是一种"迷思"。相反，害怕浮动的现象非常普遍，甚至在一部分发达国家中也存在。

害怕浮动论的主要结论：第一，许多国家声称未实行可调节的钉住汇率制，事实未必如此。由于害怕浮动，许多宣称实行弹性汇率制的国家实际上采用的是软钉住汇率制。第二，新兴市场国家有充分的理由不让汇率过分波动，而使汇率保持基本稳定。害怕浮动论的主要政策建议是：新兴市场国家由于存在诸多不适合浮动的理由，而应当实行完全美元化。但实行美元化的成本是非常高昂的，它不仅使一国丧失了独立的货币政策，而且丧失了一种有效的汇率调节手段。

综上所述，在不同的历史时期，汇率制度选择的影响因素是不尽一样的。对于一国而言，最佳的汇率制度选择主要取决于其自身的经济特点。国际货币基金组织最近公布了一个参照标准，认为一国在选择汇率制时应考虑以下几个因素：

（1）经济规模和开放程度。如果一国贸易额在该国 GDP 中所占比重较大，那么币值不稳定就会给经济稳定带来很大的威胁。因此，固定汇率制最适合于经济规模小、开放型的国家。

（2）通货膨胀率。如果一国的通货膨胀率高于其贸易伙伴国，那么它就需要灵活地调整其汇率，以阻止该国商品在国际市场上的竞争能力下降；如果通货膨胀率差距不大，那么采用固定汇率制也未尝不可。

（3）劳动力市场自由程度。一国的工资越具有刚性，越需要实行浮动汇率制，这样经济才能对外部冲击做出及时、恰当的调整。

（4）金融市场发达程度。发展中国家的金融市场发展不够成熟，在这种情况下，实行浮动汇率制也许是不明智的，因为即使是少量的外汇交易也会引起币值的大幅波动。

（5）政策制定者的权威大小。一国中央银行的威信越低，就越需要实行固定汇率制，以便使外国投资者对该国有效控制通货膨胀的能力充满信心。拉美国家就是通过实行固定汇率制，从而使其通货膨胀率有所下降的。

（6）资本流动性。一国经济对国际资本市场越开放，资本流动性越大，就越难维持固定汇率。

以上只是一国在选择汇率制度时应当考虑的主要因素。当然，汇率制度的选择是一个非常复杂的问题，许多理论仍需要进一步发展和完善。

第二节 汇率政策

一、汇率政策的内涵

汇率政策是指一国货币当局为了实现某一特定的宏观经济目标，而对本币汇率实行相应管理过程中所采取的方法、措施与手段的总称。其内容主要包括汇率政策目标、汇率制度选择、汇率水平管理、汇率形成机制以及汇率干预方式等。其中，汇率政策目标主要包括基本目标和直接目标。前者主要是同时实现内部平衡（本国经济增长、物价稳定和增加就业）和外部平衡（国际收支平衡），后者主要是维持本币汇率稳定，调节国际收支失衡，促进对外贸易增长，影响国际资本的流入和流出等。汇率政策工具主要包括汇率制度选择、汇率水平管理、汇率干预方式以及汇率政策与其他政策的配合等。

汇率政策作为宏观经济政策的一个重要组成部分，一般具有国家性、强制性和宏观性等基本特征。所谓国家性，是指汇率政策的制定主体是政府或货币当局，它体现的主要是一国的经济主权和民族利益，是一国参与国际竞争的主要手段。所谓强制性，是指汇率政策的执行过程必须要借助国家立法和行政手段，对外汇交易主体、外汇交易工具、外汇交易价格以及交易方式等加以规范与指导。所谓宏观性，是指汇率政策的目标内容通常被赋予保持汇率稳定、调节国际收支平衡和实现国民经济健康发展等宏观经济目标，而不是针对微观经济主体的决策行为。

当然，汇率政策作用的发挥也离不开有效的传导机制。所谓汇率政策传导机制，是指汇率政策的变化如何影响汇率水平的变动以及汇率与其他经济变量之间关系的原理、方式与过程。汇率政策的传导机制可简单地概括为：汇率政策变化→汇率水平变化→进出口商品的本币价格与外币价格变动→进出口量变化与相关经济要素变化→政策目标实现。当然，汇率政策传导是否有效，还会受到诸多因素如经济体制、经济运行状况、对外开放程度、市场供求状况与国际贸易形势等的制约和影响。

二、汇率政策目标的实现手段

（一）法定升值与法定贬值

法定升值与法定贬值是固定汇率制度下汇率变动的两种形式，其前提条件是货币本身具有一定的含金量或法定含金量。

1. 法定升值

所谓法定升值（Revaluation），是指政府通过法令提高本币的含金量或法定含量，以达到提高本币汇率的一种做法。法定升值是政府在固定汇率制下可以利用的汇率政策之一。从本质上看，法定升值是通过提高铸币平价或金平价的办法，提高本币汇率水平。其目的是提高本币的对外价值，以实现促进进口、抑制出口的目的。法定升值的直接结果是：限制出口、增加进口，减少国际收支顺差。法定升值能够使本币进一步坚挺，提高其地位和威信，扩大在国际范围中的支付与使用。一般来说，法定升值对本国经济的影响主要表现在：

（1）进口商品物价下跌，有利于缓和国内通货膨胀，使国内物价水平趋稳。

（2）进口原料成本降低，使相关企业受益。

（3）促进产业结构调整，淘汰那些劳动生产率低、出口成本高和污染严重的产业，使一些高效新兴产业得到发展。

（4）促进国内企业向海外投资增加。

在实际中，"升值"与"法定升值"的含义是不同的，虽然二者导致的结果是相同的，但二者产生的原因是不同的。"升值"的原因是外汇市场的供求关系变化，属于市场行为；而"法定升值"的原因是通过国家法律而人为地规定或调整的，属于政府行为。

2. 法定贬值

所谓法定贬值（Devaluation），是指政府通过法令降低本币的含金量或法定含量，以达到降低本币汇率的一种做法。法定贬值是政府在固定汇率制下可以利用的汇率政策之一。

从本质上看，法定贬值是通过降低铸币平价或金平价的办法，降低本币汇率水平。其目的是降低本币的对外价值，以实现促进出口、抑制进口的目的。当一国货币公开法定贬值后，进口商品的价格就会上涨，所以它具有限制进口、增加出口，从而改善国际收支的作用。一般来说，一国货币的法定贬值对供求弹性较大的产品影响较大，对供求弹性较小的产品影响较小，对无供求弹性的商品影响为零。当然，法定贬值也有其一定的局限性，具体表现在以下几方面：

（1）法定贬值很容易招致其他相关国家的报复行为，从而引发货币战。

（2）法定贬值是政府主动降低一种货币对另一种货币的固定比率的有意行为。它不仅对该国的货币供给量产生影响，而且对货币市场的价值产生影响。它与一般的货币贬值存在一定的差异，后者是在浮动汇率制下，投资者的买卖行为导致一种货币对另一种货币的价值下跌。

（3）法定贬值的有效实现需要国际社会的合作。如果其他国家也同时对其本国的货币制定更具竞争性的汇率水平，将使汇率重新回到原来的水平，法定贬值的效果将无法实现。另外，国内外市场的反应也必须是正面的，因为法定贬值的初始效应通常是负面效应，它是一国经济脆弱性的传统外在表现。

（4）马歇尔—勒纳条件描述了法定贬值效应的经济学原理。它假设初始阶段的出口收入不足以补偿进口品成本的增加，因而在短期内国际收支仍会恶化。进口品价值的提高速度要快于出口需求提高的速度，就会出现时滞效应，即 J 型曲线效应。

（5）法定贬值的有效性可能还需要货币市场的干预。如果一国实现了充分就业，它将无法提高生产能力来满足出口需求,因而就需要压制国内市场。然而,增加税收和提高利率可解决此问题,但又可能助长通货膨胀。同样,政府还可能提高利率,以维持国内外资金的水平,从而推迟或避免法定贬值的必要。

(6)法定贬值经常受到批评,在于它的有效性只是短期而暂时的。进口品价格的上涨,将迅速促进国内通货膨胀水平的提高,并将导致工资水平的上升,最终提高生产成本。这反过来将会进一步提高生产成本,造成通货膨胀的螺旋上升,抵消法定贬值带来的好处。

(二)本币高估与本币低估

本币高估与本币低估一般是有管理的浮动汇率制度下汇率变动的两种形式,其前提条件是货币属于信用货币,其本身不具有含金量或法定含金量。政府人为地调整其汇率水平,有意使其高于或低于正常的均衡汇率水平,即脱离外汇市场供求关系,人为地提高或降低汇率水平。

1. 本币高估

所谓本币高估,是指政府人为主动地将本币汇率水平定得高于其均衡汇率,以提高本币汇率的一种行为。从本质上看,本币高估是指本币价值相对于其均衡汇率来说应该下调而没有下调的情况。一般来说,本币高估与法定升值的作用相似,本币高估有利于进口,不利于出口;有利于劳务输入,不利于劳务输出;有利于资本流出,不利于资本流入。

对于发达国家来说,本币高估有利于对外经济扩张,但不利于出口,并会导致国际收支出现逆差。对于发展中国家来说,本币高估有利于降低进口成本,实现"进口替代"战略,减轻外债负担,但也会削弱本国出口产品的对外竞争力等。

2. 本币低估

所谓本币低估,是指政府人为主动地将本币汇率水平定得低于其均衡汇率,以降低本币汇率的一种行为。从本质上看,本币低估是指本币价值相对于其均衡汇率来说应该上调而没有上调的情况。一般来说,本币低估与法定贬值的作用相似,本币低估有利于出口,不利于进口;有利于劳务输出,不利于劳务输入;有利于资本流入,不利于资本流出。

对于发达国家来说,本币低估有利于增加出口,消减国际收支逆差。对于发展中国家来说,本币低估有利于降低出口产品价格,增加出口数量,增强出口竞争力,实现"出口导向"的对外经济发展战略,但同时也会加重对外债务负担等。

三、汇率水平的管理

所谓汇率水平管理,是指一国政府对本币汇率高低多少的确定和调整等方面的管理。其方法主要有三种:直接管制汇率、间接调节汇率与实行复汇率安排。

(一)直接管制汇率

所谓直接管制汇率,是指一国政府对于本币汇率水平的制定、调整与公布等进行直接的行政管理。这一官方汇率对整个外汇交易起着决定性作用,各项外汇收支都需以此汇率为基础兑换本国货币。但这种汇率在形成过程中包含了诸多人为因素,很难反映真实的汇率水平,极易造成汇价信号的扭曲。采取这种形式的汇率管制,通常要同时对其他项目实行较严格的外汇控制。

政府对经济之所以采取直接管制汇率政策,其原因在于经济的自发调节机制不能发挥效力，难以通过其他类型的政策措施达到预期目的。具体地说，政府采取直接管制汇率政策的原因包括以下四方面：

（1）短期冲击因素，包括实际性冲击（生产率差异的扩大、消费偏好的转移等）、货币性冲击（货币供给扩张、通胀率变动）以及由各种因素导致心理预期的改变所产生的投机性冲击。

（2）宏观政策因素，具体包括两种：一种是为了保证原有政策能够发挥预期效力；另一种是由于政府采取了不合理的宏观政策，导致最后被迫采取直接管制汇率措施以避免危机。

（3）微观经济因素。微观经济因素也可能导致政府实行直接管制汇率政策。如一国汇率体系本身不合理，存在着各种扭曲因素；一国微观经济实体活力不够，难以对汇率信号做出及时反应；企业的产品质量低下，缺乏国际竞争力，出口产品的结构乃至于整个经济的结构不合理；社会资源在各部门的流动中存在障碍，各产业部门难以随客观条件的变化而进行调整等。

（4）国际交往因素。如本国金融体系及金融监管不太健全时，本国经济不能承受国际资金自由流动给金融部门造成的巨大冲击等。

根据实施的对象不同，直接管制汇率政策主要有如下几种形式：

（1）对价格的管制，主要包括进口商品的国内价格及工资制定最高或最低限制。有时，还可能伴随对相应商品的数量实施配给措施等。

（2）对金融市场的管制，主要包括对金融市场上的各种利率制定界限、对贷款资金的流入流出数量实行限额控制等。

（3）对进出口贸易的管制，主要包括对不同商品实行有区别的关税措施与非关税壁垒等，如进口配额、进出口许可证等。

（4）对外汇交易的管制，主要包括对货币兑换的管制、对汇率的管制、对外汇资金收入和运用的管制等。

（二）间接调节汇率

所谓间接调节汇率，是指货币当局通过市场供求关系来影响汇率变动方向的行为。中央银行建立外汇稳定基金，包括外汇、本币与黄金等，利用基金进入外汇市场，通过买卖外汇来稳定汇率。为进行这一操作，许多国家都建立了外汇平准基金，运用基金在市场上进行干预；有的则是直接动用外汇储备进行干预。除通过中央银行在外汇市场上直接买卖外汇以外，中央银行还通过货币政策的运用，主要是利率杠杆来影响汇率。利率水平的提高和信贷的紧缩，可以减少市场上对外汇的需求，同时抑制通货膨胀，吸引国外资金流入，阻止汇率贬值；反之，则可减轻汇率升值。

间接调节市场汇率的具体办法有：一是设立外汇平准基金，通过抛补外汇平准基金，调节外汇市场供求关系，以达调节或稳定汇率的目的；二是利用进口许可证、进口押金制，即国家要求进口商品必须凭进口许可证或按照货款的一定比例向指定银行无息预先存入一定量资金，方可办理进口与购汇，从而提高进口成本，限制进口；三是利用提高信用证开证押金或规定取得出口买方信贷，以限制进口和减少外汇支出；四是实行出口卖方信贷、财政补贴、减免税收及退税等政策，以鼓励出口，增加外汇收入。

(三) 实行复汇率安排

所谓复汇率 (Multiple Exchange Rates) 安排，是指一国货币当局为实现某种政治经济目标，人为地将本币汇率做出两种及以上安排的情况。但不包括外汇管制下外汇黑市上的"市场汇率"与官方汇率并存的情况。复汇率安排是建立在外汇管制基础之上的，当对货币兑换进行管制时，既可以限制货币兑换的数量，也可以限制货币兑换的价格，针对不同情况的兑换可以使用不同的汇率。因此，复汇率安排是实行外汇管制的工具之一，而复汇率安排的取消也被视为货币自由兑换的必要条件。

复汇率安排按其表现形式可分为公开的和隐蔽的两种。

1. 公开的复汇率安排

公开的复汇率安排是指一国货币当局明确规定不同交易情况而使用不同的汇率，具体包括混合汇率安排和差别汇率安排两种方式。

所谓混合汇率安排，是指一国货币当局将官方汇率与市场汇率按照不同比例混合使用，以达到对不同外汇交易实行差别对待的目的。例如，中国在取消双重汇率制之前，曾出现过官方汇率与外汇调剂中心汇率、场外交易汇率并存的汇率安排，针对不同的外汇交易者采用不同的汇率，如对国有企业、三资企业、民营企业和个人分别规定其适用于不同的汇率水平，体现了对不同的所有制主体进行外汇交易的歧视性原则。当然，这种混合汇率安排虽然可以维持一定数量的外汇储备、隔绝来自国外的冲击、实现某种经济目的，但也会造成较高的管理成本，扭曲外汇价格，从而形成不公平的竞争。

所谓差别汇率安排，是指一国货币当局根据外汇的不同来源和使用情况，规定两种或两种以上的不同官方汇率水平。第一，可对进口和出口实行差别汇率安排，在实际中有多种组合：如较高的进口汇率与较低的出口汇率相组合，其预期目的是既限制进口又限制出口；较低的进口汇率与较高的出口汇率相组合，其预期目的是既鼓励进口又鼓励出口；较高的进口汇率与较高的出口汇率相组合，其预期目的是限制进口、鼓励出口；较低的进口汇率与较低的出口汇率相组合，其预期目的是鼓励进口、限制出口。第二，可对不同的进口实行差别汇率安排，如对生活必需品进口用一种汇率，奢侈品进口用另一种汇率等。第三，可对不同的出口实行差别汇率，其目的是限制或鼓励特定商品的出口。根据对出口调节效果的不同，可分为惩罚性出口汇率安排和优惠性出口汇率安排。前者主要是为了限制某种产品的出口，后者是为了鼓励某种产品的出口。总的来看，通过差别汇率安排，一国政府可以更加有效地实施"奖出限入"的政策，进一步鼓励资本净流入，从而改善一国国际收支状况。

2. 隐蔽的复汇率安排

隐蔽的复汇率安排的表现形式主要有以下几种：一是对出口按商品类别给予不同的财政补贴（如出口退税），或者对进口商品按类别课以不同的附加税，这些在结果上都将导致不同的汇率。二是采用影子汇率。所谓影子汇率，是指附加在不同种类进出口商品的官方汇率之上的折算系数。该系数值的确定除要考虑该类产品的进出口成本外，还取决于政府的政策意图。例如，某类商品的国内平均单位生产成本是 8 元人民币，国外售价是 1 美元，官方汇率为 1 美元等于 6 元人民币，通过官方汇率制能弥补该单位产品的 6 元生产成本。为了鼓励出口，就在该类产品的官方汇率之后附加上一个 1.34 的折算系数（1.34×6=8.04）。这样，当该产品出口后，1美元的收入便可换到 8.04 元人民币。由于不同种类的进出口商品汇率具有不同的影子汇率，故影子汇率会构成实际上的复汇率。三是在官方汇率和市场汇率并存的条件下，对不同企业或不同的出口商品实行不同的收汇留成比例。允许企业将其留成的外汇按市场汇率兑换成本国货币，等于变相地给予补贴。留成比例高的企业得到的变相补贴就多，留成比例低的企业得到的变相补贴就少，没有留成的企业就得不到补贴（见表 3.2）。从表 3.2 中可以看出，有多少留成比例，实际上就有多少种汇率。

表3.2 收汇留成比例与复汇率的关系

序号	出口收汇（美元）	留成比例（%）	按官方汇率 $1/¥4 折算的本币收入（元）	按市场汇率 $1/¥6 折算的本币收入（元）	本币收入总计（元）	实际平均汇率
甲	100 美元	50	200	300	500	$1/¥5.0
乙	100 美元	20	320	120	440	$1/¥4.4
丙	100 美元	0	400	0	400	$1/¥4.0

同其他的直接管制政策一样，复汇率安排对经济的影响也具有两面性。其中，复汇率安排的积极作用主要表现在：①维持一定数量的国际储备；②隔绝来自于国外的冲击；③达到某种商业目的；④增加财政收入等。

当然，复汇率安排也存在一些不足或弊端，这主要体现在：①管理成本很高。由于汇率种类繁多，势必造成大量的人力成本。如果管理人员的管理水平不高，就会导致复汇率的错误运用，并且容易给管理人员带来某些寻租行为。②扭曲了价格关系。众多的汇率安排必然导致众多的价格，使价格关系变得复杂和扭曲。③存在不公平竞争。复汇率安排从某种意义上说是一种变相的财政补贴，不利于国内企业之间的公平竞争和透明的市场关系的形成。

另外，从本质上看，复汇率安排是一种歧视性的金融措施，容易引起国际矛盾和别国的报复，从而不利于国际经济合作和国际贸易的健康发展。可见，复汇率安排常常被作为一种权宜之计或过渡性措施来加以利用的，较少有国家长期使用某种特定形式的复汇率安排。而且，国际货币基金组织对其成员国实行歧视性汇率安排或采取复汇率安排也是持反对态度的。

四、政府对汇率变动的干预方式

一般来说，政府干预汇率变动的目的主要有：防止汇率短期剧烈波动，避免外汇市场混乱；调整汇率的中长期变动趋势，避免汇率中长期失衡，并避免汇率波动过度而偏离一定时期的汇率目标区；促进国内货币政策与外汇政策的协调配合；调节进出口关系和外汇储备规模与结构等。

根据不同的角度，政府对汇率变动的干预方式可分为以下几种：

（1）按照干预的手段划分，分为直接干预和间接干预。直接干预是指政府直接进入外汇市场买卖外汇，改变市场供求关系，以影响或左右汇率的变动。间接干预是指通过一国货币政策工具（如国债市场上的公开市场业务、调整再贴现率和调整法定准备金率等）或财政政策的推行，影响利率和短期资本流入等金融变量的变化，从而间接影响外汇市场供求状况和市场参与者的预期。

（2）按照干预是否引起货币供给量变化划分，分为冲销干预和非冲销干预。冲销干预（Sterilized Intervention）是指政府在对外汇市场进行干预时，又采取其他货币政策措施（如公开市场业务等）来抵消这种干预对基础货币变动所造成的影响，使基础货币总量保持不变的行为。非冲销干预是指政府在干预外汇市场时，不再采取其他抵消性措施，而是听任基础货币供给量的变动。

（3）按照干预外汇市场的动机划分，分为积极干预和消极干预。积极干预是指一国货币当局为使外汇市场的汇率水平接近本国所设定的水平目标而主动在外汇市场进行操作。消极干预是指外汇市场已发生剧烈波动，偏离本国设定的汇率水平目标，货币当局采取补救性干预措施。

（4）按干预的策略不同划分，分为熨平每日波动型、逆向型和非官方钉住型。熨平每日波动型（smoothing out daily fluctuation）是指根据汇率的日常变动高价卖出、低价买入，以熨平波幅；逆向型（learning against the wind）一般是指对汇率突发性的大幅波动进行逆方向操作以稳定汇率；非官方钉住型（unofficial pegging）是指政府单方面预设一个汇率水平和变动范围，在市场变动与之不符时入场进行干预。

（5）按照干预的参与国家划分，分为单边干预和联合干预。单边干预是指一国在没有其他国家的配合下，独自对外汇市场进行干预。联合干预是指两国乃至多国联合采取协调行动，共同对外汇市场进行干预。

第三节　货币自由兑换与外汇管制

一、货币自由兑换

（一）货币自由兑换的概念

货币自由兑换是一个历史性的概念，它反映了某一时期内的国际货币关系和一国货币与别国货币之间的经济关系。货币自由兑换最早源于国际金本位制，在这一制度下，金币是无限法偿货币，可以自由铸造、自由兑换和自由输出、输入。但在第一次世界大战期间，由于各参战国如英、法、德、意等为了筹集战争经费，均放弃了金币本位制，对黄金的输出、输入进行了限制，停止金币自由流通与外汇自由买卖。在这种情况下，货币的可兑换程度基本上取决于一国所实行的外汇管制程度。如果一国实行严格的外汇管制，就意味着该国货币不可以自由兑换；相反，如果一国实行宽松的外汇管制或取消外汇管制，就意味着该国货币可兑换或自由兑换。从世界范围来看，自金本位制崩溃之后，无论是在布雷顿森林体系下，还是在牙买加体系下，货币的可兑换性问题就一直存在。

1. IMF 对货币自由兑换的定义

IMF 曾对货币自由兑换的概念进行过具体界定，具体分为经常项目可兑换和资本项目可兑换两个方面：

（1）经常项目可兑换。它是指一国货币当局取消对经常性国际交易支付与转移的各种限制的一种状态。《国际货币基金协定》的第八条对其进行了具体解释，即会员国未经基金组织同意，不得对国际经常往来的付款和资金转移施加限制；不得施行歧视性货币措施或多种货币汇率制；对其他会员国持有的本国货币结存，如其他会员国提出申请，应予购回。同时，IMF还在该协定第三十条中对"经常性往来支付"做出了进一步解释，即经常性往来支付是指不用作资本转移目的的支付，包括（但不限于）以下各项：①所有有关对外贸易、其他经常性业务（包括劳务在内）以及正常短期银行信贷业务的支付；②贷款利息及其他投资净收入的支付；③数额不大的偿还贷款本金或摊提直接投资折旧的支付；④数额不大的赡养汇款。可见，经常性往来支付主要是指经常项目往来支付。因此，按照这个要求，一国的货币如果实现了在经常项目下可兑换，其货币在很大程度上就成了可自由兑换币。如果该国的外汇管理体制符合IMF的要求，该国也就成为"第八条款国"。

（2）资本项目可兑换。它通常是指一国货币当局取消对资本流入流出的汇兑限制，即取消对资本账户下短期金融资本、直接投资和证券投资所引起的外汇收支的各种兑换限制，使资本能够自由出入境的一种状态。相对于经常项目的可兑换性来说，IMF对资本项目下的处理方式并未做严格界定。其中，《国际货币基金协定》第六条指出，会员国可以对国际资本流动采取必要的控制，只是任何会员国所采取的必要管制不得限制日常交易的支付或者不适当地阻滞清偿债务的资金转移。IMF之所以如此规定，是因为资本项目下的自由兑换犹如一把"双刃剑"，一方面有利于改善投资环境，使投资者有机会寻求更高的投资收益；另一方面又会带来资本外逃的风险，这种情况往往会造成汇率、利率和外汇储备的大幅度波动，并可能引发金融危机。1997年东亚金融危机爆发后，IMF对资本管制的看法开始转变，承认了在特别情况下，暂时性的且严格针对资本流入的管制措施行为是被允许的。但是，采取资本管制的国家仍旧面临着受到IMF和国际信用评级机构的谴责以及国际投资者惩罚的风险。2008年美国金融危机爆发后，全球新兴市场经济体开始面临新一轮的大规模资本流入，这主要是因为美联储连续三轮实施"量化宽松"的货币政策，导致全球金融体系中追逐高额回报的游资涌向高利率的新兴市场经济体。巨额的资本流入使得这些经济体外汇储备飙升，国内的流动性大幅增加，并由此推动了通货膨胀与资产价格的上涨。资本流入也给新兴经济体带来了本币升值的压力，为抑制本币升值、维持本国出口商品的竞争力并削弱资本流入对国内通货膨胀与资产价格的冲击，自2010年开始，韩国、泰国、印度、巴西等多个新兴经济体纷纷开始重新实施资本项目管制。2011年，IMF首次表态支持资本管制，同意已经实施适当宏观经济政策的新兴经济体可以实施审慎性的资本管制措施以应对大规模的资本流入。当然，从长期来看，货币在资本项目下的自由兑换应是大多数国家在全球金融一体化趋势下的一种必然选择。

2. 完全的货币自由兑换

所谓完全的货币自由兑换，是指一国货币同时在经常项目和资本项目下实现可兑换的一种状态。当一种货币的持有者能把该种货币兑换为任何其他国家货币而不受限制时，这种货币就被称为完全的可自由兑换货币。根据《国际货币基金协定》的规定，所谓完全自由兑换，是指对国际经常往来的付款和资金转移不得施加限制，即这种货币在国际经常往来中，随时可以无条件地作为支付手段使用，对方亦应无条件接受并承认其法定价值，不施行歧视性货币政策措施或多种货币汇率；并在另一成员国要求下，随时有义务换回对方在经常性往来中所结存的本国货币，即参加该协定的成员国具有无条件承兑本币的义务。目前，世界上有五十多个国家接受了《国际货币基金协定》中关于货币自由兑换的规定，即这些国家的货币被认为是自由兑换的货币，其中主要有美元（USD）、欧元（EUR）、日元（JPY）、瑞士法郎（CHF）、丹麦克朗（DKK）、瑞典克朗（SEK）、挪威克朗（NOK）、港币（HKD）、加拿大元（CAD）、澳大利亚元（AUD）、新西兰元（NZD）、新加坡元（SGD）等。

货币自由兑换是世界市场经济全球化发展的客观要求，一国实行对外经济开放必须实行对外货币开放，同时，一国货币自由兑换又是以一定高度的市场经济为基础，以国内经济相对自由为前提的。国内经济自由程度越高，市场经济越发达，作为连接世界市场与国内市场桥梁的货币自由兑换才具有更为可靠的、扎实的基础，国家保证的民间通货兑换权才更有保障，其范围才更广阔，更具有普遍性和平等性。

根据国际上多数发展中国家开放资本项目的经验，结合人民币在经常项目下的可兑换成功的经验，人民币在资本项目下的可兑换应采取"积极稳妥，先易后难，宽入严出"的方针。其具体的开放步骤一般为：先放宽长期资本流出入的管制，再放宽短期资本流出入管制；先放宽对直接投资的管制，再放宽对间接投资的管制；先放开对证券投资的管制，再放开对银行信贷的管制；先放开对境外筹资的管制，再放开非居民境内筹资的管制；先放开对金融机构的管制，再放开对非金融机构和居民个人的管制等。

（二）货币自由兑换的条件

一般来说，一国要实现完全的货币自由兑换，必须具备以下几个条件：

（1）良好的宏观经济状况，具体包括稳定的宏观经济形势，有效的市场调节机制，完善的金融市场，强有力的宏观调控能力。

（2）成熟的微观经济主体。只有成熟的微观经济主体，如银行、企业等，才能对外汇市场的价格变动趋势做出正确的判断，通过汇率机制准确反映外汇市场的供求关系。

（3）充足的国际清偿手段。一国拥有充足的国际清偿手段，则是实现货币自由兑换的重要保证。这里的国际清偿手段主要是指外汇储备，充足的外汇储备能够应对随时可能发生的大规模兑换要求，抵御短期的恶意投机攻击等。

（4）合理的汇率制度安排和适当的汇率水平，这是货币实现自由兑换的一个前提。否则，就会损害一国货币自由兑换的顺利进行。

（5）有效的金融监管体系。在资本项目开放的背景下，能否实施有效的金融监管是减少货币自由兑换风险的关键。有效的金融监管体系可以提高监管当局的金融监管能力和监测质量，减少货币自由兑换过程中的各种风险。

（三）货币自由兑换的意义

（1）有利于提高一国货币的国际地位。一国货币实现可自由兑换，有利于提高其国际地位和国家形象；同时，若该货币能够成为国际储备货币，还能带来巨大的铸币税收入。

（2）有利于形成多边国际结算，促进国际贸易的发展。如果多边贸易国家的货币实现了自由兑换，成为自由兑换货币，那么国际上的多边结算就比较容易进行，其结果会扩大多边贸易总额。相反，如果这些国家的货币是不可兑换的，那么它们的国际结算一般为双边性，这将不利于国际贸易的发展。

（3）有利于利用国际资本发展本国经济。一国货币能否自由兑换，尽管不是利用外资的先决条件，但却是一个长期性的影响因素。特别是外国投资者的利息、利润等能否自由汇出，乃是外国投资者必然要考虑的主要因素。如果东道国的货币是不可兑换的货币，就会使投资者产生对东道国经济运作环境的不良预期，有可能放弃对该国的投资机会。

（4）有利于维护贸易往来和资本交易的公平性。一国货币如果具有可自由兑换性，意味着该国货币汇率是由市场供求因素决定的，或者货币汇率可以准确地反映实际的外汇供求关系。这样，根据此种货币汇率进行的国际经济交易就具有公平性和市场性，进而有利于维护国际贸易和资本往来的顺利进行。

（5）有利于获取比较优势，减少储备风险与成本。如果一国货币是可以自由兑换的货币，那么当该国发生国际收支逆差时就可以用本币支付，从而减少了动用外汇储备来平衡国际收支的压力，同时也可以减少过多的外汇储备所造成的机会成本。另外，如果一国货币是自由兑换货币，就意味着该国可以用本国货币对外投资，寻求更高的投资收益。如果这一自由兑换货币成为国际储备货币，还可以获得更多的比较优势。

（6）有利于满足国际金融、贸易组织的要求，改善国际上的各种经济关系。IMF 和 WTO 在其协定中都规定了成员国必须遵守的基本原则。例如，IMF 要求成员国货币至少做到在经常项目下可兑换，取消具有歧视性的货币政策与多重汇率等。这些也是一国改善与 IMF 等国际金融组织关系的重要条件。当然，一国货币实现自由兑换后，在带来一些好处的同时，也会带来一些负面作用。因此，当一国货币的自由兑换条件不具备时，绝不能过早、过快地实行货币的自由兑换，否则，本国金融体系的缺陷就会完全暴露，容易受到他国的攻击。

二、外汇管制

（一）外汇管制的概念

所谓外汇管制（Foreign Exchange Control），是指一国政府以法令形式对其外汇的收支、结算、买卖与使用等所实行的某种限制。外汇管制是与货币自由兑换相对应的一个概念，即当一国货币不能自由兑换时，就说明其具有某种管制的含义。

外汇管制是一国政治、经济以及外交政策的重要体现。一国国际收支逆差严重，外汇黄金储备大量流失，本国货币对外比价不能维持，是实行外汇管制的直接原因。发达国家实行外汇管制，是为了维护本国货币汇率的稳定，减少国际收支逆差，加强出口产品的国际竞争能力；发展中国家实行外汇管制，是保证本国经济的独立发展，稳定本国货币的价值，保持国际收支的平衡，使有限的外汇资金不致任意流失。总之，发达国家实行外汇管制是偶尔为之，即使实行，其程度也较宽松；而大多数发展中国家要取消外汇管制，则需要经历一段漫长的道路。一般来说，一国实行外汇管制的目的包括以下几个：

（1）限制外国货物的输入，促进本国货物输出，增加外汇收入，扩大国内生产。

（2）限制资本外逃和防止外汇投机，以稳定外汇市场汇率和保持国际收支平衡。

（3）保护本国产业，缓和失业矛盾。因为外汇管制可以配合保护关税政策，对那些不利于本国工业和新兴工业的进口商品实行限制，对保护本国工业发展的先进技术、设备及原材料的进口给予鼓励。

（4）增加财政收入。实行外汇管制，国家垄断外汇业务买卖，经营外汇买卖的利润归国家所有。同时，外汇税的课征、许可证的批准、预交存款的规定、歧视性关税等可以使国家得到一笔额外的财政收入。这对解决财政紧张状况有一定的帮助。

（5）作为一个外交谈判的筹码，借以实现一般行政措施所达不到的经济目的。

（二）外汇管制的内容

发达国家与发展中国家在国际经济关系中所处的地位不同，其外汇管制的办法与程度也不尽一样，但其外汇管制的基本内容是大体相同的，具体包括外汇管制的主体、客体、范围与措施等。

1. 外汇管制的主体

外汇管制的主体是指外汇管制的执行者，即外汇管制的机构。目前，世界上外汇管制的机构有三种类型：第一类是由国家设立的专门的外汇管理机构，如法国、意大利及中国等国家是由国家指令中央银行设立外汇管理局；第二类是由国家授权中央银行作为外汇管理机关，如英国是由它的中央银行即英格兰银行代表财政部执行外汇管理工作；第三类是由国家行政部门直接负责外汇管理，如美国的外汇管理是由财政部负责，日本的外汇管理则是由财务省和通产省负责。上述外汇管理机构负责制定和监督执行外汇管理的政策、法令和规章条例，并随时根据情况变化和政策的需要，采取各种措施来控制外汇收支活动。

2. 外汇管制的客体

外汇管制的客体是指外汇管制的对象。一般来讲，外汇管制的对象分为人和物两个方面。其中，对人的外汇管制是指定实行外汇管制的国家将自然人和法人划分为居民和非居民，然后区别对待。居民是指在本国境内居住和营业的本国和外国的自然人与法人；非居民是指不定居在本国境内的本国和外国的自然人与法人。大多数国家因居民的外汇收支对本国的国际收支影响较大，而对居民的外汇收支管理较严，对非居民的外汇收支管理较松。对物的外汇管制是指对外汇收支中所使用的各种支付手段和外汇资产，根据本国的实际需要，有选择、有重点地进行管理。这些支付手段和外汇资产主要包括外币、金银、外汇支付凭证（如汇票、本票、支票等）和外汇有价证券（如股票、息票、公司债券、人寿保险单）等。

3. 外汇管制的范围

外汇管制的范围主要包括两个方面：一是指外汇管制生效的范围。通常外汇管制是以本国法律生效范围为限，对于经济联合体之内的不实行外汇管制，在联合体之外的则实行外汇管制；二是对不同国家和地区实行不同的外汇管制政策，对于友好国家和盟国外汇管制较松，而对敌对国家的外汇管制则较严等。

4. 外汇管制的措施

从各国外汇管制的内容和运作过程来看，外汇管制的措施可分为直接外汇管制和间接外汇管制。

（1）直接外汇管制。所谓直接外汇管制，是指对外汇买卖及其汇率实行行政干预与控制。它具体分为行政管制与数量管制：①行政管制是指政府以行政手段对外汇买卖、外汇资产、外汇资金来源和运用所实行的监督和控制。其措施有：政府垄断外汇买卖，即政府通过外汇管理机构控制一切外汇交易，汇率官定，限制买卖；政府监管私有外汇资产，即政府强制国内居民申报他们所拥有的一切国外资产以便尽可能多地掌握外汇资产，在急需时可以运用；管制进出口外汇，即政府规定出口商所获外汇必须按官价卖给外汇指定银行，进口商所需外汇必须向管理部门申请核准，不能以收抵支调剂使用；控制资本输出输入，即不论资本输出输入的金额多少，都必须逐笔向管汇机构申报，未经批准，任何居民或非居民都不得向外借债，更不得将外汇、黄金输出境外。②数量管制是指对外汇收支实行数量调节和控制。其措施有：进口限额制，即由外汇管理机构按照本国在某一时期内所需进口的物资数量和种类，对不同进口商所需外汇分别实行配额分配；外汇分成制，即由外汇管理机构根据本国某些方面的需要，制定出口所获外汇的分成比例，而外汇分成制的具体形式有留成、额度留成和结汇证留成；进出口连锁制，这是一种以出限进的制度，即需进口货物者，必须先行出口货物，只有能够出口货物者，才能取得相应的进口权。

（2）间接外汇管制。所谓间接外汇管制，是指外汇管理机构通过调控外汇的交易价格来调节外汇的成本与供求关系，从而达到间接管制外汇的目的。其具体措施有：①实行差别汇率制，即外汇管理机构根据进出口商品的种类及用途不同，而规定两种以上的进出口结汇汇率。通常，对某些生产资料等必需品的进口规定较低的结汇率，而对某些高档奢侈品的进口，规定较高的结汇率。通过汇率差别抑制某些高档商品的进口，支持必需品的进口。相应地，对属鼓励出口的商品按较高的汇率结汇，其余商品的出口则按普通汇率结汇。②进口外汇公开标售，即外汇管理机构对进口用汇价格不予规定，而是采用公开招标方式，将外汇卖给出价最高者。

（三）外汇管制的经济效应

外汇管制对解决一个国家暂时的国际收支困难和维持本国经济的正常运转能起到一定的积极作用，但它不是一服灵丹妙药，也会影响一个国家的经济增长。下面主要讨论外汇管制对发展中国家的正面作用和负面影响。

1. 外汇管制的正面作用

（1）控制本国对外贸易，促进本国的经济发展。通过外汇管制措施，对本国已开发的资源和可以生产的产品限制进口，对本国急需的先进技术设备和紧缺原材料鼓励进口；对国内紧缺的资源限制出口，对与国计民生关系不大的物资和有国际竞争力的产品鼓励出口，以保护和促进本国经济的发展。

（2）稳定外汇汇率，抑制通货膨胀。一国发生国际收支持续逆差，本币对外价值就会下跌，进口货物价格相应上升，是加剧通货膨胀的重要因素。同样一国发生国际收支顺差，本币汇率上升，大量资本外流，导致本国货币供应量增加，也会引起通货膨胀。为了解除人们对通货膨胀的恐慌，增强对本币的信心，一国外汇管制机构就得直接或间接控制汇价，以维持汇率稳定，降低物价上涨程度。

（3）限制资本外逃，改善国际收支。若一国出现国际收支严重逆差，本币的对外价值必然趋于下跌。此时，为制止资本外逃，该国政府就会采取外汇管制，严格控制汇出境外的资金，从而达到防止资本外逃的目的，同时还可以实行奖出限入、增加资本内流等措施，缓和国际收支逆差，维持国际收支平衡。

(4) 以外汇管制手段,要求对方国家改善关税政策。也就是说,如果有贸易伙伴国对本国采取歧视性的贸易政策,就可以实行相应的外汇管制措施作为报复手段,要求对方取消原来的政策。

2. 外汇管制的负面影响

(1) 不利于国际分工。外汇管制实行的是奖励出口、限制进口政策,而有些国家的部分产品在比较成本上一直不占优势,属于传统进口产品,如果也都不进口,显然不利于国际分工。

(2) 破坏了外汇市场的机制作用。一国实行外汇管制,也就放弃了外汇供求关系自发调节汇率的作用机制,从而使管制下的汇率与货币的实际价值相背离、进出口商品的国内价格与国际价格相背离,因而无法进行成本比较。

(3) 阻碍了国际贸易的正常发展。在世界各国普遍实行外汇管制的条件下,各国货币不能实行自由兑换,因而也不能进行多边结算,这给国际商人从事多边贸易造成了很大的人为障碍,显然不利于国际贸易的发展。

(4) 增加了企业和政府的费用支出。实行外汇管制的国家,企业在申请用汇的过程中,须层层审批,手续繁杂,这不仅费时,也会增加额外支出,从而使进出口商品的成本提高。另外,外汇管制越严,管制的项目就越多,外汇管理机构的任务也就越重,因而所要支付的行政费用就会相应增加。

(5) 加剧了国家之间的经济摩擦。世界各国为了扩大商品生产,增加出口,必然要在国外寻找原材料和产品销售市场。如果世界各国普遍实行外汇管制,彼此都采取奖出限入的政策,就会增加各国之间的经济摩擦和利益冲突。

【专栏 3.1】 现行人民币汇率制度的主要特点与改革内容

现行的人民币汇率制度是针对 1994 年汇率改革以来汇率形成机制所存在的主要缺陷,如形成机制扭曲、缺乏灵活性和弹性、调整缺乏准确依据和较高的维持成本等,而进行的一次改革。因而,现行人民币汇率形成机制改革的核心内容主要聚焦在五个方面,即完善汇率的决定基础、矫正汇率形成机制的扭曲、健全和完善外汇市场、增加汇率的灵活性、改进汇率调节机制。完善汇率机制的实质是提高汇率形成的市场化程度,而不是简单调整汇率水平。具体地说,现行的人民币汇率制度主要有以下特点:①汇率制度的性质仍属于有管理的浮动汇率制度。②汇率的形成机制是以市场供求关系为基础。③汇率水平的调节方式参考一篮子货币进行主动调节。④汇率浮动的形式是一种双向的逐步扩大的浮动。

完善汇率机制的实质是提高汇率形成的市场化程度,而不是简单调整汇率水平。保持人民币汇率在合理、均衡水平上的基本稳定,促进国际收支基本平衡,维护宏观经济和金融市场的稳定。

进一步推进汇改,需要因势利导、趋利避害,力求使可能发生的负面影响最小化。第一,要确保汇率波动幅度可控,防止市场力量引起人民币汇率超调的可能性。当前人民币汇率与均衡水平相比并无太大偏差,不存在大幅波动和变化的基础。第二,要坚持以我为主,使人民币汇率的有序浮动符合我国经济基本面和宏观调控的需要。人民币汇率浮动有助于我国的国际收支平衡,但不是针对与特定国家的双边贸易失衡问题。第三,在人民币汇率管理和调节中要注意采取渐进方式,为企业结构调整留出相应的时间,使企业逐步消化人民币汇率浮动的影响,促进产业有序转移和升级,保持我国企业在国际市场上的总体竞争力,引导就业更多地向服务业转移。第四,要加强对短期投机资本的监测和管理,防范热钱大规模流动给国内金融体系造成大的冲击。

未来人民币汇率形成机制改革会朝着市场化方向迈进,加大市场决定汇率的力度,促进国际收支平衡。发展外汇市场,丰富外汇产品,扩展外汇市场的广度和深度,更好地满足企业和居民的需求。根据外汇市场发育状况和经济金融形势,增强人民币汇率双向浮动弹性,保持人民币汇率在合理均衡水平上的基本稳定。进一步发挥市场汇率的作用,央行基本退出常态式外汇干预,建立以市场供求为基础,有管理的浮动汇率制度。

本章小结

汇率制度是指一国货币当局对本国汇率水平的确定、汇率形成机制以及汇率变动方式等问题所做的一系列安排或规定。最基本的两种汇率制度是固定汇率制与浮动汇率制,此外还有一些中间汇率制度。各种汇率之间没有优劣之分,各国应根据本国国情选择适合自身经济发展的汇率制度。

汇率政策是指一国(或地区)货币当局在一定时期内,为实现某一宏观经济政策目标,而对本币汇率控制在适度的水平所采取的一系列规定、措施与手段。汇率政策涉及的内容主要有汇率政策目标、汇率制度选择、汇率水平管理、汇率形成机制、汇率干预方式和汇率政策与其他经济政策的配合等。

汇率水平的管理是指政府对汇率水平的确定和调整等方面的管理。其方法主要有以下几种:直接管制汇率、间接调节市场汇率和实行复汇率安排。

所谓货币自由兑换,是指一国货币通过某种兑换机制可以与别国货币自由交换的一种状态。外汇管制是指一国政府为了达到维持本国货币的汇率稳定和平衡国际收支的目的,以法令形式对外汇的收支、结算、买卖和使用等实行限制的一种制度。

现行人民币汇率形成机制改革的核心内容主要聚焦在五个方面:完善汇率的决定基础、矫正汇率形成机制的扭曲、健全和完善外汇市场、增加汇率的灵活性、改进汇率调节机制。完善汇率机制的实质是提高汇率形成的市场化程度,而不是简单调整汇率水平。

本章重要概念

汇率制度;固定汇率制;可调整的钉住汇率制;浮动汇率制;自由浮动;管理浮动;货币局安排;汇率政策;法定贬值;法定升值;本币高估;本币低估;复汇率;汇率直接干预;汇率间接干预;汇率冲销干预;汇率非冲销干预;外汇自由兑换;外汇管制

本章复习思考题

1. 简述汇率制度的基本内容。
2. IMF 关于汇率制度的最新分类有哪些?
3. 汇率政策工具主要有哪些?
4. 简述不可能三角难题的含义。
5. 简述外汇管制的主要内容与经济效应。
6. 实现货币自由兑换的条件与意义是什么?
7. 运用汇率制度选择理论分析中国目前应选择什么样的汇率制度。
8. 试分析现行人民币汇率制度的特点、缺陷与改革方向。

第四章 国际收支

本章学习目标

理解国际收支和国际收支平衡表的概念；掌握国际收支平衡表的账户设置及其之间的关系；熟悉国际收支失衡的含义、类型、原因及其对国内经济的影响；掌握国际收支失衡的主要调节方法；熟悉西方主要国际收支理论的基本内容。

国际收支是国际金融领域中又一个重要范畴。国际收支问题不仅是研究国际货币金融关系的重要基础，也是开放经济条件下一国宏观经济管理的重要内容。国际收支是由一国对外经济、政治、文化等各方面的往来活动而引起的，生产社会化与国际分工的发展，特别是经济全球化的发展使得国与国之间的交往内容日益增多、交往形式日益复杂，从而产生了一系列的国际债权债务关系与货币收支关系等，这些都构成了国际收支的基本内容。

第一节 国际收支的概念与国际收支平衡表

一、国际收支的概念

国际收支（Balance of Payment，BOP）的概念经历了一个从狭义到广义的发展演变过程。从历史上看，早在17世纪初的重商主义时代就有了国际收支概念。当时的葡萄牙、法国、英国等一些国家的经济学家在提倡"贸易差额论"，即通过扩大出口、限制进口的方式积累金银货币的同时，就提出了国际收支的概念。他们认为金银货币是一国财富的基本形式，只要能在国际贸易中多出口、少进口就可以使一国的金银货币净增加，从而使国家的财富增多。因此，这一时期的国际收支概念被理解为一国的贸易收支差额（Balance of Trade）。它表示一国在一定时期内对外商品贸易的综合情况。这是对国际收支概念的最初理解。

随着国际交往的不断扩大，国家收支的含义也不断发展和丰富。在金本位制度崩溃后，国际收支的含义逐渐被扩展为反映一国的外汇收支（Balance of Foreign Exchange）。凡是涉及一国外汇收支的各种国际交易都属于国际收支的范畴，并把外汇收支作为国际收支的全部内容，这就是人们所称的狭义的国际收支的概念。这一定义以现金支付为基础，即只有以现金支付的国际经济交易才能计入国际收支，对其他的债权债务则不予理会。但是，一国在对外交易中，并非所有的交易都涉及货币的支付，如补偿贸易。其中有些交易根本不需要支付，如以实物形式提供的无偿援助与投资等。这些不涉及货币支付的对外贸易在国际交易中的比重不断增加，如以跨国公司为载体的国际资本流动日益频繁。在这种情况下，国际收支的概念又有了新的发展，由狭义的概念逐步发展为广义的国际收支概念。所谓国际收支，是指一国（或地区）在一定时期内全部对外往来（如经济、政治及文化等）中的经济交易记录。目前，世界大多数国家都使用广义的国际收支概念。

为了使各会员国报送国际收支资料时有统一的标准，国际货币基金组织在《国际收支手册》中做出了统一规定。1993 年《国际收支手册》（第五版）曾对国际收支进行了如下界定："国际收支表是一定时期内的统计报表，它系统记录一国全部对外往来的情况。具体包括：①商品、服务和收益方面的交易；②货币性黄金、特别提款权的所有权变动，以及其对世界其他经济实体的债权债务关系的变化；③无偿的单方面转移及会计意义上为平衡尚未抵消的上述交易所规定的对应项目。"

因此，在理解国际收支内涵时，还需要注意以下几方面：

（1）国际收支记录的时间是某一个时期。这里的时期通常是 1 年，也可以是 1 个月、1 个季度或半年等，各国通常以 1 年为报告期。可见，国际收支是一个流量概念，即它表示的是某一时期内的交易量，可分为流出量、流入量和净流量三种，分别用借方、贷方、差额（余额）的形式来表示，当人们提及国际收支时，必须指明它属于哪一个时期才有意义。另外，国际收支也是一个事后概念，是对已发生的国际经济交易事实所进行的记录。

（2）国际收支记录的范围是"对外"往来。这里的"对外"往来，是指发生在"居民与非居民之间"的交易，而居民与居民之间或者非居民与非居民之间发生的交易不在一国国际收支记录的范围。判断一项交易是否属于一国国际收支记录的范围，其依据是该项交易是否发生在本国居民与非居民之间。国际收支中的"居民"是一个经济学概念，不同于法律上的公民概念。在这里，"居民"主要以居住地为标准而不是以国籍为标准，分为个人、政府、企业和非营利团体四类。凡在一个国家内居住满 1 年及 1 年以上的个人，除官方外交使节、驻外军事人员外，无论什么国籍，均属于该国居民；一国的各级政府、企业和非营利团体，均属于所在国的居民，外国独资、合资与合作企业也属于所在国的居民；居住在一国领土上的外国使馆和联合国机构，均被当作该国的非居民，国际货币基金组织、世界银行等国际性组织及其代表则属于任何国家的非居民。

（3）国际收支记录的内容是"经济交易"。这里的"经济交易"，是指以货币价值记录的交易。这里的"交易"，既包括涉及货币收支的对外交易，也包括不涉及货币收支的对外交易。不涉及货币收支的对外交易在记录时需要折算成某种货币价值之后再加以记录。具体地说，国际收支中的交易主要包括以下四类：一是交换，即某一个经济体向另一个经济体提供一定的经济价值，并从对方得到等价的回报。这里的经济价值包括实际资源（货物、服务、收入）和金融资产，这是国际收支中最为重要的经济交易类型。二是转移，指无偿的单方面的商品、劳务或金融资产的转移，即一个经济体向另一个经济体提供了具有经济价值的实际资源或金融资产，但是没有得到对方的任何补偿。例如，政府的对外援助等。三是移居，即指一国居民将其住所从一个国家或地区搬迁到另一个国家或地区的行为。移居后，该居民原有的资产债务关系会发生转移，相应地，这两个国家或地区的对外资产和负债关系也会发生变化，这一变化应纳入国际收支的记录。四是其他交易，即在某些情况下，可以根据推论确定交易的存在，即使资金流动并没有发生,也需要在国际收支中记录。例如,跨国投资者将其收益进行再投资,尽管这一行为并不涉及两国之间的资金与服务的流动,但在国际收支中应将其记录为来自非居民的直接投资的增加等。

二、国际收支平衡表及其账户设置

(一) 国际收支平衡表的概念

所谓国际收支平衡表(Balance of Payments Statement),是指将国际收支按照特定账户分类和复式记账原则所表示的一种综合统计报表。由于国际收支平衡表能够集中反映一国对外往来的基本情况,因而越来越受到各国政府的重视。

对于一个国家(或地区)自身来说,国际收支平衡表的意义表现在以下三方面:

(1) 能够及时正确地反映本国的国际收支情况,找出顺差和逆差的原因,从而采取正确的调节对策。

(2) 通过掌握本国的外汇资金来源和官方储备变动的情况,可以编制切合实际的外汇预算。

(3) 可以使本国全面了解其国际经济地位,从而制定出与本国国力相称的对外经济政策等。

对于其他国家来说,国际收支平衡表的意义表现为以下四方面:

(1) 可以掌握编表国家的国际收支顺差、逆差及储备资产变动的情况,从而预测该国货币汇率的未来走势。

(2) 可以预测国际资本流动的趋势,通常是顺差国家的资金向逆差国家转移。

(3) 可以预测国际利率的变动趋势,作为制定贸易政策、货币政策和对外金融政策的依据。

(4) 通过分析经济大国的国际收支情况,可以把握国际经济的发展趋势等。

(二) 国际收支平衡表的账户设置

从结构内容上看,国际收支平衡表作为一种特殊会计报表,通常设置三大类账户,即经常账户、资本和金融账户以及净误差与遗漏账户。三大类账户称为一级账户,其下可细分为若干二级账户,二级账户可细分为若干三级账户,三级账户又可细分为若干四级账户等。

1. 经常账户

所谓经常账户(Current Account),又称经常项目,是指对一国与他国之间实际资源的流动行为进行记录的账户,包括货物和服务、收入、经常转移三项。它是国际收支平衡表中最基本、最重要的项目,代表了一国的创汇能力。

(1) 货物和服务(Goods and Services)。货物包括一般商品、用于加工的货物、货物修理、各种运输工具在港口购买的货物和非货币用黄金。在处理上,货物的出口和进口应在货物的所有权从一国居民转移到另一国居民时记录下来。货物有时又称有形贸易,该账户记录了一国的商品进出口情况,对一国整体的国际收支状况起着决定性作用。按照国际货币基金组织规定,进出口商品价格均按离岸价格(FOB)计算,而将运费和保险费另外计入服务账户。服务有时又称无形贸易,该账户记的内容主要包括运输服务、旅游服务、通信服务、建筑服务、保险服务、金融服务、计算机和信息服务、专有权利使用费和特许费、个人和文化及娱乐服务、其他商业服务、政府服务。

（2）收入（Incomes）。《国际金融手册》（第五版）将服务交易同收入交易明确区分。收入是记录因生产要素在国际上流动而引起的要素报酬收支，包括雇员报酬和投资收益两个部分。雇员报酬是指一国居民个人在另一国或地区工作而得到的现金或实物形式的工资、薪金和福利。投资收益包括居民因拥有国外金融资产而得到的收益，其中又包括直接投资收益、证券投资收益和其他投资收益三部分。

（3）经常转移（Current Transfer），又称无偿转移，是指资金和资产在国际上转移后并未发生债权债务关系，对方无须归还或偿还的无对等交易。因此，这类经济活动属于不以获取收入或支出为目的的单方面交易行为。在《国际收支手册》（第五版）中，将转移分为经常转移和资本转移。其中，经常转移被统计在经常账户中，资本转移被统计在资本和金融账户中。按照实施转移的主体，经常转移又分为政府转移和个人转移，前者主要包括政府间经济援助、军事援助、战争赔款、捐款等，后者主要包括侨民汇款、年金、赠予等。

2. 资本和金融账户

资本和金融账户（Capital and Financial Account）是指对资产所有权在国际上的流动行为进行记录的账户，它包括资本账户和金融账户两个部分。

（1）资本账户，又称资本项目，它主要由两部分构成：一是资本转移（Capital Transfer），主要记录投资捐赠（Investment Grants）和债务注销（Debt Cancellation）的外汇收支；二是非生产、非金融资产的收买或出售（Acquisition / Disposal of Non-Product and Nonfinancial Assets）。其中，资本转移主要包括以下三项内容：固定资产所有权的转移；同固定资产收买或放弃相联系的或以其为条件的资金转移；债权人不索取任何回报而取消的债务。非生产、非金融资产的收买或出售主要包括本身不能被生产出来的有形资产（如土地、矿物、森林等地下资产）和各种无形资产（如专利、版权、商标、经销权及租赁合同和其他可转让合同）的交易。

（2）金融账户。金融项目包括某一经济体对外资产和负债所有权变更的所有交易，可分为非储备性质的金融账户和储备资产账户。其中，非储备性质的金融账户又可分为直接投资、证券投资、金融衍生工具和其他投资。直接投资反映某一经济体的居民单位（直接投资者）对另一经济体的企业拥有的永久权益，可以采取在国外新建企业、并购企业等的形式；证券投资的主要对象是股本证券和债务证券，股本证券是指对所有上市或未上市企业的股权进行投资以及在投资基金中的股权投资等，债务证券又可以进一步细分为期限在一年以上的中长期债券、货币市场工具和其他派生金融工具；金融衍生工具是指对期货、期权、远期合约、互换等金融衍生品的投资；其他投资是指上述投资中未包括的部分，如贸易信贷、贷款、货币与存款以及其他类型的应收款项与应付款项等。储备资产账户（Reserve and Related Item）是指官方（货币当局）可以随时动用并控制在手的外部资产，具体包括货币化黄金、特别提款权、在国际货币基金组织的储备头寸、外汇储备及其他储备资产。

3. 净误差与遗漏账户

净误差与遗漏账户（Errors and Omissions Account）是一个人为设置的抵消账户。这一账户不是国际收支平衡表的标准组成部分，但各国编制的国际收支平衡表往往会设置该账户。因为国际收支平衡表运用的是复式记账法，所有账户的借方总额和贷方总额应该相等。但是，由于以下三个方面的原因，会造成借方和贷方余额不等的情况：一是编制国际收支平衡表的原始资料来自各个方面，在这些原始资料上，当事人由于某种原因，故意改变、伪造或压低某些项目的数字，造成资料失实或收集资料不齐；二是由于某些交易项目属于跨年度性的，从而导致统计口径不一致；三是短期资本的国际流动，由于其投机性非常强，流入流出异常迅速，而且为了逃避外汇管制和其他官方限制，常采取隐蔽的形式，超越正常的收付渠道出入国境，因此很难得到其真实资料。

由于上述原因，官方统计得到的经常项目、资本和金融项目两者之间实际上并不能真正达到平衡，从而导致国际收支平衡表的借方总额和贷方总额往往存在差额。因此，设立一个净误差与遗漏账户，以此账户的数字来抵补前面所有项目借方和贷方之间的差额，从而使借贷双方最终达到平衡。当官方统计结果的借方大于贷方时，两者之间的差额就记入净误差与遗漏项目的贷方，前面以"+"号标识；当官方统计结果的贷方大于借方时，两者之间的差额就记入误差与遗漏项目的借方，前面以"-"号标识。

三、国际收支平衡表的编制原则

（一）复式记账原则

复式记账法是国际会计的通行准则，其基本原理是：任何一笔交易的发生必然涉及借方和贷方两个方面，有借必有贷，借贷必相等。这里需要注意的是，虽然每笔具体的交易是一国居民与非居民之间发生的经济往来，但从宏观上看，国际收支平衡表的会计主体不是该国的任一经济单位，而是作为一个整体的国家，与之交易的是世界各国。

在国际收支平衡表中，借方表示负号（-）项目，贷方表示正号（+）项目。每笔交易都是由两笔数量相等、方向相反的金额表示。根据复式记账的惯例，凡是有利于国际收支顺差增加或逆差减少的项目都记入贷方，凡是有利于国际收支逆差增加或顺差减少的项目都记入借方。其具体记账原则如表4.1所示。

表4.1 复式记账法下国际收支的记账原则

贷　　方	借　　方
出口收入	进口支付
本国居民为非居民提供服务，获得外汇收入	非居民为本国居民提供服务，从本国获得收入
居民获得国外报酬或投资收益	非居民获得国内报酬或投资收益
本国居民收到非居民的单方面转移	本国居民对非居民的单方面转移
本国居民在外直接投资的减少	本国居民在外直接投资的增加
外国在本国直接投资的增加	外国在本国直接投资的减少
非居民获得本国资产	本国居民获得外国资产
非居民偿还本国居民债务	本国居民偿还非居民债务
本国官方储备减少	本国官方储备增加
……	……

下面举例说明国际收支账户的记账方法。正确的记账方法不仅有助于正确掌握国际收支账户中的记账原理，同时也有助于理解各账户之间的关系。

第四章 国际收支

【例 4.1】 甲国企业出口价值 100 万美元的设备，这一出口行为导致该企业在海外银行存款的相应增加。

在前面的分析中已经知道，出口伴随着资本流出所形成的海外资产的增加。对于出口行为来说，它意味着本国拥有的资源的减少，因此应记入贷方。对于资源流出这一行为而言，它意味着本国在外的资产的增加，因此应记入借方。如果不考虑账户的具体内容，可简单记为：

借：资本流出　　　100 万
　　贷：商品出口　　　100 万

进一步来看，这一资本流出实际上反映在该企业在海外的存款增加中，而这属于金融账户中的其他投资项目。因此，这一笔交易更准确的记录为：

借：在外国银行的存款　　　100 万
　　贷：商品出口　　　100 万

【例 4.2】 甲国居民到外国旅游花销 30 万美元，这笔费用从该居民的海外存款账户中扣除。这笔交易可记为：

借：服务进口　　　30 万
　　贷：外国银行的存款　　　30 万

【例 4.3】 外商以价值 1 000 万美元的设备投入甲国，兴办合资企业。这笔交易可记为：

借：商品进口　　　1 000 万
　　贷：外国对甲国的直接投资　　　1 000 万

【例 4.4】 甲国政府动用外汇库存 40 万美元向外国提供无偿援助，另提供相当于 60 万美元的粮食药品援助。这笔交易可记为：

借：经常转移　　　100 万
　　贷：官方储备　　　40 万
　　　　商品出口　　　60 万

【例 4.5】 甲国某企业在海外投资所得利润 150 万美元。其中，75 万美元用于当地的再投资，50 万美元购买当地商品运回国内，25 万美元调回国内售给政府以换取本国货币。这笔交易可记为：

借：商品进口　　　50 万
　　官方储备　　　25 万
　　对外长期投资　　75 万
　　贷：海外投资利润收入　　　150 万

【例 4.6】 甲国居民动用其在海外存款 40 万美元，购买外国某公司的股票。这笔交易可记为：

借：证券投资　　　40 万
　　贷：在外国银行的存款　　　40 万

这六笔交易可以编制一个完整的国际收支账户表，如表 4.2 所示。

表 4.2　六笔交易构成的国际收支账户　　　　单位：万美元

项　目	借方（-）	贷方（+）	差　额
商品贸易	1 000+50	100+60	-890
服务贸易	30		-30
收入		150	150
经常转移	100		-100
经常账户合计	1 180	310	-870
直接投资	75	1 000	925
证券投资	40		-40
其他投资	100	30+40+40	10
官方储备	25		-25
资本和金融账户合计	240	1 100	870
总计	1 420	1 420	0

（二）权责发生制原则

在国际经济交易中，如签订合同、货物装运、结算、交货、付款等一般都是在不同日期进行的，为了统一记录口径，国际货币基金组织（IMF）做出了明确规定，必须采用所有权变更原则，即权责发生制原则。根据这一会计原则，费用或收入是否记入某会计期间，不是以是否在该期间内收到或付出现金为标志，而是依据收入是否归属该期间的成果，费用是否由该期间负担来确定。在国际收支平衡表中，经济交易的记录时间应以所有权变更时间为标准。按照国际货币基金组织的规定，国际收支平衡表中记录的各种经济交易应包括以下三方面：

（1）在编表期间内全部结清部分。一笔经济交易如在国际收支平衡表编制时期内结清，应如实记录。

（2）在这一时期内已经到期必须结清（无论实际上是否结清）部分。例如，在编制表时期内已经到期应付的利息，而实际上并未支付，则应在到期日记录，未付的利息作为新的负债记录。又如，某项劳务已经提供，但本期内未获得劳务收入，应按劳务提供日期记录，未获得收入作为债权记录。

（3）在这一时期内已经发生所有权变更，但需跨期结算部分。这类交易发生时，所有权已经变更，应在交易发生日记录。

（三）市场价格原则

在国际收支平衡表中，交易的计价基础是市场价格。市场价格定义为，在自愿基础上买方从卖方手中获取某件物品而支付的货币金额。在某些情况下，可能不存在市场价格，如易货贸易、税收支付、企业的分支机构与母公司及附属企业的交易、转移等。这种情况下，习惯做法是利用同等条件下形成的已知市场价格推算需要的市场价格。同样，单方面转移和优惠的政府贷款等非商业性交易，也必须假定这类资源是以市场价格卖出的，以市场价格来计价。

（四）单一记账单位原则

在国际收支平衡表中，所有记账单位要折合为同一种货币。国际收支平衡表汇编的实际资源和金融项目的交易价值数据,是用某种货币或价值尺度单位(如特别提款权)表示的。每个国家都必须把它们折算成单一的记账单位以便汇总。记账货币可以是本国货币,也可以是其他国家货币。如美国国际收支平衡表的记账货币是美元,我国国际收支平衡表的记账货币是 SDR(特别提款权)等。

四、国际收支平衡表的基本样式

国际收支平衡表的具体样式可参见中国国际收支平衡表(见表 4.3)。

表 4.3 中国国际收支平衡表(季度表) 单位:亿 SDR

项目	2018Q1	2018Q2	2018Q3	2018Q4
1. 经常账户	**−236**	**37**	**166**	**394**
贷方	4 472	5 132	5 511	5 486
借方	−4 708	−5 095	−5 345	−5 092
1.A 货物和服务	**−151**	**209**	**142**	**540**
贷方	4 044	4 663	4 937	5 102
借方	−4 195	−4 454	−4 794	−4 562
1.A.a 货物	**357**	**725**	**720**	**1 003**
贷方	3 654	4 251	4 537	4 654
借方	−3 296	−3 526	−3 817	−3 652
1.A.b 服务	**−508**	**−516**	**−577**	**−462**
贷方	391	412	399	448
借方	−899	−928	−977	−910
1.A.b.1 加工服务	28	29	32	33
贷方	28	29	32	34
借方	0	0	−1	−1
1.A.b.2 维护和维修服务	9	8	6	9
贷方	12	13	11	15
借方	−3	−5	−4	−5
1.A.b.3 运输	−101	−123	−139	−111
贷方	67	70	76	86
借方	−168	−193	−215	−197
1.A.b.4 旅行	−436	−399	−447	−391
贷方	67	78	70	70
借方	−503	−478	−517	−461
1.A.b.5 建设	8	10	4	13
贷方	25	23	20	28
借方	−17	−14	−15	−15
1.A.b.6 保险和养老金服务	−10	−9	−15	−13
贷方	6	13	7	9
借方	−16	−21	−22	−22
1.A.b.7 金融服务	2	2	2	3
贷方	5	6	5	7

续表

项　　目	2018Q1	2018Q2	2018Q3	2018Q4
借方	-3	-4	-4	-4
1.A.b.8 知识产权使用费	-53	-62	-50	-48
贷方	9	10	10	10
借方	-62	-72	-60	-58
1.A.b.9 电信、计算机和信息服务	11	13	9	13
贷方	49	54	51	59
借方	-38	-40	-43	-46
1.A.b.10 其他商业服务	40	25	33	37
贷方	117	111	113	126
借方	-77	-86	-80	-88
1.A.b.11 个人、文化和娱乐服务	-3	-4	-4	-6
贷方	1	2	2	2
借方	-5	-5	-6	-8
1.A.b.12 别处未提及的政府服务	-3	-6	-8	-2
贷方	4	3	2	3
借方	-7	-9	-10	-6
1.B 初次收入	**-67**	**-145**	**12**	**-164**
贷方	378	419	524	337
借方	-445	-564	-512	-502
1.B.1 雇员报酬	20	14	14	9
贷方	38	31	31	27
借方	-18	-17	-17	-18
1.B.2 投资收益	-93	-160	-4	-176
贷方	333	386	490	307
借方	-426	-546	-494	-483
1.B.3 其他初次收入	7	1	3	2
贷方	7	2	3	2
借方	0	0	0	-1
1.C 二次收入	**-18**	**-27**	**11**	**18**
贷方	50	49	50	46
借方	-68	-77	-38	-28
1.C.1 个人转移	0	-4	1	0
贷方	13	10	12	9
借方	-14	-14	-11	-9
1.C.2 其他二次收入	-18	-23	10	18
贷方	37	40	38	37
借方	-55	-63	-28	-20
2. 资本和金融账户	**501**	**42**	**120**	**114**
2.1 资本账户	**-1**	**0**	**-1**	**-2**

续表

项　　目	2018Q1	2018Q2	2018Q3	2018Q4
贷方	0	0	0	1
借方	-1	-1	-1	-3
2.2 金融账户	**502**	**42**	**121**	**115**
资产	-679	-819	-752	-371
负债	1 181	861	874	486
2.2.1 非储备性质的金融账户	683	210	100	-88
资产	-498	-652	-774	-574
负债	1 181	861	874	486
2.2.1.1 直接投资	380	173	1	196
2.2.1.1.1 资产	-124	-195	-180	-184
2.2.1.1.1.1 股权	-121	-129	-145	-165
2.2.1.1.1.2 关联企业债务	-3	-66	-35	-19
2.2.1.1.1.a 金融部门	-33	-35	-37	-42
2.2.1.1.1.1.a 股权	-31	-31	-36	-43
2.2.1.1.1.2.a 关联企业债务	-2	-5	0	2
2.2.1.1.1.b 非金融部门	-91	-160	-143	-142
2.2.1.1.1.1.b 股权	-90	-98	-108	-122
2.2.1.1.1.2.b 关联企业债务	-1	-62	-34	-21
2.2.1.1.2 负债	504	368	180	380
2.2.1.1.2.1 股权	344	228	145	373
2.2.1.1.2.2 关联企业债务	161	140	35	7
2.2.1.1.2.a 金融部门	40	22	29	33
2.2.1.1.2.1.a 股权	32	17	30	27
2.2.1.1.2.2.a 关联企业债务	7	5	0	6
2.2.1.1.2.b 非金融部门	464	347	151	347
2.2.1.1.2.1.b 股权	311	212	115	346
2.2.1.1.2.2.b 关联企业债务	153	135	35	0
2.2.1.2 证券投资	71	427	242	11
2.2.1.2.1 资产	-232	-30	-66	-47
2.2.1.2.1.1 股权	-128	27	-27	6
2.2.1.2.1.2 债券	-103	-57	-38	-53
2.2.1.2.2 负债	302	456	308	58
2.2.1.2.2.1 股权	83	150	108	89
2.2.1.2.2.2 债券	220	307	200	-30
2.2.1.3 金融衍生工具	0	-13	-2	-28
2.2.1.3.1 资产	1	-11	-2	-24
2.2.1.3.2 负债	-2	-3	0	-5
2.2.1.4 其他投资	232	-377	-141	-267
2.2.1.4.1 资产	-144	-416	-527	-319

续表

项　目	2018Q1	2018Q2	2018Q3	2018Q4
2.2.1.4.1.1　其他股权	0	0	0	0
2.2.1.4.1.2　货币和存款	-62	-362	-75	-13
2.2.1.4.1.3　贷款	-373	24	-141	-82
2.2.1.4.1.4　保险和养老金	-7	1	2	1
2.2.1.4.1.5　贸易信贷	208	-122	-348	-211
2.2.1.4.1.6　其他	91	43	35	-13
2.2.1.4.2　负债	376	39	386	53
2.2.1.4.2.1　其他股权	0	0	0	0
2.2.1.4.2.2　货币和存款	207	-49	76	128
2.2.1.4.2.3　贷款	203	-5	34	-10
2.2.1.4.2.4　保险和养老金	2	-2	-1	3
2.2.1.4.2.5　贸易信贷	-53	64	232	49
2.2.1.4.2.6　其他	17	31	45	-117
2.2.1.4.2.7　特别提款权	0	0	0	0
2.2.2　储备资产	-181	-167	21	204
2.2.2.1　货币黄金	0	0	0	0
2.2.2.2　特别提款权	0	0	0	1
2.2.2.3　在国际货币基金组织的储备头寸	3	-7	0	0
2.2.2.4　外汇储备	-183	-160	22	203
2.2.2.5　其他储备资产	0	0	0	0
3．净误差与遗漏	**-266**	**-79**	**-286**	**-507**

资料来源：根据国家外汇管理局官方网站的相关资料整理。

第二节　国际收支失衡及其影响

当今世界经济的一个基本特征是全球经济失衡。全球经济失衡突出表现为各国国际收支的失衡，国际收支的长期失衡无论是对一国经济还是全球经济的发展都是不利的。因此，认识和研究国际收支失衡问题具有重要的意义，它既是理解全球经济失衡的基础，也是解决全球经济失衡的关键。

一、国际收支失衡及其衡量口径

在国际收支平衡表中，借贷双方在账面上总是平衡的，但这只是会计意义的平衡，在实际中是没有意义的。只有从经济学意义上理解国际收支的平衡问题才是有意义的。所谓国际收支平衡，是指国际收支平衡表中经常账户与资本和金融账户两大账户的收支相等的状态。如果出现收支不相等的状态，则称为国际收支失衡。国际收支失衡又分为顺差和逆差两种情况。所谓顺差，即上述两大项目的收入总额大于支出总额的情况，又称国际收支盈余；所谓逆差，即上述两大项目的收入总额小于支出总额的情况，又称国际收支赤字。

国际收支失衡的衡量口径有多种，不同的国家往往根据自身情况去选用。比较常用的有贸易收支差额、经常项目差额、资本和金融账户差额和综合账户差额。

（一）贸易收支差额

贸易收支差额（Trade Balance）即进出口收支差额，等于商品和服务的出口减去进口。如果差额为正，则称为顺差；如果差额为负，则称为逆差。这是传统上用得比较多的一种方法。贸易收支差额在传统上经常作为整个国际收支的代表，这是因为对一些国家来说，贸易收支在全部国际收支中所占的比重相当大，而且贸易收支的数字易于通过海关的途径及时收集，能够比较快地反映出一国对外经济交往的情况。实际上，随着一国对外经济关系的增加，贸易收支差额仅仅是国际收支的一个组成部分，不能代表国际收支的整体。尽管如此，贸易收支差额仍具有特殊的重要性：它综合反映了一国的产业结构、产品质量和劳动生产率状况，反映了一个国家或地区自我创汇的能力，反映了一国贸易产品在国际上的竞争能力及在国际分工中的地位，是一国对外经济交往的基础。因此，各国都十分重视贸易收支差额的状况。

（二）经常账户差额

经常账户差额（Current Account Balance）等于其账户下的商品、服务、收入和经常转移四个二级账户的差额。如果差额为正，则称为顺差；如果差额为负，则称为逆差。虽然经常项目的收支状况也不能代表全部国际收支状况，但它综合反映了一个国家的进出口状况，因而被各国广泛使用，并被当作是制定国际收支政策与产业政策的重要依据。同时，国际经济协调组织也经常采用这一指标对成员国经济进行衡量。在经常账户中，服务账户的收支状况反映了一国有关行业的发达程度与增长变动情况。比如，金融服务、保险服务等反映了一国金融业的发展程度。

（三）资本和金融账户差额

资本和金融账户差额（Capital and Financial Account Balance）可以说明两个方面的问题：首先，通过资本和金融账户余额可以看出一个资本市场的开放程度和金融市场的发达程度，对一国货币政策和汇率政策的调整提供了有益的借鉴；其次，资本和金融账户与经常账户之间具有融资关系，所以该账户差额可以反映一国经常账户的状况和融资能力。

（四）综合账户差额

综合账户差额，又称总差额（Overall Balance），是指经常账户、资本和金融账户两大账户的总差额。由于综合账户差额必然导致官方储备的反方向变动，所以主要用它来衡量国际收支对一国官方储备造成的压力。在固定汇率制下，如果外汇市场上的供求变动影响到汇率的稳定，政府必须动用官方储备进入市场以实现供求平衡。因此，综合账户差额在固定汇率制下非常重要。在浮动汇率制下，政府可以听任市场供求决定的汇率的变动，综合账户差额的意义有所下降。在判断一国际收支平衡与否的标准方面，西方国家常常根据对外交易的性质，将国际收支平衡表上的各个项目划分为两种类型：一是自主性交易；二是调节性交易。所谓自主性交易，是指经济实体或个人为了某种经济动机或目的（如追求市场份额、追逐利润、旅游、汇款等），而主动进行的交易。它一般包括经常账户、资本和金融账户两大账户中的各项交易。由于其具有自发性和主动性，因而其交易的结果必然是失衡的，要么顺差，要么逆差，这样就会导致外汇市场出现供求不平衡和汇率波动的状况。所谓调节性交易，是指为弥补自主性交易所导致的失衡情况而进行的各种交易活动，如分期付款、商业信用及动用官方储备等。调节性交易具有事后性和被动性。

因此，从理论上说，一国国际收支平衡与否，应以自主性交易的结果为标准。如果基于自主性交易就能实现平衡，则该国国际收支一定是平衡的；如果自主性交易的收支不能相抵，需要调节性交易来轧平，这种情况所达到的平衡则是形式上的、被动的平衡，其实质就是国际收支的不平衡。但是，这种判断方法在实践上有一个最大的困难，就是如何区别自主性交易和调节性交易，因为一笔交易是可以从不同角度分类的。

二、国际收支失衡的类型及其原因

国际收支失衡的类型和原因多种多样，大体可分为以下六种。

（1）偶然性失衡（Accidental Disequilibrium），即由随机性因素所造成的国际收支失衡，如自然灾害、战争、国际游资冲击和国际商品价格的偶发变动等导致的国际收支失衡。

（2）周期性失衡（Cyclical Disequilibrium），即由一国所处的经济周期阶段所导致的国际收支失衡，如处于经济周期高涨阶段的国家可能出现因进口增加而出现暂时性的贸易逆差。

（3）收入性失衡（Income Disequilibrium），即由一国一定时期内的国民收入变化所导致的国际收支失衡。在其他条件不变的前提下，国民收入增长快的国家会因进口增加而出现国际收支逆差；但是，当国民收入增长伴随劳动生产率提高时，生产成本下降，也可能引起出口更为迅速地增加而出现国际收支顺差。

（4）货币性失衡（Monetary Disequilibrium），即由一国币值发生变动所导致的国际收支失衡。当一国物价上升或通货膨胀严重时，出口产品成本提高、出口减少、进口增加，从而导致国际收支逆差；反之，就会出现国际收支顺差。

（5）结构性失衡（Structural Disequilibrium），即由国内生产结构或要素配置不合理所造成的国际收支失衡。如一国老化的、落后的经济结构可能导致该国出口产品不能适应国际市场的变化，而出现国际收支逆差。

（6）政策性失衡，即由一国推出的重要经济政策或重大经济改革所导致的国际收支失衡。

三、国际收支持续失衡对一国经济的影响

（一）一国国际收支持续逆差对其国内经济的影响

其影响主要有以下几方面：

（1）如果一国长期处于国际收支逆差状态，不但会严重消耗该国的储备资产，影响其金融实力，而且还会使该国的偿债能力降低，并失去其在国际上的信誉地位。

（2）持续的国际收支逆差会导致该国外汇短缺，造成外汇汇率上升（外汇升值），本币贬值，从而导致该国货币信用下降，国际资本大量外逃，引发货币危机。

（3）持续的国际收支逆差会使该国创汇能力减弱，影响该国发展生产所需要的生产资料的进口，使国民经济增长受到抑制，进而影响一国的财政收入和就业。

（4）持续的国际收支逆差还可能使该国陷入国际债务危机。20世纪80年代爆发的拉美国

际债务危机在很大程度上就是因为债务国出现长期的国际收支逆差,从而不具备足够的对外偿债能力所造成的。

(二)一国国际收支持续顺差对其国内经济的影响

其影响主要有以下几方面:

(1)持续的国际收支顺差会破坏国内总需求与总供给的均衡,使总需求迅速大于总供给,可能引发通货膨胀,进而影响经济增长。

(2)持续的国际收支顺差在本国外汇市场上表现为有大量的外汇供应,这就增加了外汇对本币的需求,从而导致本币升值。这样就提高了出口商品的外币价格,降低了国际竞争力,不利于出口。

(3)持续的国际收支顺差会导致相关国家间的贸易摩擦,不利于国内经济的持续健康发展。对于资源性产品出口所导致的顺差,意味着国内资源的过度开发,这对于该国的长期发展是不利的。

(4)持续的国际收支顺差会使该国丧失获取国际金融组织优惠贷款的权利。

第三节 国际收支失衡的调节

一、国际收支的自动调节机制

(一)金本位制度下的自动调节机制

1752年,英国哲学家和经济学家大卫·休谟(David Hume)将货币数量论应用于国际收支分析中,提出了"价格—铸币流动机制"(Price-Specie Flow Mechanism)。他认为,在金本位制下,国际收支具有自动调节的机制。即当一国国际收支出现逆差时,为清偿债权债务关系会引起黄金的净流出,黄金流出会引起国内黄金存量减少,导致货币供给减少,物价下跌;物价下跌会增加出口,降低进口,逆差减少,最终使国际收支逆差得到改善。同样,如果一国国际收支出现顺差也是不能长久维持的。因为顺差会引起黄金的净流入,黄金流入会引起国内黄金存量增加,导致货币供给增加,物价上升;物价上升会增加进口,降低出口,顺差减少,最终使国际收支顺差得到改善。其具体调节过程如下:

国际收支逆差→黄金外流增加→国内黄金存量减少、货币供应量减少→国内物价水平下降→出口商品价格下降→出口增加→贸易收支改善

国际收支顺差→黄金内流增加→国内黄金存量增加、货币供应量增加→国内物价水平上升→出口商品价格上升→出口下降→贸易收支改善

(二)纸币本位制下固定汇率制度的自动调节机制

在纸币本位制下的固定汇率制条件下,国际收支失衡的自动调节机制主要是通过外汇储备变化来实现的,外汇储备的变化又会引起货币供应量的变化,从而具有价格、收入和利率三方面的效应。

1. 价格效应

当一国的国际收支出现逆差时，外汇储备减少会导致国内信用紧缩、利率上升，从而导致国内需求减少、物价下跌，使出口商品成本降低，从而增强了其在国际市场上的价格竞争力、出口增加；同时，进口商品在国内相对昂贵、进口减少，于是国际收支逆差得到改善。当一国国际收支出现顺差时，外汇储备增多，容易导致国内信用膨胀、利率下降，使得投资与消费相应增加、国内需求扩大，国内物价上升，使出口商品成本上升，导致出口商品的价格竞争力下降、出口减少而进口增加，于是国际收支顺差得到改善。

2. 收入效应

收入效应即一国国民收入变化时，社会总需求也会变化，从而又会引起国际收支的相应变化。当一国国际收支出现逆差时，外汇支出增加，引起国内信用紧缩，利率上升，总需求下降，国民收入也随之减少，国民收入的减少又会导致进口减少，贸易逆差下降，于是国际收支失衡得到改善。当一国国际收支出现顺差时，外汇收入增加，引起国内信用扩张，利率下降，总需求上升，国民收入也随之增加，国民收入的增加又会导致进口增加，贸易顺差下降，国际收支失衡得到改善。其具体调节过程如下：

国际收支逆差→对外支付增加→国民收入下降→社会总需求下降→进口需求下降→贸易收支改善

国际收支顺差→对外收入增加→国民收入增加→社会总需求增加→进口需求增加→贸易收支改善

3. 利率效应

利率效应即一国的国际收支失衡会影响到利率的水平，而利率水平的变动又会对国际收支失衡的调节产生一定的影响。在固定汇率制度下，当一国出现国际收支逆差时，表明该国银行持有的外国货币或其他外国资产减少、负债增加。为了维持固定汇率，货币当局就会干预外汇市场，一般做法是抛售外汇储备、回购本币，这会造成本国货币供应量相对减少，利率上升；在此背景下，本国金融资产收益率上升，本国资本外流减少，外资流入增加，资本项目向顺差方向发展，国际收支得到改善。当一国国际收支出现顺差时，则会产生相反的利率效应。其具体调节过程如下：

国际收支逆差→本国货币供应量相对减少→利率上升→本国金融资产的收益率上升→对本国金融资产的需求相对上升，对外国金融资产的需求相对减少（套利）→资金外流减少，资金内流增加→国际收支逆差得到改善

国际收支顺差→本国货币供应量相对增加→利率下降→本国金融资产的收益率下降→对本国金融资产的需求相对减少，对外国金融资产的需求相对增加（套利）→资金外流增加，资金内流减少→国际收支顺差得到改善

另外，利率变动除了会影响到国内货币供应量变化之外，还会影响到国内的投资、消费以及物价的变动，这些将进一步影响到进出口的变化，最终影响国际收支失衡的调节效果。

（三）纸币本位制下浮动汇率制度的自动调节机制

在浮动汇率制度下，一国货币当局不对外汇市场负有必然干涉的义务，而是听由外汇市场

的供求来决定汇率的高低。当一国国际收支出现逆差时，外汇需求就会大于外汇供给，外汇的价格就会上升，本币将会贬值，从而使本国出口商品价格相对下降，进口价格相对上升，出口增加，进口减少，于是贸易收支状况改善。其具体调节过程如下：

国际收支逆差→外汇市场上外汇供不应求（本国货币外流增加，对外币需求增加）→本币汇率下降（本币贬值）→进口相对昂贵，出口相对便宜→进口下降，出口增加→贸易收支状况改善

国际收支顺差→外汇市场上外汇供给大于需求→本币汇率上升（本币升值）→进口商品的本币价格下跌，出口商品的外币价格上升→出口减少，进口增加国际收支状况改善

需要说明的是，无论是在固定汇率制度下还是浮动汇率制度下，国际收支的自动调节的实现都需要一些假设条件，如完善的市场经济体制、进出口商品的供求弹性较大、国内总需求和资本流动对利率变化比较敏感等。而在现实中，这些条件是不能完全实现的。因此，各国不能完全依靠国际收支的自动调节机制来调节，而需要积极主动地采取必要的政策措施来调节国际收支，这样其调节效果才会更理想。

二、国际收支失衡的政府调节

（一）自动调节机制的局限性

国际收支的自动调节是指在不考虑政府干预的情况下，通过市场经济系统内其他变量与国际收支相互制约和相互作用，从而使国际收支失衡得到调节的过程。它实质上是指国际收支失衡引起的国内经济变量变动对国际收支的反作用过程。但是，自动调节机制也存在很多局限性，具体表现在以下三方面：

（1）国际收支的自动调节只有在纯粹的市场经济中才能发挥作用。现实生活中的市场体系存在不完全性，有可能影响市场的国际收支的自动调节功能。特别是政府总在不同程度上干预国际收支，这使得国际收支市场调节机制受到很大的限制。

（2）自动调节机制只有当进出口商品的供给弹性和需求弹性都比较大的情况下才能更好地发挥作用。如果进出口商品供求弹性较小，就无法最终实现自动调节，而事实是一些发展中国家的进口需求弹性一直比较低。

（3）自动调节机制要求国内总需求和资本流动对利率有较高的弹性。如果资本不能自由流动或对利率变动的反应迟钝，那么，即使是信用紧缩或扩张引起的利率提高或降低，也不会对资本流动产生大的影响。

显然，在当今信用货币条件下，上述条件并不能完全存在，这就使得国际收支自动调节机制不能有效发挥作用。另外，自动调节机制的见效较慢，人们获取市场信息并对这些信息做出反应，可能是一个漫长的过程。市场调节机制无力解决社会政治制度不同、生产力国际差异等因素造成的国际收支失衡。在市场机制发挥作用的过程中，收入、价格、利率、汇率、货币供应量等因素的波动可能给一国经济带来消极的影响。因此，为克服自动调节机制的内生缺陷，当一国发生国际收支失衡时，就需要政府主动采取政策措施来调节国际收支。

（二）政府调节国际收支的主要手段

所谓政府调节，即政府通过采取各种政策措施来干预经济，从而达到调节国际收支失衡的目的。其具体手段有以下几方面。

1. 外汇缓冲政策

所谓外汇缓冲政策，是指一国政府动用官方储备或临时向国外借入资金，来抵消外汇市场中的超额供给或需求，解决一次性、季节性或短期性的国际收支失衡的政策措施。由于这种政策措施是以外汇作为缓冲体，因此被称为外汇缓冲政策。在这种政策下，当一国发生国际收支逆差时，由中央银行在外汇市场上买卖外汇，来调剂外汇供求关系。运用外汇缓冲政策的关键是货币当局应该搞清楚其国际收支失衡的性质，如果是临时性的、短期性失衡，则可以动用本国的外汇储备或者对外借款来调整；如果是长期的、根本性失衡，就不能采用外汇缓冲政策调整，就需要运用其他政策进行调整。可见，外汇缓冲政策是一种暂时性政策，不能解决长期性的国际收支失衡问题。

2. 需求调节政策

所谓需求调节政策，是指从需求方面去调节国际收支失衡的政策措施。不同的政策对需求的影响不同，有的政策会对社会总需求或国民经济中的支出总水平产生影响；有的政策虽然不改变社会总需求和总支出，但会改变社会总需求的结构。按照政策对需求的不同影响，国际收支调节政策可分为支出增减型政策（Expenditure-Changing Policy）和支出转换型政策（Expenditure-Switching Policy）两大类。

（1）支出增减型政策。它是指改变社会总需求或国民经济中支出总水平的政策。其政策原理是：政策运用→改变社会总需求（总支出水平）→改变对外国商品、劳务和金融资产的需求→调节国际收支。这一政策类型包括财政政策和货币政策。

财政政策的调节原理是：逆差时，采取紧缩的财政政策→削减政府开支，提高税收→投资（I）减少→国民收入（Y）减少，需求减少→进口减少→改善国际收支、逆差减少。另外，国民收入的下降还能带来物价的下降，从而进一步有利于贸易收支改善。顺差时，采取扩张性的财政政策→扩大政府开支，减少税收→扩大总需求，增加国民收入→增加进口及非贸易支出→国际收支顺差减少。

货币政策的调节原理是变动再贴现率、调整法定存款准备金率和进行公开市场业务等。逆差时，提高法定存款准备金率、提高再贴现率、中央银行卖出政府债券，导致货币供应减少，一方面提高市场利率以吸引外资流入，另一方面使物价下跌以扩大出口、减少进口，从而改善国际收支。要扭转逆差，可采取紧缩性货币政策，但需要一个过程。发展中国家不会很快，但发达国家会很快。发达国家由于金融市场发达、资金流动快、高利率，会使短期资金迅速流入，可暂时弥补逆差。顺差时，则相反。

（2）支出转换型政策。它是指不改变社会总需求和总支出而改变需求和支出方向的政策。所谓改变支出方向，是指将国内支出从外国商品和劳务转移到国内的商品和劳务上来。其政策原理是：政策运用→改变贸易品的相对价格、改变贸易品的可获得性→改变需求和支出方向（将国内支出从外国商品和劳务转移到国内的商品和劳务上来）→调节国际收支。其政策类型主要有汇率政策、补贴与关税政策和直接管制。汇率政策、补贴与关税政策，都可以改变贸易品的相对价格。直接管制可以通过改变进口品和进口替代品的相对可获得性来达到支出转换的目的。直接管制包括外汇管制、进口许可证管制等形式。

3. 供给调节政策

从供给角度讲，调节国际收支的政策有产业政策和科技政策。产业政策和科技政策旨在改善一国的经济结构和产业结构、增加出口商品和劳务的生产、提高产品质量、降低生产成本，以此达到增加社会产品（包括出口产品和进口替代品）的供给、改善国际收支的目的。供给政策的特点是长期性，在短期内难以有显著的效果，但它可以从根本上提高一国的经济实力和科技水平，从而为实现内外均衡创造条件。供给调节政策的类型有科技政策、产业政策和制度创新政策。以上各种政策的作用比较如表 4.4 所示，其中对于财政政策与货币政策之间的搭配情况将在第 13 章中介绍。

表4.4 各种政策的调节作用比较

序 号	政 策 类 型	调 节 作 用
1	支出增减型政策	需求和支出的增减
2	支出转换型政策	需求结构和支出方向转移
3	供给调节政策	供给的增加与减少
4	外汇缓冲政策	抵消超额的外汇需求与供给

4. 直接管制政策

直接管制是指一国政府运用行政命令的方法，通过外汇管制和贸易管制等来调节国际收支失衡。直接管制政策包括数量型管制和价格型管制两种，前者主要包括进口配额、进口许可证和外汇管制等；后者主要包括进口关税、出口补贴、出口信贷优惠等。这些做法的主要特点是直接、灵活、迅速，但直接管制也存在诸多弊端，如阻碍市场机制正常运行、容易遭到国际社会的指责和贸易伙伴国的报复等。在新的国际贸易组织框架下，这种直接管制政策是不被鼓励的。

5. 国际金融合作政策

国际金融合作政策主要是指通过加强国际清算制度与国际政策协调来调节国际收支失衡的政策，具体包括扩大从国际收支逆差国家的进口、对债务严重的国家给予债务减免等。

(三) 政府调节国际收支的一般原则

虽然各国政府调节国际收支的措施手段不尽一样，所面临的具体情况也会千差万别，但在调节国际收支时均需考虑以下原则：

(1) 根据国际收支失衡的原因选择适当的调节方式。一般来说，偶然性和周期性失衡都具有不同程度的临时性，政府无须采用力度较大的政策来调节。应对货币性失衡的措施是采用紧缩性货币政策控制货币供给。解决结构性失衡的难度较大，因为各种结构调整措施都只能在长期内有效，所以在短期内政府不得不对国际收支进行直接管制。

(2) 尽量避免国际收支调节措施给国内经济造成严重冲击。任何国家都会存在内外均衡的矛盾和冲突，即以充分就业、经济增长和物价稳定为代表的内部均衡目标与国际收支平衡体现的外部均衡目标之间存在冲突。例如，当经济面临逆差与失业并存的局面时，政府采取高利率政策可吸引资本流入，减少逆差，但它同时抑制了投资与消费，使失业人数增加。因此，政府在采取调节措施之前，首先要考虑目标的轻重缓急，找出制约经济发展的主要矛盾。

（3）注意减少国际收支调节措施给国际社会带来的刺激。在经济全球化的环境中，任何一个国家的经济政策都会对他国产生溢出效应。政府在采取调节政策时，需要考虑对手的反应。一般来说，经济不发达国家在调节国际收支逆差时遇到的外部阻力较小。但是，经济发达国家存在顺差时，如果采取进一步增加顺差的措施，遇到的外部阻力就会比较大。政府若完全不考虑别国的反应，就可能造成两败俱伤的结果。因此，政府在调节国际收支时，要注意选择适当的时机和阻力较小的调节方式，并注意展开国际经济政策之间的协调。

第四节 西方国际收支理论

西方学者关于国际收支失衡调节的有关理论都是在不同历史背景下提出的，按照历史顺序大体上包括弹性分析法、吸收分析法、货币分析法以及结构分析法等。这些理论从不同角度对国际收支失衡的调节进行了深入分析，为一国政府主动调节国际收支失衡问题提供了重要理论依据。

一、弹性分析法

国际收支的弹性分析理论主要是由琼·罗宾逊于1937年在马歇尔局部均衡分析的基础上发展起来的。20世纪30年代大危机后，西方资本主义自由竞争、自动调节、自由放任的经济原则宣告破产，取而代之的是凯恩斯的有效需求理论。于是出现了国际收支调节理论中的国际收支弹性分析，它也被称为国际收支调节的弹性理论。根据这一理论，国际收支调节不是自动调节的过程，而是政府政策起作用的过程。这一理论的主张者强调用汇率的变动来调节国际收支，认为主要的问题是通过本币贬值来改善国际收支的条件。

国际收支调节理论的特征是，在工资刚性假设之下，货币贬值可以改变国内外市场上国内商品对外国商品的相对价格，从而发生生产和消费的替代。在大规模失业的假设之下，这些替代对国内产量要求的任何回应都可被产量和就业的变化所满足，而这种变化的回应对国际收支的影响是第二级的。最后，基于同样的假设，以及考虑到凯恩斯经济学只集中分析短期问题，而不考虑国际收支和货币供给的联系、货币供给与总需求之间的联系，因此，国际收支调节的弹性分析也集中分析改善国际收支的货币贬值所需要的"弹性条件"。

（一）弹性分析法的基本思想

研究目的：在收入不变的条件下，分析汇率变动对一国国际收支由失衡调整到均衡状态的作用。

假设条件：只考虑汇率变动对商品进出口数量的影响；国内外贸易商品的供给弹性无穷大；充分就业，收入既定，进出口商品的需求就是这些商品及其替代品的价格函数；不考虑国际资本流动，将商品（劳务）贸易收支等同于国际收支。

基本结论：假定本国贸易收支处于逆差状态，可以通过本币贬值手段实现改善贸易收支逆差状况的充分条件是满足马歇尔—勒纳条件。

马歇尔—勒纳条件的假设：一是局部均衡分析，意味着它只考虑在进出口市场上汇率变化的影响；二是所有有关产量的供给弹性为无穷大，从而按国内货币表示的出口价格不随需求增加而上涨，与出口相竞争的外国商品价格也不因需求减少而下降；三是不考虑汇率变化的货币效应；四是贸易最初是平衡的，汇率变化很小。

在以上假设的基础上，马歇尔—勒纳条件认为：如果 $E_x + E_m > 1$，即进出口商品的需求弹性大于 1，那么货币贬值将改善国际收支中的贸易收支差额。其中，E_x 表示对进口品需求的价格弹性；E_m 表示对出口品需求的价格弹性。

（二）J 型曲线效应

在满足马歇尔—勒纳条件的情况下，货币贬值对贸易收支逆差的改善具有时滞效应。也就是说，在短期内，本币贬值由于时滞效应不会立即引起贸易收支状况的改善，反而会进一步恶化；只有经过一段时间之后，贸易收支恶化的状况才会逐步改善。这一变化过程与英文字母 J 的形状相似，故被称为 J 型曲线效应，如图 4.1 所示。

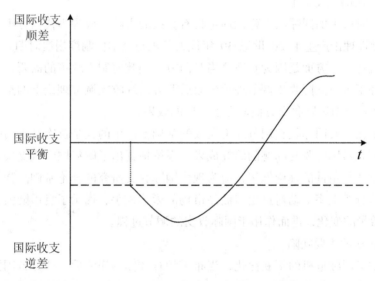

图 4.1 J 型曲线效应

为什么国际收支会先恶化呢？首先，如果外贸受制于以前的合同，那么贬值并不立即影响贸易品与非贸易品的相对价格。其次，如果出口以本币计算，进口以外币计算，在长期合同之下，由于货币贬值，外汇收入减少，所以国际收支会恶化。再次，即使相对价格发生变化，仍会存在认识迟延、决策迟延、传递迟延和生产迟延的情况。所有这些都将导致短期内进出口变化的幅度小于货币价格下降的幅度，加之，如果贸易者认为贬值只是进一步贬值的前奏，那么国内进口商因为害怕以后要为进口商品支付更多本币，便加速订货，而外国进口商则将推迟贬值国的出口，这样就会使贬值之后国际收支在短期内反而恶化。但是，如果引入时间因素，则本币贬值不仅会通过相对价格影响贸易收支，还会通过国民收入、货币供应量、绝对价格水平等诸多经济变量的变化对贸易收支产生积极的影响。

(三) 本币贬值对贸易条件的影响

所谓贸易条件，即出口商品单位价格指数与进口商品单位价格指数之间的比例。可以用下式来表示

$$T = \frac{p_x}{p_m} \tag{4-1}$$

式中，p_x 为出口价格指数，p_m 为进口价格指数。T 上升，表示贸易条件改善，即出口相同数量的商品可换回较多数量的进口；T 下降，表示贸易条件恶化，即出口相同数量的商品只能换回较少数量的进口。

货币贬值对贸易条件的影响究竟是改善作用还是恶化作用，在于进出口商品的供给价格弹性（$s_x s_m$）与需求价格弹性（$d_x d_m$）的力量对比：如果 $s_x s_m > d_x d_m$，则贸易条件恶化；如果 $s_x s_m < d_x d_m$，则贸易条件改善；如果 $s_x s_m = d_x d_m$，则贸易条件不变。

(四) 对弹性分析法的评价

1. 弹性分析法的主要贡献

弹性分析法对后来的国际收支弹性理论具有直接的影响，成为当代西方国际收支理论的重要组成部分。弹性理论产生于 20 世纪 30 年代大危机与金本位制度崩溃时期。它之所以在西方经济学界长期流行，一方面是因为它适合当时西方各国政府制定政策的需要，另一方面是因为它在理论上弥补了古典国际收支调节理论失效后西方国际收支调节理论上的空白。它曾经被许多国家应用，并在调节国际收支方面取得了一定的效果。

弹性理论是在古典国际收支调节理论失效的基础上产生的，是首次基于当时的经济现实背景，通过总结前人对国际收支问题的研究成果，系统地提出了解释国际收支失衡的原因和调节国际收支失衡方法与条件的理论框架，成为现代国际收支研究的理论基础。弹性理论以微观经济学为基础，从分析汇率变动对进出口商品市场的影响入手，揭示了货币贬值会引起进出口商品价格与贸易数量的变化，进而作用于国际收支的调节过程。

2. 弹性分析法的主要缺陷

随着资本主义国际危机的不断深化，当布雷顿森林体制崩溃后，西方各国围绕着汇率浮动问题的斗争更加尖锐。但货币贬值只能在一定条件下缓和国际收支危机或推迟危机的到来，而不能消除这种危机。弹性理论过高地估计了汇率变化的作用，因此受到研究者的批评。

（1）假设条件不合理。弹性理论对商品价格的弹性仅做了静态考虑，未考虑到货币贬值后进出口商品需求在新价格水平上的弹性。根据西方经济学原理，一种商品的价格越高，其弹性越大。对进口商品来说，货币贬值后其需求的价格弹性变大；对出口商品来说，货币贬值后其需求的价格弹性变小，但只有在出口商品的竞争对手也降价或实行货币贬值的条件下，这一结论才存在。如果不是严重的区域性或全球性金融危机，一国货币贬值并不会导致其竞争对手的货币也跟着贬值。在此种情况下，一国货币的贬值不仅不会导致其出口的需求价格弹性变小，反而会导致其变大。如果一国货币贬值导致其进出口商品的需求价格弹性都变大，那么就有可能使原先进出口商品的需求弹性之和小于 1 变为大于 1，从而改变了马歇尔—勒纳条件的部分结论。另外，该理论仅考虑了货币贬值对货币贬值国贸易收支的影响，没有考虑到出口对象国可能采取的降价措施。事实上，一国进出口商品的需求缺乏弹性并不必然导致该国贸易收支恶

化,这要视贬值后进出口商品需求弹性的变化和其他国家的反应而定。因此,用弹性理论或马歇尔—勒纳条件来指导或制定一国出口政策,风险较大,结果也并不具有必然性。此外,在分析时,弹性理论假设货币贬值前贸易收支处于平衡状态,这一假定不符合实际情况。这是因为货币贬值的目的不在于创造贸易收支顺差,而是为了消除已有的逆差,既然贸易收支已经平衡,就没有什么必要进行货币贬值了。这是弹性理论无法回答的问题。

(2)未考虑到价格调整对弹性进而对贸易收支的影响。在一国进出口商品的需求弹性都很小,同时又出现贸易赤字的条件下,马歇尔—勒纳条件只是告诉我们不能做什么,并未告诉我们应该做什么,从弹性理论本身也推导不出其他任何可行的措施,除了建立关税壁垒,削减进口。实际上,从自由交换的角度看,只要双方愿意交换,交换就总是对双方有利的,即使出口价格很低、进口价格很高也是如此。如果交换过程中出现一时的贸易赤字,也可通过进出口价格的再调整或货币的贬值、升值来调节供求,进而使贸易平衡和外汇收支差额为零。马歇尔—勒纳条件的不足之处在于它未考虑到价格调整对弹性进而对贸易收支的影响。

(3)传统弹性理论假设进出口需求函数只是单个货币价格的函数,没有考虑相对价格和实际收入与支出的影响。

(4)由于存在预算约束,各个市场实际上是相互依赖的,而弹性理论只是考虑了进出口市场。

(5)弹性理论建立在局部均衡分析的基础上,只考虑汇率变动对一国贸易收支的影响,而假定其他条件保持不变。

(6)没有涉及国际资本流动。

(7)忽视了汇率变化所引起的收入效应和支出效应。货币贬值后,收入作为贬值的结果可能上升或下降,但由于供求曲线以既定的购买力和既定的收入为根据,所以一旦收入变化了,这些曲线就不再适用。此外,即便总货币收入不变,收入分配仍有可能发生变化。

(8)弹性理论分析只是一种比较静态分析。

二、吸收分析法

上文已经指出,国际收支调节的弹性理论是在经济大萧条条件下产生的,它不能适应战后的充分就业和经济增长条件。这是因为,它的隐含假设是存在着失业者可以流动,从而产生额外的进出口替代,以满足货币贬值的有利影响的需求。这样一来,一些继续使用弹性分析法的经济学家在研究通货膨胀条件下的经验弹性时,围绕着"弹性悲观论"和"弹性乐观论"而战,而这时产生的国际收支调节吸收理论,则试图越过弹性分析法使用者在通货膨胀下的争论,转而把贸易差额作为国内总收入和国内总支出差额而展开分析。

国际收支调节的吸收理论根据凯恩斯的宏观经济理论,认为国际收支与整个国民经济相联系。只有理解经济政策怎样影响总的经济活动关系,尤其是在理解了产量变化以后支出如何变动,才能理解国际收支的变动。

(一)吸收分析法的基本思想

该理论由西德尼·亚力山大于1952年提出,着重考察总收入与总支出对国际收支的影响。国民收入恒等式为

$$Y = C + I + G + X - M \tag{4-2}$$

式中，Y 代表国民收入，C、I、G、X、M 分别代表消费、投资、政府支出、出口和进口。

对上述恒等式移项后得

$$X - M = Y - (C + I + G)$$

假定国际收支经常账户差额 $B = X - M$，并令 $A = C + I + G$，A 为国内吸收，即国内总支出，则可得到表达式

$$B = Y - A \tag{4-3}$$

式（4-3）表明，国际收支（这里主要指 B）不平衡的根本原因是总收入与总支出的失衡。国际收支逆差的原因在于国内吸收大于国民收入；国际收支顺差的原因在于国内吸收小于国民收入。由于吸收理论把国际收支差额和经济活动联系起来，所以吸收理论又被称为"收入—吸收理论"。

亚历山大认为，如果货币贬值影响外贸差额，那么它只可能通过两种方式进行：第一，货币贬值导致该国商品和劳务产生变化，这些变化将与引致的商品和劳务的吸收变化相联系，从而导致外贸差额被收入变化和收入引致的吸收变化的二者差额所改变；第二，货币贬值可改变与任一既定实际收入水平相联系的实际吸收量。

（二）吸收分析法的政策主张

根据吸收理论的基本公式 $B = Y - A$，纠正贸易逆差的政策有两种：一是增加产量 Y；二是减少支出 A。约翰逊分别称之为"支出减少政策"和"支出转向政策"。

1. 支出减少政策

关于支出减少政策，约翰逊认为，可以通过不同手段来应用支出减少政策，如采取货币限制、预算限制，甚至直接管制等。这些政策往往减少收入和就业。如果一国现在不仅有国际收支逆差，还有通货膨胀压力，那么这些政策将有额外的吸引力。但是，一国如果处于失业状态，这一政策将有相应的缺点。由于支出减少的不同方法对收入和国际收支差额的影响不同，所以对这些方法的选择取决于当时的经济是处于通货膨胀状态还是处于通货紧缩状态。收入减少可能导致国内价格水平在某种程度上降低，这样，支出减少政策也有偶发的支出转向作用。可以通过紧缩性的货币政策来减少对进口品的需求，同时配合适用财政政策来抵消总收入减少的效应。

2. 支出转向政策

根据所使用的政策工具是一般性的还是选择性的，支出转向政策可分为两部分：一是贬值；二是贸易控制。贬值的目的是把国内外支出转向购买国内产品。贸易控制一般针对进口，目的是把国内支出从进口转向购买国内产品，有时也用于刺激出口，目的是把外国支出转向购买国内产品。两种支出转向政策都对支出有直接影响。贬值可能通过贸易条件的变化导致在最初收入水平上增加支出。贸易控制则可能通过限制选择自由而导致实际收入的减少。这样，支出转向政策提出了有待于经济分析的两个问题：一是在期望的支出转向方面所需要的条件；二是满足增加的需求所需要的增加产量的来源。

（1）在期望的支出转向方面所需要的条件。支出的转向依赖于同进出口相关的需求弹性。

如果外国的需求无弹性，那么货币贬值不一定能增加国内产品的出口量；如果进口需求无弹性，那么贸易控制也不一定能减少外国产品的进口量。当然，由于货币贬值能使最初进口量的成本提高，所以它对贸易差额仍会产生部分影响。显然，贬值在最初收入水平上对支出的影响是不能忽视的。

（2）满足增加的需求所需要的增加产量的来源。关于这个问题，要区分两种不同的情况：一是经济处于未充分就业状态；二是经济处于充分就业状态。如果经济中有闲置资源，那么把这些资源重新使用，就可以提供额外的产量，以满足额外的需求。这时，支出转向政策在提高就业和收入方面有额外的吸收力。如果经济已处于充分就业状态，那么所需要的额外产量就不能通过增加生产来提供，而只能通过降低前一期的实际支出水平，才能提供所需要的产品。另外，出口扩大会引起国民收入和国内吸收同时增加，只有边际吸收倾向小于 1，即吸收的增长小于收入的增长，贬值才能最终改善国际收支。

亚历山大指出，当需要改善外贸差额时，在选择进口限制还是货币贬值时，除了要考虑一国的贸易优势之外，还要考虑很多因素，如各种限制的国际协定、特定利益集团的力量、所选择的措施对国内收入的影响等。

（三）对吸收分析法的评价

国际收支调节的吸收理论产生于 20 世纪 50 年代，它集中考察被弹性分析理论所忽视的主要因素并用以分析国际收支。它的贡献之一在于把国际收支当作宏观变量，采用一般均衡分析的方法，把国际收支与整个国民经济连接起来。因此，它比较清楚地指明了国际收支调整政策的先决条件。

吸收理论反映了国际收支对于价格变化的反应不仅取决于供给，也取决于需求和整个现实经济情况。吸收理论指出要正确地分析货币贬值的效应，就要考察国际收支与整个经济的关系。把国际收支当作宏观变量，从而把国际收支与整个国民经济连接起来。这正是国际收支理论研究的正确方向。

吸收理论指出了弹性理论所忽视的国际收支逆差的货币方面，推进了弹性理论关于贬值效应的研究，同时又指出不能仅仅将货币贬值作为应付国际收支逆差的政策工具，而要把货币贬值和通货紧缩相结合。贬值是为了达到这一目的，即国内外需求在国内外产量间的配置与国际收支均衡一致。通货紧缩是为了使国内总需求与国内总供给相适应。因此，它比较清楚地指明了国际收支调整政策的先决条件。

吸收理论强调国内需求水平而不是相对价格水平对国际收支的影响，运用了弹性理论所忽略的总量分析方法，重视国际收支与国民经济整体的内在联系，拓展了研究思路及分析框架。吸收理论含有强烈的政策搭配取向。当国际收支逆差时，在采用货币贬值的同时，若国内存在闲置资源（衰退和非充分就业），应采用扩张性财政政策来扩大生产和出口，增加国民收入；若国内各项资源已实现充分就业、经济已处于膨胀，应采用紧缩性财政政策来减少吸收，从而使内部经济和外部经济同时达到平衡。

应当指出，吸收理论的基本等式 $B=Y-A$ 是由国民收入核算体系得出的。把国际收支逆差看成一定是由计划支出超过计划生产导致的，是不正确的。事先的 Y 和 A 可能处于均衡状态，但由于优势的恶化或某些部门发生困难，使一些部门供给过剩或不能出口，则可能导致国际收支逆差。国际收支逆差这一结果反映在国民预算账目上，但国际收支逆差的原因却不是计划支出超过收入，而是收入下降。这是在运用吸收理论时需要注意的。另外，吸收理论暗含了国内生产要素能够顺畅流动，与现实存在较大的差距。同时，吸收理论也忽视了资本项目在国际收支中的作用，仍然把贸易收支作为主要研究对象。

（四）吸收分析法与弹性分析法的比较

吸收理论是从总收入与总吸收的相对关系中来考察国际收支失衡的原因并提出国际收支调节政策的，而不是从相对价格关系出发，这是它与弹性理论的重大差别。就理论基础和分析方法来说，吸收理论是建立在宏观经济学基础之上的，采用的是一般均衡分析方法，而弹性理论是建立在微观经济学基础之上的，采用的是局部均衡分析方法。

就货币贬值的效应来说，吸收理论是从贬值对国民收入和国内吸收的影响来考察贬值对国际收支的影响的，而弹性理论则是从价格与需求的相对关系来考察贬值对国际收支的影响的。

吸收理论在纠正国际收支差额方面的主要论点，体现在它提出的基本公式 $B=Y-A$。它清楚地指明了国际收支调整的先决条件，尤其是强调了弹性理论所忽视的条件，即在充分就业状态下，如果要使贬值成功，需要有支出减少政策，否则就没有资源用于供给更多的出口和进口替代（除非提高生产率）。因此，在第二次世界大战以前存在失业的形势下产生了弹性理论，而在战后充分就业的条件下则产生了吸收理论，这不是偶然的。

吸收理论在分析方法上优于弹性理论，但吸收理论在分析中仍然离不开弹性理论。供求弹性和贸易品与非贸易品的相对价格的变化，全部影响收入和吸收，至于影响到什么程度，在哪些方面影响，则有待于具体分析。但不管怎样，货币贬值的效应不仅取决于供求弹性，而且对货币贬值效应的抑制也取决于相关弹性。这就说明了吸收理论不可能替代弹性理论而独立存在。

弹性理论和吸收理论都认为，如果贬值有可能提高贬值国的就业和产出，那么贸易差额就有可能被改善。二者的区别在于：在不存在提高产量的可能性的状态下，如从充分就业状态开始，弹性理论仍然坚持货币贬值必然改善贸易差额（当然以存在合理的弹性为前提），而吸收理论则认为，贬值是否改善贸易差额是无保证的，除非首先减少吸收。

三、货币分析法

国际收支调节的货币理论产生于20世纪60年代，它解释各国国际收支之间的联系和国际收支的自动调节过程。它把国际收支作为整体来对待，把国际收支失衡看作货币供求存量不均衡的结果。简单地说，它认为国际收支本质上是货币现象。该理论的主要代表人物有约翰逊、弗兰克尔、门德尔等。

国际收支调节的货币理论是当代国际收支调节理论中最流行的一种学说。这种理论侧重于长期国际收支均衡，强调货币均衡对国际收支均衡的重要性。该理论认为，国际收支失衡本质上是货币现象，对货币的需求是存量需求。国际收支逆差代表货币供求间的存量不均衡，但经济本身具有最终自我纠正这种不均衡的作用；至于传统的调节手段，只有当它们消除了货币供求存量不均衡时才能成功。

(一)货币分析法的假定条件

货币分析法的假定条件:汇率是钉住汇率;经济处于长期充分就业均衡;货币需求是收入的稳定函数;货币供给的变化不影响实际变量;从长期看,一国的价格水平和利率水平钉住在世界水平上,保持刚性;货币供给与外汇储备水平同方向变化;在充分就业的情况下,实际货币需求是收入和利率的稳定函数。

(二)货币分析法的基本思想

在上述各项假定下,货币理论的基本理论可用以下公式表达

$$M^s = M^d \tag{4-4}$$

式中,M^s 表示名义货币供应量,M^d 表示名义货币需求量。从长期看,货币供应与货币需求应该相等。

假定 $M^d = pf(y,i)$,其中,p 为价格水平,y 为国民收入,i 为利率。$pf(y,i)$ 表示对名义货币的需求;$f(y,i)$ 表示对实际货币余额的需求函数。

由于 $M^s = m(D+R)$,D 为国内货币供应基数,R 为外国货币供应基数,代表一国的国际储备,m 为货币乘数。为了分析方便,取 m 为 1,可得

$$M^s = D + R$$

则

$$M^s = M^d = D + R$$

移项后,可导出

$$R = M^d - D \tag{4-5}$$

上式即为货币分析法的最基本方程式。

这个方程式反映了货币分析法的基本思想,即国际收支是一种货币现象。国际收支逆差,实际上就是国内名义货币供应量超过了国内名义货币需求量。由于货币供应不影响实物产量,在价格不变的情况下,多余的货币就要寻找出路。对个人和企业来讲,就会增加货币支出,以重新调整他们的实际余额;对整个国家来讲,实际货币余额的调整表现为货币外流,即国际收支逆差。反之,当一国国内的名义货币供应量小于名义货币需求时,在价格不变的情况下,货币供应的缺口就要寻找弥补。对个人和企业来讲,就要减少货币支出,以使实际货币余额维持在所需要的水平;对整个国家来讲,减少支出以维持实际货币余额的过程表现为货币内流,国际收支盈余。国际收支问题,实际上反映了实际货币余额对名义货币供应量的调整过程。当国内名义货币供应量与实际经济变量所决定的实际货币余额需求相一致时,国际收支便处于平衡。

(三)货币分析法对国际收支调节的解释

国际收支失衡是暂时的,可以通过货币调节机制自行消除,不可能长期存在下去。本币贬值对国际收支的影响只是暂时的,从长期来看,控制货币供应量的增长是影响国际收支状况的关键因素。只有将货币供应量的增长率维持在适度水平上,才能从根本上保证国际收支平衡。浮动汇率可以纠正国际收支失衡。在浮动汇率制下,国际收支失衡可以立即由汇率的自动变化而得到纠正。

(四) 货币分析法的政策主张

在国际收支政策方面，货币理论认为，国际收支政策不会产生国际储备的流入，除非它们增加货币需求量，并且国内信贷政策迫使居民通过国际收支盈余而增加所想要持有的额外货币。一旦有了国际收支顺差，顺差就会持续，直到它在增加国内货币持有的累积效应中满足国内货币需求为止。

国际收支调节的货币理论的政策主张及含义有以下几点：

（1）所有国际收支失衡，本质上都是货币的原因。所谓"结构性"逆差或盈余，如不发达经济不可避免的逆差等，实际上并不存在，除非在"结构"概念中包括政府依靠通货膨胀来资助发展计划。同样的道理，只有当实际变化伴随着国际储备减少时，实际变化才会导致国际收支差额变化。

（2）国际收支的不平衡必然是暂时的。政府可以设法弥补逆差，但这样做的最终结果必将是耗尽国际储备，除非可以从国外借到储备货币。

（3）所有国际收支失衡都可以由国内货币政策来解决，而不需要改变汇率。因为货币需求是收入、利率的稳定函数，而货币供应则在很大程度上可由政府操纵，因此，扩张性的货币政策可以减少国际收支顺差，而紧缩性的货币政策可以减少国际收支逆差。

（4）货币贬值只是国内信贷紧缩的替代，其目的在于降低一国货币供给的世界价值。二者都是避免国内货币紧缩或膨胀的对等手段。人们之所以选择汇率变化而不选择货币政策变化，与价格和工资刚性以及某种形式的货币幻觉有关。

（5）为了平衡国际收支而采取的进口限额、关税、外汇管制等其他干预贸易和金融的措施，只有当它们的作用是提高货币需求，尤其是提高国内价格水平时，才能改善国际收支，而且这种影响只是暂时的。如果施加的限制伴随着国内信贷扩张，则国际收支状况不一定改善，甚至还可能恶化。

（6）较快的经济增长率往往通过增加对货币的需求而改善一国国际收支。国际收支总额的改善可能伴随着贸易逆差和外国资本流入。

总之，国际收支调节的货币理论的中心论点是：如果一国受制于长期国际收支逆差条件，那么，虽然可以采用传统的国际收支政策（如货币供给的紧缩），或通过财政政策紧缩总需求，或实行贬值、进口限制、出口限制、出口补贴等，但这些都只是暂时有效，而在国家政策当局手中的、长期的医治办法，只能是降低国内信贷扩张率。

（五）对货币分析法的评价

国际收支调节的货币理论试图解决国际收支和货币市场的最终的、长期的均衡问题。它是对传统国际收支调节理论的挑战。货币理论的最大贡献在于使货币因素在国际收支的理论研究中受到了应有的重视。

在对国际收支的认识上，货币理论较之弹性理论和吸收理论有着更全面的分析框架。它将国内货币供应总量的变化与国际收支状况作为一个整体，论证了货币供求与国际收支之间的相互影响和相互制约，将国际收支失衡作为货币供求存量不平衡的结果，强调国际收支差额必将引起货币存量的变化，进而在短期内影响一国的宏观经济。

货币理论认为在开放经济条件下有形商品、劳务、资本的跨国流动集中反映了对货币供求进行调整的需要，进而将弹性分析法、吸收分析法忽略的国际资本流动因素纳入国际收支调节分析框架，其对长期内国际资本流动的分析不仅独具一格，且具有一定的说服力。

国际收支调节的货币理论除了可以补充弹性理论和吸收理论的缺陷，它的另一个主要贡献无疑是强调国际收支盈余和逆差将诱导货币存量变化。这些变化至少在短期内将影响经济行为。当然，如果认为基于这些变化，国际收支将趋于平衡，那还需要从理论和经验上加以证明。但只要了解到国际收支差额对于货币存量的变化的不可忽视的影响，就可以在政策上采取有效的措施。

但是，那种认为货币是唯一解释国际收支失衡的变量，以及认为货币理论是传统国际收支调节理论的完全替代的观点，是不正确的。货币理论分析结构有许多缺陷，这些缺陷可以从以下几方面来分析：

（1）从构成货币理论的基本等式来看，国际收支失衡显然不能仅仅从货币市场进行分析，不能把过度货币供给或过度货币需求解释为唯一的因素。过度货币供给只是国际收支逆差的表现，而不是它的原因。

（2）货币并非国际收支失衡及其调节的唯一因素，因为货币市场均衡时，如果对商品过度需求，而且这种需求由国外部门的商业信用来满足，国际收支将出现逆差。在货币市场和资本市场共存的体系中，国际收支的失衡完全可能源于资本市场失衡，并通过资本的流入或流出使国际收支重新恢复均衡，一国的外汇储备可以保持不变，这样一来，国际收支的调节将不涉及货币余额，很难说货币是国际收支调节的唯一手段。

（3）从货币理论的一些基本假设来分析。一个基本假设是：对货币的需求量是收入的稳定函数，但如果它不是稳定的，那么国际收支就不能仅仅从货币供给的变化预测出来。应当指出，一些可能随货币供给变化而导致货币需求变化的因素，如利率，被假设排除了。实际上，在分析和政策相关的长期内，利率随货币量的变化而发生大幅度变化，因此不可能仅仅由货币供给变化预测国际收支的变动。也就是说，货币理论对长期静态均衡有过多的强调，而忽视了短期和中期分析。

货币理论的另一个假设是：国际收支逆差表示存量的不均衡，它最终能够自行纠正。然而在实际生活中，货币当局能够且确实在公开市场业务中进行干预，从而使国际储备的变化不一定影响国内货币供给。因此，与过度货币供给相关的国际收支逆差，不一定通过储备的损失和货币供给的减少而得以纠正。储备可能下降，但过度货币供给有可能不变。

货币理论还有一个基本假设，即汇率是钉住汇率。如果允许汇率浮动，国际收支自我调节就没有储备的移动。但实际上，即使在浮动汇率下，利率的变化也将导致资本从一国向另一国移动。这样就影响货币市场的均衡条件，从而说明货币理论的这一基本假设是不符合实际的。

（4）货币理论对国际收支长期均衡的分析，在相当程度上将结论建立在一价定律或购买力平价基础上。由于存在运输成本、贸易障碍、关税及信息不完全等因素，现实经济社会中的一价定律并不完全成立，这种价格偏差传递到国际上货币供给的分配，对各国货币市场的均衡产生影响，即使完全按照货币理论调节国际收支的措施，在现实经济中也会出现政策预期偏差。

（5）货币理论有关贬值效应的论述。货币理论认为贬值仅有紧缩性影响，能暂时性地改善国际收支，是因为它减少了对实际货币余额的需求和增加了对名义货币的需求。实际货币余额需求减少，意味着消费、投资、收入的下降，这无法解释为什么许多国家把贬值作为刺激出口和经济增长的手段。

（6）货币理论的政策主张。货币理论认为国际收支逆差的基本对策是紧缩性的货币政策。这个政策结论的一个重要前提是价格不变，由此才能通过紧缩性货币政策消除货币供应大于货币需求的缺口。事实上，当名义货币供应大于货币需求时，价格必然会上升，从而名义货币需求也会上升。在这种情况下，降低货币供应，在价格刚性的条件下，只能导致实际货币余额的下降。另外，货币理论还指出，当采用贬值来改善国际收支时，必须结合紧缩性的货币政策。因此，无论从哪个方面看，货币理论政策主张的含义或必然后果就是以牺牲国内实际货币余额或实际消费、投资、收入和经济增长来纠正国际收支逆差。这一点曾受到许多国家，尤其是发展中国家经济学家的严厉批评。

（六）货币理论与弹性理论、吸收理论的比较

总的来看，三种国际收支调节理论试图解释国际收支的不同侧面，它们在很大程度上是互补的，而不是相互替代的。在分析方法上，弹性理论和吸收理论注重短期和中期的均衡条件分析，而货币理论则重视长期收支均衡条件的分析。在分析对象上，弹性理论作为一种传统理论，解释的是国际收支中的贸易差额；吸收理论以凯恩斯经济理论为基础，解释经常账户差额；而货币理论以货币数量论为基础，解释整个国际收支。因此，弹性理论实际上是对商品市场和微观经济分析，吸收理论和货币理论分别是对商品市场和货币市场的宏观经济分析。

由于从不同的理论观点出发，它们关于纠正国际收支失衡对策的争论也就难以避免。弹性理论偏向于采用汇率政策作为纠正国际收支失衡的最直接、最有效的政策，所以它在决定贬值能否使国际收支恢复均衡方面有意义。但弹性理论只是局部均衡分析，而不是一般均衡分析。吸收理论侧重商品市场的均衡分析，在政策上倾向于总需求的管理，也就是用"支出转向政策"和"支出减少政策"来提高产量和控制国内吸收量。削减国内支出后所剩余的资源，必须设法疏导到出口部门，才能获得预期效果。这个调整过程可能是相当长的，但吸收理论首先引进了自我纠正存量逆差的观点，推出国际收支的困难可能在于过度货币供给。这是它与货币理论的联系之处。货币理论认为，国际收支是货币现象，可以通过国内货币政策来对付国际收支失衡。货币理论一贯强调货币供求均衡对国际收支均衡的重要性。虽然它不否认汇率变化对相对商品价格的影响，也不否认这些价格变化会影响国际收支，但它认为这些影响在通过相对价格变化对货币需求产生效应之后才能起作用。货币贬值是通过提高对本币的需求和降低对外币的需求而发挥作用的，它与国内产量膨胀和外国产量下降相联系。货币理论还认为，价格变化只是间接手段，通过它可以使国内货币需求和供给相等。而且，由于货币理论注意的是长期均衡问题，所以它认为贬值（或升值）的作用是暂时的，贬值（或升值）只能提高（或降低）国内价格水平而不影响实际变量。

四、结构分析法

国际收支调节的结构分析法是针对国际收支货币理论在解释各国国际收支效果较差的情况

下提出的,它并没有形成一个完整的理论体系,但是这一理论的提出为人们认识国际收支问题开辟了一种新的思考方法。

(一)结构分析法的基本思想

20世纪70年代中期,货币理论成为国际货币基金组织制定国际收支调节政策的理论基础。例如,当成员国国际收支发生困难而向基金组织借款时,成员国必须按照基金组织国际收支调节规划的要求制定相应的调节政策,基金组织则帮助制定并监督调节政策的实施。由于货币分析法的政策核心是紧缩需求,以牺牲国内经济增长来换取国际收支平衡,所以在国际收支发生普遍困难的20世纪70年代,众多成员国在执行了基金组织的国际收支调节规划后,经济活动普遍受到压制,有的甚至由于过度削减预算和货币供应而导致国内经济、社会甚至政治动荡。

在这种情况下,结构分析法有针对性地提出,国际收支失衡并不一定完全是由国内货币市场失衡引起的。货币理论乃至以前的吸收理论都从需求角度提出国际收支调节政策,而忽视了经济增长的供给方面对国际收支的影响。就货币理论来讲,它实际上主张的是通过紧缩性财政政策和货币政策来减少国内投资和消费需求。结构分析法认为,国际收支逆差尤其是长期性的国际收支逆差既可以是长期性的过度需求引起的,也可以是长期性的供给不足引起的。而长期性的供给不足往往是由经济结构问题引起的。引起国际收支长期逆差或长期逆差趋势的结构问题有以下几种表现形式:

(1)经济结构老化。这是指由于科技和生产条件的变化及世界市场的变化,一国原来在国际市场上具有竞争力的商品失去了竞争力,而国内的经济结构因资源没有足够的流动性等因素不能适应世界市场的变化,由此造成出口供给长期不足,进口替代的余地持续减少,从而导致国际收支的持续逆差(或逆差倾向)。

(2)经济结构单一。经济结构单一会从两个方面导致国际收支的经常逆差:一是单一的出口商品的价格受国际市场价格波动的影响,使国际收支呈现不稳定现象。这是因为,在出口多元化的情况下,一种出口商品的价格下降会被另一种出口商品价格的上升所抵消,整个国际收支呈稳定状态;而在出口单一的情况下,价格在任何程度上的下降都会直接导致国际收支的恶化。二是由于经济结构单一,经济长期依赖进口,进口替代的选择余地几乎为零。例如,一个只生产锡矿的国家,其经济发展所需要的采矿机械、电力设备、交通工具等只能依靠进口。经济发展的速度和愿望越高,国际收支逆差或逆差倾向就越严重。

(3)经济结构落后。这是指一国产业生产的出口商品需求对收入的弹性低而对价格的弹性高,进口商品的需求对收入的弹性高而对价格的弹性低。当出口商品的需求对收入的弹性低时,别国经济和收入的相对快速增长不能导致该国出口的相应增加;当进口商品的需求对收入的弹性高时,本国经济和收入的相对快速增长却会导致进口的相应增加。在这种情况下,只会发生国际收支的收入性逆差,不会发生国际收支的收入性顺差,即国际收支的收入性不平衡具有不对称性。当出口商品需求对价格的弹性高时,本国出口商品价格的相对上升会导致出口数量的相应减少;当进口商品需求对价格的弹性低时,外国商品价格的相对上升却不能导致本国进口数量的相应减少。在这种情况下,货币贬值不仅不能改善国际收支,反而会恶化国际收支。同时,由货币和价格因素引起的国际收支失衡也具有不对称性。

国际收支的结构性不平衡既是长期以来经济增长速度缓慢和经济发展阶段落后所引起的，又是制约经济发展和经济结构转变的瓶颈。如此形成一种恶性循环：发展经济改变经济结构需要有一定数量的投资和资本货物的进口，而国际收支的结构性困难和外汇短缺却制约着这种进口，从而使经济发展和结构转变变得十分困难。由于国际收支结构性失衡的根本原因在于经济结构的老化、单一和落后，在于经济发展速度的长期缓慢甚至停滞和经济发展阶段的落后，支出增减型政策和支出转换型政策就不能从根本上解决问题，有时甚至是十分有害的。

（二）结构分析法的政策主张

调节政策的重点就应放在改善经济结构和加速经济发展方面，以此来增加出口商品和进口替代品的数量和品种供应。改善经济结构和加速经济发展的主要手段是增加投资，改善资源的流动性，使劳动力和资金等生产要素能顺利地从传统行业流向新兴行业。经济结构落后的国家要积极增加国内储蓄，而经济结构先进的国家和国际经济组织应增加对经济落后国家的投资。经济结构落后的国家改善经济结构和发展经济，不仅能有助于克服自身的国际收支困难，同时也能增加从经济结构先进的国家的进口，从而也有助于经济结构先进的国家的出口和就业的增长。

（三）对结构分析法的评价

结构分析法是作为货币分析法的对立面出现的，自然会受到许多批评。批评者认为，结构性失衡的原因同进出口商品的特点及现实与愿望之间的差距有关。如果一国的出口商品没能满足国际市场的需求，那么出口商品需求对收入的弹性就会较低。这种问题与其说是缺乏价格竞争力，不如说是缺乏非价格因素的竞争力，如产品质量低劣、售后服务质量太差、产品包装和款式不能满足消费心理等。结构分析法分析的实际上是经济发展问题，而不是国际收支问题。经济发展政策对国际收支失衡的调节，常常是行之无效或收效甚微的。另外，要求以提供暂时性资金融通为主的国际货币基金组织向经济结构落后的国家提供长期性国际收支贷款，同时又不施予必要的调节纪律和恰当的财政货币政策，犹如把资金填入一个无底洞，既不利于有关国家经济的均衡发展，又违背了基金组织本身的性质和宪章，同时也是基金组织在客观上无力做到的。

本章小结

国际收支是指一国（或地区）在一定时期内，各种对外往来所产生的全部经济交易的统计。国际收支平衡表是指国际收支按照特定账户分类和复式记账原则表示的会计报表。国际收支平衡表有特定的账户分类，可以分为三大类：经常账户、资本和金融账户、净误差与遗漏账户。衡量国际收支失衡的口径有贸易账户差额、经常账户差额、资本和金融账户差额、综合账户余额，它们都具有不同的统计含义和分析意义，各国一般根据自己的情况采用以上不同的口径对国际收支状况进行分析。

所谓国际收支平衡，是指国际收支平衡表中经常账户与资本和金融账户两大账户的收支相等的状态。国际收支失衡的调节手段可分为自动调节机制和政策调节。自动调节机制包括货币—价格机制、利率机制和收入机制。它们的基本原理是运用自由市场经济的各种宏观变量的作用，使国际收支失衡自动得到改善。但是，自动调节机制只能存在于完全的自由市场经济，因此在现实中，政策调节就显得尤为必要。

国际收支调节政策可分为需求调节政策、供给调节政策和融资政策。需求调节政策又可分为需求增减型政策和需求转换型政策；供给调节政策有产业政策、科技政策、制度创新政策；融资政策主要体现为国际储备政策。由于每种调节政策都有调节成本，一般要将这几种政策进行搭配使用。

西方具有代表性的国际收支理论主要包括弹性分析法、吸收分析法、货币分析法和结构分析法。弹性分析法运用局部均衡分析法指出，只有当进出口商品的需求弹性满足一定条件时，货币贬值才能起到改善贸易收支的作用；吸收分析法特别重视从宏观经济整体角度来考察贬值对国际收支的影响；货币分析法的政策主张是应该用国内信贷的紧缩来改变逆差；结构分析法则指出，经济结构不合理是广大发展中国家国际收支失衡的主要原因。

本章重要概念

国际收支；国际收支平衡表；经常账户；资本和金融账户；贸易账户差额；经常账户差额；综合账户差额；国际收支失衡；需求增减型政策；需求转换型政策；J型曲线效应

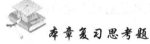

本章复习思考题

1. 简述国际收支平衡表的基本内容。
2. 国际收支失衡的衡量标准和口径是什么？
3. 简述国际收支失衡的类型与原因。
4. 国际收支的自动调节机制有哪几种？
5. 货币分析理论和吸收分析理论的主要观点是什么？
6. 试述西方各主要国际收支理论的前提条件与核心内容的异同。

第五章 国际储备

理解国际储备和外汇储备的概念;掌握国际储备的构成、作用与来源;掌握国际储备的规模与结构管理;了解世界主要国家国际储备管理的主要经验;了解中国国际储备的现状与存在的主要问题。

国际储备问题也是国际金融领域中的重要问题。作为衡量一国经济实力和对外清偿能力的标志之一,它一方面可作为一国应对国际收支逆差的缓冲体;另一方面又可作为该国政府干预外汇市场的能力以及维护本国货币信用的基础。充足的国际储备既可以提升一国的资信水平、吸引外资流入、促进本国经济发展,又可以通过干预外汇市场为政府调控宏观经济赢得时间,减少因猛烈的调节措施而带来的经济震荡等。因此,政府需要对国际储备资产的规模、结构以及使用等进行调整与控制,以实现储备资产的规模适度化、结构最优化和效益最大化目标等。

第一节 国际储备基础

一、国际储备的概念

国际储备(International Reserve),是指一国政府所控制和持有的能随时用来弥补国际收支逆差、干预外汇市场、维持本币汇率稳定以及其他相关目的的国际上普遍接受的资产。这里的资产一般要具备以下几个基本特征:

(1)官方持有性。作为国际储备的资产必须是掌握在政府或货币当局手中的资产,非官方金融机构、企业和私人持有的黄金与外汇尽管也是国际上普遍接受的资产,但不能算作国际储备。因此,国际储备又被称为官方储备。

(2)普遍接受性。作为国际储备的资产必须是世界各国都能普遍接受、认同、使用的资产,如果只在个别国家或一个小范围内被接受和使用的,不能作为国际储备资产。因此,充当国际储备的货币应是完全可兑换的货币或国际货币。

(3)充分流动性。作为国际储备的资产应具有充分的流动性,即在各种金融资产形式之间可以自由转换并随时可以动用,这样才能随时用于弥补国际收支逆差或干预外汇市场。

(4)无条件获得性。作为国际储备的资产必须是能够随时、方便地被政府或货币当局无条件地获取和得到的资产,显然政府对此类资产既要具有使用权又要具有所有权。

二、国际储备的构成

通常，国际储备有广义和狭义之分。广义的国际储备，又称国际清偿力（International Liquidity），是指一国的全部对外支付能力，具体包括自有储备、借入储备和诱导储备。国际清偿力是一国持有的现实对外清偿能力和可能对外清偿能力的总和，它反映了一国货币当局干预外汇市场的总体能力。狭义上的国际储备是指自有储备。自有储备是一国所持有的现实对外清偿能力，其数量的多少反映了一国在涉外货币金融领域中的国际地位。

（一）自有储备

自有储备是指本国货币当局拥有最终的所有权，并可以自由支配的国际储备。自有储备的主要来源是对他国居民提供商品与劳务所赚得的经常项目顺差，同时也包括通过单方面转移和普通提款权与特别提款权分配获得的外汇储备。

一般来说，在不同的国际货币制度下，其国际储备体系和国际储备资产的构成也不尽相同。例如，在国际金本位制下，国际储备体系是单元化的。在这个储备体系中，黄金是国际结算的主要手段，也是最主要的储备资产。因而，国际储备资产的构成主要是黄金和与黄金等同的英镑。在布雷顿森林体系下，国际储备体系则是以美元为中心的储备体系，其国际储备资产的构成主要是黄金、同黄金挂钩的美元以及在 IMF 的储备头寸或份额。在现行的牙买加货币体系下，国际储备体系发生了质的变化，并完成了由国际储备单元化向国际储备多元化的过渡，其国际储备资产主要包括四种：黄金储备、外汇储备、在 IMF 的储备头寸以及在 IMF 的特别提款权。这里将重点介绍现行国际货币体系（牙买加体系）下国际储备资产的构成。

1. 黄金储备

所谓黄金储备（Monetary Gold），是指一国货币当局所持有的金融性黄金。非金融性黄金，如工业用金、商业用金以及民间持有的黄金均不算作储备资产。在国际金本位制度下，黄金成为全世界最主要的国际储备资产。在战后的布雷顿森林会议上建立的国际货币体系中，规定美元同黄金挂钩，其他货币同美元挂钩，再次肯定了黄金在国际储备中的地位和作用。黄金之所以能够占据国际储备中的主要地位，其原因有四个：一是黄金本身就是价值实体，是社会财富的一种形式，是可靠的保值手段；二是黄金储备完全属于一国主权所拥有的国家财富，不受任何超国家权力的干预和控制；三是其他货币储备具有"内在不稳定性"，需受承诺国家或金融机构的信用和偿付能力的影响，债权国往往处于被动地位，远不如黄金储备可靠；四是一国黄金储备的多少代表了一国的金融和经济实力。但是，以美元为中心的布雷顿森林体系崩溃后，美元等同黄金的地位就动摇了。美国为了维护美元的地位，鼓吹"黄金非货币化"，国际货币基金组织于 1978 年 4 月 1 日取消了黄金条款，肯定了浮动汇率制度，黄金同国际货币制度和各国货币的联系从此中止，国际上的结算已全部使用外汇来进行。虽然不准用于政府间的国际收支差额清算，但黄金依旧被列入国际储备资产之一，其原因在于黄金长期以来一直被当作一种最后的支付手段。当然，黄金价格的频繁波动、黄金占有的不平衡和持有黄金的机会成本较高等，也导致了黄金储备的地位下降。目前各国在动用黄金储备时，并不能直接用黄金对外支付，只能在黄金市场上出售换成自由外汇。但不可否认的一个事实是，黄金的储备资产地位和作用并没有完全消失，黄金仍是一国最后的支付手段，以黄金作为国际储备资产仍具有它的优越性。

表 5.1 说明了 2018 年 11 月世界各国黄金储备的排名情况，黄金储备仍为世界各国尤其是发达国家所重视。

表 5.1 世界黄金储备排名前 20 位（截至 2018 年 11 月）

排名	国家/地区/组织	数量（吨）	占外储的百分比（%）
1	美国	8 133.5	73.4
2	德国	3 369.7	68.8
3	国际货币基金组织	2 814.0	—
4	意大利	2 451.8	65.1
5	法国	2 436.0	59.1
6	俄罗斯	2 036.2	16.9
7	中国大陆	1 842.6	2.2
8	瑞士	1 040.0	5.0
9	日本	765.2	2.3
10	荷兰	612.5	65.5
11	印度	579.9	5.5
12	欧洲央行	504.8	25.1
13	中国台湾地区	423.6	3.4
14	葡萄牙	382.5	63.1
15	哈萨克斯坦	335.1	42.5
16	沙特阿拉伯	323.1	2.4
17	英国	310.3	7.7
18	黎巴嫩	286.8	19.5
19	西班牙	281.6	15.8
20	奥地利	280.0	46.9

资料来源：世界黄金协会（WGC）公布的数据和国际货币基金组织（IMF）金融统计数据库。

2. 外汇储备

所谓外汇储备（Foreign Exchange Reserve），是指一国政府所持有的国际储备资产中属于外汇资产的部分。它具体包括一国政府所持有的国际货币和以其表示的外币资产，作为外汇储备的货币称为储备货币。

在国际金本位制下，英国成为国际贸易和国际结算的中心，英镑成为国际储备货币。20 世纪 30 年代，美国经济发展较好，美元地位上升，美元与英镑共同充当国际储备货币。第二次世界大战后，布雷顿森林体系确立了美元的霸主地位，美元等同于黄金，成为各国的主要储备货币。20 世纪 70 年代初，由于美国国际收支大量逆差，美元不断贬值。1973 年 2 月，美元第二次对黄金贬值，布雷顿森林体系崩溃，从此，国际储备货币出现了多元化的局面。按照 IMF 公布的标准，在 1994 年之前，多样化的储备货币主要包括七种，即美元、德国马克、日元、英镑、法国法郎、瑞士法郎和荷兰盾等。从 1994 年起，IMF 已将"欧洲货币单位（ECU）"（1999

年后称为欧元）列为一种新的国际储备货币。目前，世界上作为储备货币的主要是美元、欧元、日元、英镑、瑞士法郎这五种货币。表 5.2 是 IMF 公布的各种储备货币在全球外汇储备中的比重（简称 COFER）情况。

表5.2 各种储备货币在全球外汇储备中的比重（%）

储备货币	2006年	2007年	2008年	2009年	2010年	2011年	2012年	2013年
美元	65.48	64.13	64.12	62.03	61.83	62.07	61.70	61.40
欧元	25.09	26.27	26.51	27.66	26.01	24.94	23.96	24.12
英镑	4.38	4.68	4.07	4.25	3.93	3.84	4.09	3.90
日元	3.08	2.92	3.11	2.90	3.66	3.59	4.11	3.92
瑞士法郎	0.17	0.16	0.14	0.12	0.13	0.29	0.32	0.30
澳元	—	—	—	—	—	—	—	1.70*
加元	—	—	—	—	—	—	—	1.80*
其他货币	1.80	1.84	2.05	3.05	4.44	5.26	5.82	6.36

注：* 2012 年 12 月，IMF 将澳元和加元纳入 COFER。
资料来源：根据 IMF 网站公布的数据整理。

外汇储备是一个国家国际清偿力的重要组成部分，同时对于平衡国际收支和稳定汇率有重要的影响。具体地说，外汇储备的功能主要包括以下四个方面：

（1）调节国际收支，保证对外支付。一定的外汇储备是一国进行经济调节、实现内外平衡的重要手段。当国际收支出现逆差时，动用外汇储备可以促进国际收支的平衡；当国内宏观经济不平衡，出现总需求大于总供给时，可以动用外汇组织进口，从而调节总供给与总需求的关系，促进宏观经济的平衡。

（2）干预外汇市场，稳定本币汇率。当汇率出现波动时，可以利用外汇储备干预汇率，使之趋于稳定。因此，外汇储备是实现经济均衡稳定的一个必不可少的手段，特别是在经济全球化不断发展，一国经济更易于受到其他国家经济影响的情况下更是如此。

（3）维护国际信誉，提高融资能力。一般来说，外汇储备的增加不仅可以增强宏观调控的能力，而且有利于维护国家和企业在国际上的信誉，有助于拓展国际贸易、吸引外国投资、降低国内企业融资成本、提高融资能力。

（4）增强综合国力，抵抗金融风险。外汇储备作为一个国家经济金融实力的标志，它是弥补该国国际收支逆差、抵御金融风暴、稳定该国汇率和维持该国国际信誉的物质基础。

外汇储备是当今国际储备中的主体。其理由是：首先，从金额上说，它超过所有其他类型的储备；其次，也是更重要的，外汇储备在实际中使用的频率最高、规模最大，黄金储备几乎很少使用。储备头寸和特别提款权因其本身的性质和规模，作用也远远小于外汇储备。因此，就全球而言，外汇储备供给状况直接影响世界贸易和国际经济往来能否顺利进行，若供给太少，则很多国家将被迫实行外汇管制或采取其他不利于国际经贸活动顺利开展的措施；反之，若供给太多，又会增加世界性通货膨胀的压力。因此，外汇储备的供应如何在总体上保持适量，乃是国际金融研究的一个重要课题。

3. 成员国在 IMF 的储备头寸

成员国在 IMF 的储备头寸（Reserve Position in the Fund），又称普通提款权（General Drawing Rights，GDRs），是指成员国向 IMF 所缴份额中的 25%部分。IMF 规定，一国要加入 IMF 成为会员国，需缴纳一笔资金，即所认缴的份额。其中的 25%部分必须是可兑换货币，其余的 75%部分是本国货币。当会员国发生国际收支逆差时，该国有权以本币抵押的形式向该组织申请提用可兑换货币。提用数额分五档，每档占其认缴份额的 25%，条件逐档严格。由于第一档提款额等于该国认缴的可兑换货币额，条件最宽松，只要申请便可提用，称这档提款权为储备部分提款权，其余四档为信用提款权（见表 5.3）。会员国用黄金、外汇认购的 25%的份额部分，当会员国没有动用时，是其一项储备资产。储备头寸的另一部分，是 IMF 为满足其他会员国的要求而使用掉的本国货币。这部分是成员国对基金组织的债权，基金组织可随时向会员国偿还，会员国可无条件地用来支付国际收支逆差。当基金组织向其他会员国提供本币时，就会使基金组织的本币的持有量低于份额的 75%，形成超额备档，加上可在储备档提取的部分即 25%的份额，形成了一国的储备头寸，由此看来，一国储备头寸等于认购的份额减去基金组织对其他货币的持有额。

表 5.3　成员国在 IMF 的储备头寸和可能的借入头寸

成员国在 IMF 的储备头寸	向 IMF 提供的可兑换货币贷款余额，第一档（储备部分）提款权：占份额 25%	成员国在 IMF 的普通提款权，提用条件逐档严格
成员国在 IMF 的可能的借入头寸	第二档（信用）提款权：占份额 25%	
	第三档（信用）提款权：占份额 25%	
	第四档（信用）提款权：占份额 25%	
	第五档（信用）提款权：占份额 25%	

4. 特别提款权

所谓特别提款权（Special Drawing Rights，SDRs），是指相对于普通提款权之外的又一种提用资金（可兑换货币）的特别权力。它是 IMF 于 1969 年创设并于 1979 年发行的一种有黄金保值的账面资产，按份额比例分配给成员国，是成员国原有普通提款权以外的一种特殊提款权力，故称特别提款权。特别提款权本质上是 IMF 分配给会员国的一种应对国际收支逆差的资金使用权利，会员国发生国际收支逆差时，可用它向 IMF 指定的其他会员国换取外汇，以偿付国际收支逆差或偿还 IMF 贷款。特别提款权可以由成员国、IMF 和某些指定的官方实体持有和使用，但不能由私人实体或个人持有。

特别提款权的创立背景主要源于 1960 年的美元危机和布雷顿森林体系的天然缺陷，二者共同推动了当时国际货币体系的改革。改革的过程是西方大国角力的过程，即美国和英国为代表的一方以维持美元和英镑日益衰落的地位、防止黄金进一步流失为目的，强调问题的源泉是国际货币和黄金相对国际贸易发展的流动性不足；另一方以法国为首的西欧国家则强调问题并非流动性不足，而是美元通货泛滥，美国有责任消除其国际收支逆差，并推动建立以黄金为基础的储备货币单位，替代美元的地位。最终的结果是以比利时提出的折中方案为基础，通过增加各国在 IMF 的自动提款权，推动其成为储备和流通货币，即特别提款权。该方案在两方的激烈对抗中，最终于 1969 年的 IMF 年会通过。特别提款权的核心问题是份额分配问题而非数量和价格问题，因为成员国持有特别提款权的比例决定了其在 IMF 的投票权大小。根据《国际货币基金组织协定》，特别提款权由 IMF 根据成员国在世界经济中的相对地位进行无成本的按配额分配，形成成员国向 IMF 出资的最高上限，并关系到其从 IMF 获得贷款的最高限额。特别提款权也可以在限额内由 IMF 指定成员国间进行买卖，成员国可以从持有额和配额差额获得利息，持有额超过配额，则该国可从超出部分获取利息，反之则需对不足部分支付利息。

特别提款权是 IMF 按成员国基金份额无偿分配的一种账面资产，其主要特点是：第一，它是一种记账资产或记账单位，其储备货币地位只是根据基金组织的协议而确定，因而称为"纸黄金"；第二，特别提款权账户参加国可以无条件享有其分配额，无须偿还，其用途仅限于国际收支目的的；第三，特别提款权是一种稳定的国际储备资产货币。由于 SDRs 的币值是由一篮子货币加权平均形成的，且不受任何一国政府的影响而贬值，因而币值稳定。当成员国的国际收支发生逆差时，可以通过出售特别提款权来弥补逆差或偿还 IMF 贷款。

按照 IMF 协定的规定，会员国都可以自愿参加特别提款权的分配，成为特别提款权账户的参加国。会员国也可以不参加，参加后如要退出，只需要以书面形式提出申请就可以随时退出。同时，IMF 规定，每五年为一个分配特别提款权的基本期。在 2010 年最新一轮 IMF 改革之后，中国成为 IMF 第三大股东国，特别提款权份额将增至 6.39%，投票权也将上升到 6.07%，仅次于美国和日本，居世界第三位。不过，改革后拥有 17.67%份额的美国依旧拥有"否决权"。然而，在国际储备资产总额中 SDRs 所占的比重一直较小，始终没能实现创设之初和基金组织协定第二次修订中所提出的要替代黄金和储备货币而成为国际主要储备资产的目标。那么，为什么 SDRs 不能成为主要的国际储备资产呢？其原因主要有三个：

（1）SDRs 是依靠国际法律和人们的想象创造的，其分配是无偿的，尽管它具有价值尺度、贮藏手段、账面支付的职能，却不能用于直接支付，流通手段的职能受到了很大的限制，影响了作为主要国际储备资产的地位。

（2）国际社会统一的政治经济联合体远未形成，只是一个雏形，所以统一的不依赖于黄金且不依赖于单一国家实力的世界货币也只能是一个雏形。

（3）世界强国在全球经济中占有重要地位，对全球的政治、经济、军事等领域的影响力极大。因此，经济强国的货币及国际区域货币作为世界基准货币的状况将会在相当长的历史时期中存在。

（二）借入储备

所谓借入储备，是指最终所有权属于非本国居民的一类储备，它主要来源于国际信贷。由于借入储备是以负债的方式获得的，因而具有最终偿还的特点，在信贷期限届满时必须按期重新融资，并且还需支付利息。借入储备还有一个特点是，它与一国的资信有关。当一国的外汇储备大量流失时，它的资信也会随之迅速下降，与此相应的是借入储备的来源也开始枯竭。这就是说，一国的外汇储备均衡点不仅取决于其量的大小，而且还取决于自有储备与借入储备的比例。目前，IMF 已把具有国际储备资产四大特征的借入储备统计在国际清偿力的范围之内。借入储备资产主要包括备用信贷、互惠信贷协议和其他信贷三种。

1. 备用信贷

所谓备用信贷，是一成员国在国际收支发生困难或预计要发生困难时，同国际货币基金组织签订的一种备用借款协议。这种协议通常包括可借用款项的额度、使用期限、利率、分阶段使用的规定、币种等。协议一经签订后，成员国在需要时便可按协议规定的方法提用，无须再办理新的手续。对于未使用部分的款项，只需缴纳约1%的年管理费。备用信贷协议中规定的借款额度，有时并不被完全使用。有的成员国与基金组织签订了备用信贷协议后，甚至根本不去使用它。备用信贷协议的签订，对外汇市场上的交易者和投机者具有一种心理上的作用。它一方面表明政府干预外汇市场的能力得到了扩大；另一方面又表明了政府干预外汇市场的决心。因此，有时协议签订本身就能起到调节国际收支的作用。

2. 互惠信贷协议

互惠信贷协议是指两个国家签订的使用对方货币的协议。按照该协议，当其中一国发生国际收支困难时，便可按协议规定的条件（通常包括最高限额和最长使用期限）自动地使用对方的货币，然后在规定的期限内偿还。这种协议同备用信贷协议一样，从中获得的储备资产是借入的，可以随时使用。两者的区别是：互惠信贷协议不是多边的，而是双边的，只能用来解决协议国之间的收支差额，而不能用来清算同第三国的收支差额。美国曾在20世纪60年代分别同十多个国家签订过双边互惠信贷协议，以期减缓当时外汇市场上对美元的压力。

3. 其他信贷

其他信贷指一国还可以向其他外国政府或中央银行、其他国际金融组织和商业银行等借款，用来平衡国际收支和稳定汇率等。

（三）诱导储备

对于一个国家来说，除了上述一国政府或货币当局持有的国际储备外，还有一些是由本国商业银行和个人持有的对外短期可兑换货币资产，如在离岸金融市场或欧洲货币市场上的资产等。严格意义上说，它不属于一国的国际储备，但因为这些资产的投机性和流动性较强，对政策的反应十分灵敏，故政府可以通过政策的、新闻的、道义的手段来诱导其流动方向，从而间接达到调节国际收支的目的。因此，把这一类资产称为一国的诱导性储备。

综上所述，国际清偿力、国际储备和外汇储备之间的关系可用表5.4表示，具体包括：

（1）国际清偿力是一国能够利用的一切外汇资产的总和，代表了一国干预外汇市场的总体能力，具体包括自有储备、借入储备和诱导储备。它是广义上的国际储备概念。

（2）狭义上的国际储备是指自有储备（具有债权性质的），它反映了一国货币当局干预外汇市场和平衡国际收支逆差的最可靠的能力；而借入储备（具有债务性质的）虽然也可被用来干预外汇市场、平抑汇率波动尤其是短期性的汇率波动和收支逆差，但相对来说不如自有储备那么可靠和稳定。

（3）外汇储备是一国国际储备的主体，通常由主要的国际货币构成。其流动性最强，在一国国际储备中占有绝对的比重。

（4）不是所有以可兑换货币表示的资产都可以成为国际储备。只有当该种可兑换货币价值相对稳定、在国际经贸领域中被广泛使用，以及该可兑换货币发行国在世界经济中具有特殊地

表 5.4　国际清偿力、国际储备和外汇储备之间的关系

国际清偿力（广义的国际储备）		
自有储备（狭义的国际储备）	借入储备	诱导储备
1. 黄金储备 2. 外汇储备 3. 成员国在 IMF 的储备头寸 4. 特别提款权	1. 备用信贷 2. 互惠信贷与支付协议 3. 其他信贷安排	商业银行和个人的对外短期可兑换货币资产

三、国际储备的来源

（一）一国国际储备的来源

对于一个国家而言，国际储备的来源主要有以下几个途径。

1. 国际收支顺差

这是储备货币非发行国最直接的和主要的国际储备来源。其中，经常项目的顺差是比较可靠和稳定的，而资本项目顺差是不可靠、不稳定的，因为资本的移动受利率、汇率等多个外界因素的影响。长期资本顺差时如没有新的资本流入，会由于利润的汇出或外国资本的抽回而减少或出现逆差。至于短期资本，移动更加不确定，其顺差就更不可靠了。

2. 中央银行在外汇市场上出售本币购进外汇

当外汇市场对本币需求上升，本币汇率上涨时，中央银行为避免本币升值过快就会在外汇市场上抛售本币购进外汇，外汇储备随之增加。其中，中央银行因收购外汇资产而相应投放的本国货币被称为中央银行的外汇占款。对中国来说，由于人民币是非自由兑换货币，外资引入后需兑换成人民币才能流通使用。因此，国家为了满足外资换汇需要就会被动地投入大量的基础货币，从而形成了中国人民银行的外汇占款。

3. 中央银行购买黄金

中央银行在国内收购黄金，可增加国际储备。在国外购买黄金时，如果一国的货币是储备货币，可用本币去购买黄金，增加国际储备；如果一国货币不是储备货币，只能用外汇购买黄金，不增加其国际储备总量，只是改变其国际储备结构。

4. 政府或中央银行向国外借款

世界上几乎没有一个国家不对外举债。一国政府或中央银行在国际金融市场上借入资金或向国际金融机构及外国政府借款时，可增加国际储备。

5. 持有的准备头寸或国际货币基金组织分配的特别提款权

一国持有的准备头寸或分到的特别提款权，在没有使用时就构成了一国的国际储备资产。但这部分储备资产是根据其份额来分配的，一国政府很难主动增加其持有量。

可见，对于储备货币发行国来说，其增加国际储备就相对方便得多，如可通过互换货币协议相互提供外汇储备，或用本币在国际黄金市场上购买黄金，增加黄金储备。但从根本上说，国际储备的增加要依靠国际收支的顺差，而对于储备货币非发行国来说，增加国际储备的途径主要是靠国际收支的顺差，就没有储备货币发行国增加国际储备那么便利了。

(二) 全球国际储备的来源

从世界范围来看，国际储备来源于三个方面：一是黄金产量减去非货币用金量；二是国际货币基金组织创设的特别提款权；三是储备货币发行国输出的货币。

从第二次世界大战后的国际货币关系来看，国际储备的主要来源是储备货币发行国通过国际收支逆差输出的货币。输出的货币一部分进入各国官方手中，成为它们的外汇储备；另一部分进入国外银行业，成为它们对储备货币发行国的债权。如果各国官方和银行机构未将储备货币发行国输出的货币直接存入发行国的银行，而是将它们存入国际金融市场，则通过国际银行业的周转存贷和信用扩张，又可创造出部分派生储备。

下面以美国为例来说明，为什么储备货币发行国会持续不断地保持其国际收支逆差去输出货币。一种理论认为，美国的国际收支逆差是别国希望增加储备、追求国际收支顺差所造成的。另一种理论认为，美国的国际收支逆差是因为美国国内信贷膨胀，其国际经济地位相对下降造成的。这两种说法均有一定道理。从更深层次来看，主要有以下原因：

（1）从世界货币史看，货币史的发展就是一个纸币不断代替金币的过程。在当今世界上，既然没有一个统一的世界性中央银行，没有统一的世界货币，美国及其他储备货币发行国的纸币凭其发行国的实力，自然而然地发挥世界货币的作用，以满足世界经济发展的需要。

（2）储备货币发行国与非发行国都从储备货币发行国的国际收支逆差中获得巨大利益。对于发行国来讲，由于其货币发挥着世界货币的作用，其在国际货币金融领域中就居于支配地位。此外，通过输出纸币，发行国还可以获得巨大的铸币税。战后以来，美国通过其国际收支逆差来维持其在全世界的政治、经济和军事的霸主地位，攫取实际利益，这就是运用铸币税的一个例子。对于其他国家来说，储备货币输出到这些国家，使它们获得了世界货币，方便了国际经贸的发展，促进了国内经济的发展。

储备货币发行国通过国际收支逆差输出货币，取得在世界货币金融领域中的支配地位和铸币税。同时，它们也必须承担一定的义务或付出一定的代价。例如，储备货币发行国的货币政策常常受到外界的干扰，其货币政策的自主性和独立性常常受到世界各国对储备货币需求波动的影响，也受到外汇市场上投机性因素的影响。以美国为例，如果美国货币当局因国内通货膨胀而需抽紧银根、提高利率，那么很可能会因为美元资产收益率的提高而导致大量资金流入美国（在外汇市场上，人们购买美元，抛出其他货币，美国货币当局被迫增加美元供应），从而达不到预期的政策目标。从非储备货币发行国角度来讲，它们通过获取储备货币而方便和扩大了本国的国际经济交往，当然也需为之承担义务。例如，它们有时不得不采取引起社会震荡和经济萎缩的措施来纠正其过大的国际收支顺差。

四、国际储备的作用

国际储备的作用，可以从两个层次来理解。第一个层次是从世界范围来考察国际储备的作用。随着世界经济和国际贸易的发展，国际储备也相应增加，它起着媒介国际商品流动和世界经济发展的作用。第二个层次则是具体到每一个国家来考察。从一国的角度来看，其国际储备的作用主要有以下四个：

（1）弥补国际收支逆差、保证对外支付能力。这是持有国际储备资产的首要作用。当一国发生国际收支逆差时，一国政府可以通过减少储备资产来弥补由国际收支逆差带来的外汇供求缺口，从而保证对外支付能力，使国内经济免受被迫调整经济政策的不利影响，有助于实现国内经济稳定发展的目标。当然，一国的储备资产是有限的，因此，它应付国际收支逆差的能力也是有限的。对于短期的、少量的国际收支赤字，动用国际储备是有效的；对于长期的、巨额的国际收支逆差，需要进行结构和政策上的调整，而动用一定规模的国际储备则可作为调整的辅助措施，为结构和政策调整的从容实施及合理地安排时间提供必要的支撑。

（2）干预外汇市场、维持本币汇率稳定。国际储备可用于政府干预外汇市场，即在外汇市场上通过一定规模的外汇买卖行为影响外汇供求，从而将汇率维持在一国政府所希望的理想水平上。充足的国际储备是一国干预外汇市场和维持本币汇率稳定的实力体现。各国用来干预外汇市场的储备资产，称为外汇平准基金，它由黄金、外汇和本国货币构成。当外汇汇率上升（外币升值、本币贬值），即存在外汇供不应求时，可在外汇市场上通过抛出外汇储备购入本币的方式，缓和外币升值；反之，当本币升值，即本币供不应求时，可在外汇市场上通过购入外汇增加本币供给的方式，抑制本币升值过快的趋势。当然，政府的外汇市场干预行为，只能在短期内对汇率产生有限的影响，而无法从根本上改变汇率变动的长期趋势。当政府的干预行为与市场供求的变动方向相吻合时，干预效果较为明显，甚至出现干预过度的现象；当政府的干预行为与市场供求的变动方向相反时，干预不仅无效，甚至可能出现完全相反的结果。

（3）国际信用保证。一国的国际储备是一国对外举债的信用基础。国际金融机构和国际银团在对外贷款时，往往要事先调查借债国的偿还债务能力，而一国持有的国际储备状况则是信用调查、国家风险评估的重要指标之一。因此，充足的国际储备可以提升一国的信用等级，吸引国外资金流入，促进经济发展。

（4）国际购买和投资手段。由于国际储备资产是用于国际结算的，可在国际上自由交换的资产，所以可用于满足本国的进口需求。此外，国际储备虽然主要不是为投资或获利而设置的，但由于国际储备资产大多是以国际储备货币的存款及有价证券形式存在的，因此，也具有投资获利的效应。

第二节　国际储备管理

国际储备管理是指一国政府（货币当局）根据一定时期内本国的国际收支状况和经济发展的要求，对国际储备的规模、结构及使用等进行计划、调整、控制，以实现储备资产规模适度化、结构最优化、使用高效化的整个过程。它主要包括国际储备的规模管理、结构管理与效益管理。这里主要分析一国如何确定和保持其国际储备规模的适度化问题和在国际储备总额既定的条件下如何实现储备资产结构的最优化问题。

一、国际储备管理的原则

在国际储备资产的管理上，各国追求的目标是在保持适度规模下更好地实现保值增值，通常会遵循以下原则：

（1）安全性。在国际储备管理中，安全是第一位的。在管理中，要了解可兑换货币发行国的外汇管制政策及实施细则，了解各种货币汇率的变动趋势、相对通货膨胀率和各大银行的资信情况等，根据汇率和通货膨胀的预期走势，经常地转换货币、搭配币种将储备货币分散在不同的币种上，并将外汇储备分别存在政治经济形势稳定、国家资信好的大银行，以求外汇储备的安全。

（2）流动性。流动性是指外汇储备具有较高的流动转化性且不受损失。这就要求外汇储备的外币是可自由兑换的货币，并且在运用时，不论进行何种投资，在需要国际支付时，可以随时转换成现汇或其他可自由兑换货币，以满足国际支付的需要。

（3）保值性。所谓保值性，是指能保持储备资产的原有价值免受损失。在浮动汇率制度下，主要储备货币的汇率动荡不定，因而在安排外汇储备资产时，要尽量使储备货币多元化，以便使不同货币的升值和贬值相互抵减，确保外汇储备资产的总体价值不变。

（4）盈利性。不同储备货币资产的收益率高低不同，它们的名义利率减去通货膨胀率再减去汇率的变化，即为实际收益率。币种管理的任务不仅仅是研究过去，更重要的是预测将来，通过预测利率、通货膨胀率、汇率的变化趋势，以决定自己的币种选择。另外，同一币种的不同投资方式也会导致不同的收益率。有的投资工具看上去收益率较高，但风险较大；有的看上去收益较低，但风险较小。盈利性要求适当地搭配币种和投资方式，以求得较高的收益率或较低的风险。

在国际储备管理中，满足了安全性和流动性的需要后，应根据本国过去收付外汇的情况及本年度外汇收付的情况，在保证对外支付的同时，将其余的外汇储备投资于既安全、又有较高收益的、不同货币的、不同期限的金融资产上进行分散投资，使一国所持的国际储备能获得较好的投资收益。

二、国际储备的规模管理

国际储备的规模管理实质上就是对国际储备数量的管理。一国的国际储备规模保持在什么样的水平为宜，并没有统一的标准。因为在不同的国家、在一国不同的发展阶段或在同一阶段的不同形势下，对国际储备水平的要求不尽相同。要确定一个适度的国际储备规模水平，既是一个理论问题，又是一个实践问题。一般来说，国际储备代表着对实际财富的要求权，这种财富可以用来扩大生产和加速经济发展，一国将这种实际财富储备起来，就会存在着一定的机会成本，即损失了相应的消费和投资利益；同时，由于国际储备特别是外汇储备与本国货币供给量存在密切关系，过多的储备还可能引发通货膨胀和本币升值。但是，如果一国的国际储备规模过低，不能满足其对外经济往来的需要，往往会引起支付危机和货币危机。因此，一国的最佳国际储备规模应该是：在一定的政策目标下，使国际储备的代价最小、效益最大。

（一）影响一国国际储备规模的主要因素

从经济理论上看，确定一个国家的国际储备资产适度规模应考虑以下因素：

（1）经济开放度与对外贸易状况。一国的对外贸易收支状况是其国际收支的决定性因素。如果一国对外开放度较高，国际收支在国民生产总值中的比重较大，则应保持相对较高的国际储备；反之，经济封闭的国家对国际储备的需求相对较小。在国际贸易中，出口竞争力较强的国家的国际储备可以相对减少，而出口商品缺乏竞争力的国家则需要较多的国际储备。

（2）国际收支调节效率与金融市场发育程度。如果一国的国际收支调节机制灵活并有效运转，需要的外汇储备就少，反之则多。另外，一个发达高效的金融市场有利于一国经济主体做出正确的投资或交易决策，因而一国的金融市场较发达，政府持有的国际储备可相应减少；反之，金融市场越落后，就越需要较多的国际储备。

（3）汇率制度与外汇管理政策。如果一国实行严格的外汇管制，对储备的需求量就相对较少，反之则较大。但是事实上，外汇管制程度较高往往正是外汇短缺或国际储备不足的表现。在当前世界主要货币实行浮动汇率制的条件下，一国实行不同的汇率制度和汇率政策对国际储备的要求也不同。如果一国实行稳定的汇率政策，经常积极干预外汇市场，所需的外汇储备就较多。如果一国允许汇率波幅较大，则所需外汇储备也就相对较少。

（4）对外资信与融资能力。如果一国国际资信较强，能方便快捷地从国外融资，且来源稳定，则需外汇储备较少；如果获得国际信贷难度较大，筹资成本较高，则需保持较多的外汇储备。

（5）国际宏观经济政策的协调和合作能力。各国之间实行政策协调，可以减少对国际储备的需求，主要表现在两个方面：一是通过政策协调缩小国际收支失衡的程度，直接减少对弥补手段的需要；二是当国际收支失衡出现时，通过避免各国政策各行其是，增强调整政策的效果，降低调整成本，从而加快调整速度，减少储备需求。

（6）持有国际储备的机会成本。一国的国际储备往往以存款的方式存放在外国银行，这将会产生一定的机会成本。例如，当外汇资产的投资收益率高于国外存款的利息收益率时，其差额就是持有储备的机会成本。一国持有储备的机会成本越大，其储备倾向就越低。一般而言，发展中国家的外汇储备普遍短缺，其外汇资金的相对投资收益率高于发达国家，故其持有储备的相对成本就高于发达国家。

（7）一国及其货币在国际货币体系中的地位和作用。一国若是国际货币基金组织成员国，则国际储备除了外汇储备和黄金外，还包括在国际货币基金组织的储备头寸和分配的特别提款权，储备形式相对多样化，也相对增加了国际清偿力，对外汇储备的需求相对较小；而一国货币若是国际储备货币，则可以直接用本国货币进行国际支付，也就无须保持较多的国际储备。

从定量和可操作的角度看，国际上有一套指标体系来衡量一国国际储备的规模：第一，国际储备规模要以满足本国 3 个月进口支付为最低限；第二，国际储备规模占国民生产总值的 10%；第三，国际储备规模为外债余额的 30%。但是，由于影响国际经济的因素复杂，很难以一个单一标准来衡量国际储备最合适的规模，还必须要考虑到各国的具体情况和当时的国际经济状况。

（二）确定适度国际储备规模的主要方法

1. 比例分析法

比例分析法是把储备与某一个或某些数量相比较，得出一个比例结果，并以此作为衡量储备是否适度的一个标准。它是一种比较简单的测量储备需求量的方法。其中，最具典型的是储备/进口比例法。

储备/进口比例法是由美国经济学家罗伯特·特里芬（R.Triffin）教授在《黄金与美元危机》一书中提出的。其基本内容是，一国的国际储备应当与它的贸易进口额保持一定的比例关系，这个比例以 40%为上限，20%为最低限，25%为适宜比例。一般认为，国际储备应该能够满足 3 个月的进口需要，这个数额按全年储备对进口的比率来计算，约为 25%。由于这一理论主要强调用贸易进口额指标来确定国际储备水平，在具体操作上简单易行，因而曾在 20 世纪 60 年代后得到普遍应用。但在现代经济条件下，这一理论却存在着明显的缺陷：首先，国际储备是用来弥补国际收支赤字和干预外汇市场的，并不仅仅与贸易总额有关；其次，各国的经济实力、本币的国际地位和储备政策等不尽相同，其储备水平当然也不能一概而论；最后，该理论不能全面反映一国的整体国际交易状况对储备需求的影响，有时一国会更加注重国际储备的非经济作用等。

除了上述方法外，还有以下几个比例指标：

（1）外汇储备/货币供应量比率法。该比例主要从货币性因素分析适度的国际储备规模问题。20 世纪 70 年代以约翰逊（Herry Johnson）为代表的货币主义学派认为，国际收支失衡本质上是一种货币现象。当国内货币供应量超过国内需求时，多余的货币就会流向国外，从而引起储备的减少；反之，当国内货币供应量低于国内需求时，货币就会从国外流向国内，从而引起储备的增加。因此，可以用外汇储备/货币供应量来衡量储备规模，即储备规模主要取决于国内货币供应量的增减变化。对于实施钉住汇率及固定汇率制的国家来说，适度的外汇储备应使外汇储备/货币供应量（简单表示为 R/M2）控制在 10%～20%；对于浮动汇率国家来说，这个比例为 5%～10%。而对于那些经济状况良好、金融运行稳健且政治稳定的国家来说，因资本转移的可能性较小，故这个比例还可以下调。显然，这一分析方法对于解释长期储备行为方面具有一定的帮助，但不能说明现实中的储备水平是多少。

（2）外汇储备/外债余额比率法。该比例主要反映一国外汇储备对总体外债的清偿能力。按照国际经验，该比例应在 30%～50%，低于 30%就会引发债务危机。另外，有学者提出以外汇储备/短期外债作为衡量指标，并提出外汇储备与一年内到期的短期外债总额比值（简单表示为 R/SD）不低于 100%，即外汇储备要保证能偿还一年内的短期外债。如果低于这一标准就会打击投资者信心，引起资本外逃，导致金融危机。这就是著名的 Guidotti（盖杜蒂）规则。

（3）外汇储备/国内生产总值比率法。该比例主要从经济规模角度来检验外汇储备规模的适度性，通常一国的经济规模可用国内生产总值（GDP）来表示，GDP 可根据当年汇率的平均价进行计算。一般认为外汇储备/国内生产总值（简单表示为 R/GDP）达到 2%左右就可以满足本国经济对外清偿的需要。

可见，上述比例分析法的最大优点是简单易行，但是由于它们选择的变量有限，因而计算结果的准确性不高。因此，上述方法可作为一种参考，但不能作为唯一的衡量适度储备规模的标准。

2. 成本—收益分析法

成本—收益分析法是 20 世纪 60 年代以来西方学者借鉴微观经济学的厂商理论，假定政府同其他经济主体一样追求最大经济福利，当持有储备的边际成本等于其边际收益时，可确定该国的最优储备量。其主要代表有海勒模型（H. R. Heller, 1966）和阿格沃尔模型（J. P. Agarwal,

1976)。

该理论运用成本—收益分析法,分析一国国际储备的最佳规模,认为一国持有国际储备的机会成本就是国际储备转化为国内生产性投资所可能增加的产量或国内投资所可能获得的收益。一国持有的国际储备超过国家需要时就意味着一部分生产或投资的牺牲。因此,一国的储备规模应由其持有储备的边际成本和边际收益来决定。适度的储备规模应当是其持有的边际成本和边际收益达到均衡时的储备需求量。但是,在实际运用中,该方法的最大问题是如何正确选择代表成本和收益的变量国,以及如何量化国际储备的边际社会成本和边际社会收益等,因而在操作上会存在很多的困难。

3. 回归分析法

回归分析法也称为需求函数法。20 世纪 60 年代后半期开始,一些西方经济学家广泛采用经济计量模型,对影响储备需求的各种因素进行回归与相关分析,并建立储备需求函数,用于确定和预测一国的外汇储备的适度规模。这些研究于 20 世纪 70 年代达到了一个阶段性的高度,其中较具代表性的是弗伦克尔(J. A. Frenkel,1979)、弗兰德斯(M. L. Flanders,1971)与埃尤哈(M. A. Iyoha,1976)等人构建的参数模型。

该理论的基本思想是通过分析国际储备的各种影响因素及其相互间的关系,从中发现这些因素在国际储备决定过程中所起的作用是正相关的还是负相关的,然后用回归系数分析这些作用的大小,并对作用的大小进行计量分析,从而根据以往的数据来发现国际储备未来的变动趋势。

该方法的缺陷是模型的建立依赖过去的历史数据,即根据以前的国际储备变动趋势来推测未来的变动趋势。这隐含着两个假设:一是以往时期内的储备是适度的;二是过去的储备适度性变动趋势也适用于未来的情况。显然,这些假设是不合理的。因此,回归分析法只能对国际储备的变动趋势做出一定的预测,但无法确定适度的储备数量水平。

4. 定性分析法

上述的比例分析法、成本—收益分析法和回归分析法都是从定量的角度来研究和分析一国外汇储备规模的适度性的。20 世纪 70 年代中期,Carbaugh,Fan(1976)等经济学家提出了运用定性分析法来研究外汇储备的需求量。定性分析法又称描述法,1976 年由卡包尔(R. G. Carbaugh)在其所著的《国际货币体系》一书中提出,通过考察一国的储备资产质量、国际收支调节机制、各国的经济政策及合作态度、政府采取调节措施的谨慎态度、所依赖的国际清偿力来源及其稳定程度、该国的经济状况及国际收支的动向等方面,可以定性分析该国的外汇储备需求规模。

该理论认为,国际储备的短缺或过剩都会对某些关键的经济变量产生影响,这种影响通过国内货币供应量或特定政策而发生作用。因此,通过观察某些重要经济变量或所执行的政策情况,就可以得出储备是否充分的结论。一般来说,采取紧缩性需求管理政策,或出现利率上升、汇率下跌,或出现进口限额和出口补贴等情况,都是储备不充分的标志;反之,采取扩张性政策,或出现利率下跌、汇率上升,或出现进口自由化与控制资本内流等情况,都是储备过剩的标志。当然,这种定性分析得出的结论会缺乏一定的精确性。

可见,上述理论都是从某一个方面强调了判断国际储备水平的方法,然而,由于最适储备量是一个复杂性问题，所以在理论上还无法得出比较一致的结论。因此，在具体实践中，需要将规范分析和实证分析二者有机地结合起来，并综合运用上述分析方法才能得出比较合理的判断。

三、国际储备的结构管理

一国对国际储备的管理，除了在数量上将国际储备保持在最适规模之外，还需要在质量上拥有适当的国际储备结构。国际储备的结构管理有两个层次上的意义：一是国际储备的资产结构管理；二是外汇储备的币种结构管理。

（一）国际储备的资产结构管理

国际储备的资产结构，即一国国际储备中的黄金储备、外汇储备、储备头寸和特别提款权四者之间的比例安排状况。由于其各自的流动性、安全性和盈利性均不相同，它们之间的不同组合，即它们各自在国际储备总额中所占的比重不同，会导致整个国际储备总体体现出不同的流动性、安全性和盈利性，根据扬长避短的原则不断调整四种不同形式的储备资产的数量组合，才能实现结构上的最优化，使其发挥最大的效能。到目前为止，与基金组织有关的两项储备资产即储备头寸和特别提款权的数量都是由基金分配决定的，一个国家自己很难将其改变，所以从整个世界范围看，储备头寸和特别提款权所占的比重始终比较低；而黄金储备和外汇储备是一国的货币当局能够完全彻底地自由掌握和支配的，在全部国际储备中，如果按市场价格计算，黄金储备和外汇储备合计所占比重至少为 90%，所以在国际储备中占支配地位的主要是黄金储备和外汇储备，这两者之间的比例大小从根本上决定了整个外汇储备整体的流动性、安全性和盈利性。

黄金的内在价值相对稳定，具有较高的安全性。但自 20 世纪 70 年代起，黄金不能直接用于国际支付和进入流通，兑换能力较弱，故流动性较差。黄金价值的增长取决于金价是否上涨和上涨幅度与其储藏费用的比较，所以相对缺乏盈利能力。与黄金储备相比，在浮动汇率制下，由于储备货币的汇率和利率不断波动，外汇储备安全性要略差一筹。但是，外汇储备使用灵活、方便，保存费用远远低于黄金，具有无与伦比的流动性和天然的盈利性。二者中增大外汇储备的比例可以增加国际储备整体的流动性和盈利性，但会降低其安全性；反之，增大黄金储备的比例则增加储备整体的安全性而降低流动性和盈利性。二者比例的确定取决于各国不同的国情需要。一般认为，国际储备的一部分要用于弥补赤字和日常干预外汇市场的需要，称之为交易性储备，而另一部分主要用于防范不可预知的突发事件的袭击，称之为预防性储备。通常一国的交易性储备构成应与弥补赤字和干预市场所需要的货币保持一致，而预防性储备则应根据托宾（James Tobin）的投资组合选择理论进行投资，以降低风险、增加盈利，这就要求处理好储备资产的流动性和盈利性关系。西方学者和货币当局（如英格兰银行）按流动性将储备资产区分为以下三个档次。

一级储备（或流动储备资产）：指流动性非常高的外汇资产，包括活期存款、短期票据等，平均期限为 3 个月。例如，会员国在基金组织的储备头寸就类似于一级储备。

二级储备：指收益率高于一级储备，而流动性低于一级储备但仍然很高的外汇储备，如中期国库券等，平均期限为 2~5 年。例如，特别提款权由于要向基金组织申请，故归于二级储备。

三级储备：收益率高但流动性低的储备资产，如长期公债和其他信誉良好的债券等，平均期限为4～10年。由于黄金通常被列为高收益、低流动性的储备资产，所以黄金被视为三级储备。

合理的储备资产流动性结构首先应保证有足够的一级储备满足储备的交易性需求，其次应在二级和三级储备之间进行合理组合，保证在一定的流动性条件下获取尽可能高的收益。因此，在确定国际储备的资产结构时，不仅要考察这些资产在正常市场条件下的表现，还必须考察其极端市场条件下的表现。这是因为，外汇储备的动用通常是在市场出现极端情况时（如市场剧烈波动、投资者偏好转移等）发生的。在市场极端情况下，许多在通常市场条件下能够转换为现金的外汇储备资产，常常不能及时地变现。如果一定要急于变现，那么就需要付出较高的交易成本，或者需要面对交易日趋萎缩的市场，或因为市场在紧急状况下出现高度的资金紧张。国际经验表明，级别较高的资产在市场极端状况下的表现相对较好。这也是许多国家的中央银行将国际储备严格限制在高评级资产方面的重要原因之一。

（二）外汇储备的币种结构管理

外汇储备的币种结构，即各种储备货币在一国外汇储备中所占的比重。由于外汇储备在流动性、盈利性方面所具有的优势及由此导致的在国际储备中的高比例，外汇储备管理成为国际储备结构管理乃至整个国际储备管理中最重要的内容。从目前各国来看，对国际储备的结构管理主要集中在这个层次上。

在浮动汇率制度下，主要货币之间汇率的波动使得以不同货币作为外汇储备面临着储备资产收益的差别性和不确定性。为了减少风险、提高收益率，目前各国货币当局一般都实行储备货币多元化。选择何种货币作为储备货币及各种储备货币在外汇储备总额中占多少比例，主要取决于下列因素：①本国汇率制度安排的特点，即对外汇市场干预货币的选择；②本国国际贸易收支结构，即进出口商品的来源、流向与数量，主要贸易伙伴国之间的支付惯例；③本国的外债币种构成、期限和数量；④各主要储备货币的地位。

确定外汇储备币种结构的基本原则如下：①外汇储备的币种要与对外支付的币种保持一致；②储备货币币种要保证储备资产的安全和保值；③储备货币币种要与外汇市场上储备货币的利率、汇率走势要求的币种保持一致；④储备货币币种要考虑储备货币发行国的经济金融状况等。

目前，世界上大多数国家还都是以美元作为其外汇储备构成的主体。尽管20世纪70年代后期以来美元的地位有所削弱，但由于历史的原因，在国际贸易和国际借贷中仍以美元的使用量为最大，而且美国的货币市场和证券市场居世界之首，又是活跃的国际投资中心，所以美元仍是多数国家最主要的储备货币。其他的储备货币有欧元、日元、英镑、瑞士法郎、荷兰盾等。

第三节　世界主要国家或地区的外汇储备管理

所谓外汇储备积极管理，就是在满足储备资产必要流动性和安全性的前提下，以多余储备单独成立专门的投资机构，拓展储备投资渠道，延长储备资产投资期限，以提高外汇储备投资收益水平。由于外汇储备在国际储备中占主体地位，所以国际储备的积极管理也主要是针对外汇储备的积极管理。显然，当一国外汇储备达到一定规模时，就不得不全面评估外汇储备的收益和机会成本，改善外汇储备资本结构。这里将主要介绍美国、欧盟、英国、日本、新加坡和中国香港地区的外汇储备管理。

一、美国的外汇储备管理

美国的外汇储备管理体系是多层次的，由财政部和美联储共同参与运作。美国的国际金融政策是由美国财政部负责制定的，国内货币政策的决策及执行则由美联储负责。在外汇储备管理上，两者共同协作，以保持美国国际货币和金融政策的连续性。从1962年开始，财政部和美联储就开始相互协调对外汇市场的干预，具体的干预操作由纽约联储银行实施，它既是美联储的重要组成部分，也是美国财政部的代理人。从20世纪70年代后期开始，美国财政部拥有美国一半左右的外汇储备，而美联储掌握着另一半。

美国财政部主要通过外汇平准基金（Exchange Stabilization Fund，ESF）来管理外汇储备。其具体的操作过程如下：

（1）财政部对ESF的资产有完全的支配权，这是由1934年的《黄金储备法》所规定的。当前，ESF由三种资产构成，包括美元资产、外汇资产和特别提款权，其中外汇部分由纽约联储银行代理，主要用于在纽约外汇市场上投资外国中央银行的存款和政府债券。

（2）在特殊情况下，ESF可以与美联储进行货币的互换操作，从而获得更多的可用的美元资产。此时，ESF在即期向美联储出售外汇，并在远期按照市场价格买回外汇。

（3）由于财政部负责制定和完善美国的国际货币与国际金融政策，其中包括外汇市场的干预政策，因此ESF所有的操作都要经过美国财政部的许可。此外，美国《外汇稳定基金法》要求财政部每年向总统和国会提交关于ESF的操作报告，包括财政部审计署对ESF的审计报告。

美联储主要通过联邦公开市场委员会（Federal Open Market Committee，FOMC）来管理外汇储备，并与财政部保持密切合作。其具体的操作过程如下：

（1）美联储以纽约联储银行的联储公开市场账户经理（the Manager of the System Open Market Account）作为美国财政部和FOMC的代理人，主要在纽约外汇市场上进行外汇储备的交易。

（2）美联储对外汇市场干预操作的范围和方式随着国际货币体系的变迁而发生变化，大致分为三个阶段：第一阶段为布雷顿森林体系时期，当时美联储主要关注黄金市场上美元能否维持平价，而不是外汇市场；第二阶段是1971年之后的浮动汇率制时期，美联储开始积极干预外汇市场，当时的主要手段是和其他国家央行进行货币互换；第三阶段是1985年《广场协议》之后，美联储对外汇市场的干预很少使用货币互换，而是以直接购买美元或外汇的方式进行。

二、欧元区的外汇储备管理

欧元区的外汇储备管理由欧洲中央银行系统（European System of Central Banks，ESCB）负责。ESCB成立于1998年，由欧洲中央银行（European Central Bank，ECB）和欧盟各成员国的中央银行组成。欧洲中央银行和欧元区各成员国中央银行都持有并管理外汇储备。

ECB 的外汇储备管理体系主要分为两个层面：

（1）ECB 主要通过制定战略性的投资决策来进行储备管理，其管理外汇储备的目标是保持外汇储备的流动性和安全性，以满足干预外汇市场的需要，并在此基础上，追求储备资产价值最大化。ECB 制定的投资决策主要涉及外汇储备的货币结构、利率的风险与回报之间的平衡、信用风险、流动性要求。

（2）各成员国中央银行依照 ECB 制定的策略采取一致行动，对外汇储备进行管理。具体操作如下：ECB 的管理委员会根据未来操作需要决定 ECB 外汇储备的投资决策，ECB 告知各成员国中央银行后，各成员国中央银行通过相关的机构进行协同操作，ECB 再通过欧元区央行（Eurosystem）的交流网络接收欧元区各央行的交易信息，并对信息进行管理。

ECB 为储备管理定义了四个关键的参数：

（1）对每种储备货币定义了两个级别的投资基准——战略性的基准与策略性的基准。战略性的基准由 ECB 管理委员会制定，主要反映 ECB 长期政策的需要及对风险和回报的偏好；策略性的基准由 ECB 执行董事会制定，主要反映 ECB 在当前市场情况下对中短期风险和回报的偏好。

（2）风险收益相对于投资基准的允许偏离程度及相关的纠偏措施。

（3）储备交易的操作机构与可投资的证券。

（4）对信用风险暴露的限制。为了避免对金融市场造成不必要的影响，ECB 并未公布上述四个方面的参数细节。

欧元区各成员国央行主要通过实施和 ECB 储备战略一致的策略性投资以及对自有储备独立决策来实施储备管理。其管理过程如下：

（1）如果各成员国中央银行在金融市场上的投资操作对于其汇率或国内的流动性状况影响有可能超过 ECB 指导原则所规定的范围，交易要得到 ECB 的许可，以保证 ECB 汇率政策和货币政策能够保持连续性。除此以外，各成员国中央银行的外汇投资操作不需要先得到 ECB 的许可。

（2）各成员国中央银行持有并自主管理它们没有转移给 ECB 的国际储备。自从 ECB 开始对外汇市场进行干预以来，各成员国的中央银行不必再制定有关外汇干预的目标，而只是制定执行策略。

以法国央行为例，该过程可分为四个层次：

（1）设立资产负债委员会，该委员会决定长期和中期的储备投资目标。外汇储备被分为投资组合（实现央行长期目的，以成本法计算风险收益）和交易组合（实现央行流动性需求，以重估市价法计算风险收益）。

（2）设立风险委员会，负责授权投资行为和控制风险敞口。该委员会需管理的风险既涉及市场风险、信用风险，也包括操作风险。

（3）设立投资委员会，负责制定短期投资策略。

（4）由投资经理具体负责执行投资组合的经营。

三、英国的外汇储备管理

英国的储备资产中,除了在 IMF 的储备头寸外,其他储备资产都存放于财政部管理的账户——外汇平衡账户(EEA)中。英国的储备管理体系由财政部负责,英格兰银行只负责日常的管理。

英国财政部主要通过 EEA 来实施储备管理,其对外汇储备的管理是战略性的,它决定是否需要干预外汇市场,但并不参与实际的市场操作。其管理过程是:

(1)政府对外汇市场的任何干预活动都必须通过 EEA 进行;EEA 还为政府部门和机构提供外汇服务。

(2)由于《交易平衡账户法》不允许 EEA 向外借款,因此,政府通过国家贷款基金(the National Loans Fund)来发行外债,以补充 EEA 中的外汇储备。

(3)财政部每年对外汇储备的管理提出指导意见,主要内容包括储备投资的基准回报及可容忍的偏差、储备的资产构成、货币构成、投资回报率等;出台控制信用风险和市场风险的框架;规定国家贷款基金的借款项目框架等。

英格兰银行的储备管理则是策略性的,参与实际的市场操作和日常的管理,它扮演着类似财政部代理的角色。英格兰银行根据财政部制定的战略进行储备管理,其具体的操作如下:

(1)英格兰银行管理官方储备的目标为保持储备的流动性与安全性,并在此基础上实现利润的最大化。

(2)英格兰银行每年和财政部共同协商,决定财政部指导意见中的投资基准回报。这个基准主要是根据过去的风险和收益,以及贸易、干预外汇市场可能需要的货币种类等因素来决定,并在交易平衡账户的年报中予以公布。

(3)英格兰银行每六个月在有交易平衡账户专员(EEA Accounting Officer)、现任财政部宏观政策与国际金融管理委员(HMT's Managing Director for Macroeconomic Policy and International Finance)、英国银行市场执行董事及其他政府官员代表参加的会议上,对投资的表现进行回顾,并对有关储备的策略加以讨论。

(4)英格兰银行每季度通过内部审计部门对储备管理的有效性和充足性出具独立意见,并由审计部门的负责人向执行董事汇报。执行董事再将审计的相关内容向交易平衡账户专员报告。英国国家审计署每年要对交易平衡账户进行外部审计。

此外,英国银行还定期对交易平衡账户的市场风险进行压力测试,以检测该账户的资产对潜在的各种市场变动的抗风险性和可能的损失。信用风险的控制由英国银行的内部信用风险咨询委员会(Internal Credit Risk Advisory Committee)负责。值得注意的是,除了代理财政部对外汇储备进行日常管理以外,英格兰银行自身也持有外汇资产。这并不属于英国政府的外汇储备,而是英格兰银行自身用于干预外汇市场以支持其独立的货币政策之需。

四、日本的外汇储备管理

日本的外汇储备管理是财政部主导下的管理模式。日本财务省负责外汇储备的管理,在外汇储备管理方面处于战略决策者地位,关于维持日元汇率的稳定、对外汇市场的干预决策均由财务省做出。日本央行——日本银行为政策执行者，负责具体的操作。由财务省掌管的外汇储备存放于外汇基金特别账户（Foreign Exchange Fund Special Accountant，FEFSA），由外币（主要是美元）基金和日元基金两部分构成。当需要购买美元时，则动用日元基金；当需要购买日元时，则动用美元基金。根据日本《外汇及对外贸易法》，为了维持日元汇率的稳定，财务大臣可以对外汇市场采取必要的干预措施，而日本银行持有的外汇储备主要用于国际金融合作和国际援助等。

日本外汇储备管理的主要目标是：以维持日元汇率稳定为目标，保障有足够流动性的外汇储备用于维持日元汇率的外汇买卖；在保持外汇资产安全性和流动性的基础上，再追求有可能的盈利，并有效消除金融外汇市场上的不良波动，有必要时与国外相关货币当局紧密合作。日本外汇资产主要由流动性强的国债、政府机关债券、国际金融机构债券、资产担保债券，以及在各国中央银行的存款、国内外信用等级高且偿还能力强的金融机构的存款构成。风险管理采取覆盖信用风险、市场风险和操作风险的全面风险管理体系。

五、新加坡的外汇储备管理

新加坡的外汇储备管理采用的是财政部主导下的新加坡金融管理局和新加坡政府投资公司的管理体制。新加坡金融管理局（MAS）负责管理外汇储备中的货币资产，主要用于外汇市场干预以保持汇率稳定、为货币发行提供保证。由于需要维持较高的流动性，通常新加坡外汇储备投资于美国、加拿大、德国、法国等传统发达国家。

近年来，随着其外汇储备规模扩大以储备功能延伸，新加坡实行积极的外汇储备管理战略。所谓外汇储备的"积极管理"，就是在满足储备资产必要流动性和安全性的前提下，以多余储备单独成立专门的投资机构，拓展储备投资渠道，延长储备资产投资期限，以提高外汇储备投资收益水平，投资资产结构也从传统的国债市场拓展至 ABS、MBS、公司债、结构性证券、利率互换以及部分信用衍生品以及其他类型的投资。新加坡外汇储备积极管理的部分，由新加坡政府投资公司（GIC）负责。新加坡在 1981 年成立了政府投资公司，该公司为政府完全出资的基金管理公司，受 MAS 委托，负责经营部分外汇储备，以此获得长期持续的和较高的回报率，以保障资产的实际价值。

GIC 设有严密的风险管理机制，遵循"风险否决"原则——只有在投资风险得到充分认识、确认，并且投资人员具有评估、管控风险的能力的前提下，才做出最终的投资决策。GIC 内部建立了多层次、相互交叉的风险控制网络，以确保所有潜在风险都可以通过正式的风险识别、评估程序进行分析。

六、中国香港特别行政区的外汇储备管理

中国香港的外汇储备主要由外汇基金构成，其管理目标有：保障资本；确保由流动性极高的短期美元证券为"基础货币"提供完全的支持；确保有足够的流动资金以维持货币及金融稳定；争取投资回报最大化以保障外汇基金的长期购买力。

外汇基金的投资管理包括三个层次：

最高层次：外汇基金咨询委员会（财政司司长担任其主席）制定长期战略性决策，包括外汇基金对各国及各环节投资工具的资产结构和币种结构。

第二层次：金融管理局高层管理人员和储备管理部负责的中期投资决策，根据外汇基金咨询委员会批准的投资策略，参照对经济体基本分析及市场发展趋势评估，做出外汇基金的日常投资决定。

第三层次：由投资经理负责的短期交易决策。除内部投资经理外，外汇基金也外聘投资经理，其目的是掌握市场最佳专业投资知识及顺应全球投资领域多元化投资取向，同时也让内部专业人员借此机会吸取市场知识与信息。

外汇基金分为支持组合与投资组合两个部分。支持组合是金融管理局为基础货币提供完全支持而持有的外汇储备，因此，该组合主要投资于流动性极高的美元证券。投资组合的主要目的是保障外汇基金的价值和长期购买力，包括债券组合、按揭债券组合、OECD 经济体的债券及股票等。对外汇储备进行风险控制，首先根据外汇基金的管理目标设置投资基准，再由外汇基金咨询委员会制定策略性偏离基准的限度，以限制基金的资产和比重分布的偏离度。外汇基金必须投资于具有高度流动性和市场深度的市场，投资于高信用评级工具，投资的预期收益率应高于当地的通货膨胀率。

【专栏 5.1】　　　　　中国高额外汇储备的成因与利弊

（一）中国高额外汇储备的成因

（1）国民经济的持续快速发展是外汇储备高速增长的物质基础。中国综合国力的不断提高、经济的持续快速增长和国民经济良好的总体运行态势，都为外汇储备的快速增长奠定了坚实的物质基础。

（2）经常项目与资本项目的长期"双顺差"是外汇储备高速增长的直接原因。中国外汇储备增长的动力主要来自经常账户顺差和资本账户顺差。在强制结售汇制度下，这种长期的"双顺差"无疑造成了中国外汇储备的过快增长。

（3）外债余额的不断增加是外汇储备高速增长的客观原因。随着中国短期外债余额的不断迅猛增长，为了保持足够的国际清偿力，中国的外汇储备客观上需要保持一个较大的规模。

（4）国内投资小于储蓄是外汇储备高速增长的理论原因。从理论上来分析，中国长时期的国内储蓄大于投资，再加上国内有效需求不足，造成了中国多年来的贸易持续顺差。

（5）人民币升值预期与热钱流入是外汇储备高速增长的市场性原因。人民币升值预期的持续存在，使得部分国际游资觊觎人民币资产的升值套利机会，热钱流入持续增加，导致外汇储备脱离实体经济的超常规增长。

（6）逐步完善的金融体系为外资流入创造了条件。中国经营管理高效、资金实力雄厚的金融机构和功能日益齐全的金融市场，为外资流入提供了组织保证。另外，中国的对外金融开放和一系列的体制改革为外资的流入与流出创造了较为宽松的制度环境。

（二）中国高额外汇储备的利弊

中国所持有的规模庞大的外汇储备，在一定程度上表明了中国国际经济地位的提高和抵御国际经济金融风险的实力的增强，因此，具有重要的积极影响：如有利于调节国际收支，推动经济发展；有利于提高国际信誉，增强吸引外资能力；有助于干预外汇市场，稳定本币汇率；有利于强化抗风险能力，充当紧急支付；有助于加快人民币国际化进程等。

当然，外汇储备是一把"双刃剑"，充足的外汇储备能够提高中国的对外支付能力，促进整个国民经济健康发展，但外汇储备也并非越多越好。在外汇储备相对较少的情况下，外汇占款在基础货币投放中所占的比例也相对较少，此时国家在进行宏观调控时就不必过多考虑外汇占款的影响。但在外汇储备增加以后，不仅需要付出高昂的机会成本，导致外汇资源的闲置与浪费，同时还会加大通货膨胀压力，进而推动人民币升值，不利于国民经济的健康发展。因此，此时的货币当局在制定与实施货币政策时就必须考虑到巨额的外汇占款所可能产生的不利影响：如造成中国资源的浪费；加大人民币升值的压力；增加持有成本与管理难度；加大国内通货膨胀的压力；降低货币政策的有效性以及无法享受国际组织的优惠政策等。

【专栏 5.2】　　　　　人民币纳入 SDR 货币篮子的意义

人民币于 2016 年 10 月 1 日被 IMF 正式纳入特别提款权（SDR）篮子货币，人民币在篮子货币中的比重为 10.92%，美国占 41.73%（括号里为旧有的比重 41.9%），欧元占 30.93%（37.4%），日元占 8.33%（9.4%），英镑占 8.09%（11.3%）。IMF 执行委员会决定，人民币符合 IMF 的"自由使用"标准，因此将人民币纳入 SDR 篮子货币。

IMF 每 5 年一次检讨 SDR 篮子，上次为 2010 年，当时的检讨认为人民币没有达到 IMF 货币"自由使用"的入篮标准。但是中国经过 5 年的努力，不仅交易结算货币成了全球第二大货币，而且人民币在国际市场的投资货币、储备货币的影响也逐渐扩大，特别经过一系列的人民币汇率形成机制市场化的改革，人民币在国际市场的影响不断扩大。IMF 宣布将人民币纳入 SDR 篮子货币是实至名归。

人民币纳入 SDR 篮子货币是 IMF 的 SDR 篮子货币创立以来最大的一次权重调整。而这种权重调整不仅体现了中国经济大国地位正在确立，也对一些货币权重的挤出效应十分明显。这次 SDR 篮子货币权重缩减最大的是欧元，其次是英镑及日元，美元的权重基本上没有多少变化。而人民币在 SDR 篮子货币的权重尽管只有 10.92%，但仍然排到了第三位。有此排列自然与当前中国经济的实力有关。

可见，人民币纳入 SDR 篮子货币最重要的意义就是完全确立了中国经济在全球市场上的大国地位。这对中国大国经济来说具有里程碑上的意义。这不仅帮助中国在全世界展示了国家的经济实力及金融实力，提高了各国央行和投资者持有人民币资产的需求，也是全球各国对中国这几十年市场经济改革成绩的肯定，对进一步推动中国经济的改革开放及金融市场的改革将会起到重要的作用。也就是说，人民币纳入 SDR 篮子货币，就是 IMF 对人民币的信用背书，这不仅使中国在全球经济和金融市场中地位不断上升得到认可，也让更多的国家将人民币作为储备货币，让更多的国家把人民币作为贸易活动的结算货币、投资货币及储备货币，从而全面推动人民币国际化的进程。这些都具有十分重要的象征意义及实质意义。因此，人民币成功加入 SDR，对于中国和世界是双赢的结果，既代表了国际社会对中国改革开放成就的认可，也有利于助推人民币国际化进程稳步向前，促进我国在更深层次和更广领域参与全球经济，更有利于增强 SDR 自身的代表性和吸引力，完善现行国际货币体系。

 **本章小结**

国际储备是指一国政府（货币当局）所持有的能随时用来弥补国际收支逆差、干预外汇市场、维持本币汇率稳定及其他紧急支付的国际上普遍接受的一切资产。具有以下四个特征：官方持有性、普遍接受性、无条件获得性和充分流动性。

国际储备资产主要包括货币黄金储备、外汇储备、在 IMF 中的储备头寸和在 IMF 中的特别提款权余额。一国持有国际储备的主要目的在于：弥补国际收支逆差、干预外汇市场、对外举债的信用保证、国际购买和投资的手段。

国际储备管理的原则主要有安全性、流动性、保值性和盈利性。按照现代金融资产投资组合理论，应将国际储备资产视作风险资产，并针对各种储备资产不同的风险程度和不同的收益率进行多样化的组合投资，最终得到一个风险程度最低、收益最高的结果。这就要求世界各国要对本国国际储备的规模和结构进行积极管理。其中，国际储备结构管理具体可分三个层次：第一，国际储备中各储备资产的比例安排；第二，外汇储备中的储备货币币种的安排；第三，储备资产流动性的结构安排。

世界主要国家对外汇储备管理均采取了积极管理办法。中国外汇储备具有高速增长的特点，其对中国经济既有积极影响又有不利影响。

 本章重要概念

国际储备；国际清偿力；自有储备；借入储备；黄金储备；外汇储备；储备头寸；特别提款权；外汇占款；备用信贷；互惠信贷协议

 本章复习思考题

1. 国际储备资产的基本特征有哪些？
2. 一国国际储备的构成有哪些？
3. 一国国际储备的来源主要有哪些？
4. 国际储备与国际清偿力的区别和联系是什么？
5. 确定一国国际储备资产适度规模应考虑的主要因素有哪些？
6. 国际储备管理的基本原则有哪些？
7. 试述如何实现一国国际储备的规模管理。
8. 试述如何实现一国国际储备的结构管理。
9. 确定适度国际储备规模的主要方法有哪些？
10. 试分析中国高额外汇储备的成因与对策。

第六章 外汇市场与外汇风险管理

本章学习目标

掌握外汇市场的含义与特点；熟悉外汇市场的结构、分类与功能；了解世界主要外汇市场概况；掌握外汇的基本交易方式与衍生交易方式及其原理；掌握外汇风险的种类与管理方法。

在现代通信技术和网络技术的推动下，国际外汇市场已经发展成为国际金融市场中交易量最大的市场之一。它不仅为交易者提供了一个规避外汇风险的场所，而且还为交易者提供资金融通和资金信贷的渠道，因而对于提高国际资本的周转速度、推动经济全球化和促进世界经济发展等具有十分重要的作用。外汇交易方式主要包括基本交易方式和衍生交易方式。外汇交易供求关系的变化将会引起汇率的频繁变动，从而给外汇交易者带来多种多样的外汇风险等。

第一节 外汇交易与外汇市场

一、外汇交易

由于各国货币不同，国际经济贸易中的商品买卖、存贷款结算、资本的跨国界流动等都存在着一个不同货币之间的兑换问题，即"汇兑"，这样就产生了外汇买卖活动。所谓外汇交易，是指本币与外币、外币与本币、一种外币与另一种外币之间的兑换或买卖活动。目前，欧洲大陆上的外汇交易均是在一个有形的场所内进行，主要存在于欧洲大陆的一些国家，如法国、德国、比利时、荷兰、意大利等国的外汇市场都属于此类。因此，这种外汇交易方式通常被称为"大陆方式"；而在伦敦、纽约、东京、新加坡、中国香港等地的外汇交易都不是在一个固定的场所内进行，这种交易方式被称为"英美方式"。由于伦敦、纽约是全球最大的外汇交易市场，因此，人们通常将具有典型意义的外汇市场理解为一种无形或抽象的市场，无形市场是当今世界上最多、最常见的一种外汇市场。

外汇交易时要先通过某一外汇交易平台商开设一个外汇交易账户，并选择一个信誉资信良好的外汇银行作为交易对手，然后再按照一定的程序步骤进行交易，具体包括：

（1）询价，即主动发起外汇交易的一方在自报家门后，向对手方询问有关货币的买入价与卖出价。询价的内容还包括交易的币种、数量、交易方式、交割时间以及影响汇价的因素等。通常交易金额以百万美元为单位，用 million 表示，或缩写为 MIO 或 M。

（2）报价，即接到询问的银行交易员应迅速地根据询价内容报出有关货币的汇价及其他情况。由于双方对汇价的大致水平都很清楚，所以报价时一般只报出最后两位数字，例如，英镑兑美元的即期汇率为 1.6275/95，交易员报价时只需报出 75/95 即可。

（3）成交。询价方接到报价后须立即表达买卖意愿，如果表示同意以报价成交，则报价者则必须以其报出的汇价成交，不能反悔。银行交易员根据双方的谈话录音记录，将其打印出来即作为买卖双方书面的原始交易凭证或交易合约。

（4）确认。当报价银行交易员说"成交了"时，外汇交易合同即成立，但这一过程都是通过电话、电传或电脑在非常短的时间内完成的，还需要交易双方当事人以书面形式再确认一遍，以便日后查询。

（5）交割。这是外汇交易的最后环节，也是实质性完成交易货币的所有权转移的最重要环节。买入方须按照合同将款项准确划入对方指定的银行账户，卖出方同样须将卖出的外汇划入买方账户并收取相应款项的过程。当然，上述的外汇交易过程主要是针对传统技术条件下的外汇交易而言的，随着现代互联网技术的普及与广泛应用，外汇交易的大部分业务则完全可以通过网络银行账户或手机银行账户自我操作完成。

二、外汇市场及其特点

所谓外汇市场（Foreign Exchange Market），是指专门从事外汇交易的场所或网络。外汇市场作为国际金融市场的重要组成部分，其产生的两个基本前提：一是世界货币的多样化；二是国际经济贸易交往的需要。现代外汇市场一般不是像商品市场或股票市场那样具有特定的场所和建筑物的一个有形市场，而是以现代通信设施与通信服务为基础，通过电话、电报、电传、电脑等现代的通信手段和先进的结算方式联结成的一个交易网络。其主要特点有以下几个方面：

（1）外汇市场是一个无形或抽象市场。外汇市场与其他金融市场不同，它通常没有一个固定的交易场所，而是通过银行、企业和个人间的电子网络进行交易。因而，它实际上是一个由电话、电传、电报、互联网终端以及其他通信工具构成的通信网络系统，是一个无形的抽象市场。

（2）外汇市场是一个典型的国际金融市场。外汇市场不仅没有空间的限制，也不受时间的限制，时间上的连续性和空间上的无约束性是它最明显的特点。由于各国外汇市场所处的时区不同，在营业时间上"此开彼关"，并相继挂牌营业，各市场之间通过先进的通信设备和互联网连成了一个统一的大市场，市场参与者可以在世界各地进行便利交易，外汇资金流动快捷，市场间的汇率变动信息传导迅速，形成了全球一体化运作、全天候运行的国际外汇市场。目前国际主要汇市的交易时间（北京时间）为惠灵顿 04：00～13：00、悉尼 06：00～15：00、东京 08：00～15：30、香港 10：00～17：00、法兰克福 14：30～23：00、伦敦 15：30～00：30、纽约 21：00～04：00。

（3）外汇市场的交易货币种类相对集中。目前，国际外汇市场上的交易币种大多为可自由兑换的货币，主要集中在美元（USD）、欧元（EUR）、英镑（GBP）、日元（JPY）、瑞士法郎（CHF）、加拿大元（CAD）、澳大利亚元（AUD）、新加坡元（SGD）以及港币（HKD）等关键货币的买卖上，其中美元、欧元、日元、英镑、澳元为交易量排名前五的货币。

（4）外汇市场的交易地域分布比较集中。全球外汇市场按照地域分布主要有欧洲、北美洲和亚洲三大市场，英国的伦敦、美国的纽约、日本的东京、德国的法兰克福、瑞士的苏黎世、中国的香港等国际金融中心是这些市场的典型代表，全球大多数的外汇交易都集中在这些市场。其中，英国是世界上最大的外汇交易市场，占全球总交易额的 35%左右；其次是美国和日本；再后面是新加坡和中国香港特别行政区，分别排在第四、第五位。

（5）外汇市场的政府干预较为普遍和频繁。由于外汇市场及其交易价格即汇率是一国国民经济发展的最重要变量之一，对一国国民经济发展和国际收支平衡状况影响巨大，因此各国政府为了消除汇率波动频繁、外汇衍生工具增多等对国际贸易金融活动带来的不利影响，常常对国际外汇市场进行必要的干预，无论是在规模上还是在频率上都比其他市场大得多。

目前，世界上有 30 多个主要的外汇市场，它们遍布于世界各大洲的不同国家和地区。根据传统的地域划分，可分为亚洲、欧洲、北美洲等三大部分，如欧洲的伦敦外汇市场、法兰克福外汇市场、苏黎世外汇市场和巴黎外汇市场；美洲的纽约外汇市场；亚洲的东京外汇市场、新加坡外汇市场和中国香港外汇市场等。其中，最具世界影响力的外汇市场主要有三个：伦敦市场（欧洲市场）、纽约市场（美洲市场）以及东京市场（亚洲市场）。伦敦市场是全球老牌金融中心，也是开办外汇交易最早的地方。北京时间 15：30~0：30 是伦敦外汇交易所的开盘交易时段，其悠久的传统使得各国银行习惯性地在其开盘后才开始进行大宗的外汇交易。纽约市场是全球最活跃的外汇交易市场，其高度的活跃性也就意味着投资者盈利机会的增多。纽约外汇市场在北京时间 21：00~4：30 进行交易。东京市场是亚洲最大的外汇交易市场，但在三大外汇市场中却是规模最小的。东京外汇交易所在北京时间 8：00~16：00 交易。三大外汇交易市场中，伦敦、纽约市场的交易时段是各国银行外汇交易的密集区，因此市场波动最为频繁。尤其在两个市场交易时间的重叠区，也就是北京时间 21：30~24：00 是全球外汇交易最频繁，大宗交易最多的时段。

三、外汇市场的参与主体

外汇市场参与主体主要由外汇银行、外汇经纪人、中央银行与客户组成，它们之间的相互交易与联系形成了以各国中央银行为领导、外汇银行为核心、客户与外汇经纪人为重要参与者的组织结构。

（一）外汇银行

外汇银行是经过中央银行批准或授权经营外汇业务的商业银行或专业银行，又被称为指定银行或官方批准的外汇银行。这类银行通常包括专营或兼营外汇业务的本国商业银行、在本国的外国商业银行分行和经营外汇业务的其他金融机构。外汇市场上，银行主要通过充当外汇买卖的中介和直接买卖外汇来获取利润，其交易对象包括外汇经纪人、其他外汇银行、企业和中央银行四类。外汇银行的具体业务范围比较广泛，主要包括外汇担保、咨询、信托投资等业务。在营业方式上，外汇银行除了在自己的营业窗口设置专门的外汇交易柜台外，还配备专职的外汇交易员，在专设的外汇交易室中使用现代化的通信手段和电脑设备与外界进行交易。一般而言，外汇银行的规模越大，所雇用的外汇交易员就越多。银行的外汇交易员按级别高低分为首席交易员、高级交易员、交易员、初级交易员和实习交易员。和其他金融市场的交易员相比，外汇市场的交易员一般比较年轻，但要求的专业素质则比较高。

(二）外汇经纪人

外汇经纪人是指外汇市场上专门在银行间或银行与客户之间提供洽谈业务、促使外汇买卖成交的中介人。外汇经纪人不同于外汇交易员，外汇交易员要运用自己的行情经验亲自进场交易，而外汇经纪人一般并不直接参与外汇买卖，只是为外汇供求双方牵线搭桥，促使买卖成交，并从中收取佣金（包括中介服务费和中介手续费）。因此，外汇经纪人被称为"外汇市场上的润滑剂"。外汇经纪人的主要作用是以买卖双方都接受的价格条件，达成买卖协议。外汇经纪人通过贯通于整个外汇市场的通信网络，包括同海外办事处和代理机构的专线联系设备，在世界范围内同各有关方面保持着业务联系。因此，他们能对瞬息万变的外汇价格报出最新的出价和要价，并使买者与卖者在各类外汇市场上"相遇"。

(三）中央银行

中央银行既是外汇市场的管理者，又是外汇市场的参与者。作为管理者，中央银行的主要任务是监督和调控外汇市场，维护市场秩序，确保市场机制的顺利运行。中央银行的这种监督管理通常是通过审查各外汇经营机构定期提交的报表实现的。因为根据规定，各外汇经营机构（如外汇银行、外汇经纪人等）必须定期向中央银行提供报表，详细汇报该时期的外汇交易情况，如有违规操作行为，中央银行有权对其进行处罚。在汇率发生剧烈震荡时，中央银行对外汇市场的调控通常是通过买卖外汇的经济手段对外汇市场进行干预，目的在于维持本国汇率的稳定，控制货币供应量，维护本国的经济利益。当由于某种原因引起市场上的一国汇率急剧波动，并威胁到本国的经济利益时，中央银行就会对外汇市场进行干预，通过大量抛售或购入某种外汇，使本币的汇率保持稳定或使其朝着有利于本国的方向发展。另外，中央银行还直接参与外汇买卖，交易对象既可以是各国中央银行，也可以是外汇市场上的其他金融机构。作为外汇市场的参与者，中央银行是以政府银行的身份参与外汇交易的，目的主要是为政府或国有企业筹集所需要的外汇资金。

(四）银行客户

在外汇市场上，凡是与外汇银行有外汇交易关系的公司和个人，都是外汇银行的客户，包括外汇的供应者、需求者和投机者，在外汇市场上占有重要地位。他们中有为进行国际贸易、国际投资等经济交易而买卖外汇者，也有零星的外汇供求者，如国际旅游者、留学生等。一般来说，外汇的最初供给者是商品或劳务出口的外汇收入者，外汇的最初需求者是商品或劳务进口的外汇支出者。跨国公司的全球经营策略，使得各分支机构间的进出口结算、头寸调拨频繁发生，成为进入外汇市场非常频繁的大客户。

四、外汇市场的种类与交易层次

(一）外汇市场的种类

（1）按照交易范围可分为广义的外汇市场和狭义的外汇市场。前者是指可以进行一切外汇买卖业务的市场。具体来说，就是既包括外汇零售业务，也包括外汇批发业务；既包括外汇银行与客户的外汇买卖，也包括银行同业间的外汇买卖。后者是指外汇银行同业间买卖外汇的交易场所，外汇交易的对象和范围有很大的局限性。

（2）按照交易规模可分为批发外汇市场和零售外汇市场。外汇批发市场是指外汇交易规模巨大，每笔交易至少为100万美元或其整数倍的外汇交易规模。银行同业间的外汇买卖市场即属此类，具体包括同一市场上的银行之间、不同市场上的银行之间、中央银行同外汇银行之间以及各国中央银行之间的外汇交易活动。外汇零售市场是指银行与一般顾客之间外汇交易的场所。相对于批发市场，零售市场上的外汇交易规模比较小且比较零碎，交易时没有最小额限制等。

（3）按照市场地位可分为区域性外汇市场和全球性外汇市场。区域性外汇市场对交易者的身份和交易的币种都有严格的限制，一般仅限当地居民或周边地区居民参与，市场上也只有少数的外币种类能够交易。这种市场多存在于实行外汇管制的国家。如阿姆斯特丹和米兰等。全球性外汇市场是指一国居民和非居民都可以参与交易，交易币种较多，涉及本国货币与多种外币之间的交易的市场。这类市场的特点是对交易者没有身份的限制，各国居民可自由交易，不受所在国金融制度的限制。如世界上的一些主要外汇市场，伦敦外汇市场、纽约外汇市场、东京外汇市场等都属这种外汇市场。

（4）按照管制程度可分为自由外汇市场、官方外汇市场和外汇黑市。自由外汇市场是指外汇交易没有管制的市场。在自由外汇市场上，居民、非居民、政府和机构都可以自由地进行外汇买卖，交易币种、交易数量和汇率都没有任何限制。官方外汇市场是指外汇交易按照政府的外汇法规进行管制的外汇市场。这类市场目前多存在于发展中国家。在官方外汇市场上，外汇买卖必须符合所在国的外汇管制法令，交易币种和交易规模都受到外汇管理当局的监督，市场汇率也由官方来决定。外汇黑市是指非法的外汇市场。比如，有些发展中国家因为经济发展十分落后，不容许自由的外汇存在，对外汇实行各种形式的严格管制，更是禁止各种形式的外汇交易，但为了满足对外支付的需要，外汇的非法交易悄悄进行并得到迅速发展。这种市场在许多国家虽然是非法的，但是它在一定程度上缓解了公开外汇市场上的外汇供求矛盾，所以很难取缔。

另外，外汇市场还有其他分类标准，如按照组织方式可分为有形市场和无形市场；按照外汇交割时间可分为即期外汇市场、远期外汇市场、外汇期货市场、外汇期权市场等。

（二）外汇市场的交易层次

外汇市场的交易层次主要有三种：即外汇银行与客户之间、外汇银行同业之间和外汇银行与中央银行之间。

1. 外汇银行与客户之间的外汇交易

客户出于各种各样的动机，需要向外汇银行买卖外汇。其中，交易性外汇买卖常常是与国际结算联系在一起的，因而主要是本币与外汇之间的相互买卖。银行在与客户的外汇交易中，一方面从客户手中买入外汇，另一方面又将外汇卖给客户，实际上是在外汇终极供给者和终极需求者之间起到中介作用，赚取外汇买卖差价。这一层次的外汇交易构成了零售外汇市场。

2. 外汇银行同业之间的外汇交易

银行在为客户提供外汇交易中介服务中，难免会在营业日内出现各种外汇头寸的"多头"或"空头"，统称"敞口头寸"，即一些货币的出售额低于购入额，另一些货币的出售额高于购入额。为了避免汇率变动的风险，银行就需要借助同业间的交易及时进行外汇头寸调拨，轧平各种货币的头寸,即将多头抛出、空头补进。更重要的是,银行还出于投机、套利、套汇等目的从事同业的外汇交易。银行同业间的外汇交易构成了绝大部分的外汇交易。狭义的外汇市场指的是银行同业间从事外汇买卖的交易场所,有的也称批发外汇市场。在外汇市场上,普通交易一般为 100 万～500 万美元,多的则达到 1000 万美元以上。批发外汇交易占据着 90%以上的外汇交易额。

3. 外汇银行与中央银行之间的外汇交易

目前,还没有任何一个国家完全放弃对外汇市场的干预,干预外汇市场的执行者即是该国的中央银行。中央银行既是外汇市场的管理者,又是外汇市场的参与者。当汇价发生剧烈震荡时,中央银行往往单独或者联合其他国家中央银行共同参与外汇买卖活动,维持汇价的稳定。另外,中央银行在进行一国国际储备管理时,为了合理调整外汇储备货币结构也常常进入外汇市场进行外汇买卖。中央银行的这些外汇交易活动主要是通过外汇经纪人或外汇银行进行的,这就不可避免地要与外汇银行进行各种外汇交易活动。

五、外汇市场的职能

(一)提供清算服务或充当支付手段

这是外汇市场最基本的职能。由于国际经贸往来的开展,使国与国之间产生了债权债务关系。但因各国货币制度不同,这种债权债务的清偿就需要银行借助外汇市场来完成。例如,当中国向日本出口商品时,中国出口商在日本就拥有了一定的债权,即取得了一定的外汇可以转让,而日本的进口商则承担了一笔债务,必须用日元兑换美元来进行支付。当然,这种债权债务的清偿并不是由双方直接进行,而是通过指定的银行来完成,外汇的兑换也是银行通过经纪人来完成。可见,正是通过外汇市场的清算服务功能,外汇供求者的需要才得以满足,国际进出口贸易才能顺利完成。另外,国与国之间也可以购买外国证券、在国外存款等,这些活动也充分发挥了外汇市场为各国提供支付手段的作用。

(二)实现购买力的国际转移

例如,中国出口商向日本出口了价值 100 万美元的商品,日本的进口商必须向中国出口商支付 100 万美元,这 100 万美元的购买力将从日本转移到中国。因为日本进口商将把一定的日元兑换成美元,使中国增加了 100 万美元的购买力,日本则减少了这部分购买力,从而实现了购买力的国际转移。这种转移是通过外汇市场实现的。

(三)加速国际资本周转,提供资金融通和资金信贷

在外汇市场上,不仅外币可以买卖,其他信用凭证(如商业汇票、银行汇票、银行本票、支票等)都可以买卖。而这些外币和外汇凭证的买卖,可以把各国企业间的结算关系转化成各国银行间的结算关系,从而有效地降低国际资本的周转成本,提高国际资本的周转速度。与此同时,外汇市场作为国际资金再分配的重要场所,也为国际经济交易者提供了资金融通的便利。一方面,由于外汇市场沉淀了大量的闲置资金,而一些到国外投资的外汇需求者又急需外汇资金,便可以通过外汇市场来筹集资金;另一方面,在国际贸易中,进出口商之间的交易和货款的收付并不是在同一日进行的,通常是出口商先发货,一定时期以后才收到货款。货款的

收付是通过双方的代理银行进行的,在出口商将货物出口后,凭单据就可以到出口方银行收取货款,而进口商在将来某日才能付款,这相当于银行向出口商提供了一批外汇资金。对于进口商来说,其在没有付款的条件下就可以利用银行的信用结算方式取得货物,相当于银行向其提供了一笔贷款。

(四)避免或减少外汇风险,为外汇投机提供场所

由于外汇市场上的不确定因素很多,因而外汇行市的波动极大,使得外汇交易者面临损失的风险。为了减少交易者的风险,外汇市场提供了多种可以降低风险的交易工具供交易者选择,如远期外汇交易、外汇期货交易、外汇期权交易等都为外汇交易者提供了规避风险的条件。另外,外汇市场还为外汇投机者提供了利用外汇交易获取差额利润的机会。投机活动多属于远期业务。例如,当投机者预期美元将会贬值时,就可以做空头投机,即先在外汇市场卖出远期美元,若预期正确,美元汇率下跌,就可以按下跌后的美元汇率买入美元现汇交割美元远期,从中获取利润。当然,如果预期失误,投机者将遭受损失。

第二节 外汇的基本交易方式及其原理

在外汇市场上,由于外汇交易的动机、目的、手段和管理方法的不同,必然会产生多种多样的交易方式。其中,最基本的交易方式主要有以下几种。

一、外汇即期交易及其原理

(一)外汇即期交易的含义

所谓外汇即期交易(Spot Transaction),又称为现货交易,是指外汇买卖成交后,交易双方于当天或成交后的两个营业日内办理交割手续的一种交易方式。这实际上意味着外汇即期交易的交割时间有三种情况:

(1)"T+0"交割(Value Today),即外汇买卖双方在成交的当天进行交割。
(2)"T+1"交割(Value Tomorrow),即外汇买卖双方在成交后的第一个营业日进行交割。
(3)"T+2"交割(Value Spot),即外汇买卖双方在成交后的第二个营业日进行交割。

外汇即期交易是外汇市场上最常用的一种交易方式,外汇即期交易占外汇交易总额的绝大部分。这主要是因为外汇即期买卖不但可以满足买方临时性的付款需要,也可以帮助买卖双方调整外汇头寸的货币比例,以避免外汇汇率风险。

(二)外汇即期交易的营业日与交割日

所谓"营业日",是指办理货币实际交割的银行的工作日,如果某一工作日为休假日,则往下顺延;所谓"交割日",是指买卖双方进行货币清算(将资金交付给对方)的日期。一般来说,交割日必须是收款地和付款地共同的营业日,因为只有这样才可以将货币交付给对方。外汇即期交易的交割日根据不同市场的习惯而不同。在欧美市场上,交割日是成交后的第二个营业日。例如,在伦敦市场上成交一笔英镑对美元的交易,则其交割日应为次日,如次日恰逢英国和美国的节假日,再顺延一天,遇周末则要顺延至下周一。在亚洲市场上,如在

中国香港市场，为 2 个工作日交收，之所以交割时间有所滞后，是因为不同货币的清算中心一般都在其发行国，彼此的清算过户需要一定的时间。目前，世界主要外汇市场基本上都采用"T+2"交割。

（三）外汇即期交易的汇率

即期汇率是外汇市场最基本的汇率，其他交易的汇率都是以即期汇率为基础计算出来的。全球各外汇市场一般采用美元标价法，在路透社、美联社等主要系统报出的即期行情中，除了英镑等少数货币对美元汇率是完整报出基准货币、报价货币名称之外，其他汇率均只报出报价货币名称。

二、外汇远期交易及其原理

（一）外汇远期交易的含义

所谓外汇远期交易（Forward Transaction），又称期汇交易，是指交易双方成交后，当时（第二个营业日内）并不马上交割，而是根据合约的规定，在约定的未来日期按约定的汇率再办理交割的外汇买卖形式。最常见的远期外汇交易交割期限一般有 1 个月、2 个月、3 个月、6 个月，长的可达 1 年，超过 1 年的交易称为超远期外汇交易。

（二）外汇远期交易的交割日

任何外汇交易都是以即期外汇交易为基础的，所以远期交割日是即期交割日加上月数或星期数。若远期合约是以天数计算的，其天数以即期交割日后的日历天数为基准，而非营业日。例如，星期三做的远期合约，合约天数为 3 天，则即期交割日为星期五，远期交割日是下个星期一（从星期五算起，到下个星期一正好 3 天）。若远期交割日不是营业日，则顺延至下一个营业日。若顺延后跨月到了下一个月份，则交割日必须提前至当月的最后一个营业日。

（三）外汇远期交易的特点

相对于外汇即期交易而言，外汇远期交易有以下特点：

（1）买卖双方签订合约时，无须立即支付外汇或本国货币，而是按合约约定延迟到将来某个时间交割。

（2）买卖外汇的主要目的，不是取得国际支付手段和流通手段，而是保值和避免外汇汇率变动带来的风险或进行外汇投机。

（3）买卖的数额较大，一般为整数交易，有比较规范的合约。

（4）外汇银行与客户签订的合约必须由外汇经纪人担保，客户需要缴存一定数额的押金或抵押品。当汇率变化引起的损失较小时，银行可用押金或抵押品抵补损失；当汇率变化引起的损失超过押金或抵押品金额时，银行就通知客户加存押金或抵押品，否则合约无效。银行对客户所存的押金，视为存款予以计息。

（四）外汇远期交易的动机：套期保值与投机

1. 套期保值

套期保值是指预计将来某一时间要支付或收入一笔外汇时，同时买入或卖出同等金额的远期外汇，以避免因汇率波动而造成经济损失的交易行为。套期保值分为买入套期保值和卖出套期保值。不论是买入套期保值还是卖出套期保值，其目的都是用远期头寸抵补将来的现货头寸，将买卖外汇的汇率固定下来，以规避汇率波动对将来的收付款项造成收益或成本方面的影响。

买入套期保值，又称多头套期保值，是指在将来有一笔外汇债务者，先于外汇市场买入与该债务金额相等、期限相同的远期外汇，以避免因计价货币汇率上升、以本币表示的负债成本增加而造成实际损失的交易行为。

【例 6.1】 美国某进出口公司计划从日本进口一套设备，预计 3 个月后付款 1.2 亿日元。为了防止日元升值、美元贬值所带来的汇率损失，该公司可向银行购买 3 个月的远期日元。假定当时 3 个月的远期日元的汇率为 120.00，那么该客户需要 100 万美元。这样不论将来汇率如何变化，客户锁定了成本，因而既得的利润也可保留下来。如果不购买远期日元，而美元对日元又持续下跌，如下跌到 110.00，该客户就需要多付 10 万美元。

卖出套期保值，又称空头套期保值，是指在将来有一笔外汇债权时，先于外汇市场卖出与该应收外汇资产金额相等、期限相同的远期外汇，以避免因债权的计价货币汇率下降、以本币表示的利润减少而造成实际损失的交易行为。

【例 6.2】 中国某进出口公司计划向美国出口一批货物，预计 3 个月后收入 100 万美元。为了防止美元对人民币汇率下浮所带来的汇率损失，该公司可向银行出售 3 个月的远期美元。假定当时 3 个月的远期美元的汇率为 6.1，那么该公司可收入 610 万元人民币。这样不论将来汇率如何变化，客户均能锁定收益。

2. 投机交易

投机交易是指外汇市场参与者根据对汇率变动的预测有意保留或持有外汇的空头或多头头寸，希望利用汇率变动牟取利润的行为。外汇市场的投机绝不是完全意义上的贬义词，现代外汇投机是外汇交易的重要组成部分，没有适度的投机也不能使外汇市场日交易量达到万亿美元以上。

外汇投机分为买空和卖空两种。当预测某种货币的汇率将上涨时，即在远期外汇市场上买入该种货币，等到合约期满再在即期外汇市场卖出该种货币，这种交易行为称为买空。相反，当预测某种货币的汇率将下跌时，即在远期外汇市场上卖出该种货币，等到合约期满再在即期外汇市场买入该种货币，这种交易行为称为卖空。买空和卖空交易是利用贱买贵卖的原理牟取远期市场与即期市场的汇差。当然，如果预测失误，会给交易者带来损失。

【例 6.3】 纽约外汇市场 6 个月的英镑期汇汇率为 1 英镑=1.5 美元，某交易者预测 6 个月后英镑汇率会上涨，于是按此汇率买入 100 万英镑。到交割日时，即期市场英镑汇率果真上涨到 1 英镑=1.6 美元，则该投机者按此价格即期卖出 100 万英镑，收入差价 10 万美元。如果到交割日英镑即期汇率没有上涨反而下跌至 1 英镑=1.4 美元，则投机者损失 10 万美元。

三、外汇套汇交易及其原理

外汇套汇交易是指在不同的时间（交割期限）、不同的地点（外汇市场）利用其外汇汇率上的差异进行外汇买卖，以防范汇率风险和牟取套汇收益的外汇交易活动。

一般来说，要进行套汇必须具备以下 3 个条件：一是存在不同的外汇市场和汇率差价；二是套汇者必须拥有一定数量的资金，且在主要外汇市场拥有分支机构或代理行；三是套汇者必须具备一定的技术和经验，能够判断各外汇市场汇率变动及其趋势，并根据预测迅速采取行动。根据外汇买卖针对的差异的不同，套汇交易可分为地点套汇和时间套汇。

（一）地点套汇

地点套汇（Space Arbitrage）是指套汇者利用不同外汇市场之间的汇率差异，同时在不同的地点进行外汇买卖，以赚取汇率差额的一种套汇交易。地点套汇又可分为直接套汇和间接套汇。

1. 直接套汇（Direct Arbitrage）

直接套汇又称两角套汇（Two Points Arbitrage），是指利用同一时间两个外汇市场的汇率差异，进行贱买贵卖，以赚取汇率差额的外汇买卖活动。例如，某一套汇者在伦敦市场上以 £1=US$1.4825 的价格卖出美元、买进英镑，同时在纽约市场上以 £1=US$1.4845 的价格买进美元、卖出英镑，则每英镑可获得 0.0020 美元的套汇利润。若以 100 万英镑进行套汇，则可获得 2000 美元收益（未扣除各项费用）。上述套汇活动可一直进行下去，直到两地美元与英镑的汇率差距消失或极为接近为止。

2. 间接套汇（Indirect Arbitrage）

间接套汇又称三角套汇（Three Points Arbitrage）或多角套汇（Multiple Points Arbitrage），是指利用三个或多个不同地点的外汇市场中三种或多种货币之间的汇率差异，同时在这三个或多个外汇市场上进行外汇买卖，以赚取汇率差额的一种外汇交易。

间接套汇相对于直接套汇比较复杂。在进行间接套汇时，必须先判断一下是否有套汇的机会。其判断方法可采用连乘法，即把三个市场的汇率改换算成相同的标价方法（直接标价法或者间接标价法），并取中间价，然后将其相乘，若乘积等于 1 或者几乎等于 1，说明三个市场之间的货币汇率关系处于均衡状态，没有汇差，或只有微小的差率但不足以抵补资金调度成本，套利将无利可图；若乘积不等于 1（无论大于 1 还是小于 1），说明有汇率差异，存在套汇机会。

【例 6.4】 假设在某日的同一时间，巴黎、纽约、伦敦三地外汇市场的外汇行情如下：

巴黎：1 英镑=1.7100/1.7150 欧元

纽约：1 美元=1.1100/1.1150 欧元

伦敦：1 英镑=1.4300/1.4350 美元

试判断三个市场之间是否存在套利机会？其套汇的路线是什么？

解：第一步，判断三个市场是否存在套汇的机会，原理是：在其中一个市场投入 1 单位某种货币，经过中间市场，收入的该种货币不等于 1 个单位，说明三个市场汇率存在差异。

先求三个市场的中间价格：

巴黎：1 英镑=1.7125 欧元

纽约：1 美元=1.1125 欧元，或 1 欧元=1/1.1125 美元

伦敦：1 英镑=1.4325 美元，或 1 美元=1/1.4325 英镑

假设选择巴黎为套汇起点，以英镑为套汇货币，先从巴黎市场卖出 1 英镑收进欧元，然后在纽约市场卖出欧元收进美元，最后在伦敦市场卖出美元收进英镑，这样可以得到一个连

乘式：

$$1 \times 1.7125 \times (1/1.1125) \times (1/1.4325) = 1.075 > 1$$

上式说明套汇者在巴黎市场投入 1 英镑，经过纽约市场、伦敦市场可以换回 1.075 英镑，所以有套汇机会。

第二步，寻找套汇的路线。如果套汇者在巴黎投入英镑，因为 $1 \times 1.7125 \times (1/1.1125) \times (1/1.4325) = 1.075 > 1$，所以套汇的路线为巴黎→纽约→伦敦。如果连乘式小于 1，则其套汇路线是相反的，即为伦敦→纽约→巴黎。

假定套汇者动用 100 万英镑套汇，在巴黎按 1 英镑=1.7100 欧元汇率换成 171 万欧元，在纽约市场将 171 万欧元按 1 美元=1.1150 欧元汇率换成美元 153.36 万美元，再在伦敦按 1 英镑=1.4350 美元汇率换成英镑，套汇结果为 106.87 万英镑，套汇利润为 6.87 万英镑。

（二）时间套汇

时间套汇（Time Arbitrage）是指套汇者利用不同交割期限所造成的汇率差异，在买入或卖出即期外汇的同时卖出或买入远期外汇，或者在买入或卖出近期外汇的同时卖出或买入远期外汇，通过时间差来盈利的套汇方式。时间套汇实质上就是掉期交易，不同之处在于：时间套汇侧重于交易动机，而掉期交易侧重于交易方法；时间套汇的目的在于获取套汇收益，只有在不同交割期的汇率差异有利可图时，才进行套汇，而掉期交易往往是为了防范汇率风险进行保值，一般不过分计较不同交割期的汇率差异的大小。另外，时间套汇往往在同一外汇市场内进行。

四、外汇套利交易及其原理

所谓套利交易（Interest Arbitrage），是指外汇交易者根据两种货币的利率差异，将资金由低利率货币转为高利率货币，以赚取利差收益的一种交易行为。

套利交易的前提条件是：套利成本必须低于两国货币的利率差，否则交易无利可图。在实际外汇业务中，所依据的利率是欧洲货币市场各种货币的利率，其中主要是以伦敦银行同业拆借利率（London Inter-Bank Offered Rate，LIBOR）为基础。这是因为，尽管各种外汇业务和投资活动牵涉各个国家，但大都集中在欧洲货币市场上。欧洲货币市场是各国进行投资的有效途径或场所。

根据是否对套利交易所涉及的汇率风险进行抵补，套利可分为抵补套利和非抵补套利。

（一）非抵补套利

非抵补套利（Uncovered Interest Arbitrage）是指投资者单纯根据两种货币所存在的利率差异，将资金从低利率货币转换为高利率货币，而对所面临的汇率风险不加以抵补的一种交易。这种交易不必同时进行反方向交易轧平外汇头寸，但要承担高利率货币贬值的风险，所以主要适用于汇率较稳定的情况。

【例 6.5】 某时期美国货币市场上 1 年期的国库券的利率为 12%，而英国货币市场上 1 年期的国库券利率为 8%。此时，英国投资者会将英镑兑换为美元资金来购买美国国库券，以获取 4%（12%～8%）的利差收益。如果考虑美元与英镑间的汇率在 1 年内发生变动，套利者可能面对美元汇率下跌带来的损失，当然也有获利更大的可能。

（二）抵补套利

抵补套利（Covered Interest Arbitrage），是指投资者在将资金从低利率货币转换为高利率货币的同时，利用其他交易方式对所投资资金进行保值，以降低套利中的汇率风险。

假设在上例的条件下，英国投资者持有 1 万英镑资金，即期汇率为 1 英镑=2 美元。如果该投资者将资金投资于本国国库券，1 年后将获得本息 $10\,000 \times (1+8\%) = 10\,800$ 英镑；如果将资金投资于美国国库券，1 年后将获得本息 $10\,000 \times 2 \times (1+12\%) = 22\,400$ 美元，同时卖出 1 年期的 22 400 美元，折合英镑 10 980 美元（假定 1 年期美元升水 400 点）。因此，无论将来即期汇率发生什么变化，抵补套利都将保证未来的确定收益。

但要注意，这里的套利交易是以有关国家对货币的兑换和资金的转移不加任何限制为前提的。不同国家利率的不同是指同一性或同一种类金融工具的名义利率的高低不同，套利的结果是利率在世界范围内趋向一致。套利交易的机会在外汇市场上往往转瞬即逝，套利机会一旦出现，大银行、大公司便会迅速投入大量资金，从而使两国的利差与两国货币掉期率（远期汇率与即期汇率之间的差额）之间的不一致迅速消除。所以，套利交易客观上也加强了国际金融市场的一体化，使两国之间的短期利率趋于均衡；同时，套利交易也使各国货币的利率和汇率之间形成了一种有机的联系，两者相互影响相互作用。从这个意义上看，套利交易实际上是促进国际金融一体化的一种重要力量。

五、外汇掉期交易及其原理

所谓掉期交易（Swap Transaction），又称为调期交易，是指买入（或卖出）某种外汇时，同时卖出（或买入）另一笔币种相同、金额相等，但交割期限不同的外汇的一种交易。显然，在这种交易中，买入和卖出的外汇币种、外汇金额完全相同，所不同的只是买入和卖出的交割期限不同，即交易者将手中的外汇期限做了一个调换，故称之为"掉期交易"。掉期交易实质上也是一种套期保值的做法，但与一般套期保值的区别在于掉期交易更强调"同时买卖"和"数量相同"。

掉期交易的主要目的是轧平各种外汇因到期日不同所造成的资金缺口，所以对于某一货币而言，买入与卖出的金额是相同的，并不改变外汇的持有量即净头寸，但可规避汇率风险。例如，抵补套利时，套利者按即期汇率将英镑换成美元，同时按远期汇率将美元换回英镑，使两种货币的净头寸等于零，达到避免汇率风险的目的，它主要适用于有返回性的外汇交易。例如，在国际金融市场上的借款或投资，都属于有返回性的外汇交易，通过掉期交易可避免因汇率变动导致借款成本增加或投资减少。根据第一笔交易的交割时间，掉期可分为即期对远期、即期对即期和远期对远期三种方式。

（一）即期对远期的掉期交易

所谓即期对远期（spot-forward swap）交易，是指买入（或卖出）一笔即期外汇时，同时卖出（或买入）同一币种和同等金额的远期外汇。这是掉期交易中最常见的一种形式。在国际投资者的投资保值、进出口商远期交易的展期以及外汇银行筹措外汇资金等过程中具有广泛的应用。

【例 6.6】 某家瑞士投资公司需要 10 000 000 美元投资美国 91 天的国库券。为避免 3 个月后美元汇率下跌的风险,公司做了一笔掉期交易,即在买进 10 000 000 美元现汇时,同时卖出 10 000 000 美元 3 个月期汇。假定成交时美元/瑞士法郎的即期汇率为 0.8870,3 个月的远期汇率为 0.8840。若 3 个月后美元/瑞士法郎的即期汇率为 0.8820。试比较该公司做掉期交易与不做掉期交易的风险情况(暂不考虑其他费用)。

解:(1)公司做掉期交易的风险情况:

买入 10 000 000 美元现汇,需支出:

$$10\ 000\ 000 \times 0.8870 = 8.87 \times 10^6\ (瑞士法郎)$$

同时,卖出 10 000 000 美元 3 个月期汇,将收入

$$10\ 000\ 000 \times 0.8840 = 8.84 \times 10^6\ (瑞士法郎)$$

其掉期成本为

$$8.84 \times 10^6 - 8.87 \times 10^6 = -30\ 000\ (瑞士法郎)$$

(2)公司不做掉期交易的风险情况:

3 个月后在现汇市场上卖出 10 000 000 美元,将收入

$$10\ 000\ 000 \times 0.8820 = 8.82 \times 10^6\ (瑞士法郎)$$

损失

$$8.82 \times 10^6 - 8.87 \times 10^6 = -50\ 000\ (瑞士法郎)$$

可见,该公司做掉期交易后可将风险锁定在 30 000 瑞士法郎的损失上,如果不做掉期交易,其损失将是 50 000 瑞士法郎。

(二)即期对即期的掉期交易

所谓即期对即期掉期交易(Spot-Spot Swap),又称"一日掉期",是指同时做两笔币种相同、金额相同、交割日相差 1 天、交易方向相反的即期外汇交易。此类型的掉期交易又分两种:

(1)OVER-NIGHT(O/N),称为今日对明日的掉期,即将第一笔即期交易的交割日安排在成交日的当天,将第二笔反向即期交易的交割日安排在成交后的第一个营业日。

(2)TOM-NEXT(T/N),称为明日对后日的掉期,即将第一笔即期交易的交割日安排在成交后的第一个营业日,将第二笔反向即期交易的交割日安排在成交后的第二个营业日。

(三)远期对远期的掉期交易

所谓远期对远期掉期交易(Forward-Forward Swap),是指同时做两笔交易相反、交割期限不同的某种货币的远期交易。具体地说,就是在买进某种货币较短期限的期汇时,同时卖出该种货币较长期限的期汇;或者在买进某种货币较长期限的期汇时,同时卖出该种货币较短期限的期汇。

【例 6.7】 某美国贸易公司在两个月后将收进 1 000 000 英镑,而在 4 个月后又要向外支付 1 000 000 英镑。假定市场汇率情况如下:英镑/美元两个月的远期汇率为 1.6326/58,4 个月的远期汇率为 1.6215/40,试分析该公司做一笔远期对远期掉期交易的损益情况(其他费用暂不考虑)。

解: 公司卖出两个月的 1 000 000 英镑期货,预收入

$$1\ 000\ 000 \times 1.6326 = 1.6326 \times 10^6\ (美元)$$

同时,买进 4 个月的 1 000 000 英镑期货,预支出

$$1\ 000\ 000 \times 1.6240 = 1.6240 \times 10^6（美元）$$

掉期收益

$$1.6326 \times 10^6 - 1.6240 \times 10^6 = 8600（美元）$$

可见，通过做这笔两个月对 4 个月的掉期交易，该公司可以获得 8600 美元的掉期收益。

第三节 外汇的衍生交易方式及其原理

一、外汇期货交易及其原理

（一）外汇期货的含义

外汇期货是一种规定在将来某一指定月份买进或卖出规定金额的外币的外汇交易形式，是金融期货中最早出现的品种。外汇期货合约是以汇率为标的物的期货合约，其内容一般包括：交易币种、交易单位、交割月份、交割日期、交割地点、报价、价格波幅、初始保证金的数额等。在外汇期货市场上交易的货币一般是国际上可以自由兑换的货币。

自 1972 年 5 月芝加哥商业交易所（CME）的国际货币市场分部推出第一张外汇期货合约以来，随着国际贸易的发展和世界经济一体化进程的加快，外汇期货交易一直保持着旺盛的发展势头。它不仅为广大投资者和金融机构等经济主体提供了有效的套期保值的工具，而且也为套利者和投机者提供了新的获利手段。目前，全球仅有三家期货交易所提供标准的外汇期货合约，即附属于芝加哥商品交易所（CME）的国际货币市场（IMM）、新加坡国际货币交易所（SIM-EX）和伦敦国际金融期货交易所（LIFFE）。其中，IMM 的期货交易占全球 99%以上的成交量。一般所说的外汇期货合约是指 IMM 的外汇期货合约。另外，中美洲商品交易所（Mid America Commodity Exchange）、纽约棉花交易所（New York Cotton Exchange）等都提供货币期货交易。

（二）外汇期货的特点

外汇期货现在主要被用来作为外汇套期保值的工具，同时也是重要的外汇投机交易工具。

（1）外汇期货合约是标准合约，但不同货币的合约规模（交易单位）是不同的。

（2）交割月份是外汇期货合约规定的期货合约的期限，一般有 3 个月、6 个月、9 个月、12 个月，12 个月是最长的合约期限。由于绝大部分合约在到期前已经对冲，故到期实际交割的合约只占很少的一部分。除了规定交割月份外，还规定交割日期，即交割月份中的某一日。

（3）就报价来说，澳大利亚元、德国马克、法国法郎、日元等货币的报价是以 1 美元多少外币来表示的，这与典型的银行外汇交易的报价方式完全一致。而英镑和加拿大元则采用每单位外币多少美元来表示，这是国际外汇期货合约的特点之一。

（4）外汇期货合约规定最小波幅。价格最小波幅是外汇期货在买卖时，由于供需关系使得合约价格产生变化的最低限度。例如，英镑期货合约的价格最小波幅为每 1 英镑的美元汇价的 5 个基点，每份合约的美元价值为 12.5 美元；加拿大元期货合约的价格最小波幅为每 1 加拿大元的美元汇价的 1 个基点，每份合约的美元价值为 10 美元。

（5）外汇期货合约规定涨跌限制。涨跌限制是指每日交易变化的最大幅度限制。各种外汇期货合约的每日变化的最大幅度也各不相同。例如，英镑期货合约的涨跌限制为每 1 英镑的美元汇价的 500 个基点，每份合约的美元价值为 1 250 美元；荷兰盾期货合约的美元价值为 1 250 美元。

（三）外汇期货交易的应用

1. 外汇期货的套期保值

所谓套期保值（Hedge），是指利用期货交易来降低或减少现货市场的价格波动风险的一种经济活动。其基本原理是：外汇期货价格与现汇价格具有同方向变动的特点，当在两个市场进行"交易方向相反、交易数量相当"的买卖操作时，必然出现两个相反的交易结果，即一个市场盈利、一个市场亏损，这样就可以用其中一个市场的盈利来弥补另一个市场的亏损，从而达到对所持有的外汇债权或债务进行保值的目的。外汇期货套期保值分为空头套期保值和多头套期保值。

（1）空头套期保值。它是指当预计未来将在现货市场卖出某种外汇时，为防范该外汇汇率下跌，而事先在期货市场上卖出相应的外汇期货，即处于空头地位；等到在现汇市场实际卖出外汇时，同时在期货市场上将原来卖出的外汇期货进行平仓（即买进相应的外汇期货），这样就可以减少现汇市场上的亏损。

【例 6.8】 某年 3 月 8 日美国公司出口了一批商品，两个月后可收到 500 000 瑞士法郎。为防范两个月后瑞士法郎贬值，公司决定利用瑞士法郎期货（每份合约 125 000 瑞士法郎）进行空头套期保值。其具体操作如表 6.1 所示。

表 6.1 空头套期保值的具体操作情况

现 汇 市 场	外汇期货市场
3 月 6 日 预收 500 000 瑞士法郎 汇率：1 美元=0.883 8/46 瑞士法郎 折合美元：500 000÷0.884 6=565 227（美元）	3 月 6 日 卖出 4 份 9 月份的瑞士法郎期货 价格：1 瑞士法郎=1.132 0 美元 价值：125 000×4×1.1320=566 000（美元）
5 月 6 日 卖出 500 000 瑞士法郎 汇率：1 美元=0.889 8/04 瑞士法郎 折合美元：500 000÷0.890 4=561 545（美元）	5 月 6 日 买进 4 份 9 月份的瑞士法郎期货 价格：1 瑞士法郎=1.125 0 美元 价值：125 000×4×1.125 0=562 500（美元）
结果：亏损 561 545-565 227=-3 682（美元）	结果：盈利 566 000-562 500=3 500（美元）

从表 6.1 中可以看出，两个月后瑞士法郎真的贬值后，现汇市场就亏损 3 686 美元，但通过在期货市场上做套期保值后，可以盈利 3 500 美元。这样，就可以抵消现汇市场的亏损。当然，如果两个月后现汇市场上的瑞士法郎并没有出现贬值而是升值了，这样就会出现相反的结果，即现汇市场盈利、期货市场亏损，同样两个市场之间的盈亏可以弥补。总之，无论出现哪种情况，都可以将损失降到最低，从而达到保值的效果。

（2）多头套期保值。它是当预计未来将在现货市场买入某种外汇时，为防范该外汇汇率上升，而事先在期货市场上买入相应的外汇期货，即处于多头地位；等到在现汇市场实际买入外汇时，同时在期货市场上将原来买入的外汇期货进行平仓（即卖出相应的外汇期货），这样就可以减少现汇市场上的亏损。

【例 6.9】 假设某年的 8 月初美国公司从英国进口了一批价值为 250 000 英镑的货物，3 个月后支付货款，为防范因英镑汇率上升导致进口成本增加，公司准备通过做英镑期货（每份合约 62 500 英镑）交易来进行多头套期保值。其具体操作如表 6.2 所示。

表 6.2 多头套期保值的具体操作情况

现 汇 市 场	外汇期货市场
8 月初 汇率：1 英镑=1.682 0/30 美元 250 000 英镑可折合 420 750 美元	8 月初 买进：4 份 11 月份英镑期货 价格：1 英镑=1.682 5 美元 价值：62 500×4×1.682 5=420 625（美元）
11 月初 买进：250 000 英镑 汇率：1 英镑=1.692 4/32 美元 支付：423 300 美元	11 月初 卖出：4 份 11 月份英镑期货 价格：1 英镑=1.692 0 美元 价值：62 500×4×1.6920=423 000（美元）
结果：损失 420 750-423 300=-2550（美元）	结果：盈利 423 000-420 625=2 375（美元）

从表 6.2 中可以看出，3 个月后因英镑汇率上升，在现汇市场上买进 250 000 英镑需要多支付 2 550 美元，但由于在期货市场上做了多头套期保值而盈利了 2 375 美元，这样就可以抵消现汇市场上的亏损。当然，如果 3 个月后现汇市场上的英镑并没有升值而是贬值了，这样就会出现相反的结果，即现汇市场盈利、期货市场亏损，同样两个市场之间的盈亏可以弥补。总之，无论哪种情况出现，都可以将损失降到最低，从而达到保值的效果。

2. 外汇期货的投机

外汇期货投机是指交易者在没有拥有实际的外币债权或外币债务的情况下，而是纯粹根据自己对外汇市场行情的预测，通过在期货市场上的低买高卖从中赚取差价的行为。它具体包括买空和卖空两种情况。所谓买空，是指当预测某种货币汇率将上升时，先买进该种货币的期货合约，然后再卖出该种货币的期货合约的一种情况。所谓卖空，是指当预测某种货币汇率将下降时，先卖出该种货币的期货合约，然后再买进该种货币的期货合约的一种情况。

【例 6.10】假设某投机者在某年的 6 月份预测 1 个月后瑞士法郎对美元的汇率将会上升，于是先买进 10 份 8 月份瑞士法郎期货（每份合约金额为 125 000 瑞士法郎），支付保证金 15 000 美元，成交价为 1 瑞士法郎=1.134 0 美元。假如 1 个月后（7 月份）瑞士法郎对美元的汇率真的上升了，这时投机者以 1 瑞士法郎=1.1360 美元的汇率抛出 10 份 8 月份瑞士法郎期货，从中可以获得多少盈利？

解：投机者 6 月份买进 10 份 8 月份瑞士法郎期货，总价值
$$125\ 000×10×1.134\ 0=1\ 417\ 500（美元）$$
7 月份投机者卖出 10 份 8 月份瑞士法郎期货，总价值：
$$125\ 000×10×1.136\ 0=1\ 420\ 000（美元）$$
从中得到的盈利为：1 420 000-1 417 500=2 500（美元）。

显然，本例中的投机者做的是买空投机；如果投机者预测汇率将下降时，就可以做卖空投机。当然，在实践中，投机者是否真的盈利，关键是其预测的汇率走势是否正确，如果预测错

误的话，就会亏损。

二、外汇期权交易及其原理

（一）期权与外汇期权的含义

期权（Options），又称选择权，是一种以一定的费用（期权费）获得在一定的时刻或时期内买入或卖出某种货币（或股票）的权利的合约。外汇期权（Foreign Exchange Option），又称外汇选择权，是外汇期权合约的购买者在规定期限内按交易双方约定的价格购买或出售一定数量的某种外汇权利的外汇交易形式。

在期权交易中，将购买期权的一方称为买方，将出售期权的一方则称为卖方。期权的买方具有在该项期权规定的时间内选择买或不买、卖或不卖的权利，他可以行使其权利，也可以放弃其权利；而期权的卖方则只负有期权合约规定的义务，即在该项期权规定的时间内随时准备依买方的要求按协定价格买进或卖出标准数量的金融工具。因此，期权的买方要付给卖方一笔期权费，又称权利金。期权费实际上是期权买入者转移风险的成本，或者说，它是期权出售者承担风险的收入，其性质类似于保险业务中的保险费。对于一个购买外汇期权合约者来说，放弃权利损失的只是一笔相当小的期权费。它与外汇远期交易合同不同，对于签订外汇远期合同的投资者，即使市场发生了变化，使投资者亏损，他仍有义务按原协议价格完成远期外汇交易。

期权交易最早始于 18 世纪后期的美国和欧洲市场，1973 年 4 月 26 日芝加哥期权交易所（CBOE）成立，进行期权合约买卖。期权合约的有关条款，包括合约量、到期日、敲定价等都逐渐标准化。随着股票指数期货期权交易的成功，各交易所将期权交易迅速扩展到其他金融期货上。目前，期权交易所已经遍布全世界，其中芝加哥期权交易所是世界上最大的期权交易所。外汇期权出现的时间较晚，现在最主要的外汇期权交易所是费城股票交易所（PHLX），它提供澳大利亚元、英镑、加拿大元、欧元、日元、瑞士法郎等货币的期权合约交易。

（二）期权的分类

（1）按期权的权利划分，分为看涨期权和看跌期权。所谓看涨期权（Call Options），又称买权，是指期权的买方向期权的卖方支付一定数额的期权费后，即拥有在期权合约的有效期内，按事先约定的价格向期权卖方买入一定数量的某种标的资产的权利，但不负有必须买进的义务。所谓看跌期权（Put Options），又称卖权，是指期权的买方向期权的卖方支付一定数额的期权费后，即拥有在期权合约的有效期内，按事先约定的价格向期权卖方卖出一定数量的某种标的资产的权利，但不负有必须卖出的义务。

（2）按期权的交割时间划分，分为美式期权和欧式期权。美式期权是指在期权合约规定的有效期内任何时候都可以行使权利。欧式期权是指在期权合约规定的到期日方可行使权利，期权的买方在合约到期日之前不能行使权利，过了期限之后合约自动作废。

（三）外汇期权交易的应用

外汇期权交易所具有的特点使其比外汇远期交易和外汇期货交易更具有有效规避汇率风险的优势，因而成为进出口商和国际投资者经常使用的一种保值手段。期权交易分为买入看涨期权和买入看跌期权。所谓买入看涨期权，是指负有外汇债务的进口商和借款者为规避汇率上升的风险，通过买入看涨期权以达到保值目的的一种行为。在看涨期权有效期内，当市场即期汇率高于或等于期权的协定价格时，就执行期权；当市场即期汇率低于期权的协定价格时，就放弃期权。相应地，所谓买入看跌期权，是指持有外汇资产的出口商和投资者，为规避外汇汇率大幅下跌的风险，通过买入看跌期权以达到保值目的的一种行为。在看跌期权的有效期内，当市场即期汇率低于或等于期权的协定价格时，就执行期权；当市场即期汇率高于期权的协定价格时，就放弃期权。

【例 6.11】 我国某出口商在 5 月初向澳洲出口了一批商品，1 000 000 澳元的出口货款要到 3 个月后才能收到。为避免 3 个月后澳元下跌所带来的出口收入减少的风险，该出口商决定购买 3 个月期的澳元看跌期权进行保值。当天即期汇率为 1 澳元=5.824 9/63 元人民币，期权协定价格为 1 澳元=5.816 2 元人民币，期权费为 1 澳元=0.001 元人民币。假设 3 个月后澳元对人民币的即期汇率可能出现以下三种情况：①5.816 0/62；②5.816 2/68；③5.818 8/93。

试分别计算该出口商在三种情况下出售 1 000 000 澳元后所得到的人民币净收入。

解：（1）在即期汇率为 1 澳元=5.816 0/62 元人民币的情况下，由于即期汇率低于期权的协定价格，因而出口商选择了执行看跌期权。按照 1 澳元=5.816 2 元人民币的协定价格出售 1 000 000 澳元：

收入人民币：1 000 000×5.816 2=5 816 200 元（人民币）；

期权费：1 000 000×0.001=1 000 元（人民币）；

净收入：5 816 200-1 000=5 815 200 元（人民币）。

（2）在即期汇率为 1 澳元=5.816 2/68 元人民币的情况下，由于即期汇率等于期权的协定价格，因而出口商选择了执行看跌期权。按照 1 澳元=5.816 2 元人民币的协定价格出售 1 000 000 澳元：

收入人民币：1 000 000×5.816 2=5 816 200 元（人民币）；

期权费：1 000 000×0.001=1 000 元（人民币）；

净收入：5 816 200-1 000=5 815 200 元（人民币）。

（3）在即期汇率为 1 澳元=5.818 8/93 元人民币的情况下，由于即期汇率高于期权的协定价格，因而出口商选择放弃了执行看跌期权。按照 1 澳元=5.818 8 元人民币的协定价格出售 1 000 000 澳元：

收入人民币：1 000 000×5.818 8=5 818 800 元（人民币）；

期权费：1 000 000×0.001=1 000 元（人民币）；

净收入：5 818 800-1 000=5 817 800 元（人民币）。

显然，本例为买入看跌期权的情况，其操作的关键是期权协定价格与市场即期汇率价格的比较，其原理同样也适合于买入看涨期权的操作分析。

三、外汇互换交易及其原理

所谓互换交易，又称互换协议，是指一种交易双方同意在约定的期限内彼此交换一系列现金流或资产的一种交易。互换交易是近年来国际金融市场上发展起来的一种新型金融衍生工具，它集外汇市场、货币市场和资本市场业务于一身，既是融资工具的创新，又是风险管理的新手段。互换交易推出后就得到了迅速发展，并成为跨国公司、商业银行、国际金融机构甚至一国政府进行汇率和利率风险管理的一种有效手段。它起源于 20 世纪 70 年代英国和美国企业之间安排的英镑与美元的"平行贷款"和"背对背贷款"。

"平行贷款"一般涉及 4 个当事人：A 跨国公司的母公司、A 跨国公司的子公司、B 跨国公司的母公司、B 跨国公司的子公司。假设 A 母公司和 B 子公司在一个国家，如美国；B 母公司与 A 子公司在另一个国家，如英国。如果两个子公司都需要所在国币种的贷款，则可以由 A 母公司给 B 子公司美元贷款，B 母公司给 A 子公司英镑贷款，就可满足两个子公司的贷款需求。"背对背贷款"是在平行贷款的基础上发展起来的贷款形式。当国外子公司需要外币资金时，母公司先借入本币资金，然后与另一家跨国公司的母公司进行贷款互换，这样就可以换来子公司需要的币种资金。当然，"平行贷款"和"背靠背贷款"也存在以下缺陷：一是两种贷款分别属于两个相对独立的贷款协议，如果一方违约，另一方仍需要履行贷款协议；二是两种贷款都需要在资产负债表内反映，因此可能影响资产负债表的质量；三是两种贷款中找到与自己贷款需求完全匹配的交易对手是很困难的。可见，两种贷款在实际中的应用受到了很大的限制，在此基础上，货币互换的产生就弥补了上述的缺陷。

所谓货币互换（Currency Swap），是指交易双方通过签订货币互换协议，在一定期限内将不同货币计价的本金进行互换，并相互支付利息，到期后再将本金换回的一种交易。它是一种常见的债务保值工具，主要用来控制中长期汇率风险，将债务或资产的外汇计价方式进行必要的转换，就可以达到规避汇率风险、降低成本的目的。这一功能与早期的"平行贷款"和"背对背贷款"相似。货币互换一般包括：期初的本金互换、期中的定期支付利息和期末的本金再互换三个环节。

【例 6.12】 英国的 B 母公司希望将 1 000 万英镑换成美元，而美国的 A 母公司希望将美元换成英镑。假设当时的即期汇率为 1 英镑=1.5 美元，美元利率为 5%，英镑利率为 4%，双方通过花旗银行安排了一笔以即期汇率为协定汇率的货币互换，合约期为两年，利息每年支付一次。其具体过程如下：

第一步，双方互换本金：美国 A 公司得到 1 000 万英镑，英国 B 公司得到 1 500 万美元。

第二步，双方定期支付利息给对方：美国 A 公司每年可以得到利息 75 万美元，英国 B 公司每年可以得到利息 40 万英镑。

第三步，双方再次互换本金，美国 A 公司得到 1 500 万美元，英国 B 公司得到 1 000 万英镑。

显然，货币互换就克服了"平行贷款"和"背靠背贷款"的缺陷：①货币互换一般只签订一个协议，即使一方违约，也不会使另一方遭受损失；②货币互换一般不需要在资产负债表内反映，它属于表外业务；③货币互换一般由金融机构作为中介为交易双方进行互换安排，更容易找到交易对手。

在实践中，除了货币互换之外，还有一种金融互换，即利率互换。所谓利率互换，是指交易双方在一定时期内将币种相同、利率不同的资产或债务进行相互交换的一种交易。利率互换主要用于管理中长期的利率风险。交易者通过利率互换可以将一种利率形式的资产或负债转换成另一种利率形式的资产或负债。例如，债务人可根据国际资本市场上的利率走势，通过运用利率互换，可将自身的浮动利率债务转换为固定利率债务，或者将固定利率债务转换为浮动利率债务。利率互换一般不涉及债务本金的交换,即客户不需要在期初和期末与银行互换本金。一般地,当利率看涨时,将浮动利率债务转换为固定利率债务;当利率看跌时,将固定利率债务转换为浮动利率债务,这样有利于债务人规避利率风险,降低债务成本。

第四节 外汇风险及其管理

一、外汇风险的概念

所谓外汇风险(Foreign Exchange Risk),又称汇率风险,是指经济主体在从事外汇交易活动中,由于汇率波动而导致其本币价值蒙受损失的一种可能性。虽然汇率的波动会给外汇持有者或运用者的未来现金流量带来不确定性,即它有可能导致损失也有可能带来收益,但外汇风险通常是指那种导致损失的一种可能性。外汇风险存在于一切的涉外交易活动中,当从事涉外贸易、投资和借贷活动的主体在国际范围内从事收付大量外汇或拥有以外币表示的资产和债权债务活动时,都会面临各种各样的汇率风险。

从外汇买卖的角度来看,买卖盈亏未能抵消的那部分就有可能面临着汇率风险。该部分外汇风险的外币金额称为"受险部分",又称"外汇敞口"或"外汇暴露",包括直接受险和间接受险两个部分。所谓直接受险部分,是指外汇交易主体因进行外汇交易所产生的具体受险部分,其承担的外汇风险金额是确定的;所谓间接受险部分,是指由于汇率变动对国内经济产生影响而间接引起的,它不是由交易主体自己从事外币交易直接导致的,因而它所承受的外汇风险金额是不确定的。

外汇风险主要是由于经济主体所拥有的外汇头寸或外汇持有额而产生的,其构成要素主要包括兑换币种和兑换时间。因此,在外汇头寸一定的情况下,只要消除其中的一个,就可以达到减少或防范外汇风险的目的。其基本思路是,一要尽量减少外币兑换、计价、结算的频率次数;二要尽量缩短外汇兑换的期限或者根据对外汇汇率走势的预测,适当调整未来外币收付的时间等。

二、外汇风险的主要类型

在实际中,常见的外汇风险主要分为五种:即买卖风险、结算风险、会计风险、经营风险和储备风险。

(一)买卖风险

所谓买卖风险,又称交易风险,是指经济主体在从事外汇买卖活动中所产生的汇率风险。这种风险是以目前买进或卖出外汇,将来又必须卖出或买进外汇的活动为前提的。例如,对于一个美国外汇交易者来说,先按照 1 欧元=1.208 2 美元的汇率买进欧元,然后以 1 欧元=1.207 1 美元的汇率卖出欧元。这样,他在买卖 1 欧元的交易中就会发生 0.001 1 美元的亏损,蒙受这种损失的可能性在于汇率发生了波动,这就是外汇买卖风险。商业银行的外汇风险主要是外汇买卖风险,因为外汇银行的交易多数都是外汇买卖,即外币现金债权的买卖。当然,商业银行以外的其他外汇交易者也会面临外汇买卖风险。

(二) 结算风险

所谓结算风险,是指经济主体在以外币计价或成交时,由于汇率波动而引起亏损的一种风险,即在以外币计价或成交的交易中,因为交易过程中外汇汇率的变化使得实际支付的本币现金流量变化而产生的亏损。这种外汇风险主要是伴随着商品及劳务交易过程中的外汇结算而发生的,其具体活动包括:一是企业资产负债表中所有未结算的应收应付款所涉及的交易活动和以外币计价的国际投资和信贷活动;而是表外项目所涉及的,具有未来收付现金的交易,如远期外汇合约、期货买卖及研究开发等。因此,可能产生外汇结算风险的具体活动有:一是在国际贸易中,贸易商无论是以即期支付还是延期支付都要经历一段时间,在此期间汇率的变化会给交易者带来损失,从而产生交易结算风险。例如,中国出口商输出价值为 10 万美元的商品,在签订合同时汇率为 US\$1=RMB\$8.30,出口商可收 83 万人民币货款,而进口商应付 10 万美元。若三个月后才付款,此时汇率为 US\$1=RMB\$8.20,则中国出口商结汇时的 10 万美元只能换回 82 万元人民币,出口商因美元下跌损失了 1 万元人民币。相反,结汇时若以人民币计价,则进口商支付 83 万元人民币,需支付 10.12 万美元。二是在外币计价的国际投资和国际借贷活动中。例如,投资者以本国货币投资于某种外币资产,如果投资本息收入的外币汇率下跌,投资实际收益就会下降,使投资者蒙受损失。三是在国际资本借贷过程中,如借入一种外币需换成另一种外币使用,或偿债资金的来源是另一种货币,则借款人就要承担借入货币与使用货币或还款来源之间汇率变动的风险,若借入货币的汇率上升,就增加借款成本而有受损的可能。

(三) 会计风险

所谓会计风险,又称折算风险或外汇评价风险,是指经济主体在进行外币债权、债务结算和财务报表的会计处理过程中,对于必须换算成本币的各种外汇计价项目进行评议所产生的风险。企业会计通常是以本国货币表示一定时期的营业状况和财务内容的,这样,企业的外币资产、负债、收益和支出都需按一定的会计准则换算成本国货币来表示,在换算过程中会因为所涉及的汇率水平不同、资产负债的评价各异且损益状况也不一样,因而产生一种折算风险或外汇评价风险。例如,日本一家跨国公司在美国的子公司于 2004 年年初购得一笔价值为 10 万美元的资产,按当时汇率 1 美元=110.00 日元,这笔美元价值为 1 100 万日元,到 2004 年年底,日元汇率上升到 1 美元= 100.00 日元,于是在 2004 年年底该跨国公司的财务报表上,这笔美元资产的价值仅为 1 000 万日元,比开始时资产价值减少了 100 万日元。可见,会计风险的产生是由于折算时使用的汇率与当初入账时使用的汇率不同,从而导致外界的评价过大或过小。一般在跨国公司中会经常发生折算风险,它实际上是一种账面上的风险,企业的实际经营状况并不会因此而发生变化。

(四) 经营风险

所谓经营风险,又称经济风险,是指经济主体在经营过程中由于汇率波动而导致其未来收益或现金流的本币价值发生损失的可能性。经营风险的大小取决于汇率波动对企业产品的未来价格、销售量及成本的影响程度。例如,当一国货币贬值时,出口商可能因出口商品的外币价格下降而刺激出口,从而使出口额增加而收益;另一方面,如果出口商在生产中所使用的主要原材料是进口品，因本国货币贬值会提高以本币表示的进口品的价格，这样其出口品的生产成本又会增加，其结果有可能使出口商的未来纯收益下降。经营风险的分析是一种概率分析，是企业从整体上进行预测、规划和经济分析的一个具体过程。因此，经营风险不是出自会计程序，而是来源于经济分析。潜在的经营风险会直接关系到海外企业的实际经营效果或投资收益，对于一个企业来说，经营风险较之其他外汇风险更为重要，它会通过影响产品的成本、售价等对企业的运营产生影响。

（五）储备风险

所谓储备风险，是指经济主体在持有外汇储备期间由于储备货币的汇率波动而引起的外汇储备本币价值发生损失的可能性。在涉外经济活动中，不论是政府、企业还是商业银行，为了弥补国际收支和应付国际支付的需要，都需要保持一定的国际储备，其中相当大的部分是外汇储备。在一般情况下，外汇储备中的币种要尽量多元化，并根据汇率波动和支付需要及时调整币种结构，才能使储备风险减小到最低程度。

三、外汇风险管理的主要方法

外汇风险的管理方法比较多，其大致可以分为两类：内部管理方法和外部管理方法。内部法主要是通过改善企业内部管理来实现的，要求在尽量减少外汇头寸风险的基础上，给企业争取更多的利润；外部法主要是在内部管理不足以消除外汇头寸的情况下，利用金融机构服务或金融市场上的外汇交易等外部措施来实现外汇风险管理。

（一）外汇风险的内部管理方法

1. 选择对自己有利的计价货币

在对外经济交易中，可供选择用于计价的货币共有四种：本国货币、外国出口商所在国货币、外国进口商所在国货币、第三国货币。

选择本国货币计价对本国的进出口都有利，出口商以本币计价收入货款时，它可以确切地知道自己将取得多少本币，而不管汇率如何变动。以本币计价交易从根本上规避了外汇交易，从而完全避免了外汇风险。此方法的优点是简便易行，但代价是有可能给贸易谈判带来一定的困难，或在价格与信用期限方面做出某些让步，这等于是为转移外汇风险花费了保险费，应对这笔保险费与运用其他方法所需费用进行比较，以从中选择费用最低的方法。

选择外国进口商所在国货币计价时，上述以本币计价的好处不复存在，由于本国进口商付款时需要买入外币，本国出口商收到货款时需卖出外汇，外汇风险在所难免。在进出口贸易中，汇率稳定且有上升趋势的货币称为硬货币；汇率不稳定且有下跌趋势的货币称为软货币。一般来说，在出口贸易中，力争选择硬货币来计价结算；在进口贸易中，力争选择软货币计价结算。采用第三国货币计价时，进出口双方都需要进入外汇市场进行外汇交易，因而都面临着外汇风险。同时，进口商可以从计价货币相当于本国货币贬值、汇率下降中获得好处，出口商可以从计价货币相对于本国货币升值、汇率上升中获益，所以上述原则仍然适用。总之，在计价货币的选择上注意两条原则以防范外汇风险：一是尽量以本币计价；二是收硬付软原则。

2. 提前或推迟收付外汇

提前或推迟收付外汇是根据对汇率的预测，对在未来一段时期内必须支付和收回的外汇款项采取提前或推迟结算的方式以减少交易风险。提前收付是在规定时间之前结清债务或收回债权；滞后收付是在规定时间已到时尽可能推迟结清或收回债权。一般而言，如果预计计价结算货币的汇率趋跌，那么出口商或债权人则应设法提前收汇，以避免应收款项的贬值损失，而进口商或债务人则应设法推迟付汇；反之，如果预计计价结算货币的汇率趋升，出口商或债权人则应尽量推迟收汇，而进口商或债务人则应尽量设法提前付汇。

不过值得注意的是，提前或推迟收付所依据的是进出口商对汇率的预测。若预测准确，不仅能避免外汇风险，而且能额外获益；若预测失误，将受到损失，因此带有投机性质。另外，在实际收付过程中，进出口商单方面提前或推迟收付外汇并非易事，因为要受到合同约束、外汇管制和国内信用规定等方面的限制。

3. 划拨清算法

划拨清算法是指交易双方约定在一定时期内，双方的经济往来用同一种货币计价，每笔交易的数额只在账面上划拨，到规定的期限才清算。双方交易额的大部分都可互抵，并不需要进行实际支付，所以也不承受汇率波动的风险。这种方式仅从防范外汇风险的角度看是很有吸引力的，但也存在一些问题：一是采用这种方式交易的双方经济往来关系要相当密切频繁，否则难以达成这种协议；二是即使有了这种协议，有一定的信用额度，但实际交易往往突破这种额度，贸易出超一方等于给对方提供了无息贷款，而且为了平衡，一方提供的商品并非都是对方所需的商品。这种方法在国家之间运用较多，而在外汇银行或进出口银行之间运用不多，但在汇率波动频繁的情况下，只要条件合适，仍不失为一种防范外汇风险的方法。

4. 自动抛补法

自动抛补法是指当企业既经营出口交易同时又进行进口交易，不断地有外汇收入又不断地需要支付外汇时，可以设法调整收汇与付汇的币种和期限，争取以进口外汇头寸轧抵出口外汇头寸，以防范外汇风险。例如，某企业既从日本进口商品又向日本出口商品，如果该企业的进出口交易均采用日元计价并将其进口付汇时间安排在出口收汇的时候，就可用出口收到的日元货款支付进口所需的日元。

5. 调整贸易价格法

调整贸易价格法指承担外汇风险的进出口商人通过在贸易谈判中调整商品价格，以减少使用外币结算给自己带来的损失的外汇风险管理办法。调整贸易价格法主要有加价保值法和压价保值法两种。

（1）加价保值法主要用于出口交易中。它是出口商接受软币计价成交时，将汇价损失摊入出口商品的价格中，以转移外汇风险。国际上即期交易和远期交易的加价保值都有固定的公式。

即期交易的加价公式为

$$加价后的商品单价 = 原单价 \times (1+货币贬值率) \qquad (6-1)$$

远期交易的加价公式为

$$加价后的商品单价 = 原单价 \times (1+货币贬值率+利率) \times 期数 \qquad (6-2)$$

如果这笔远期交易采取分期付款的方式，就应逐年剔除所收回货款部分的时期值和预计的汇率风险损失。

（2）压价保值法用于商品进口交易中，进口商在进行硬货币计价的国际贸易中，通过压低进口商品的价格来减少硬货币升值可能带来的损失。按国际惯例，压价保值也分即期交易和远期交易两种。

即期交易的降价公式为

$$压价后的商品单价 = 原单价 \times (1 - 货币升值率) \quad (6-3)$$

远期交易的降价公式为

$$压价后的商品单价 = 原单价 \times (1 - 货币升值率 + 利率) \times 期数 \quad (6-4)$$

必须指出，调整价格不等于消除了外汇风险，只是风险程度有所减轻而已。此外，采用此法必须在市场条件允许的情况下才会有效。

6. 调整国内合同条件

调整国内合同条件是一种向国内交易对手或消费者转嫁外汇风险的方法。例如，外贸企业在将进口原材料卖给国内制造商时，以外币计价签订合同，外汇风险由制造厂家承担，实际上等同于厂家直接从国外进口原材料。此外，进口商对于汇率变动的损失还可以通过提高国内售价转嫁给国内的用户和消费者。这种方法能否有效往往取决于以下两个条件：一是国内制造厂家的风险认识、风险承受能力及其对进口原料的急需程度；二是国内市场条件是否允许制造厂家将被转嫁的风险损失通过商品涨价方式再转嫁给消费者。

7. 资产负债表保值

资产负债表保值是避免会计风险的主要措施，它是通过调整短期资产负债结构，从而避免或减少外汇风险的方法。

资产负债表保值的基本原则是：如果预测某种货币将要升值，则增加以此种货币持有的短期资产，即增加以此种货币持有的现金、短期投资、应收款和存货等，或减少以此种货币表示的短期负债，或两者并举；反之，若预测某种货币将要贬值，则减少以此种货币持有的资产，或增加以此种货币表示的负债，或两者并举。

8. 利率和货币调换

利率和货币调换是指将固定利率和浮动利率的债务或不同货币的债务进行相互调换，以达到防范筹资中外汇风险的目的。它包括两种形式：一种是不同期限的利率互换；另一种是不同计息方式（一般是固定利率与浮动利率）互换。

9. 货币保值条款

货币保值条款是防范汇率风险常用的一种手段，即在交易谈判时，双方协商在合同（往往是长期合同）中加入适当的保值条款，以防汇率多变的风险。常用的保值条款有：

（1）黄金保值条款。在订立合同时，按当时的黄金市场价格将支付货币的金额折合成若干盎司的黄金。到实际支付日，若黄金市场价格上涨，则支付货币的金额相应增加；反之则相应减少。例如，在实际支付日货币的黄金平价发生变化，如法定贬值10%（黄金升值），则合同金额要等比例进行调整，支付金额增加10%。这种方法主要在布雷顿森林体系前使用。

（2）货币保值条款。在合同中规定以硬货币计价，以软货币支付，并载明两种货币当时的汇率。到支付日时，若计价货币（保值货币）与支付货币之间的汇率发生了变化，可做如下处理:一是按支付日实际汇率将原来以计价货币表示的货款折算成支付货币进行支付;二是规定软货币对硬货币的贬值幅度,若小于规定的幅度(如 1%、1.5%或 3%),则不做调整,按签订合同时的汇率支付货款,否则按支付日的汇率进行调整。

(3)一揽子货币保值条款。在运用这种方法时,首先确定一揽子货币的构成,然后确定每种货币的权数,先定好支付货币与每种保值货币的汇价,计算出每种保值货币在支付总额中的金额比例,到期支付时再按付款时的汇率把各种保值货币的支付金额折算回支付货币进行支付。由于一揽子货币中的各种保值货币与支付货币汇价有升有降,汇价风险分散,可有效地避免或减轻外汇风险。

例如,我国一出口企业有价值为 90 万美元的合同,以欧元、英镑和日元三种货币保值,它们所占的权数均为 1/3,和美元的汇率定为 US\$1=EUR 0.82、US\$1=£0.6、US\$1=J\$110,则以此三种货币计算的价值各为 30 万美元,相当于 24.6 万欧元、18 万英镑、3 300 万日元。若到期结算时这三种货币与美元之间的汇率变为 US\$1=EUR 0.80、US\$1=£0.5、US\$1=J\$112,则按这些汇率以欧元、英镑和日元计价的部分重新折算回美元,付款时我国出口企业可收回 96.21 万美元的货款。

10. 债务净额支付

债务净额支付是指跨国公司在清偿其内部交易所产生的债权债务关系时,对各子公司之间、子公司与母公司之间的应付款项和应收款项进行划转与冲销,仅定期对净额部分进行支付,以此来减少风险性的现金流动,故又称轧差或冲抵。它具体包括双边债务净额支付和多边债务净额支付两种情形。前者是指在跨国公司体系两个经营单位之间定期支付债务净额的办法,后者是指三个或三个以上经营单位之间定期支付债务净额的方法。

现举例对多边债务净额支付加以说明。假定在某跨国公司的净额支付期间,法国子公司欠英国子公司等值于 500 万美元的英镑,英国子公司欠意大利子公司等值于 300 万美元的意大利里拉,意大利子公司欠法国子公司等值于 300 万美元的法国法郎,则三个子公司之间的债权债务关系经过彼此冲抵后,只要求法国子公司向英国子公司支付相当于 200 万美元的英镑,某种预先商定的货币资金即可结清。在此期间,资金的总流量是 1 100 万美元,资金的净流量为 200 万美元,彼此冲抵的资金流量为 900 万美元。可见,多边债务净额支付使支付数额和次数大为减少,达到了降低风险的目的。

11. 国际经营多样化

国际经营多样化是防范外汇风险中经济风险的一种基本策略,是企业在国际范围内将其原料来源、产品生产及其销售采取分散化的策略。当汇率变动时,企业就能通过其在某些市场竞争优势的增强来抵消在另一些市场的竞争劣势,从而消除经济风险。例如,对原材料的需求不只依赖于一至两个国家或市场,而是拥有多个原材料的供应渠道,即使由于某个国家货币汇率变化而使得原材料价格上涨,也不至于使生产成本全面提高而降低产品在国际市场的竞争力。企业产品的分散销售还可以在汇率变动时使不同市场上产品的价格差异带来的风险相互抵消。

(二)外汇风险的外部管理方法

1. 在外汇市场上做套期保值

套期保值是指在已经发生一笔即期或远期交易的基础上,为了防止汇率变动可能造成的损失而再做一笔方向相反的交易。如果原来一笔交易受损,则后来做的套期保值交易就必得益,以资弥补;或者正好相反,后者交易受损而前者得益。运用这个原理转嫁汇率风险的具体方式主要有外汇远期业务、外汇期货业务、外汇期权业务、货币互换、利率互换和远期利率协议等。

2. 在外汇市场上做掉期保值

掉期保值与套期保值在交易方式上是有区别的,前者是购现售远或购远售现(也可以是购近售远或购远售近),两笔相反方向的交易同时进行,而后者是在一笔交易的基础上所做的反方向交易。掉期交易的两笔外汇金额通常相等,而套期保值则不一定。掉期交易方式最常用于短期投资或短期借贷的业务中防范汇率风险。

3. 在金融市场上借款

在金融市场上借款是一种对现存的外汇暴露,通过在国际金融市场上借款,以期限相同的外币债权、债务与之相对应,从而消除外汇风险的做法。这种方法主要适用于交易结算风险的转嫁。

利用在金融市场上借款来避免外汇风险的一般做法是:对出(进)口商而言,第一,在签订贸易合同后立即在金融市场上借入所需外(本)币;第二,卖出(买入)即期外币,取得本(外)币资金;第三,利用金融市场有效地运用所取得的本(外)币资金;第四,执行贸易合同,出口商以出口货款偿还借款本息,进口商一方面以外币支付货款,另一方面以本币归还本币借款本息。

例如,某一日本公司和某一美国公司签订了价值 100 万美元的出口合同,三个月后收到货款。这三个月期间,该日本公司出现了 100 万美元的外汇头寸暴露,一旦美元贬值,它得到的日元就会减少。为了避免或减少外汇风险,日本公司在国外金融市场以年利率 12%借入 100 万美元,期限三个月,若当时的即期汇率为 US\$1=J\$100,将 100 万美元卖出可取得 1 亿日元。日本公司在金融市场上运用这笔资金投资于三个月的有价证券,年利率为 8%。通过这一系列的操作,在签订合同到收款这段时间,无论汇率发生什么变化,都与该公司无关。

4. 外币出口信贷

外币出口信贷是指在大型成套设备出门贸易中,出口国银行向本国出口商或外国进口商提供低利贷款,以解决本国出口商资金周转困难或满足外国进口商资金需要的一种融资业务。该方法有四个特点:第一,贷款限定用途,只能用于购买出口国的出口商品;第二,利率比市场利率低,利差由政府补贴;第三,属于中长期贷款;第四,出口信贷的发放与信贷保险相结合。它包括两种形式:一是卖方信贷(Supplier's Credit),即由出口商所在地银行对出口商提供的贷款;二是买方信贷(Buyer's Credit),即由出口商所在地银行对外国进口商或进口方的银行提供的融资便利。

5. 福费廷

福费廷指在延期付款的大型设备贸易中,出口商把由进口商承兑的、五年以内的远期汇票无追索权地卖给出口商所在地的金融机构,以提前取得现款的资金融通方式。在这种交易中,出口商及时得到货款,并及时地将这笔外汇换成本币。它实际上转嫁了两笔风险:一是把远期汇票卖给金融机构,立即得到现汇,消除了时间风险,并且以现汇兑换本币,也消除了价值风险,从而使出口商把外汇风险转嫁给了金融机构;二是由于福费廷是一种卖断行为,因而到期进口商不付款的信用风险也转嫁给了金融机构,这也是福费廷交易与一般贴现的最大区别。

6. 保付代理

保付代理是出口商以商业信用方式出卖商品时,在货物装船后立即将发票、汇票、提单等有关单据卖断给承购应收账款的财务公司或专业机构,收进全部或大部分货款,从而取得资金融通的业务。出口商在对收汇无把握的情况下,往往向保理商申请保付代理业务。该种业务的结算方式很多,最常见的是贴现方式。由于出口商能够及时地收到大部分货款,与托收结算方式比较起来,不仅避免了信用风险,还减少了汇率风险。

7. 外汇风险保险

汇率变动险是一国官方保险机构开办的,为本国企业防范外汇风险提供服务的一种险种。具体做法是,企业作为投保人,定期向承保机构缴纳规定的保险费,承保机构则承担全部或部分的外汇风险。企业在投保期间所出现的外汇风险损失由承保机构给予合理的赔偿,但若有外汇风险收益,也由承保机构享有。目前,不少国家为了鼓励本国产品的出口,开设了外汇保险机构,承保外汇汇率风险。

四、外汇风险管理的策略

外汇风险管理的策略是指企业或银行等国际经济交往的主体对外汇风险所持的态度。各个经济主体根据对外汇风险的认识或投机或避险动机与其他各方面因素相结合,会采取不同的策略态度,并由此来安排风险暴露的程度,采取相应的防范手段。一般来说,外汇风险的管理策略可分为以下三种。

(一)完全防范策略

完全防范策略是指经济主体在涉外业务中尽可能地阻止外汇风险的形成,以避免汇率波动可能带来的风险损失的外汇风险管理策略。这种外汇风险管理策略要求两项客观条件:一是有关的风险管理措施对生产和经营的消极影响极小。比如,采用本币计价法可以通过消除外币因素而阻止外汇风险形成,但是这以对方能够接受并且不提出附加条件为客观前提。二是风险管理中的交易成本较低。这是一种极端谨慎的避险策略。

(二)完全不防范策略

完全不防范策略即对外汇风险不采取任何措施,当汇率朝着有利方向变动时则坐收其利,汇率向不利方向变动时则甘愿受损,这是一种消极的策略。企业或银行通常在以下情况采取此策略:

(1)典型的固定汇率条件下,或虽然处于浮动汇率条件下,但市场不存在交易限制,市场机制能顺利发挥作用,市场容易达到均衡状态,汇率波动的规律性较明显,且波动幅度不大。

(2)外汇业务量小,或采取防范外汇风险的费用比可能遭受的外汇风险的损失大。

(3)出于投机心理,当预测汇率向有利于自己的方向变动时采取此策略。

在现行的浮动汇率条件下,对外汇风险采取完全不防范策略的企业或外汇银行是不多见的,因为在现实经济中,不仅存在金融、外汇方面的管制,而且汇率容易受经济、政治、军事等各方面的影响而发生剧烈波动,外汇市场的均衡状态几乎不可能实现。

(三)部分防范策略

部分防范策略是指只对所面临的外汇风险中一部分采取防范措施的策略。采用此策略的关键是要决定在全部受险部分中,哪些需要采取防范措施,哪些不需要采取防范措施,并对需要采取防范措施的受险部分占全部受险部分的成本与不采取防范措施时可能蒙受的损失进行比较。除此之外,还要考虑防范风险的难易程度,对汇率走势预测的准确程度与经营者的经营作风等。根据经营者的经营作风,该策略又分为进攻型和防守型。

采取进攻型策略的企业或银行,在面对高收益和低风险的"替代选择"时,挑选的是高收益,它们总是力图以最有利的条件进行交易,但有可能要蒙受较大的风险,这种策略带有投机的性质。一方面要采取某些平衡外汇头寸的措施,部分地防范风险;另一方面又在对未来汇率变动进行预测的基础上,有意识地使某些货币处于"超买"或"超卖"的地位,坐收汇率变动之利。

采取防守型策略的企业或银行以稳健为原则,在面对高收益与低风险的"替代选择"时,选择的是低风险。企业在出口商品报价时,尽量力求以本币报价,并尽可能适时地对外币应收款进行远期保值。外汇银行会极力地将其外币的资产和外币负债相对冲,使其外汇现金的流入和流出量尽可能多地抵消,尽可能地减少外汇风险。

企业或银行在这两种策略中作何选择,主要取决于它们精确地预测汇率变动的能力,如果企业或银行能够很准确地预测出汇率变动的基本趋势和一定时期内汇率变动的具体幅度,那么他们可以采用进攻型策略;反之,则不应冒过高的风险,而应采用防守型策略,力争使损失降至最低。

本章小结

所谓外汇市场,是指专门从事外汇交易的场所或网络。它是国际金融市场的重要组成部分,其市场结构分为主体结构、客体结构和交易结构。

在外汇市场上,由于外汇交易的动机、目的、手段和管理方式的不同,必然会产生多种多样的外汇交易方式。其中,基本交易方式主要包括:外汇即期交易、外汇远期交易、外汇套汇交易、外汇套利交易与外汇掉期交易;衍生交易方式主要包括:外汇期货交易、外汇期权交易与外汇互换交易。

外汇风险有广义和狭义之分,广义的外汇风险是指由于汇率、利率变化和交易者到期违约或外国政府实行外汇管制给外汇交易者可能带来的任何经济损失或经济收益;狭义的外汇风险又称汇率风险,是指经济主体在持有或运用外汇的经济活动中,因汇率波动而蒙受损失的一种可能性。外汇风险通常指的是汇率波动带来损失的可能性。

外汇风险基本上可以分成五大类:买卖风险、结算风险、会计风险、经济风险和储备风险。管理外汇风险的内部方法主要是通过改善企业内部经营来实现;外部方法主要是利用其他金融机构的服务或金融市场防范外汇风险的方法。

本章重要概念

外汇交易；外汇市场；外汇批发市场；外汇零售市场；即期外汇交易；远期外汇交易；套汇交易；套利交易；互换交易；外汇期货交易；外汇期权交易；外汇头寸；外汇风险

本章复习思考题

1. 国际外汇市场的含义是什么？
2. 外汇市场的特点与作用有哪些？
3. 外汇市场的交易方式有哪些？其原理是什么？
4. 外汇风险的含义与种类是什么？
5. 外汇风险管理的策略与含义是什么？
6. 外汇风险管理的内部方法和外部方法的基本内容是什么？

第七章　欧洲货币市场与离岸金融市场

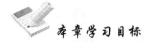
本章学习目标

理解欧洲货币、亚洲货币与离岸货币的概念；熟悉欧洲货币市场的含义、形成、发展及其特点；掌握欧洲货币市场的种类与基本业务；理解欧洲债券的含义；掌握离岸金融市场的特征与主要类型等。

国际金融市场是国际借贷和国际投融资的重要场所，世界经济的发展和国际金融市场的状况紧密相关。作为 20 世纪 50 年代末期国际金融领域中的一个新生事物，欧洲货币市场既是现代国际金融市场的重要子市场，也是现代国际金融市场中创新最为活跃的市场。20 世纪 80 年代以来，世界经济和金融格局发生的巨大变化，进一步推动了欧洲货币市场的巨大发展，并促使其在内部结构与功能上发生了一系列变化。进入 21 世纪后，欧洲货币市场和离岸金融市场更是成为世界经济发展的核心要素，为此世界各国在其内涵建设、功能定位以及空间布局等方面展开了越来越激烈的竞争等。

第一节　欧洲货币与欧洲货币市场

欧洲货币市场是 20 世纪 50 年代末期国际金融领域中一个新生事物，也是当代国际金融市场的核心和主题。它的出现标志国际金融市场发展进入了一个新的历史阶段。

一、欧洲货币与欧洲货币市场的概念

所谓欧洲货币（Euro-currency），又称境外货币，是指在货币发行国境外被存储和借贷的各种货币的总称。所谓欧洲货币市场，是泛指各种境外货币借贷和境外货币债券发行与交易的市场。它是当代国际金融市场的核心。在理解欧洲货币市场这个概念时，需要注意以下几个方面的问题：

（1）关于货币概念的理解。从经营的对象来看，欧洲货币市场交易的对象的是"欧洲货币"。这里的欧洲货币，并非是指欧洲国家的货币，而是泛指在货币发行国境外流通的货币。这里的"欧洲"并不是一个地理概念，而是指"境外"。因此，欧洲货币从本质上看是境外货币，只是由于这种境外存放、借贷业务最早开始于欧洲，故习惯上称之为欧洲货币。例如，在美国境外作为借贷对象的美元即为欧洲美元，当然，这里的欧洲美元并不是一种特殊的美元，它与美国境内流通的美元是一样的，具有同等的价值和购买力。类似的，在日本境外作为借贷对象

的日元即为欧洲日元，在英国境外作为借贷对象的英镑即为欧洲英镑，等等，总之，欧洲货币是对所有这种境外货币的统称。

（2）关于地域概念的理解。从地域上看，欧洲货币市场最早产生于欧洲，但不仅限于欧洲。"欧洲"这个词在这里不再是一个单纯地理意义上的概念，之所以继续这样沿用只不过是人们的一种习惯。其地域范围早已突破"欧洲"的界限，并扩展至亚洲、北美洲、拉丁美洲等。20世纪70年代以来，随着欧洲货币市场业务的发展，中东、远东、加勒比海地区、加拿大和美国等地的市场也开始经营境外货币业务，所以欧洲货币市场已经突破纯粹欧洲的地理概念，而是泛指世界各地的境外货币市场或离岸货币市场。

（3）关于市场概念的理解。从业务经营范围来看，欧洲货币市场并不仅限于"货币"市场业务，这里的"货币"也是一个习惯叫法，它其实具有某种"资金"的含义。尽管欧洲货币市场是一个以短期资金借贷为主的市场，但其业务范围并不限于短期资金借贷，它还经营中长期信贷业务和欧洲债券业务，如欧洲信贷市场、欧洲债券市场等。

总之，欧洲货币市场最早起源于欧洲，主要以伦敦为中心，并逐渐向亚洲、北美洲和拉丁美洲等地区扩散，现已发展成为跨越国界、遍布全球的真正意义上的国际金融市场。除了欧洲的伦敦、卢森堡、巴黎、法兰克福外，亚洲的新加坡、中国香港、东京、巴林，加勒比海地区的巴哈马、开罗，北美洲的纽约、多伦多等都是经营境外货币或离岸货币的市场。1981年12月3日，美国政府批准《国际银行业务设施》(International Banking Facilities，IBFs) 法案正式生效，允许美国银行在本国境内从事"欧洲货币"业务，纽约便成为美国境内第一个欧洲美元市场。这样，欧洲货币市场的含义便在原有基础上发生了扩展和变化，即欧洲货币市场是新型的、独立的国际资金市场，市场交易所使用的货币主要是一些发达国家的可自由兑换货币，各项交易在货币发行国境外或境内进行，该市场金融交易基本不受任何国家金融法规、税制和政策的约束与管制。

二、欧洲货币市场的形成和发展

欧洲货币市场起源于20世纪50年代，市场上最初只有欧洲美元。当时，美国在朝鲜战争中冻结了中国存放在美国的资金，苏联和东欧国家为了本国资金的安全，将原来存在美国的美元转存到苏联开设在巴黎的北欧商业银行和开设在伦敦的莫斯科国民银行，以及设在伦敦的其他欧洲国家的商业银行。另外，美国和其他国家的一些资本家为了避免其"账外资产"公开暴露而引起美国管理制度和税务当局追查，也把美元存在伦敦的银行，从而出现了欧洲美元。当时，欧洲美元总额不过10亿多美元，而且存放的目的在于保障资金安全。在第二次世界大战结束以后，美国通过对饱受战争创伤的西欧各国进行援助与投资，以及支付驻扎在西欧的美国军队的开支，使大量美元流入西欧。当时，英国政府为了刺激战争带来的经济萎缩，企图重建英镑的地位。1957年，英格兰银行采取措施，一方面对英镑区以外地区的英镑贷款实施严格的外汇管理制度；另一方面却准许伦敦的商业银行接受美元存款并发放美元贷款，从而在伦敦开放了以美元为主体的外币交易市场，致使英国商业银行纷纷转向经营美元，开始大量吸收美元存款，利用美元存款贷给国际贸易商，这就使欧洲美元的数量大大增加起来。这样，一个在美国以外经营美元存放业务的新兴欧洲美元市场即后来的欧洲货币市场便形成了。

20世纪60年代，美元危机不断，于是抛售美元抢购黄金和其他硬货币的风潮经常发生。美国为了改善国际收支逆差状况，于1963年实行利息平衡税，规定美国居民购买外国企业在美国发行的证券取得的利息需另行纳税。这一规定使外国企业在美国发行证券遇到很大困难，同时，美国银行纷纷把美元资金转移到欧洲，以逃避利息平衡税。于是，美国又将1965年提出的美国跨国公司自愿限制对外直接投资这项要求在1968年强制执行。这一举措迫使外国企业甚至美国的跨国公司转向欧洲货币筹资。美国《1933年银行法》通过《Q条例》，授权联邦储备委员会对银行定期存款规定最高利率。1966年，美国开始对银行发行的可转让存单实行此规定，导致大量企业资金从此项存款单转变为非银行金融资产和转移到欧洲美元市场中。以上这些都给欧洲美元市场的发展带来了很大的推动力。

1973年10月，石油输出国组织宣布提高油价，取得了巨大的顺差，获得了大量的美元资金，而这部分资金则以短期存款的方式存在于欧洲货币市场。1971年布雷顿森林体系瓦解，西方普遍实行浮动汇率制，外汇买卖增加，这也扩大了对欧洲货币市场资金的需求。同时美国对外贸易连年出现巨额逆差，造成更多的美元流入欧洲货币市场。在这一时期，许多发展中国家尤其是非石油国家为了发展经济或弥补国际收支逆差，纷纷到欧洲货币市场筹措资金。一些西方跨国公司对发展中国家的大型项目投资，其资金也来源于欧洲货币市场。欧洲货币市场取得了前所未有的发展。同时，欧洲货币市场在地区的分布上也发生了变化，除了伦敦、巴黎、法兰克福以外，已扩大到了欧洲以外的国家和地区，如巴拿马、巴林、新加坡、中国香港等。随着现代通信技术和电子信息技术的发展，不断有新的金融工具和新的交易方式在欧洲货币市场上产生，如欧洲货币利率期货、欧洲货币利率期权和互换合约等，这为欧洲货币市场的进一步发展提供了推动力。

三、欧洲货币市场的特点

欧洲货币市场是第二次世界大战后出现的一种新型的国际金融市场，是一种自由的、完全国际化的金融市场。欧洲货币市场不同于传统的国际金融市场：传统的国际金融市场要受市场所在国的金融法规的管辖和约束，交易可以在非居民之间进行，交易货币可以是任何可自由兑换货币。因此，它具有许多与各国国内金融市场及传统的金融市场不同的特点。

（1）市场范围广泛，不受地理限制。欧洲货币市场是一种超国家或无国籍的资金市场。欧洲货币市场既不受市场所在国金融法规的管辖，也不受交易货币发行国金融法规的约束，所以说它是一种超国家或无国籍的资金市场。

（2）市场环境高度自由，金融管制少。由于欧洲货币市场几乎不受任何国家的管制，所以经营非常自由，投资者和筹资者可以自由进出，而且贷款条件灵活、贷款期限多样、贷款用途不限。这也是欧洲货币市场能吸引大量的国际投资者和筹资者的重要原因。

（3）具有独特的利率结构体系。欧洲货币市场之所以能吸引大量的国际投资者和筹资者，除了其经营非常自由之外，还在于它有独特的利率结构体系，即存款利率相对高于货币发行国国内的存款利率，而贷款利率则略低，存贷利差较小。一般而言，欧洲货币市场的存贷款的利差仅在 0.25%～0.5%，这比各国国内市场存贷的利差要小。此外，因为在欧洲货币市场上经营业务的欧洲银行可以免交存款准备金和享受低税率乃至免税，所以可降低经营成本。再加之交易规模大、贷款客户信誉高,也可使欧洲银行相应降低贷款利率。

(4)属于大额交易的批发市场。欧洲货币市场是个"批发市场"。进入欧洲货币市场进行融资的基本都是一些大客户,主要有跨国公司、各国商业银行和中央银行、官方机构及一些国际性组织。这些客户的每笔交易额一般都很大,少则几十万美元,多则数亿甚至数十亿美元,所以称其为"批发市场"。

(5)银行同业间的交易占主导。欧洲货币市场主要是银行同业市场。在欧洲货币市场上,银行同业间交易占整个市场交易的 2/3 以上,这使得欧洲货币市场成为一个以银行同业拆借业务为主的市场。欧洲货币市场上的银行同业拆借期限有长有短,最短为隔夜,最长不超过 1 年;拆借主要凭信用,一般不需要签订合同;利率基本上是以 LIBOR 为基础;拆借金额多在 100 万美元以上。

(6)交易品种繁多、金融创新活跃。欧洲货币市场中既有银行短期贷款,也有中长期贷款;既有固定利率贷款,也有浮动利率贷款;既有短期证券交易,也有中长期证券交易。

四、欧洲货币市场的种类

欧洲货币市场的种类主要有欧洲短期资金信贷市场、欧洲中长期资金信贷市场和欧洲债券市场三种。

(一)欧洲短期资金信贷市场

欧洲短期资金信贷市场是接受短期外币存款并提供 1 年期以下短期贷款的市场。短期贷款多数为 1~7 天或 1~3 个月,少数为半年或 1 年。欧洲短期资金信贷市场与其他两个市场相比,产生得最早、规模最大,是欧洲货币市场的基础。在欧洲货币市场上,欧洲银行的负债中约 95%是期限不超过 1 年的短期存款,80%左右的资产也在 1 年以下,这种格局至今无多大变化。

1. 欧洲短期资金信贷市场的特点

欧洲短期资金信贷市场对各类国际客户具有强大的吸引力,具有以下特点:

(1)期限短。存贷期限最长不超过 1 年,1 天、7 天、30 天、90 天期的最为普遍。

(2)起点高。一般起点为 100 万美元,借贷金额可高达 1 000 万美元,甚至 1 亿美元也时有所见。由于起点较高,参与该市场者多为大银行和企业机构。

(3)条件灵活,选择性强。举债借款期限、币种、金额和交割地点可由借贷双方协商确定,不拘一格,灵活方便,加上资金充足,借贷双方均有较大的选择余地。

(4)存贷利差小。存款利率相对高,放款利率相对低,两者差距一般为 0.25%~0.5%。这是因为欧洲银行免税和没有存款准备金,成本低、批量大,可做到薄利多贷,有利于吸引顾客。

(5)无须签订协议。短期借贷通常发生在交往密切的银行与企业或银行与银行之间,它们彼此了解,信贷条件相沿成习,双方均明晰各种条件的内涵与法律责任,不需签订书面贷款协议;一般通过电信联系,双方即可确定贷款金额与主要贷款条件。

2. 欧洲短期资金信贷市场的基本业务

欧洲短期资金信贷市场的基本业务包括资金来源和资金用途两个方面。

（1）欧洲短期资金信贷市场的资金来源包括：

①银行间存款。一些欧洲的银行将多余的存款转存于其他银行以赚取利息，成为短期资金的来源之一。

②非银行存款。跨国公司、其他工商企业、个人及非银行金融机构的境外货币存款，是短期借贷资金的另一个来源。

③各国中央银行的存款。一些西方国家和发展中国家（主要是产油国）的中央银行想获取利息收入或保持储备货币的多样化，将其一部分外汇储备存入欧洲货币市场，构成短期借贷资金的另一主要来源。

（2）欧洲短期资金信贷市场的资金用途包括：

①商业银行。商业银行之间的借贷是欧洲短期借贷市场的最重要的贷放去向，也是该市场资金借贷的核心。由于大商业银行对这个市场的控制，中小商业银行一般不易直接获得条件优惠的短期贷款，它们常求助于大商业银行，从大商业银行获得贷款后再贷给最终用户。因此，大商业银行与中小商业银行之间的转贷款在短期资金借贷市场占有一定比重。

②跨国公司和工商企业。由于这个市场资金供应充足，贷款条件方便灵活，贷款使用方向不受限制，筹资费用相对低廉，因而，跨国公司和工商企业便成为这个市场的最重要的资金需求者，也是贷款投放的最终使用人。

③西方国家的地方市政当局和公用事业单位。一些国家的地方当局为弥补财政收入的暂时短缺，公用事业单位和国有企业为筹集短期资金的需要，也从这个市场取得贷款，成为贷款的投放对象。

（二）欧洲中长期资金信贷市场

欧洲中长期资金信贷是指期限在 1 年以上的欧洲货币放款业务。这是欧洲货币市场放款的重要形式，大部分为5～7年。

1. 欧洲中长期资金信贷市场的特点

由于中长期贷款的期限长、金额大，世界政治经济变动对其影响较为敏感，贷款银行存在的潜在风险也较大，因此，欧洲货币市场中长期贷款与传统的国际金融市场中长期贷款具有相同的特点：

（1）签订协议。由于金额大、期限长，一般均签订书面的贷款协议。

（2）政府担保。中长期贷款如果没有物质担保，一般均由借款人所在国政府有关部门对贷款协议的履行与贷款的偿还进行担保。

（3）联合贷放，银团贷款。有数家甚至数十家银行联合起来提供贷款，亦称辛迪加贷款。由于中长期贷款金额较大，一家银行无力提供，而且有风险，所以采取联合贷款。

（4）利率灵活，费用较高。在贷款期内每 3 个月或半年根据市场利率的实际情况，随行就市，调整利率。

2. 欧洲中长期信贷市场的基本业务

中长期信贷市场的基本业务包括资金来源和资金用途两个方面。

（1）中长期信贷市场的资金来源主要有：

①短期欧洲货币存款。这部分存款包括石油输出国短期闲置的石油美元，跨国公司或一般企业在资本循环中暂时闲置的欧洲货币资金，以及一些国家中央银行的外汇储备。

②短期欧洲票据。这是以发行欧洲票据（Euro-notes）筹集短期资金的形式。欧洲票据的期限均在1年以下，票面利率略高于LIBOR。

③大额银行存款单。这是欧洲银行发行境外货币的存款凭证，期限为1、3、6、9、12个月不等，持有者需要现款时，可在市场上转售，目前有美元、英镑、日元、科威特第纳尔等存单，以欧洲美元发行的数量最大。

（2）中长期信贷市场的资金用途主要有：

①转期循环贷款。欧洲银行以境外货币发放贷款，期限为1~10年，可采取转期循环贷款的形式，即银行同意在未来一段时间内，连续向借款客户提供一系列短期贷款。这种贷款形式的产生使短期贷款和长期贷款的界限变得模糊不清。比如，双方约定在3~10年内，由银行连续提供6个月期限的贷款。国际组织、外国政府经营过程中若是资金不足，亦到中长期借贷市场来融资。

②浮动利率贷款。这一类中长期贷款主要用于政府或企业进口成套设备或大型项目投资，为了弥补国际收支逆差或支持本国大型工程项目，一些国家政府常从欧洲货币市场筹措中长期外汇资金。20世纪70年代以前，这类信贷主要用于发达国家，1975年后，发展中国家逐渐成为主要借款人，利率一般在欧洲货币市场3个月或6个月存款利率的基础上浮动，故称浮动利率贷款。

③辛迪加贷款方式。对于金额大、期限长的贷款，一般要签订借贷合同，有时还需要借方银行或官方机构提供担保。贷方为了分散风险，往往采取银团贷款，即辛迪加贷款方式。辛迪加贷款是欧洲中长期信贷的主要方式，占全部欧洲中长期信贷的50%左右。1982年国际债务危机爆发后，辛迪加贷款数额一度下降，但到1990年仍占30%以上。辛迪加贷款一般由一家或几家银行牵头，若由一家银行牵头，该银行被称为牵头银行；若几家银行牵头，则分别称为牵头银行、经理银行和共同经理银行，由三方共同组成经理团。对贷款银行来说，辛迪加贷款的优点是分散贷款风险，减少同业之间的竞争。对借款人来说，其优点是可以筹集独家银行所无法提供的数额大、期限长的资金。辛迪加贷款目前在世界上变得十分流行，它大大地扩大了跨国银行的国际贷款能力。如果国际金融组织、大跨国公司在经营过程中资金不足，就从中长期借贷市场来融资。

（三）欧洲债券市场

1. 欧洲债券市场的特点

所谓欧洲债券市场（Euro-bond Market），是指从事欧洲债券的发行和交易的市场。它是在欧洲货币借贷市场的基础上发展起来的，产生于20世纪60年代初期，起初十多年发展速度不快，直到20世纪70年代后半期才获得快速发展。1974年，欧洲债券仅发行21亿美元，占国际债券发行比重的30%左右；从20世纪80年代中期以来，占国际债券的比重一直在80%以上。总之，作为欧洲货币市场重要组成部分的欧洲债券市场，亦是国际债券市场的主体。

欧洲债券市场的特点主要有以下几方面：

（1）市场容量大，是国际上重要的资金筹集市场。

（2）发行手续简便，无须市场所在国批准，也不受任何国家法律的约束，且可自由选择市场通行货币。

（3）融资成本比较低，因为发行费用和利息成本都比较低。

（4）流动性比较强，它有一个富有效率和活力的二级市场。

（5）安全系数比较高，发行者主要是跨国公司、大企业集团、各国政府和国际金融组织，这些筹资者多是些规模巨大、实力雄厚、资质优良的经济实体，或拥有国家主体的政府机构，或根据国际协议、条约成立的国际组织。因而对投资者来说，安全系数比较高。

（6）利息收入可免除所得税，对债券投资者很有利。

2. 欧洲债券的类型

（1）按发行期限长短可分为短期债券（一般是两年以内）、中期债券（2～5年）和长期债券（5年或5年以上）。

（2）按利率规定可分为固定利率债券、浮动利率债券和混合利率债券（把债券的还本期限分为两段，一般前一段债券的计息按浮动利率，后一段债券的计息按固定利率）。

（3）按发行方式可分为公募债券和私募债券。前者是指公开发行，在证券交易所挂牌出售，并可上市自由买卖或转让的债券；后者是指不公开发行，不在市场上自由买卖或转让的债券。

3. 欧洲债券发行的程序

欧洲债券发行的大致程序如下：第一步，确定牵头经理机构、组建经理集团，由经济集团与借款人共同商定债券发行条件；第二步，组成承购辛迪加（债券发行组织机构，包括牵头银行、代理机构、承购机构和销售机构），制定负债偿还本金和利息的支付代理机构，起草全部法律文件和债券发行说明书；第三步，经理集团与借款人最后共同确定债券的定价条件，并经包销商机构接受，即可正式签署认购协定；第四步，宣布发行债券，在一级市场销售；第五步，发行期（一般为两周时间）满，各辛迪加成员将销售债券的款项存入牵头经理所设的账户，借款人也根据认购协定获得资金，辛迪加报销集团即告解散。

4. 欧洲债券的发行费用

欧洲债券发行费用由管理费、包销费、销售费三种费用组成。其中，管理费由经理银行所得；包销费由包销商所得；销售费应由销售商所得。若包销商兼顾了销售商的作用，那他就应该得到包销费和销售费。若经理银行一身三任，那它应同时获得三种费用。一般发行费为债券总额的 2%～2.5%，费率的高低因借款人的资信高低、发行额度的多少和债券期限的长短不同而有所差异。

五、欧洲货币市场的作用

欧洲货币市场自其产生以来，在国际金融领域中起着十分显著的作用，其作用有积极的，也有消极的。人们对它的态度，从理论界到实践者有相当大的分歧。

（一）欧洲货币市场的积极作用

（1）欧洲货币市场是国际资本转移的重要渠道，促进了经济、生产、市场和金融的国际化。因为它最大限度地解决了国际资金的供需矛盾，1973年石油危机之后，欧洲货币市场的存在成功地完成了石油美元的回流，避免了世界范围的国际收支失衡。欧洲货币市场对于促进一些国家的经济发展具有一定的作用。例如，20世纪60年代至70年代初，日本、联邦德国和意大利等国经济迅速发展时期，国内缺乏足够的流动资金，它们曾通过欧洲货币市场借取欧洲美元，极大地促进了生产的发展。一些发展中国家，如墨西哥、秘鲁等国，也利用欧洲货币市场资金，大量从西方工业国家进口生产设备与技术，推动了本国经济的发展。

（2）欧洲货币市场扩大了信用资金的来源，扩充了商业银行贷款与外汇业务在国际上的移动。随着欧洲货币市场的发展，西方各国政府和非产油发展中国家政府也开始在欧洲货币市场大量借款，或用于平衡国际收支，或用于支持本国长期建设项目。

（3）欧洲货币市场降低了国际资金流动的成本，促进了国际金融市场有利因素的发挥。欧洲货币市场的产生和发展打破了各国际金融中心之间相互隔离的状态，使其间的联系不断加强，体现了国际金融的真正一体化，有利于沟通投资者和借款人之间的需求，便于资金在国际上的移动。具体地说，这一市场为跨国公司的国际性投资提供了资金来源。从20世纪60年代至70年代初，许多美国跨国公司在欧洲的投资资金，都是首先从欧洲货币市场筹集的，从而进一步降低了国际资金流动的成本，使国际金融市场的有利因素得到最大限度的发挥。

（4）欧洲货币市场对国际贸易的发展也起了不可忽视的作用。它为国际贸易筹措资金提供了方便，在一定程度上满足了对国际清偿能力日益增长的需要。自1973年以后，工业国家生产和外贸的增长率都有较大幅度的波动，但贸易的增长总是大于生产的增长。近40年来，如果没有欧洲货币市场，西方国家对外贸易的迅速增长是不可能如此之快的。

（5）欧洲货币市场解决了国际支付手段不足的困难，弥补了国际收支逆差。欧洲货币市场方便了短期资金的国际流动，国际储备有余的国家和国际储备短缺的国家互通有无，进行调剂，国际收支困难得以缓和。欧洲货币已成为弥补这些国家国际收支逆差的一个补充手段。特别是20世纪70年代石油大幅度涨价以后，欧洲货币市场对于石油进口国解决国际收支逆差问题起了积极作用。同时，这个市场也成为石油美元再循环的重要渠道。

（二）欧洲货币市场的消极作用

（1）欧洲货币市场资金的流动加剧了国际金融市场的动荡不安。欧洲货币市场由于金融管制松弛，因此对国际政治、经济动态的反应异常敏感，每当主要货币汇价发生升降变化，国际资金持有者即将贬值货币调换成欧洲美元，或者用欧洲美元来抢购即将升值的货币。巨额资金四处流动，加剧了各国汇价的不稳定。在浮动汇率制度下，一体化的国际金融市场给跨国银行、企业与证券投资者的经营活动增加了汇率波动的风险，巨额资金在不同金融中心之间、在不同货币之间频繁地进行套汇套利活动，而这又反过来进一步加剧了外汇市场的投机性交易，加剧了外汇市场的动荡。

（2）欧洲货币市场加大了国际贷款的风险。欧洲货币市场国际信贷的主要方式是银行借短贷长。欧洲货币市场上的资金来源主要是短期的，然而自20世纪70年代以来，国际上对长期资金的需求增长很快，欧洲货币市场也随之增加了长期资金的贷方，而这种期限上的不匹配，显然增加了国际金融市场的脆弱性。如果发生金融风潮，储户挤提存款，银行将难以应付。另外,欧洲货币市场上的长期巨额信贷牵涉众多的辛迪加成员银行,而银行之间的借贷关系连锁网络又遍布于全世界各个主要金融中心。这样,虽然国际银行贷款的风险分散了,但影响却更广泛了,一国银行发生危机极易产生"多米诺骨牌"连锁反应。

(3)欧洲货币市场削弱了一国国内货币政策的有效性。由于欧洲货币市场的存在,各主要西方国家的跨国银行、跨国公司及其他机构都可以很方便地在世界范围内取得贷款资金和寻找投放场所,这样使得一国针对国内经济目标所采取的货币政策很难如愿以偿。例如,当国内为抑制通货膨胀而采取紧缩的货币政策,提高国内金融市场利率时,国内的银行和企业可以很方便地从欧洲货币市场上获得低成本的资金;同时,欧洲货币市场上的国际游资也会因国内的高利率而大量涌入,从而使国内紧缩的货币政策无法达到预期效果。当国内为刺激经济增长而放松银根、降低利率时,国内资金却会由于国外利率水平较高而流向国际资金市场,从而使国内放松的货币政策也无法达到预期效果。

第二节　亚洲货币市场

一、亚洲货币市场的形成与发展

亚洲货币市场是在20世纪60年代末发展起来的,实际上是欧洲货币市场在亚太地区的具体延伸,是欧洲货币市场的重要组成部分。所谓亚洲货币市场,是指在亚太地区经营境外货币的存储与借贷业务的市场。这个市场是为满足亚太地区经济发展的需要而产生的,其发展对亚太地区的资金融通以及全球性国际金融市场的业务扩展都起到了积极的作用。由于该市场起初仅从事境外美元的交易,因此最初称为亚洲美元市场。亚洲货币市场的形成和发展大体经历了以下三个阶段。

第一阶段:亚洲货币市场的形成阶段(1968—1970年)。亚洲美元市场是以新加坡为中心发展起来的。1968年10月,美洲银行新加坡分行获准在银行内部设立一个亚洲货币单位(Asian Currency Unit),受新加坡金融当局监督并服从新加坡银行法,但不受银行法中某些条款(如最低现金余额和法定清偿能力等规定)的约束。亚洲货币单位的主要业务是吸收非居民的外币存款、为非居民提供外汇交易服务、从事资金借贷及开立信用证、票据贴现等各种境外金融业务服务。为了使境外货币业务不致冲击国内金融体系,新加坡政府规定亚洲货币单位必须另立账户,并且不能参与新加坡国内金融活动。1970年,新加坡政府又批准花旗银行、渣打银行、汇丰银行等16家银行经营境外货币业务,它们当年吸收了约4亿美元的外币存款,形成了初具规模的亚洲美元市场。此后,该市场迅速发展成为一个颇具吸引力的境外货币借贷市场。

第二阶段:亚洲货币市场的巩固阶段(1971—1975年)。1973年,新加坡政府颁布《所得税修正法》,把外币经营所得税税率从原来的40%降为10%,鼓励外国银行到新加坡设立分支机构。新加坡金融管理当局还放宽了对外国金融机构亚洲美元业务的管制,规定对亚洲美元存款免缴存款准备金,并允许本地公司和居民在亚洲货币账户上开立外币账户,扩大了亚洲美元市场的经济基础。

第三阶段:亚洲美元市场的稳步发展阶段(1976年以后)。亚洲货币市场的发展大大扩展了新加坡、中国香港等地的国际金融业务。新加坡市场的美元资产由 1968 年的 3 000 万美元增加到 1987 年底的 2 174 亿美元，美元资产的年增长率达到 90%，经营亚洲美元的外国银行有 121 家、外国证券公司有 54 家。世界上最大的 50 家银行中，有 40 家在新加坡设有分行或子公司。面对新加坡美元市场的飞速发展，港英当局痛感 20 世纪 60 年代失去成为美元市场中心的机会，认识到发展国际金融业是经济结构多元化的重要一环，从而加速了金融国际化的步伐。1978 年 3 月，香港取消了 1965 年以来禁止外国银行进入香港的限制。到 1985 年，仅持牌银行就达 142 家，分行达 1 500 多家。1982 年，港英当局又取消了对外币存款利息收入 15% 的预提税，使美元存款迅速增加，不仅吸引了新加坡的资金，还吸引了巴林、伦敦、纽约等金融中心的资金。1986 年 12 月，日本东京离岸金融市场设立，亚洲美元市场的规模进一步扩大。该市场发展迅速，至 1987 年 1 月底，其规模就达到 1 155 亿美元，接近于中国香港和新加坡。此外，巴林、马尼拉、曼谷等地的亚洲美元市场也都具有一定规模。

亚洲美元市场的形成和迅速发展，其原因是多方面的：

（1）拥有优越的地理位置。亚洲美元市场处于美国西海岸与欧洲中间，开辟亚洲美元市场可以使国际货币市场一天 24 小时不间断地营业。新加坡上午开市后，可与中国香港、日本东京和澳大利亚悉尼等市场交易，下午收市前，可与刚开市的欧洲货币市场中心伦敦及其他欧洲金融市场交易。

（2）生产和资本国际化进一步发展。从 20 世纪 60 年代后半期起，跨国公司的战略重点向发展中国家转移，大量外资进入当时处于经济开发阶段的东南亚国家。1967 年，外国在亚洲的直接投资近 81 亿美元，1977 年达到 240 亿美元。随着外国直接投资的迅速增长，亚洲各国生产国际化的程度大大提高，对资金的需求也急剧增加，因而国际资金借贷活动日趋扩大。正是在这种背景下，美洲银行筹划建立一个境外美元借贷中心，于是亚洲美元市场应运而生。从这一意义上说，亚洲美元市场是生产和资本国际化进一步发展的产物。

（3）对外资银行实行优惠的鼓励性政策。亚洲美元市场的形成还与这一地区的一些国家和地区实行的鼓励性政策措施有重要的关系，以新加坡最为典型。新加坡独立后，鉴于本国没有雄厚的资源与强大的经济实力作为依托，便制定了发展金融业、带动经济贸易发展的经济战略。比如，允许外国银行在当地的分行经营对非居民的存放款业务，废止非居民外币存款的利息税，取消外币存款预交存款准备金，经营境外货币业务的所得税从 40% 降到 10%，允许新加坡居民投资亚洲美元市场，取消外汇管制等。这些政策的出台使新加坡市场具备了大体上相当于欧洲货币市场业务经营的条件，再加上大力改善基础设施，吸引了大量的国际资金和跨国公司进入，从而推动了亚洲美元市场的发展。

二、亚洲货币市场的构成

亚洲货币市场的构成与欧洲货币市场大同小异，分为亚洲货币信贷市场和亚洲货币债券市场。

（一）亚洲货币信贷市场

亚洲货币信贷市场的资金来源主要有银行同业存款、各国中央银行和政府机构存款、跨国公司调拨资金头寸和闲置资金、亚太地区的工商企业存款及私人存款。其中，银行同业存款占最大比重，占 75% 以上，存款主要来自欧洲货币市场的跨国银行。在资金运用方面，银行同业拆借占主要地位，占 70% 以上。对非银行客户主要是贷给亚洲国家的政府、企业及各类非银行金融机构，很少贷给个人。从地区流向上看，亚洲美元市场贷款的重点是"四小龙"和东盟国家，流向欧洲货币市场的资金占 20% 左右。亚洲货币信贷市场的分类和特点如表 7.1 所示。

表 7.1 亚洲货币信贷市场的分类和特点

分　类	短期借贷市场	中期借贷市场
期限	信贷期限在 1 年以下，以 3～12 个月期限居多	以 3 年以上期限为多，也有长达 10 年的
参加者	银行同业，政府机构和公司企业	以亚太地区发展中国家的各国政府和企业为主
利率	以伦敦银行同业拆放利率为基础，再根据亚洲货币市场资金供求状况加以调整，因此利率波动比较频繁，但利差仍比相应货币的国内利差小	浮动利率方式，每 3 个月或 6 个月调整一次

（二）亚洲货币债券市场

1971 年 12 月，新加坡发展银行由新加坡政府充当其担保人，推出总值 1 000 万美元、固定利率为 8.5% 的 10 年期亚元债券。由此，一个以新加坡为中心、与既有的短期亚元市场相辅相成的亚元债券市场已经形成。亚元债券市场的初期发展比较缓慢，这与当时世界经济衰退有关。直到 1976 年，亚元债券市场的活动才趋于活跃。新加坡亚元债券的主要种类有固定利率债券、浮动利率债券与可转股债券等，面值货币以美元为主，其他货币如德国马克、澳元、加拿大元等都曾用于亚元债券的发行。从发行期限看，可转股债券期限较长，固定利率债券和浮动利率债券期限较短。尽管二级市场上有美国银行及投资机构和日本的证券公司等作为造市者，但由于参与二级交易市场的多是交易商，国际性企业与基金管理机构参与交易的不多，而且欧洲金融机构也不积极支持亚洲发行的债券，因此，二级市场的深度仍显不够。另外，从 1983 年开始，债券已经取代银团贷款而成为亚洲地区市场的主要筹资途径。总的来说，新加坡和中国香港是经营亚洲美元的基地。新加坡是美元债券和美元存款单的主要发行地，中国香港则是亚太地区银团贷款的中心，两地市场既互相竞争，又互相补充，对本地区的经济发展起了很大的推动作用。

第三节　离岸金融市场

离岸金融市场是第二次世界大战后兴起的一种新型国际金融市场，现已成为金融全球化的重要枢纽。因为欧洲货币市场的交易可分为在岸交易（居民之间的交易或者居民与非居民之间的交易）和离岸交易（非居民之间的交易），因此，就其范畴而言，离岸金融市场属于欧洲货币市场的一个子市场。离岸金融市场的出现，使国际金融市场的性质发生了质的改变，即从原先的居民与非居民之间的借贷市场转变成了与市场所在地的国内金融市场体系相脱离且主要是非居民之间从事境外货币借贷的市场，相应的交易活动既不受货币发行国的管制，也不受市场所在地国内金融法规的管辖。

一、离岸金融市场的概念

所谓离岸金融市场（Offshore Financial Market），是指在市场所在地的非居民与非居民之间从事有关境外货币的存放和借贷交易的场所或网络。作为一种新型的国际金融市场，离岸金融市场有其特定的交易主体、交易客体、交易活动和交易中介等，构成了区别于其他国际金融市场的独特性质。

（1）离岸金融市场的交易主体是市场所在地的非居民。一般来说，从事国际借贷的主体存在三种债权债务关系链：债务人一方为居民，债权人一方为非居民；债务人一方为非居民，债权人一方为居民；债务人和债权人双方均为非居民。而离岸金融市场的交易主体所形成的关系链则属于第三种。

（2）离岸金融市场的交易客体是以境外货币或离岸货币表示的货币资金。所谓境外货币，是指存放在货币发行国境外银行的货币，又称离岸货币。"境外货币"一词可以从两个方面来理解，一是就离岸金融市场所在地而言，它属于境外货币；二是就货币发行国而言，它属于离岸货币。例如，美国居民存放在英国伦敦一家银行的美元，它一方面是流出美国本土的离岸货币，另一方面又是流入英国的境外货币。最早的境外货币是流入伦敦的美元，被称为欧洲美元，此后扩展到来自多个发达国家的货币，统称为欧洲货币。

（3）离岸金融市场的交易活动几乎包括各种形式的境外货币存放与借贷活动，具体包括以银行同业拆借为主的境外货币短期信贷；以辛迪加贷款形式为主的境外货币中长期信贷；以欧洲债券为主的国际资本市场工具的发行和买卖；欧洲票据等短期融资工具的发行和流通。可见，离岸金融市场只是联结最终债权人和债务人的纽带，不包括外汇市场，也不包括股票市场。

（4）离岸金融市场的交易中介是从事离岸金融业务活动的各类国际性金融机构，主要包括商业银行、投资银行、商人银行和证券公司等。这些经营离岸金融业务的机构就是所谓的境外银行。它们拥有全球性的分支机构和客户网络，利用现代化的通信工具等手段，依赖其先进的业务技术和严格的经营管理，将世界各地的境外货币供求者联系在一起，形成一个以若干著名的离岸金融中心为依托、高效而高度全球一体化的离岸金融市场体系。因此，除个别欧洲债券拥有固定的买卖场所外，离岸金融市场基本上是一个以运营网络形式存在的无形市场。

二、离岸金融市场的特征

离岸金融市场是一种真正意义上的国际化金融市场，在其形成和发展过程中形成了与各国国内金融市场和传统国际金融市场不同的特点：

（1）金融管制较少。离岸金融市场主要从事对非居民的境外货币借贷业务，因而金融管制较少。一方面它是在该货币发行国境外进行的货币借贷，使货币发行国金融管理当局鞭长莫及，从而有效地逃避其管制；另一方面，由于非居民的非本币借贷对市场所在国的国内金融市场几乎没有什么影响，即使存在影响也可以通过采取一定措施加以隔离，而且离岸金融市场还可以给当地市场带来就业、税收和知名度等方面的好处，所以市场所在国一般对其也不加以限制，有些国家反而采取种种优惠措施鼓励其发展。当然，货币发行国政府对其货币的境外交易依然可以施加足够的影响，因为在离岸金融市场上，任何境外货币的交易最终都要通过货币发行国国内的银行进行转账清算。例如，20世纪80年代，日本政府对欧洲日元债券的消极态度使得该市场一直受到抑制。同时，境外货币市场的所在国可能会在货币发行目的的压力下，对其离岸金融市场进行某些限制等。

（2）市场范围广泛。从地理上看，离岸金融市场遍布世界各个角落。与其他市场相比，各个离岸金融市场中心之间的联系十分频繁，往往被视为一个共同的和集成的市场。从交易币种来看，从最初的欧洲美元发展到包括几乎所有发达国家和许多发展中国家的可兑换货币。其中，欧洲美元占有绝对高的比重，约为60%。仅伦敦一地存在经常性交易的货币就达15种之多。从交易活动来看，有银行短期贷款，也有中长期贷款；有固定利率贷款，也有浮动利率贷款；有短期债券交易，也有中长期证券交易；有一级市场发行，也有二级市场流通。从资金规模来看，离岸金融市场的资金来自世界各地，数额极其庞大。

（3）利率体系独特。离岸金融市场的利率同各国的利率有一定的联系，但并不完全相同，因为它还受到离岸金融市场上该种货币供求关系的影响。离岸金融市场利率体系的基础主要是伦敦银行同业拆借利率。一般来说，离岸金融市场上存贷款的利差要比相应的国内市场小，存款利率相对较高，而贷款利率相对较低。这主要是由于它没有存款准备金和存款保险要求，不受各种利率限额的管制，以及具有交易金额大、利率低等优势和特征。因此，离岸金融市场对投资者和筹资者都具有非常的吸引力。

（4）市场交易批发性。离岸金融市场的借款人和存款人一般都是一些大客户，不仅包括国际性银行和跨国公司，而且各国政府、中央银行和国际金融机构也经常出入其中。因此，单笔交易数额都很大，少则几万、几十万美元，多则几亿、十几亿美元等。

（5）银行间市场地位突出。离岸金融市场上的交易以银行间的交易为主。银行同业间的资金拆借占市场总额的比重较大，也就是说，银行的绝大部分离岸业务都是通过与其他银行的业务往来进行的。各国商业银行常常在离岸金融市场上借款以满足本国银行监管部门对准备金的要求，同时，拥有过剩存款的离岸银行也将资金贷放给其他银行。

三、离岸金融市场的类型

离岸金融市场自产生以来不断向纵深发展，并形成了各种不同的类型。从业务范围来看，可分为混合型、分离型、避税型与渗漏型；从市场形成的动力来看，可分为自然形成型和政府推动型离岸金融市场；从市场功能来看，可分为世界中心、筹资中心、供资中心和簿记中心等。下面主要从业务范围的角度对离岸金融市场的类型进行分析。

（一）混合型离岸金融市场

混合型离岸金融市场，又称"伦敦型离岸金融市场"，它是最早出现的离岸金融市场，伦敦是目前世界上最著名的内外混合型离岸金融市场。该类市场的主要特点在于其离岸业务与在岸业务相互交融，目的是发挥两个市场资金和业务的相互补充与相互促进作用。混合型离岸金融交易的币种是东道国货币以外的可自由兑换货币；该市场的业务经营非常自由，不受东道国国内金融法规的约束；除离岸金融业务外，还允许经营在岸业务和国内业务，但必须交纳存款准备金和有关税赋；管理上没有限制，经营离岸业务不必向金融当局申请批准。例如，中国香港离岸金融市场就属于此类型。

（二）分离型离岸金融市场

分离型离岸金融市场，又称"纽约型离岸金融市场"，是专门为进行非居民交易而创建的金融市场。其主要特点是离岸业务与在岸业务分设、离岸账户与在岸账户分离、居民交易与非居民交易基本分开，严禁资金在离岸账户和在岸账户之间流动。其目的是将离岸金融活动与东道国国内（在岸）金融活动隔绝开来。在分离型离岸金融市场中，经营离岸业务的本国银行和外国银行必须向东道国金融当局申请批准，经营离岸业务可以获得豁免交纳存款准备金和存款保险金的优惠，并享有利息预扣税和地方税的豁免权。典型的内外分离型离岸金融市场主要有美国的纽约、日本的东京、巴林等。

（三）避税港型离岸金融市场

避税港型离岸金融市场，又称为"簿记型"或"走账型"离岸金融市场。这类市场不进行实际的金融交易，各银行只是在这个不征税的国家或地区建立"空壳"分行（Shell Branches），通过这种名义上的机构在账簿上进行境内与境外的交易，以逃避税收和管理制度。避税港型离岸金融市场大多源自发达国家的殖民地或附属国。这些国家多为岛屿，与大陆分离，资源贫乏，制造业非常有限。因此，为了发展本国经济、改善国际收支状况，当地政府挖掘自身有利的条件，对离岸金融市场业务提供一种较为宽松的管理环境和优惠政策，对非居民外汇交易没有外汇管制，使资金自由转移，对离岸金融机构免除或减少金融管制，对离岸金融市场活动提供优惠政策和税收减免。例如，典型的避税港型离岸金融市场有英属维尔京群岛、开曼群岛、巴哈马和百慕大等。

（四）渗漏型离岸金融市场

渗漏型离岸金融市场兼有混合型和分离型的特点：离岸账户与在岸账户分离、居民交易与非居民交易基本分开运作，但允许两个账户之间有一定程度的渗透。

四、世界主要离岸金融中心

离岸金融市场遍布全球各个角落，形成了许多离岸金融业务比较集中的经营中心，即所谓的离岸金融中心（Offshore Financial Center，OFC）。与一般国际金融市场相比，离岸金融中心更凸显了其在国际金融交易中的地理区位和交易地位的优势。目前，离岸金融中心既有来自发达国家的，也有来自发展中国家的；既有全球性的离岸金融中心，也有区域性的离岸金融中心。最具代表性的离岸金融中心主要有以下几个。

（一）伦敦

伦敦既是离岸金融市场的发源地，也是目前世界上最大的全球性离岸金融中心。早在19世纪，伦敦就已成为著名的国际金融中心。第一次世界大战以后，随着英国经济实力的下降，伦敦作为金融中心的地位日益衰落。第二次世界大战以后，以离岸金融业务为契机，伦敦重现了昔日的光彩。

伦敦离岸金融中心形成于20世纪50年代。欧洲美元业务之所以汇集于伦敦，主要是由于伦敦具有下列优势：伦敦拥有作为国际金融中心的经验，伦敦商业银行已经积累了许多国际金融方面的知识和技术；英国有较为宽松的金融环境和政策，尤其是英格兰银行采取了一系列放松外汇管制的措施；伦敦有优越的地理位置，其正好位于当时资金需求旺盛的欧洲大陆和资金供给者美国的中间；同为英语国家，使其在语言上较欧洲其他地方便于与美国沟通；除银行业务外，伦敦的保险业、商品交易和证券市场等相关业务发达，便于拓宽业务领域。伦敦离岸金融中心的发展与外国银行的参与紧密相关。英国金融当局对外国银行经营活动的管理比较灵活，对外国银行资产负债结构几乎没有正式的限制措施。特别是1979年英国完全取消外汇管制，1986年伦敦金融大爆炸（Big Bang in London），大大激发了外国银行进入伦敦的积极性。1971年，在伦敦从事经营活动的外国银行共有201家，1988年达到429家，1995年达到550家。其中，外国银行分行有260家，附属机构有75家，代表处有208家，集团银行有9家。外国银行在伦敦基本上从事国际性的批发业务，大量经营欧洲货币业务，客户以非居民为主。在一些业务中，外国银行所占的比重超过了英国本土的银行，比如欧洲货币存款、贷款和投资方面，外国银行的比重都超过了50%，处于主导地位。对于许多外国银行来说，伦敦已经成为它们从事国际银行业务的重要场所。

伦敦离岸金融中心最初经营的是欧洲美元，目前仍然拥有全球最为活跃的美元离岸交易市场。伦敦离岸金融中心传统上是一个银行信贷市场，但近年来新的金融工具不断增加，主要是欧洲债券和欧洲票据等，正在取代传统的银行信贷而成为主要的融资工具。

（二）纽约

纽约是美国最大的金融中心，也是世界上三大国际金融中心之一，但其开办离岸金融业务则晚至20世纪80年代。1929—1933年大萧条以后，美国实行较为严格的金融管制。为了逃避管制，美国的银行想到把资金转移到美国以外。同时，欧洲国家的重建需要大量的资金，于是大量资金流往境外形成欧洲美元。伦敦抓住这次机会，发展离岸金融市场，削弱了纽约的金融中心地位。一些"避税港"，如巴哈马、巴林、开曼群岛等，用税收制度、监管制度等方面的优惠，吸引世界各地的银行。其他地区争相效仿，离岸金融中心遍布全球。

离岸金融中心的发展影响了美国市场的地位。因为离岸业务大多数是美元业务，因此也削弱了美国货币政策和金融监管的效力。为了吸引欧洲美元流回美国、争夺离岸金融业务，美国推出了国际银行业便利（International Banking Facility，IBF），又称国际银行设施。1981年12月3日，美国通过法律正式允许包括欧洲美元在内的欧洲货币在美国境内进行交易，开创了美国的离岸金融业。纽约最早开始进行国际银行业便利，极大地促进了纽约的离岸金融业务发展。IBFs的业务和国内银行业务是分开的，分属于不同的账户，而且IBFs的客户只能是非居民，或者是其他设立IBFs的银行。IBFs的建立开辟了美国境内的离岸金融市场，使美国银行不必利用境外离岸金融中心，就能在一种大致相似的环境中与非居民进行欧洲货币交易，从而将大量的欧洲美元吸引回美国国内，大大地提高了美国纽约作为国际金融中心的地位。但是，针对国际银行业设施有一些规章条款，例如非银行的存款至少需存两个营业日，设立国际银行业设施的银行不准发行欧洲美元大额可转让定期存单等可流通金融工具，通过反洗钱、反税收、反恐等国际行动对离岸金融中心的严格银行保密、税收优势进行挑战等，这些措施抑制了美国离岸金融业务的进一步发展。

（三）巴哈马

巴哈马联邦位于西印度群岛的最北部，首都拿骚金融业发达，是著名的离岸金融中心。根据国际货币基金组织研究估计，2010 年巴哈马国际离岸金融服务业资产为 5 980 亿美元，约为本国 GDP 的 72 倍，显示出巴哈马离岸金融业的繁荣发达。

20 世纪 60 年代后期，当美国的大银行纷纷前往伦敦从事离岸金融业务时，美国的小银行因伦敦运营成本高而无力在伦敦参与欧洲美元市场以规避国内金融紧缩的不利影响，美国联邦储备委员会在 1969 年同意美国银行在拿骚开设小型分支机构。另一方面，巴哈马政府实行自由开放的金融政策和特别优惠的税收制度。巴哈马有严格的银行保密法，对非居民的外汇交易无外汇管制，离岸金融交易无须提供报表，外国银行可以比较自由地进行金融活动，对经营国际金融业务的银行免除外币存款准备金的要求。在税收方面的优惠措施包括免交个人所得税、公司所得税，对利润、利息、资本利得和遗产均不课税。巴哈马宽松的金融环境吸引了大量外国银行的涌入，其中美国银行占有绝对优势。

巴哈马是典型的避税港型离岸金融中心。在这里外国所设立的分支机构多数仅仅是"记账中心"，实际业务在其他地方进行，故有"纸上银行"之称。由于巴哈马离岸金融中心的功能仅限于记账，因此，当 1981 年美国为吸引欧洲美元回流而准许银行设立国际银行设施从事欧洲美元业务时，巴哈马及其他加勒比海地区离岸金融中心的重要性便大不如前。然而由于该地区有银行保密法优势，不法交易能得以进行，故仍有很多资金汇集于此。

（四）新加坡

1968 年 10 月 1 日，新加坡政府允许美洲银行新加坡分行在银行内部设立亚洲货币单位，以欧洲货币市场同样的方式接受非居民的外国货币存款，为非居民提供外汇交易及资金借贷等各项业务。这标志着新加坡离岸金融市场的诞生。

亚洲美元市场是在新加坡政府当局精心策划之下，以人为方式推动的离岸金融中心，其发展提升了新加坡的国际地位，对新加坡的国际收支改善与经济增长皆有莫大的贡献。为了建立亚洲美元市场，吸引银行加入亚洲货币单位的经营，新加坡政府采取了一系列的财政奖励措施。到 1975 年，新加坡境内从事亚洲货币单位的金融机构增加到 66 家，存款总额高达 125.97 亿美元，年均递增 85.5%，相当于 1975 年其国民生产总值的 2.5 倍。新加坡逐步形成了一个以经营美元为主，兼营马克、英镑、加元、法郎、日元等 10 多种硬通货的高效的国际货币和资本市场。

20 世纪 90 年代末，作为亚洲美元交易中心的新加坡，其外资银行的资产已占银行业总资产比重的 80%，亚洲货币单位增加到 100 多家。新加坡在 20 世纪 80 年代中期以后取得的发展成果，促使东南亚其他国家推出更加优惠的政策，竞相向发展国际金融中心的目标努力，结果却因为过度借贷和非居民投机本国市场引发了席卷东南亚的金融危机。由于新加坡离岸金融市场属于内外分离型市场，其境外金融市场与国内金融市场严格区分，因此，1997 年的东南亚金融危机并未对新加坡经济金融带来致命打击。然而，在克服金融危机的过程中，泰国、马来西亚、菲律宾、印度尼西亚等国纷纷选择了更为开放、更为自由的金融改革政策，从而影响到新加坡离岸金融的进一步拓展。为应对上述挑战，新加坡金融管理局制订了详尽的银行业改革措施，这些改革措施使新加坡金融体系从一个强调管制、注重风险防范的市场，演变成一个以信息披露为本、鼓励金融创新的金融中心，新加坡的离岸金融市场也从分离型逐步向一体型过渡转型。

五、中国离岸金融市场的发展

深圳是我国银行业最早开办离岸金融业务的地区，率先提出和开办离岸金融业务的是深圳招商银行。深圳招商银行创建于1987年。面对激烈的国内金融竞争，该行卓有远见地提出，要顺应国际金融发展趋势，走出国门到国际金融市场去寻找业务和谋求生存。经过两年的努力，该行终于在1989年7月获得中国人民银行和国家外汇管理局的批准，正式开办离岸金融业务，并且获得了深圳市税务局给予的开办离岸金融业务的各项优惠政策。该行设立了离岸业务部，其境外境内外汇业务分开，会计上分账处理，境外业务单独记账、核算、年终报表。之后，又在香港设立了专为离岸金融业务服务的代表处和营业机构。其后，深圳工商银行和农业银行也于1994年4月经中国人民银行和国家外汇管理局批准开办了离岸金融业务等。

这一时期我国离岸金融的特点是"内外分离，两头在外"，即离岸金融与在岸金融业务相分离，离岸资金来源和运用只能服务于非居民。从1989年至亚洲金融危机爆发前夕，我国离岸金融业务经历了一个快速发展阶段，离岸资产规模达到20多亿美元。期间广东发展银行成功发行6 000万美元境外浮息存款证（FRCD）。然而，一些不容忽视的隐患也因此暴露。1997年，为了防范和化解金融风险，央行"叫停"离岸银行业务，离岸金融业务也因此进入了调整期。2002年，我国重新恢复离岸银行业务，招商银行、深圳发展银行、上海浦东发展银行、交通银行获得离岸银行业务经营牌照，离岸银行业务进入新的发展时期。2013年9月29日，中国（上海）自由贸易试验区成立，8家中资银行挂牌，成为首批入驻银行。根据自贸区的改革方案，离岸业务将成为重要发展方向。上海自贸区金融创新的主要方向被锁定在离岸金融领域，争取成为全球人民币的创新、交易、定价、清算中心。自由贸易区分支机构将和境外银行享有同等待遇，对银行而言意味着更多的机遇。

自贸区离岸金融市场在改革开放方面承担着两大任务：一是推进人民币自由兑换和国际化，包括资本账户开放；二是推进金融自由化。就离岸金融市场对境内辐射来讲，创新、突破、先行先试与在岸人民币金融市场的改革、开放和发展及时地、广泛地、深度地良性互动，是自贸试验区人民币离岸金融市场的生命线和独特的战略定位。通过制度创新、产品创新、服务创新和组织创新来推动离岸市场和在岸市场的协调发展。另外，和其他地方包括香港地区的人民币离岸市场相比，上海自贸试验区的人民币离岸金融市场在两大方面有所不同：第一，自贸试验区的离岸金融市场直接处于中国内地法律管辖与政府管控之下；第二，它是中国金融改革开放先锋和作为中国金融改革试验田的境内关外市场。它不是一个远离中国、自成体系的孤岛，而是连接境内在岸市场和国际金融市场的桥梁。它担负着在岸市场和境外市场的双向沟通、双向辐射的功能，同时通过先行先试为我国在岸市场的改革开放进行探索。

【专栏 6.1】　　　　　　　　　　香港人民币离岸市场

所谓人民币离岸市场，是指在中国境外经营人民币存放款业务的场所。近年来，亚洲的中国香港、新加坡和欧洲的伦敦、巴黎、卢森堡、苏黎世以及法兰克福等先后设立了人民币离岸交易中心，其中，香港地区是人民币产品最丰富、最成熟的离岸交易中心。

（一）香港地区人民币离岸市场的发展历程与发展优势

香港地区人民币市场发展大致经历三个阶段：第一阶段从 2003 年的 11 月至 2007 年 6 月，主要开展个人人民币业务；第二阶段大致从 2007 年 7 月至 2010 年 6 月，主要特征是内地金融机构发行香港人民币债券，开展跨境贸易和投资人民币结算试点；第三阶段从 2010 年 7 月至今，主要是扩大跨境贸易和投资人民币结算。到目前为止，人民币业务在香港地区无处不在，从业机构类型从银行扩展到证券、保险和基金，业务类型从存款扩展到存单、保单、债券、基金、黄金 ETF、贷款等多种形式，各项人民币业务迅速发展。

从 2012 年起，人民币国际化已经进入了一个新的阶段，重心从扩大香港地区人民币市场转向推动人民币走向海外，人民币的海外之旅将会带动所有离岸中心人民币流动性增加，香港地区人民币存款只是离岸市场的一部分，但仍然是离岸人民币的主市场。香港地区人民币离岸市场仍将在相当长一段时间里保持领先的地位，这种优势主要体现在以下四个方面：

（1）与伦敦和新加坡相比，香港地区人民币业务发展成果离不开中国政策的支持，先行先试为香港地区领跑人民币离岸市场提供了政策优势。

（2）与单一使用外语为主的国家和地区相比，香港地区因中英文通用而更具有语言优势。与其通用语言相对应，未来香港地区的货币格局一定是一港三币：即港元、人民币和美元，围绕这三种货币的经济金融活动将构成香港地区国际金融中心的实质内涵。

（3）与上海等内地城市相比，香港地区有"一国两制"优势。"港人治港"，香港地区有独立的立法和管治标准，如果市场有需求，市场主体可以按照国际通行准则，在香港地区发行人民币债券和创新人民币金融产品。

（4）香港地区具备高效率、服务型的人民币结算平台。目前香港地区拥有四大支付系统：即港元即时支付系统、美元即时支付系统、欧元即时支付系统和人民币即时支付系统。与此同时，香港地区还建有一个重要的债务工具——中央结算系统（CMU）。CMU 设立于 1990 年，是香港地区直接负责管理的债务工具结算及托管系统。

（二）香港地区人民币离岸市场的发展现状与存在的主要问题

1. 发展现状

（1）香港地区人民币资金池稳中有升，反映了离岸市场对人民币的实际需求。

（2）香港地区人民币离岸市场与内地的汇差和利差缩小。离岸与在岸市场汇差收窄表明香港地区人民币市场与内地市场的联系更为紧密，香港地区人民币资金供求更趋平衡。

（3）香港人民币债券发行量持续增长。人民币发债主体多元化趋势明显。人民币债券的投资者也进一步多元化。境外投资者对人民币债券的投资兴趣和认可程度不断提升，人民币已成功进入境外官方外汇储备。

2. 存在的主要问题

（1）香港地区人民币市场的流动性趋紧。2012年下半年以来，香港地区人民币市场流动性出现紧张。其原因是多方面，一是人民币资金池的增速放缓；二是香港地区金管局放松了对人民币资金使用的限制；三是香港地区金融机构认为人民币市场缺少"最后贷款人"，普遍担心人民币资金来源问题；四是人民币市场信息相对不透明，增加了流动性管理的难度和不确定性。

（2）香港地区人民币市场缺乏基准利率。目前，香港地区财资市场公会组织13家银行作为报价商，每天公布香港地区CNH市场人民币同业拆借利率参考价格（包括隔夜、1周、2周等9个期限品种），但由于受LIBOR事件影响，尚未制定正式的香港地区人民币基准利率形成规则。香港地区人民币市场缺乏基准利率，导致银行间拆借、人民币贷款等没有参考价格，也无法发展与利率相关的其他产品，影响了资金流动。特别是增加了人民币银团贷款和人民币长期贷款的定价难度。

（3）其他人民币离岸市场的发展可能会对香港地区产生一定影响。新加坡、中国台湾、伦敦等人民币离岸市场快速发展。新加坡的人民币业务发展得益于东盟与中国的经贸往来日趋紧密，东盟国家对人民币业务需求，尤其是融资需求不断增长；中国台湾人民币业务发展潜力巨大，台湾地区人民币清算机制的建立将释放其人民币业务的发展潜力；作为全球外汇交易中心，伦敦对发展人民币业务表现出很大的兴趣。伦敦发展人民币业务具有优势，在地理位置和时区上可形成与亚洲市场的互补，覆盖欧洲地区的人民币业务。

（三）香港地区人民币离岸市场发展的政策建议

（1）增加对境外人民币资金池的流动性支持。充足的人民币离岸市场流动性有利于提升市场的深度，促进离岸人民币业务的发展，更好地服务于跨境贸易投资等实体经济活动的需求。

（2）完善香港地区人民币基准利率形成规则。缺乏市场基准利率制约了香港地区人民币业务的发展。未来应继续发展离岸人民币债券产品，逐步健全收益率曲线。

（3）加强人民币离岸市场之间的合作。未来各离岸市场需要确定好各自发展定位，相关的货币当局、监管部门和金融机构需秉持互利共赢的理念，保持密切合作，共同发展离岸人民币业务。

本章小结

欧洲货币市场是指各种境外货币借贷和境外货币债券发行与交易的市场。欧洲货币市场是当代国际金融市场的核心，是经营欧洲美元和其他境外货币交易的国际资金市场，因其最早在欧洲出现，最早经营的是境外美元业务，而惯称欧洲美元市场。欧洲货币市场是现代国际金融市场的典型代表。

亚洲美元市场是指亚太地区的银行用境外美元和其他境外货币进行交易所形成的市场。亚洲美元市场的经营活动可分为短期资金交易、中长期资金交易和亚洲债券交易。亚洲美元市场是欧洲货币市场在亚洲的具体延伸。

离岸金融市场是第二次世界大战后兴起的一种新型国际金融市场，是在市场所在地非居民与非居民之间，按照市场机制，从事有关境外货币存放和借贷交易的场所或营运网络。作为一种新型的国际金融市场，离岸金融市场属于欧洲货币市场的一个子市场，具有特定的交易主体、交易客体、交易活动和交易中介等。

本章重要概念

欧洲货币；欧洲货币市场；欧洲短期资金信贷市场；欧洲中长期资金信贷市场；欧洲债券；欧洲债券市场；亚洲货币市场；离岸金融市场

本章复习思考题

1. 简述欧洲货币市场的概念与特点。
2. 简述欧洲货币市场的基本构成。
3. 简述欧洲债券市场的概念与特点。
4. 简述亚洲货币市场的形成和发展。
5. 简述离岸金融市场的特点与类型。

第八章 国际融资

本章学习目标

掌握国际信贷融资的含义与类型；掌握国际证券融资的含义、类型与风险；熟悉项目融资的含义、类型与风险；熟悉国际贸易融资的含义、类型与风险；熟悉国际银团贷款的含义与特点。

国际融资是指经济主体在国际金融市场上，运用某种金融手段或金融机构而进行的资金融通活动。国际融资的经济主体主要包括从事跨国融资的各国政府与中央银行、商业银行、跨国公司与进出口商以及各类国际融资机构等。随着国际经济贸易规模的不断扩大和国际资本流动速度的不断加快，各国及其经济主体对于资金的需求越来越多，在国内融资不能满足其资金需求时，国际融资越来越成为其融资活动的另一种重要选择。比较成熟的国际融资方式主要有国际信贷融资、国际证券融资、国际项目融资和国际贸易融资等。

第一节 国际信贷融资

国际信贷作为国际金融活动的一个重要组成部分，不仅是国际经济联系与合作的主要内容，也是资本国际化进程中的重要环节。传统的国际信贷主要以调节国际收支为目的，而现代国际信贷的目的越来越多样化，如促进国际贸易、引进先进技术设备、为大型项目建设筹资以及进行国际投资或投机等。

一、国际信贷的概念

所谓国际信贷，是指国际上所发生的一切借贷资本活动的总称。与国内信贷相比，国际信贷的特点主要有：

（1）借贷活动通常是通过国际金融市场实现的，因为国际金融市场上集聚了大量的借贷资本供应者和需求者。

（2）借贷双方属于不同国家或地区的法人，即借贷双方主要限于居民与非居民，或非居民与非居民之间。

（3）国际借贷所使用的货币既可以是贷款人所在国货币，也可以是借款人所在国货币或第三国货币。

（4）国际借贷中的借贷形式可以是货币资本形态也可以商品资本形态。其中，货币资本形态通常是执行国际货币职能的可自由兑换货币，如美元、欧元、日元、英镑以及瑞士法郎等；

商品资本形态通常是国际商业信用、国际金融租赁以及国际补偿贸易等。

国际信贷的资金来源是世界各国工商企业暂时闲置的货币资本和个人闲置的货币收入,各国银行以吸收存款的形式将其集中起来,通过国际金融市场就可以贷给那些资本短缺国家的工商企业、银行以及政府等,这是国际信贷传统的资金来源。第二次世界大战后,国际信贷的资金来源出现了新的变化,增加了一些新的资金来源渠道,具体包括国家财政资金、欧洲货币资金、石油、美元等。随着现代金融创新的不断发展,国际信贷市场上的融资方式层出不穷,其中,最主要的融资方式有国际商业银行贷款、国际金融机构贷款以及政府贷款等。

二、国际商业银行信贷

(一)国际商业银行信贷的概念与特点

所谓国际商业银行信贷,是指由国际商业银行通过国际金融市场向外国借款人提供资金信贷的一种融资方式。按照国际惯例,国际商业银行信贷中的借款人必须是法人,如企业、银行、政府机构,但不能是自然人(即个人);贷款人一般是国外的商业银行。国际商业银行信贷的特点主要有:

(1)国际商业银行信贷属于非限制性贷款,企业可以无附加条件地使用筹集的资金,不受贷方限制,且还本付息的方式多样化,可以和银行进行协商确定。

(2)国际商业银行信贷手续简便、方式灵活。

(3)贷款成本较高,原因是国际银行融资的参与者属于不同的国家,信息不对称程度更高,所以国际银行信贷相对其他国际性组织的贷款而言成本更高,主要体现在相对更高的利率和手续费上。

(4)很多借款者利用国际银行融资方式得到的货币可能非本币,使其借款受到汇率波动的影响,增加了客户的汇率风险。

(二)国际商业银行信贷的类型

按不同的分类标准,可以将国际银行信贷划分为不同的类型,同时也对应着不同的国际银行融资类型:

(1)根据贷款对象的不同,可以将国际银行信贷分为银行间贷款、中央银行贷款、企业贷款和政府贷款。

(2)根据贷款利率水平的不同可分为无息贷款、低息贷款、中息贷款和高息贷款。国际银行信贷的利率理论上可以是无息贷款、低息贷款,但由于商业银行主要以盈利为目的,使得无息贷款、低息贷款不太可能出现,除非政府间出于某些特定情况的考虑,对商业银行采取了干预。正常情况下,国际银行信贷的利率水平为中等及以上。

(3)根据借款和还款方法的不同可分为统借统还贷款、统借自还贷款和自借自还贷款。借款和还款方式的多样性反映了国际银行信贷的灵活性,资金需求方可以和资金供给方协商借款的金额、币种及还款的方式,从而使交易更容易达成。

(4)按贷款银行的数量不同,可以将贷款类型分为双边贷款、联合贷款和银团贷款。双边贷款又称单一银行贷款,是指仅由某一家银行对借款人提供贷款资金,即由两家银行之间签订协议。由于国际借款人一般需求量较大，借款的额度较高，某一家银行单独对其放贷会使贷款银行承受较大的风险，因此，单一银行贷款的额度一般较低，贷款的期限较短。联合贷款是指由若干家（3~5 家）银行共同对某一借款人放贷。一般是先由一家银行对某一客户进行放贷，之后再邀请其他银行参与，给客户提供后续贷款。银团贷款是指由许多家银行组成一个集团共同对某一借款人同时放贷。

（5）贷款的期限分类，可分为短期贷款、中期贷款和长期贷款。短期贷款是指贷款期限在 1 年以下的贷款。短期贷款对贷款资金的额度没有限制，但一般情况下短期放贷额相对于长期放贷额而言更低。在货币市场上，它提供各种短期借贷的产品。最短的贷款期限为 1 天，称为日贷。另外，还有 7 天、1 个月、2 个月、3 个月、6 个月及 1 年等品种。但是在货币市场上，6 个月及 1 年的品种交易量较低，主要为 1~7 天及 1~3 个月的品种。由于银行经常需要补充短期的流动性来应对客户提取资金，当资金不足时，可以到货币市场上去获取短期资金。有些银行在资金充裕时，可以将资金以短期的形式借出去。银行之间进行的短期借贷，称为银行同业拆借。由于银行的信誉较高，这种短期的银行拆借是不需要抵押的，完全凭银行的信誉，违约的风险也较小。

中期贷款是指贷款期限为 1~5 年的贷款。中期贷款相对于短期贷款而言，贷款的额度一般更高，客户采取分期还款的方式且需要担保。在国际银行信贷中，中期贷款一般由所在国政府担保或大型银行提供担保。由于资金额度相对较高且期限更长，中期贷款相对于短期贷款的利率会更高，一般在银行同业拆借利率之上加一定的额度。中期贷款主要用于企业营运资本和设备更新改造，是企业取得固定资本的重要途径。

长期贷款是指贷款期限在 5 年以上的贷款。由于长期贷款的额度一般较高，时限较长，潜在的风险较高，所以这类贷款多采取银团贷款，使银行得以分散风险。长期贷款需要签订借贷协议，并提供担保。对于企业而言，借入长期资本的目的可能是扩大生产经营、进行并购等。对于政府而言，借入长期资本的目的可能是弥补财政赤字。

（三）国际商业银行信贷的条件

1. 贷款利率

贷款利率高低由借贷双方协商决定，一般而言，实力强、信誉高的借款人可以获得相对更低的贷款利率。贷款利率可以分为固定利率和浮动利率。利用固定利率时，贷款期间借款人支付的利息占贷款金额的比重固定，借款人不承担利率波动的风险。利用浮动利率时，利息支付随市场利率变化而变化，借款人承担了利率波动的风险。浮动利率的大小一般为伦敦银行拆借利率之上加一定的额度。在利率上升期间，对借款人而言，采取固定利率是有利的，而在利率下降期间，采取浮动利率是有利的。使用何种利率方式和利率的高低，取决于双方的议价能力。目前较多采用的方式是浮动利率，每 3 个月或 6 个月调整一次。有时，贷款银行还会根据正常利率之外的附加利率向借款人收取附加利息。

2. 费用

借款人除了需要支付利息外，还需要支付其他的费用，如承担费、管理费、代理费及杂费等。承担费是指在承担期（即贷款协议的签字日期与实际用款日期期间）内由于银行承担放贷责任而收取的费用。贷款协议签字后，借款人只要提出借款要求，银行就要承担责任并提供贷款。在协议签署与借款人提出借款这段时期内，银行虽然没有实际提供资金，但需要随时备用资金以备借款人提取，而银行备用的这部分资金头寸就无法向借款人收取利息，因此，贷款银行会对借款人收取一定费用作为其占用资金头寸的补偿。承担费一般占贷款金额的 0.125%～0.5%，其具体比例由代理行与借款人协商确定。

管理费是指银团贷款中，由牵头银行向借款人收取的一种费用。管理费主要用于补偿牵头银行在组织贷款银团时所发挥的作用。管理费率根据贷款金额的大小有所不同，一般是贷款金额的 0.25%～0.5%，其具体比例由代理行与借款人协商确定。

代理费是指牵头银行在整个贷款期内，与借款人、参与行联系过程中发生的各项开支，如电报、电传费及办公费等。代理费的绝对数额相对固定，目前国际上最高的代理费是每年 5 万～6 万美元，所以对于大额贷款资金而言，代理费用占贷款金额的比重非常小。

杂费是指某银行作为牵头银行与借款人之间进行联系、谈判，直至签订贷款协议前所发生的费用。这种费用包括牵头银行为贷款协议的达成而发生的差旅费、律师费等。一般的支付方法是牵头银行提出账单，由借款人一次支付。杂费的收取标准不一，高的可达 10 万美元。与代理费一样，杂费的绝对数额相对固定，所以对大额贷款资金而言，杂费占贷款金额的比重也非常小。

（四）国际银团贷款

1. 国际银团贷款及其特点

所谓国际银团贷款，又称辛迪加贷款或集团贷款，是指由多家国际银行组成一个集团并联合向某一国家的借款人提供长期巨额资金的一种贷款方式。根据各参与银行在银团中承担权利和义务的不同，国际银团贷款可分为两种：

（1）直接银团贷款，即在牵头银行的统一组织下，由借款人与各个贷款银行直接签订同一个贷款协议，根据贷款协议规定的条件，按照各自事先承诺的参加份额，通过委托代理行向借款人发放、收回和统一管理贷款；各参与银行与借款人之间存在着直接的债权债务关系。在直接银团贷款中，牵头银行的确立仅仅是为了银团的筹组，一旦贷款协议签订，即银团组成，牵头银行即失去了代理作用，和其他银行处于平等地位。

（2）间接银团贷款，即由牵头银行直接与借款人签订贷款协议，向借款人单独发放贷款，然后再由牵头银行将参与的贷款权分别转售给其他愿意提供贷款的参与银行，事先不必经借款人的同意，全部贷款的管理工作均由牵头行承担；参与银行与借款人之间一般不存在直接的债权债务关系，某些情况下借款人甚至不知道参与银行的存在。

国际银团贷款是随着资本主义经济的不断发展而出现的一种融资方式。特别是第二次世界大战后，一些资本主义国家为了迅速弥合战争创伤，采用国际银团贷款方式，筹措资金，发展经济，收到了良好的效果，促进了生产的国际化发展。生产的国际化又促进了市场的国际化，加速了国际贸易的发展，增加了融资需求，所需资金数额也逐渐增大。由于巨额贷款仅靠一家银行的力量很难承担，况且风险也很大，任何银行都不愿独自承担。为了分散风险，有意发放贷款的各家银行便组成集团，每家银行认购一定的贷款份额，由一家代理行统一发放和回收，银团贷款由此产生。国际银团贷款是第二次世界大战后国际金融市场上的一次重要金融创新，也是 20 世纪 70 年代以来国际中长期信贷市场中最重要的形式。其特点主要有：一是贷款金额巨大，且期限较长；二是分散了贷款风险，避免了同业竞争；三是贷款银行不附带限制性条件，借款人能够自由地使用贷款等。当然，银团贷款的使用尽管较外国政府贷款、国际金融机构贷款宽松，但用途必须明确。

2. 国际银团的构成

银团一般由牵头银行、代理银行和一般参与银行构成，其具体分工如下：

（1）牵头银行，即接受借款人委托，并负责筹组银团、提供贷款、代表银团与借款人商定贷款协议的银行。一般选择有实力、有威望的大银行担任。如果是若干家银行牵头，可细分为牵头银行、经理银行和副经理银行等。

（2）代理银行，即银团的代理人。可由牵头银行担任，也可由经理集团指定一家成员担任，具体负责管理贷款的所有具体工作。

（3）参与银行，即银团的一般成员，提供一部分贷款的银行。参与银行的数量可多可少，由银团的牵头银行或经理集团根据贷款的具体需要而定，参加银行一般与牵头银行都有过良好的合作关系。出于贷款安全性考虑，银团贷款对借款人的选择倾向于一国政府机构，地方政府，中央银行，官方金融机构和有实力的企业及国际机构，跨国公司等。

3. 国际银团贷款的流程及相应的律师服务

开展国际银团贷款时，借款人本身的条件与要求必须符合银团贷款的惯例和一般要求，而银团贷款的自身条件也要符合借款人的要求。只有双方互相认可，银团贷款工作才能顺利进行。借款人的资信程度越高，越容易获得银团贷款。出于贷款安全性考虑，银团贷款对借款人的选择倾向于一国政府机构，地方政府，中央银行，官方金融机构和有实力的企业及国际机构，跨国公司等。其具体的流程及相应的律师服务如下：

第一步，借款人选定牵头行并委托牵头行筹组银团。具体包括：牵头行与借款人初步确定贷款条件，确认《贷款条件清单》；借款人向牵头行发出委任书，出具《银团贷款委托书》；牵头行向借款人回复《银团贷款委托书复函》。

第二步，牵头行启动贷前授信审查，在此基础上与借款人进行前期谈判。具体包括：牵头行对借款人、担保人和贷款项目进行授信审查，对项目进行风险评估；牵头行与借款人进一步洽商贷款用途、额度、利率、期限、担保形式、提款条件、还款方式和相关费用等贷款主要条件。

第三步，牵头行编制《银团贷款信息备忘录》。具体包括：律师协助牵头行编制《银团贷款信息备忘录》；借款人、担保人签署《对信息备忘录所载内容的真实性、完整性负责的声明》。

第四步，牵头行向潜在参与银行发出邀请，同时附上有关文件。具体包括：《银团贷款邀请函》《保密承诺函》《贷款条件清单》《银团贷款信息备忘录》《贷款承诺函》。

第五步，律师草拟《银团贷款协议》。具体包括：律师草拟《银团贷款协议》（初稿）；牵头行对《银团贷款协议》提出意见，使草拟的贷款协议能附和商定条款的要求；牵头行向银团成员发放《银团贷款协议》，征求银团成员意见；律师对银团成员提出的意见进行解释和答复，并视情况修订《银团贷款协议》；银团成员认可贷款协议初稿，银团正式组成。

第六步，协助银团与借款人、担保人进行合同谈判。具体包括：银团向借款人、担保人提交《银团贷款协议》，征求借款人、担保人意见；双方就分歧点进行磋商；视磋商情况签署《备忘录》,以提高谈判效率;律师在客户谈判的基础上,修订《银团贷款协议》。

第七步,签约阶段。具体包括:协议各方对贷款协议最后稿表示同意;律师就待签文本做必要的解释;律师审查各方签字授权的合法性和有效性等。

三、政府信贷

政府信贷,即政府贷款,它是指一国政府向另一国政府提供的贷款。政府贷款是建立在国与国之间具有良好的政治经济基础上的,也是配合外交活动的一种重要经济手段。

(一)政府贷款的特点

(1)贷款条件优惠。政府信贷一般具有经济援助性质,因而贷款条件比较优惠。一是利率较低,一般为 1%~3%,也有的是无息贷款,赠予成分较大;二是期限较长,一般为 10~30 年,有的可达到 50 年。

(2)贷款规模较小。政府贷款资金一般来自于贷款国的财政预算,因而规模较小,往往要受到该国国内经济状况的制约。

(3)贷款程序特殊。政府贷款往往须先通过外交途径达成协议,互相换文,然后才能签订贷款协议。

(二)政府贷款的条件

(1)贷款期限。政府贷款的期限较长,属中长期贷款,一般为 10 年、20 年、30 年,最长可达 50 年。

(2)贷款利率。政府贷款的利率一般为低息或无息。低息贷款的年利率一般为 1%~3%,个别年利率为 5%。无息贷款可免付利息。

(3)币种。多数国家使用本币进行贷款,但有些国家使用美元,还有些国家是美元和本币混合使用。

(4)附加条件。政府贷款具有优惠援助性质,政局的稳定和两国间的良好政治外交关系是享有政府贷款的前提条件和基础。贷款国对借款国会提出一些附加条件,主要包括:贷款只限于采购贷款国的商品、技术和劳务等;限制取得贷款的国家以公开国际招标的方式从经合组织(OECD)规定的"合格货源国"采购使用贷款的商品;使用政府贷款时连带使用一定比例贷款国的出口信贷等。此外,借款国还需付出非经济代价,如贷款国不得不做出政治外交上的某种让步,付出某些不得已的代价等。

(三)政府贷款的程序

不同国家政府贷款的程序不尽相同,其一般步骤主要包括:

(1)借款国选定贷款项目,并进行贷款可行性研究。借款国根据本国经济发展需要,选定优先考虑的建设项目,对其进行可行性研究,以决定该项目是否值得投资和向外国政府借款。可行性研究包括项目的经济、技术、组织、财务和社会等各方面。

(2)借款国向贷款提供国申请政府贷款。申请可以通过贷款国驻本国的大使馆或本国驻贷款国的大使馆转达贷款国政府。一般是将申请贷款项目写成照会,随附贷款申请书、可行性研究报告、项目实施计划书等贷款文件送交贷款国驻本国使馆,由其代向贷款国政府转达。

（3）贷款国对项目进行审定与评估。贷款国接到贷款申请后，交有关部门对贷款文件进行研究审查。然后对申请贷款项目进行评估，以确定该项目及其实施计划的可行性。

（4）承诺通知与换文谈判。如果贷款国政府认为申请贷款项目切实可行，就将同意贷款和贷款条件正式通知借款国。借款国如果接受贷款国提出的条件，双方政府即可进行换文谈判。这里的换文含义是指用双方语言以书面形式说明贷款的基本条款和基本条件，然后互相交换，作为双方的承诺或约定。

（5）双方签订贷款协议。政府换文的内容只是一种纲领性的规定，只涉及贷款的主要条款和主要条件，而贷款的详细条款和条件是由贷款国的承办政府贷款机构与借款人以两国的政府换文为依据进行具体商谈的。贷款协议达成后，由贷款机构同借款人签署，而不是同借款国政府签署，因为实际借款人并不是借款国政府。

（6）借款国按照贷款协议中的采购条件在贷款国、合格货源国采购物资或自行采购物资。

（7）政府指定银行实施贷款协议。一般的做法是借款人（或借款方的代理银行）在贷款机构的代理银行开立专门账户。

（8）支付贷款。贷款的支付按贷款协议规定办理，通常是在规定的期限内分期支付。每次提款时，借款人均需向贷款机构提交申请书、采购合同和其他有关单据，如供货商发票、汇票、货运单据等。贷款机构审查后认为符合规定，借款人就可以从上述专门账户提款，支付采购货款和劳务费用；否则贷款机构就通知贷款人不能提款，并说明理由。

（9）监督管理。为确保贷款项目的实施和取得预期效果，贷款机构要对项目执行和执行阶段的活动进行监督管理，主要包括对贷款资金的使用、项目执行进度进行检查；进行实地检查；审查竣工报告等。

四、国际金融机构信贷

国际金融机构信贷，即国际金融机构贷款，是指由国际金融机构向其会员国政府提供的用于解决该国国际收支逆差与长期经济建设所需的外汇资金。这里的国际金融机构主要包括：国际货币基金组织、世界银行及其附属机构、亚洲开发银行、非洲开发银行以及亚洲基础设施投资银行等。由于各个国际金融机构的基本宗旨与业务活动不同，因此其贷款的种类与特点也是不同的。本部分内容详见第11章介绍。

第二节 国际证券融资

所谓国际证券融资，是指筹资人在国际金融市场上通过发行债券或股票等有价证券的方式进行资金融通的行为。它属于直接融资方式，主要包括国际债券融资和国际股票融资。

一、国际债券融资

（一）国际债券融资的概念

所谓国际债券融资，是指融资人在其他国家或地区通过发行债券的方式进行资金筹集的行为。国际债券融资涉及两个不同的国家或地区,是一种跨国行为,发行国际债券会受发行地所在国或地区政府有关部门的监管。一般而言,在国际上发行的债券数额较大,资金来源较为广泛,可以是多个国家的投资者,所以国际债券融资是发行人筹集大额资金较为理想的市场。

发行国际债券前,一般需要第三方评级机构对发行人的信用进行评级,国际著名的评级机构主要有穆迪、标准普尔和惠誉国际。发行人只有得到了著名评级机构给予的较高评级,其在国际债券市场上的筹资才能顺利进行,获取的资金成本也相对更低。若评级机构给予发行人的评级过低,则发行人在国际债券市场上筹集到大额资金的可能性就较小。

发行国际债券与发行国内债券所筹集资金的币种通常是不一样的。例如,中国国内发行人在我国债券市场上一般筹集人民币,到国际债券市场上筹集的一般不是人民币,而可能是美元、欧元、英镑等外币。因此,国际债券融资会使发行人面临着不同的汇率风险,当筹集资金的币种发生升值时,就增加发行人的成本,反之则会降低发行人的成本。

(二)国际债券融资的类型

(1)按债券的发行方式划分,可以分为公募债券和私募债券。公募债券即向不特定的投资者发行的债券;私募债券指向特定的投资者发行的债券。一般而言,公募债券可上市流通,而私募债券不上市流通。相对于私募债券,公募债券目前占据主导地位。

(2)按债券的发行人划分,可以分为公共债券、金融债券及公司债券。公共债券指由政府或由政府担保的单位发行的债券。金融债券指各国银行及非银行金融机构发行的债券。公司债券指各国公司发行的债券。从违约风险的角度看,公共债券的安全度最高,金融债券其次,公司债券的违约风险最高。

(3)按债券的计息方式划分,可以分为固定利率债券和浮动利率债券。固定利率债券指债券发行时,利率大小的绝对数值就已确定,不随市场各因素变化而变化。浮动利率债券指已发行债券的利率不固定,随市场变化的债券。一般以伦敦同业拆借利率(LIBOR)为基准,进行一定的上浮来确定浮动利率的大小。

(4)按债券的发行人、发行地之间的关系划分,可以分为外国债券和欧洲债券。外国债券是指借款人所在国与发行市场所在国不同,并以发行市场所在国的货币为面值货币所发行的债券。例如,中国企业在美国市场上发行的美元债券,美国企业在日本市场上发行的日元债券,都属于外国债券。欧洲债券是指借款人所在国与发行市场所在国不同,并以借款人和发行市场所在国之外的货币(即第三国货币)为面值货币所发行的债券。例如,中国企业在伦敦发行的美元债券,韩国企业在伦敦发行的美元债券,都属于欧洲债券。

不同国家对于在本国市场上发行的外国债券有自己的规定,受本国证券法的制约。一般而言,要发行外国债券至少要经历以下环节:向发行地投资者介绍发行的数量、利率、年限、信用评级状况及发行人目前的财务状况等,然后向发行地国家申请批准和注册,在得到批准并注册后,发行人才有资格在发行国发行外国债券。之后,发行人可以选择由其他机构包销或承销等方式进行具体的债券发行工作。

不同国家对在本国发行的外国债券命名有所不同。外国筹资者在日本发行的日元债券称为武士债券(Samurai Bond),外国筹资者在美国发行的美元债券称为扬基债券(Yankee Bond),

境外机构在中国发行的以人民币计价的债券成为熊猫债券。另外,在英国、西班牙及荷兰发行的外国债券分别称为猛犬债券、斗牛士债券及伦勃朗债券。

欧洲债券并不意味着是在欧洲市场上发行的债券,而是发行人所在国、发行市场所在国与币种所属国均不同的债券。20世纪60年代后,世界其他国家开始有大量的美元盈余,需要美元的国家不一定要到美国市场上发行美元债券,也可以到其他拥有美元的国家发行美元债券。另外,当时美国对美国居民持有的外国债券获取的利息征税,并出台措施,限制外国借款者的借款数额,从而增加了外国借款在美国获取美元的成本及难度。这使欧洲很多国家在美国境外大量发行美元债券,之后将这种发行人所在国、发行市场所在国及发行币种所属国三者均不属于同一个国家的债券,统称为欧洲债券。

与外国债券不同,欧洲债券不受任何监督机关登记注册,不受额度及币种限制,投资者得到的利息收入通常无须交税。另外,由于投资者购买的债券保存在国外,且不记名,这对于很多需要保密的投资者而言具有很大的吸引力。以上因素使得欧洲债券发展迅速,在国际债券市场上远超外国债券的规模,占据主导地位。

(三)国际债券融资中的信用评级

在国际债券发行中,非常重要的一环是信用评级,这关系到发行人是否能够成功地发行债券。信用评级是指独立的评级机构在对评级对象进行深入的调研、分析之后,采用一定的评级方法对其信用水平进行评价。为了使普通投资者能够更简单明了地知道企业的信用水平,评级机构会给出评级对象的信用等级,不同的等级对应着评级对象不同的信用水平。为了便于理解信用评级,现将穆迪公司对长期债券评级的信用等级情况进行简单说明,如表8.1所示。信用评级起始于铁路债券评级,目前已经延伸到各类金融产品及其他方面。一般认为,信用评级对于企业防范商业风险、构建公平、公正的资本市场及商业银行确定贷款风险的依据具有重要的作用。因此,推动信用评级机构的健康发展和强化信用评级机构的独立性是有利的。

表8.1 穆迪长期债券信用评级

信 用 等 级	级 别	等 级 说 明
Aaa	最高	信用质量最高,信用风险最低
Aa	高	信用质量很高,信用风险较低
A	中高	投资品质优良
Baa	中等	保证程度一般
Ba	投机	不能保证将来的良好状况
B	投机	还本付息,或长期内履行合同中其他条款的保证极小
Caa	投机	违约可能性较高
Ca	投机	具有很大的投机性,收回投资有一定的可能
C	投机	经常违约,不太可能收回投资

资料来源:穆迪公司官方网站(https://www.moodys.com)。

国际上影响力最大的信用评级机构有穆迪、标准普尔和惠誉国际。要在国际市场上通过发行债券筹集大额资金的发行人,一般会选择这类评级机构对其进行信用评级。这些评级机构对发行人给出的较高评级是保障其顺利发行的重要前提。目前,我国信用评级机构主要有大公国际、中诚信国际、联合信用、东方金诚和上海新世纪等。在国内影响力较大的主要是大公国际、中诚信国际和联合信用，这三家评级机构占据了行业 90%以上的份额。然而，我国评级机构在国际上的影响力还差距，与穆迪、标准普尔和惠誉国际这类老牌评级机构的影响力相比还存在很大的差距，这需要我国信用评级机构不断强化自身的业务水平，不断开拓国际市场，以提升品牌影响力。

二、国际股票融资

（一）国际股票融资的概念

国际股票融资是指企业在国际金融市场上以发行股票方式进行资金筹集的行为。相对于债券融资，股票融资给企业带来的资本具有永久性质，投资企业发行的股票是对企业未来经营业绩的看好，具有一定的风险。另外，股票是没有期限的，股东不能将得到的股份再卖给企业，若股东想要退出，可以在市场上出售股份，从而收回投资。企业通过国际市场进行股票融资，除了可以获得永久的外币资本外，还可以使投资人更加关注公司的管理水平、经营业绩，从而提升公司的知名度。

企业在国际市场上进行了股票融资，则需要不断地进行信息披露，使投资者了解企业的财务状况及发展情况。企业需要定期公布企业的财务报表，并请审计机构进行审计，这需要花费一定的成本。另外，上市公司也面临着股价波动的风险，当公司的股价较低时，有可能会被收购，甚至是恶意收购，从而可能对企业的发展造成不利影响。为此，不是所有有能力发行股份的企业都可以选择国际股票融资，企业需要充分权衡发行股份的利弊，从而做出对企业长远发展有利的决定。

（二）国际股票融资的类型

国际股票融资涉及上市公司股份的结构问题，不同的公司在上市时可能采取不同结构，我国国际股票融资中常用的股份结构有境内上市外资股结构、境外上市外资股结构、存托证境外上市结构和间接境外募股上市结构等。

1. 境内上市外资股结构

境内上市外资股结构是指发行人在境外募集资金，但股票在发行人所在国的交易所流通的融资结构。我国将通过此类方式融资的股份称为境内上市外资股，俗称"B股"。我国对于发行 B 股的公司有一定的要求，需要经过我国有关部门的审批。另外，对于 B 股的主承销人和上市保荐人都要求由中国的金融中介机构承担。由于发行 B 股不仅涉及我国的交易市场，还涉及外国投资者，因此，发行 B 股的上市公司需要按照国际惯例进行信息披露，给出经审计机构审计后的财务报表，以使境外投资者对公司的经营状况深入了解。

发行 B 股的上市公司可以筹集到企业发展所需要的外币，同时能够提升企业的知名度，从目前的交易情况来看，B 股的规模较小，并存在不断缩水的趋势，这与我国当初设立 B 股的目的有关。中国为了吸引更多的外资参与到发展经济中来，采取发行 B 股的方式筹集外币，对于获取外汇促进经济发展起到了很大的作用。但随着我国经济的增长和外汇储备的增加，B 股对国民经济的促进作用开始下降，对投资者的吸引力也高，因为境外的投资者对我国市场缺乏了解，存在较高的信息不对称问题。目前，我国 B 股存在转股的趋势，不少公司开始设定方案，将 B 股转成 A 股或者 H 股，如东电 B 股、丽珠 B 股等。

2. 境外上市外资股结构

境外上市外资股结构指的是发行人在境外募集资金，且股票在境外交易所流通的融资结构。根据发行的股票在境外交易所的不同，可以分为 H 股、N 股、S 股等，分别是指大陆企业在中国香港、美国、新加坡国内的交易所上市的股票，这类股票称为境外上市外资股。

由于涉及在国外市场发行及上市，需要符合国外交易所对公司上市的各方面要求，又因为企业本身的注册地或经营活动在国内，企业上市还需得到国内的审批。由于不同的上市地对企业上市的要求有差异，企业需要按照上市地的法律法规进行信息披露并选择合适的承销商发行股份。另外，上市公司披露的财务报表既要符合国内的会计准则，又要进行调整以符合上市地的会计准则，若存在信息的虚假披露或不规范披露，一般由上市地的监管机构对其进行惩处，并要求整改。

从实践上看，境外上市外资股比境内上市外资股的流动性及发行效率更高，源于境外上市外资股结构进行的信息披露符合投资者所在国的要求，且相关的法律制度、交易制度对投资者而言更为熟悉，使投资者参与的意愿上升。因此，相对于发行境内上市外资股，企业可能更愿意选择发行境外上市外资股，这更有利于企业顺利募集经营发展所需要的资金，且能更好地提升企业的国际知名度。但相对于发行境内上市外资股，发行境外上市外资股对企业的经营业绩、管理水平等要求更高。

3. 存托证境外上市结构

存托证（Depositary Receipt）指的是存托银行向某国投资者发行代表某一公司股份的可流通的凭证。存托证境外上市结构则是指境外存托银行向境外投资者发行的代表公司股份的凭证，存托银行以持有的某国内公司的基础股票为依托，向境外投资者发行的代表该公司股份的凭证的融资方式。拥有存托证的投资者可以认为是间接地拥有某一家公司的股份，与基础股票不同的是，投资者并不直接持有公司的股份，而是由存托银行代为持有。较为常见的存托证有美国存托证（ADR）及欧洲存托证（EDR）。我国上市公司如上海石化、马钢股份采用的就是 ADR 境外上市结构。

与境内上市外资股结构、境外上市外资股结构不同的是，投资者并不直接持有上市公司的股份，而是持有代表相应股份的存托证，由存托银行代为持有基础股份，并将基础股份保留在托管银行。在实际中，存托证会在托管银行所在地上市，从而可以进行流通，这与股票的交易存在相似性。当上市公司按基础证券派发股息时，投资者可以按持有的存托证数量及每一单位存托证代表的基础股份数量获取股息。若上市公司要注销存托证，需要由存托银行通过向市场要约收购存托证，而后将存托证代表的基础证券销售出去，将收回的款项支付给存托证的原持有者。在存托证境外上市融资及存托证流通中，存托银行只是作为中介参与，仅提供中介服务并收取相应的服务费，不承担相关风险。

4. 间接境外募股上市结构

间接境外募股上市结构是指对境内某企业进行控股的境外公司通过向境外投资人发行股份，且该股份在境外交易所上市流通的股票融资结构。间接境外募股上市不受国内对于上市公司数量的限制，但需要国内相关部门的审批，因为这涉及境外公司控股境内公司的审批问题。这类结构要求境外的控股公司在法律制度、公司治理等方面符合境外的法律法规，有利于增强投资者的认同感，使得间接境外募股上市结构的发行效率相对境外上市外资股结构的发行效率更高。

（三）国际股票的发行程序

我国企业采取的国际股票融资的主要发行地为美国和我国香港地区，这里将着重介绍中国企业在美国股票市场公开发行股票的过程，以便了解企业在美国上市与在国内上市在发行程序上的区别。中国企业选择到美国市场上市，除了需要根据国内法律进行结构调整外，还需要根据美国法律法规的要求进行相关的调整，具体的步骤一般如下。

1. 公司结构调整和审计

我国国内对大陆企业赴境外上市有法律规定，需要企业进行结构上的调整，使企业符合两国法律及国际税法。目前，不少大陆企业通过在国际避税地成立控股公司，并由控股公司与国内企业成立中外合资企业的方式实现境外上市。另外，由于中国的会计准则与美国的会计准则存在区别，企业在上市之前需要聘请国际会计事务所采用美国通用的会计准则对公司前三年业绩进行审计，以使美国投资者对上市公司的财务状况更加了解。

2. 选择承销商及承销方式

在美国发行股份时常用的两种承销方式为承销商包销及承销商推销。所谓承销商包销，指的是承销商与发行人签订协议，以一定的价格将企业要发行的股份全部买下，然后再转售给公众的承销方式。承销商推销是指承销商只负责将发行人需要发行的股份推销给公众，对于能否将股份成功推销出去不承担责任的承销方式。考虑到承销商包销能够规避企业股份发行数量不足的风险，大部分企业选择承销商包销的方式，这使承销商更有动力去帮助企业推销股票，从而顺利筹集资金。在实际操作中，发行人会选择多家承销商，形成承销团，其中由主承销商带领承销团帮助企业向公众发行股票，主承销商的数量及选择一般由发行人根据发行规模决定。主承销商除了负责推销其承诺承销的股份外，还负责与发行人的各种谈判，如确定承销方式等。

3. 注册文件

在选择好承销商之后，需要发行人起草注册文件，内容主要为公司的主营业务、管理者经历及经国际事务所审计的财务报表等信息。注册文件的信息必须是真实的，符合发行地所在州的法律。

4. 进行"公司清理"

拟上市公司的章程及公司治理要符合发行地所在州对公司上市的要求，公司需要聘请相关的律师对公司进行调查，以"清理"那些不符合相关法律法规的制度。另外，拟上市公司可能需要进行资本结构的调整，因为公开发行的股份数量一般是百万股为单位，且不带小数。为了使公开发行的股份数量占发行后总股份的比例与预先设定的一致，公司需要在发行前进行股本调整，这类调整一般保证原有股东的股份占比不变，只改变股份的绝对值。

5. 呈报文件、巡回宣传、确定发行价及分发招股说明书

在完成了以上工作之后，公司需呈报注册文件，美国证券交易委员会将对呈报的注册文件

进行复查，核查企业是否按规定正确地披露了有关公司的各方面信息。同时，公司开始向发行地所在州内证券监管机构申请注册，并向选择的证券交易所申请上市。公司同时进行州内路演，向投资者提供初步设计的招股说明书，以便投资者对公司进行投资评估。在美国证券交易委员会对注册报告提出意见后，需要公司及股份发行的相关参与人进行答辩，可能需要对注册报告进行一定的修改。若公司与美国证券交易委员会就注册报告达成一致意见，则注册报告生效，公司的上市申请亦得到批准。此时，公司需将确定了最后发行价的招股说明书分发给投资者并举行新闻发布会，从而正式开始发行股份，筹集资金。当公司从承销商手中获取了发行股份筹集到的资金后，公司在美国公开上市发行股份融资的过程宣告结束。

三、国际证券融资的风险

尽管不同的国际证券融资方式的风险不一样，但是由于都是在境外募集资金，且都是证券融资，因此，国际证券融资一般都面临以下风险。

（一）市场风险

在国际证券融资情况下，证券一般会上市，是可交易的，所以证券的市场价格会随着市场环境的变化而变化，从而影响公司未来的融资能力。若发行的是股票，股票价格下降，对于企业未来进行增发扩股及配股等有不利的影响，使筹资者无法以较高的价格增发股票且面临增发失败的风险。若发行的是债券，债券价格下跌，会使投资者对发行主体的信用水平及偿债能力有所担忧，从而影响筹资未来的融资能力。

（二）利率风险

利率水平的变化会造成证券价格的变化，特别是对债券价格的影响更为直接。一般而言，利率上升时，债券价格会下降；利率下降时，债券价格会上升。利率下降，意味着企业原本可以以更低的利率进行融资，从而对其不利。利率对股票价格的影响难以确定：一方面，利率下降意味着资金更加宽裕，股票价格可能上涨；另一方面，利率下降可能意味着市场环境不佳，政府有意采取降息手段，但由于投资者可能预期经济环境不佳会持续，导致降息难以提升投资者对股市的信心。市场利率发生变化时，证券的价格也会发生变动，这种变动对公司是否有利是不确定的，所以具有一定的风险。

（三）汇率风险

由于进行的是国际证券融资，筹到的币种可能需要换成本币使用。当本币升值时，对于发行债券的筹资者而言有一定的利好；反之，则是利空。另外，对于发行股票的筹资者而言，当本币升值时，其获得的利润在转换成外币时会增加，反之则减少。因此，汇率的变化会对筹资者产生不确定性影响，使其面临汇率风险。

第三节 国际项目融资

一般来说，大型项目的开发所需要的资金量非常大，项目承办方只靠借债、发行股票等融资方式可能难以满足其资金需求，即使一家公司拥有如此雄厚的经济实力，也无法承受大型项目失败的风险。因此，一种以项目名义在国际金融市场上进行融资的方式得以迅速发展，并造就了很多大型项目的顺利完工，如英国北海油田、中国香港九龙海底隧道等。

一、国际项目融资的概念

所谓国际项目融资，是指以特定工程项目的名义在国际市场上筹集资金，以项目完工后所创造的经济效益承担债务偿还责任的融资方式。国际项目融资与国际信贷融资之间存在明显的差异，国际信贷融资是以自身资产抵押或者提供其他形式的各种担保从而得到贷款，而国际项目融资是以特定的建设项目为融资对象。这使得贷款人会对该项目进行详尽的调查，分析该项目未来能够产生的现金流以及项目失败的风险等，以保证放贷资金的安全。另外，贷款人会要求借款人只能将融资得到的资金使用在该项目上，不能另作他用，这就要求项目的主办人将自身资产与该项目资产分离，避免项目主办人转移资金。因此，在国际项目融资中，贷款人不单纯看重项目主办人的信用水平，而对项目完工后的偿债能力更为关注。

贷款人在项目完工后能否收回资金取决于项目完工后能否产生相应的效益。若项目主办人不提供有限的信用担保，则将该国际项目融资称为无追索权的项目融资，否则称为有追索权的项目融资。一般而言，即使是有追索权的项目融资，也只是有限追索权，即当项目失败使得贷款人无法完全收回投资时，项目主办人只给予较为有限的赔偿。从这里可以发现，项目的成败才是贷款人最为关注的，而项目主办人的信用水平为其次。因此，贷款人对项目能否顺利完工及完工后能否产生足够的现金流来偿还负债需要做出准确的预测。考虑到国际项目融资涉及的项目都是大型项目，对东道国的经济发展有较大作用，政府一般会对项目的顺利推进给予一定的支持，如加速折旧、所得税减免等。

国际项目融资涉及的金额一般较大，周期较长，且贷款人的资金能否如期收回取决于项目能否顺利完工并产生相应的现金流，使得国际项目融资的风险较高，相应地贷款人要求的利率水平相对国际银行信贷而言也更高。考虑到这类项目几乎都有政府背景的参与，对项目的顺利推进会得到东道国政策上的支持，所以项目失败的风险有所降低，贷款人参与国际项目融资的意愿也得到了增强。

二、国际项目融资的种类

国际项目融资的种类较为复杂，可根据不同的方法进行分类：根据国际项目融资筹资人的身份，可分为以主办人为筹资人的项目融资、以项目公司投资人为筹资人的项目融资、以项目公司自身为筹资人的国际项目融资等；根据国际项目融资的偿还方式，可以分为 BOT 项目融资、TOT 项目融资、生产支付型项目融资、黄金贷款项目融资和资产租赁项目融资；根据国际项目融资的项目资产和营业的管理权，可分为非公司型合作管理的项目融资、项目公司管理的项目融资、合伙管理的项目融资等；根据国际项目融资主办人是否提供有限担保，可分为无追索权项目融资和有追索权项目融资。

（一）BOT 项目融资

BOT（Building-Operate-Transfer）是建设—运营—移交的简称。BOT 项目融资是指项目所在国政府机构以特许权协议向开发项目公司提供某种特许权，项目公司以该特许权作为抵押向国际贷款人取得贷款，贷款人依据贷款协议和特许权协议在一定年限内对该项目的可偿债现金流量具有清偿请求权，在年限届满（特许权协议中止）后，政府机构按约定方式将该项目资产和经营权收回的国际融资方式。大型的公共基础设施项目经常采用 BOT 项目融资，这样可以给当地政府节省项目建设资金，并达到建设完成项目的目的。

在 BOT 项目融资模式下，项目融资的发起人一般为项目所在地政府，但项目完工后，项目的经营权并不属于政府，政府需要按协议规定出让一定年限的经营权，待融资期限过后，政府可以收回对项目的经营权。政府对项目的特许经营是项目顺利融资的前提，因此，贷款人非常注重政府的信誉及特许经营权给项目带来的收益，以保障自身的投资安全性。一般而言，政府与贷款人签署的协议包括税收的优惠情况、给予项目公司的土地使用权、项目公司经营权的转让权及项目到期后政府采取的回收方式等。另外，由于 BOT 模式中，较大的风险来自项目的完工风险，一般会要求项目公司承诺完工，并要求提供有限的信用担保。

（二）TOT 项目融资

TOT（Transfer-Operate-Transfer）是移交—经营—移交的简称。TOT 项目融资模式是指政府将建设好的项目经营权转让给投资人，收取转让费，投资人有权利享有项目运营一定年限内的全部或部分收益，到期后再移交给政府的项目融资方式。相对于 BOT 项目融资模式而言，TOT 项目融资在国际项目融资中应用得更为广泛，因为项目建设好之后再融资，对投资人而言风险更低。

TOT 项目融资需要经过一系列的程序才能完成，首先需要转让方编制 TOT 项目建设书，报国家相关主管部门审批，只有获得国家相关主管部门批准后，才能进行 TOT 项目融资。在得到批准后，项目所有人需要设立特殊目的机构（Special Purpose Vehicle，SPV）接管项目的所有权，并对 TOT 项目的经营权进行公开招标，招标的过程与普通项目的招标过程类似。招标完成之后，SPV 需要与投资人进行更具体的谈判，讨论项目经营权的转让期限及投资人拥有的项目经营期间收益的比重，并获得投资人给予的资金。政府则可以利用筹集到的这部分资金去建设新的项目。协议规定的经营期满后，投资人需要按协议的规定向 SPV 移交，从而完成整个 TOT 项目融资过程。

TOT 项目之所以在国际项目融资中广泛使用，有其一定的优势。与 BOT 项目融资方式相比，投资人的风险更低，因为 BOT 项目融资使投资人面临完工风险，而完工风险相对于其他风险而言是投资人更为关注的。与国际银行融资相比，项目的所有人选择 TOT 项目融资使其能够较快地募集资金，而通过将项目进行抵押的方式进行国际银行融资，手续烦琐，且由于银行不能直接拥有对项目的经营权，对其放贷出去的资金安全会有担忧，所以银行可能会索取较高的利率，且需要经过复杂、冗长的程序之后才能获得贷款。

（三）生产支付型项目融资

生产支付（Production Payment）型项目融资指的是贷款人以取得项目完工后提供的产品或销售产品取得的收入为条件提供项目贷款的融资方式。生产支付型项目融资不是以项目完工后经营活动产生的现金流作为还本付息的资金来源，而是以项目完工后生产的产品或者销售生产的产品得到的收入为还本付息的资金来源，且贷款人一般无追索权。因此，与 BOT、TOT 项目融资方式不同，项目公司的折旧政策、税收优惠关系对债权人的利益无直接关系，债权人更关注的是项目完工后生产的产品及产品的价格。

这类项目融资方式形成较早，主要针对矿产及其他稀有资源的项目开发，与黄金贷款项目融资方式较为相似。生产支付型项目融资的债权人安排的融资额度一般低于未来购买其所能获得产品需要支付金额并按一定利率贴现后的数额，并且融资的期限短于项目能够提供的产品年限，以保障贷款资金的安全。当债权人拥有的是项目生产的产品时，还需要委托中介机构销售产品，从而收回贷款。

（四）非公司型合作项目融资

非公司型合作项目融资是指项目发起人为多个投资人，以协议的方式共同参与到项目的建设中，项目完工后的财产权和经营权依据之前的协议安排进行分配，投资人以其对项目的财产权与经营权分别向国际贷款人进行融资的方式。为了管理的方便，投资人会组建项目管理公司，负责管理项目的资产及运营，但该公司不直接享受项目的财产权与经营权，也不直接与国际贷款人发生协议关系。

对于非公司型合作项目融资，要求项目完工后的财产权及经营权能够分割，以使投资人能够确定地知道其拥有哪些方面的财产权与经营权及其所占的比重。项目的投资人之间一般无连带责任关系，彼此单独进行融资，即使进行统一融资，投资人承担的还债比例也会事先确定，彼此之间无连带责任。投资人之间无连带责任及非无限责任能够激发投资人的意愿，而不会因为投资人之间的信息不对称性使项目难以通过合作的形式进行。在许多铁矿石项目、有色金属项目等的开发中，较常采用非公司型合作项目融资方式。

三、国际项目融资的风险

国际项目融资中贷款人能否按期收回资金，与项目能否顺利完工、完工后能否产生足够的现金流、项目失败时项目承办人能否履行承诺的有限信用及项目所在国是否发生政治动荡等有关，因此，贷款人需要充分考虑项目融资中的风险，以保证贷款资金的安全。常见的国际项目融资风险主要有以下几种。

（一）完工风险

完工风险是指项目因各种外在或内在原因导致工程不能按既定的标准竣工，使其不能投产或投产后不能达到其设计的生产能力，从而使贷款人不能收回资金的风险。从实践经验看，项目不能按预定的标准完工的情况较为常见，所以国际项目融资中面临的最重要的风险之一就是完工风险。若项目无法按预定的标准完工，则无法产生足够的现金流，贷款人缺失了其收回贷款的基础，从而难以完全收回贷款。由于项目的完工风险较高，贷款人对此会进行全面的评估，且通常会要求项目主办人提供完工担保。

（二）生产经营风险

项目的生产经营风险指的是项目完工后，试生产阶段和生产运行阶段存在的资源、原材料、经营管理和技术等方面的风险。这类风险也是国际项目融资中的重要风险。对资源型项目进行开发，可能在项目完工后发现资源的实际储备量与预测的储备量相差较大，从而无法保障贷款资金的按期收回。另外，当项目生产所需要的原材料价格发生较大变化时，对项目的盈利水平及未来现金流具有很大影响，从而可能带来贷款资金无法按期收回的风险。有些项目的运营需要有合格的管理人员及较多的符合生产需求的劳动力，才能生产出合格的产品，如果缺乏合格的管理人员及劳动力，就会给投资人带来经营管理风险。随着科技的发展，技术进步日新月异，在项目完工试生产或正式生产后，新的技术可能会出现，从而使投资人面临技术风险。

（三）市场风险

市场风险指的是项目完工正式生产后，生产出来的产品市场需求和供给发生变化，从而影响产品的价格变化，由此给投资人收回投资带来的不确定性影响。产品的销售情况，决定了企业的现金流状况。若项目生产的产品销售良好，可以产生充足的现金流偿还贷款；若产品由于市场需求萎缩或价格下跌使销售额过低，则无法提供足够的现金流偿还贷款，使投资人面临无法收回贷款的风险。在项目融资过程中，投资人一般会与项目产品的买方签订产品销售的长期协议，以保障产品未来的销售，从而降低投资人的风险。

（四）政治风险

在国际项目融资中，由于项目融资的发起人与贷款人分别属于不同的国家或地区，当项目所在国或地区发生内乱、国有化及外汇管制等情况时，容易造成项目无法正常经营或经营产生的现金流无法汇给债权人等对贷款人不利的局面。为了降低政治风险，贷款人可以选择购买政治风险保险。另外，当债权人的合法权益受到侵害时，债权人可以通过申诉的方式尽可能地挽回自身的合法权益。

第四节　国际贸易融资

在国际贸易中，解决好进出口企业的资金周转问题，不仅有利于促进国际贸易的顺利完成，而且有利于进出口商提升其国际竞争力。

一、国际贸易融资的概念

所谓国际贸易融资，是指进出口企业围绕国际贸易结算的各个环节所发生的资金与信用的融通活动。在这一活动中，提供金融服务的一般是商业银行，它为进口商或出口商提供了与进出口贸易结算相关的短期融资或信用便利服务。国际贸易融资有利于促进国与国之间贸易的发展，从而有利于促进各国经济的增长。随着经济一体化的推进，全球进出口贸易规模不断攀升，然而，一些企业在出口或进口时经常面临短期的资金周转困难，此时，银行对其提供贸易融资有利于贸易的达成。

20世纪70年代，随着布雷顿森林体系的瓦解，浮动汇率制代替固定利率制，各国逐渐开放金融市场。国际贸易融资的需求越来越大，福费廷、国际保理等创新国际贸易融资工具也应运而生。对于中小企业而言，国际贸易融资准入门槛更低，可以有效地缓解中小企业因财务指标达不到银行标准（在贸易融资过程中，银行重点考察贷款企业单笔贸易的真实背景及进出口企业的历史信誉状况）而无法融资的问题。另外，国际贸易融资审批流程相对简单，企业可以较为快速地获取所需资金。对于银行而言，国际贸易融资业务可以扩大银行收入来源，调整收入结构。因此，国际贸易融资业务随着国际贸易规模的扩大在不断增长。

二、国际贸易融资的主要方式

（一）出口信贷

出口信贷指的是一国政府为促进本国商品出口，对本国出口商、外国进口商或进口方银行提供的优惠利率贷款。具体的方式可以是利息补贴、出口信用保险及信贷担保。提供优惠利率贷款的一般是官方机构或者官方支持的机构，普通商业银行一般不参与，因为提供优惠利率贷款对这类以盈利为目的的银行而言没有吸引力，除非得到了政府在资金或政策上的支持。各个国家负责出口信贷的机构有所差异，如美国通过官方的进出口银行提供出口信贷业务，而加拿大和法国是由私人银行提供信贷业务，政府则对这些私人银行提供支持。目前，我国的出口信贷业务由中国进出口银行及其他国有商业性银行等办理，并由中国出口信用保险公司进行信用担保，主要是为了促进我国机电产品及高新技术产品的出口。我国最早办理出口信贷业务的是中国银行，在1994年成立了中国进出口银行之后，由中国进出口银行专门负责办理出口信贷业务。在中国加入了WTO之后，办理出口信贷业务的银行不断增加，这与我国出口的快速增长有关。另外，经济合作与发展组织（OECD）对成员国提供出口信贷的利率和期限达成了一致意见，以避免各国补贴的政策差异较大而对国际贸易的发展产生不利影响。OECD按国家的人均国民收入水平划为低收入、中等收入和高收入国家三类。不同收入水平的国家执行的出口信贷政策可以不一样，但同一收入水平的国家需要执行相对统一的出口信贷政策，且执行的优惠贷款利率每半年根据市场利率水平的变化调整一次。出口信贷根据贷款对象的不同可分为卖方信贷和买方信贷。

1. 卖方信贷

卖方信贷是指出口方银行向本国出口商提供的贷款。在这种方式下，出口商能够很快地获取资金，从而允许进口商赊销商品。此时，进口商可以通过销售商品回款并支付出口商货款，支付的货款一般包括出口商的贷款成本，意味着出口商会将利息、贷款手续费等成本加入到出口商品价格中去。

出口信贷业务与出口押汇、票据贴现等贸易融资方式不同，卖方信贷一般用于大型设备的出口支持，贷款金额大、期限长。另外，买方信贷执行的贷款利率为优惠利率，低于商业银行发放的普通贷款利率，利差由政府进行补贴，或者发放贷款的本身就是政府机构。卖方信贷的发放会与出口信贷保险相结合，在官方或非官方机构发放贷款后，国家信贷保险机构会对卖方信贷给予担保，以降低发放贷款机构的风险，达到鼓励发放出口信贷并促进出口增长的目的。

卖方信贷的流程如下：

步骤1：出口商和进口商双方签订商务合同。

步骤2：出口商向本国银行提出出口信贷申请，签订贷款协议，是否投保出口信用险主要根据进口商的国别风险而定。

步骤3：进口商按签订的贸易协议支付10%～20%的货款。

步骤4：出口商收到预付款后开始办理商品出口。

步骤5：贷款银行在出口商发货后发放贷款。

步骤6：出口商按期还本付息，进口商根据协议规定按期付款。

2. 买方信贷

买方信贷是指出口方银行向进口商或通过进口方银行间接向进口商提供的贷款。在这种方式下，进口商可以利用得到的贷款立即支付出口商的货款，并通过出售商品或其他方式归还所贷款项。

出口买方信贷的操作程序与出口卖方信贷的操作程序类似，区别在于借款人不同。出口买方信贷融资要求借款人只能将贷款用来购买出口国的货物、技术及相关劳务等。目前，采用买方信贷的方式较多，原因在于买方信贷融资模式下，进口商支付的货款不包含贷款成本，使进口商能够更准确地了解商品的价值。另外，出口商也省去了向银行申请贷款的麻烦，能够及时、安全地收到货款。再者，进口方银行给进口商提供担保，扩大业务量，获得相应收入，同时使出口方银行面临的风险更小。

（二）国际保理业务

国际保理是指在进口商赊销或承兑结算方式下，出口商交货后将其应收账款等单据卖断给保理商，以此从保理商那里获得无追索权贷款的一种融资方式。在这种融资方式下，保理商可为出口商提供应收账款催收和坏账担保等服务，如果进口商到期拒付货款或不按期付款，保理商不能向出口商行使追索权，全部风险由保理商承担。一般而言，保理商会根据进口商的信用水平及所在国的政治风险等情况给出口商提供融资，融资额度不超过货款价值的80%，其余部分会在进口商付清货款后再进行结算。除此之外，保理商通常还提供资信调查、托收、催收账款，甚至代办会计处理手续等业务。因此，保理业务是一种综合性服务，既不同于议付业务，也不同于贴现业务。

1. 国际保理业务的分类

（1）按照保理商是否对出口商提供预付融资，将国际保理分成融资保理和到期保理。所谓融资保理，是指保理商收到出口商移交的单据后，预付一定的金额，相当于给出口商进行融资；所谓到期保理，是指保理商在单据到期后才对出口商支付。相比之下，采用较多的方式是融资保理。

（2）按照进口商的销售货款是否直接付给保理商，可分为公开型保理与隐蔽型保理。所谓公开型保理，是指出口商以书面形式通知进口商，让其将货款直接支付给保理商的保理方式；所谓隐蔽型保理，是指保理商的参与不对外公开，进口商仍直接将货款支付给出口商的保理方式。出口商之所以采取隐蔽型保理方式，可能担心外界知道其转让应收账款，引起外界对其资金流动性的猜疑。

（3）按照保理商对出口商是否有追索权，分为无追索权保理和有追索权保理。所谓无追索权保理，是指保理商在对出口商提供的客户名单进行资信调查后，分别给予客户一定的信用额度，在信用额度内为出口商提供坏账担保的保理方式；所谓有追索权保理，是指保理商只提供融资服务，当客户违约不能付款时，保理商有对出口商进行追索的权利。国际保理业务中采用较多的是无追索权保理。

（4）按照是否涉及进出口双方所在国的保理商，分为单保理和双保理。所谓单保理，是指仅涉及进出口一方所在国的保理商提供的保理业务；所谓双保理，是指涉及进出口双方所在国的保理商提供的保理业务。若出口商选择其所在国保理商提供保理业务，该保理商直接与进口商签订各类协议，这类形式为单保理；若出口商所在国的保理商与进口商所在国的保理商签订代理协议，由进口商所在国的保理商与进口商再签订相关协议，这类形式则为双保理。由于保理商对本国企业相对熟悉，对国外企业及法律环境等熟悉程度相对较差，采取双保理的方式风险更低，这也是目前双保理方式使用较为广泛的原因之一。

2. 国际保理业务的流程

（1）签订有关的保理合约。

（2）由出口商按收款金额申请保理额度，并由保理商对进口商的资信和财务状况进行调查和评估。

（3）进出口商之间签订销售合同。

（4）出口商装运货物，并将货运单据和《应收账款移交通知书》等分别寄送到进口商和出口保理商，取得资金融通。

（5）出口保理商凭应收账款通知书向进口商催收账款。

（6）出口保理商收到账款，扣除保理费用后，向出口商支付账款余额，并处理有关账表等。

（三）福费廷业务

福费廷（Forfaiting）业务，又称为票据包买业务，是指出口商将承兑的、并通常由进口方银行担保的远期票据，以无追索权的方式出售给包买商以获取资金的业务。出口商办理福费廷业务可以帮助其进行无追索权的融资，从而改善现金流、节约管理费用，并可以提前办理退税。另外，办理福费廷业务还可以帮助出口商规避进口商延期付款或不付款带来损失的风险。出口商将风险转移给了办理福费廷业务的银行，因此，银行对给进口商提供担保的进口方银行的信誉有所要求，以降低违约风险。由于办理福费廷业务的银行承担了风险，且出口商可以及时、安全地回笼资金，所以福费廷业务的办理成本相对较高。

福费廷业务办理的一般流程如下：

（1）出口商与进口商进行贸易谈判，并同时向办理福费廷业务的银行询价。

（2）办理福费廷业务的银行根据出口商提供的有关出口商、进口商及进口商所在国的详细情况等资料进行分析，对办理该业务面临的汇率风险、信用风险和政治风险等进行评估，从而给出报价，报价的内容主要包括贴现率、承担费及宽限期。贴现率指的是融资的利率，一般为市场利率加上一定的加息率。由于承诺提供融资与出口商使用融资的时间不同，这段时期内银行需要准备资金，但该资金不能给银行产生收益，所以要收取一定的承担费。考虑到进口商在票据到期之后，付款时可能会有一定的拖延，银行将可能拖延的时间也考虑进去，视为宽限期，一般为3~7天。

（3）出口商接受银行方面的报价后，将福费廷业务的成本加入货款中，给进口商报价，在与进口商达成协议后签订正式合同，并与银行签订福费廷融资协议。

（4）出口商发货，进口商找一家信誉较高的银行为其提供信用担保，出口商将发货单据寄给该银行审核，该行审核后寄回单据与承兑的远期汇票或本票，出口商在承兑的远期汇票或本票商背书并注明"无追索权"字样。之后,出口商将发货的单据及由进口方银行承兑的远期汇票或本票交给与其签订福费廷融资协议的银行审核。办理福费廷业务的银行审核出口商提供的资料无误后为出口商办理贴现。

(5)票据到期时,承兑银行付款给办理福费廷业务的贴现行。在福费廷业务中,承兑银行可能由于各种原因未能及时付款,此时,贴现行可以通过诉讼等方式要求承兑银行付款并支付延期付款的利息,并可以通知出口商,请求协助追回欠款,但无权要求出口商承担责任。然而,承兑银行若因为外汇管制及政治风险未能付款给贴现行,则贴现行只能承担损失。

福费廷与出口信贷相比,融资成本更高,但由于很多出口商无法获得出口信贷支持,只能选择国际保理或者福费廷业务。

福费廷与保理业务相比,福费廷融资可以得到货款的全额融资,而保理业务一般不会超过货款的 80%;并且福费廷融资一般是中长期的贸易融资,而保理业务一般是短期贸易融资;保理业务主要适合于消费性商品的进出口,而福费廷则比较适合于一些大中型设备的进出口,因为它们涉及的金额较大,付款时间长,一般的贸易融资很难满足这种需要。

由于福费廷业务的融资成本相对较高,需要进口商找到为其提供担保且贴现银行认可的银行,并且出口商必须确保债权凭证的有效性和银行担保的有效性,才能真正免除包买商的追索权等缘故,所以很多企业会选择其他贸易融资方式。

(四)国际贸易融资的其他方式

国际贸易涉及商品的采购、打包、仓储、运输与结算等过程。与国内贸易不同的是,这些过程涉及不同国家的不同公司、银行等参与者,完成一项交易的周期相对更长,进出口商在每一个环节都可能通过一定的方式进行融资,因而国际贸易融资的方式比较多。比较常见的其他国际贸易融资方式有以下几种。

1. 打包放款

打包放款是指出口商在装运前,收到进口商寄来的信用证之后,以信用证为抵押向银行融资的行为。打包放款对于放贷银行来说风险较小,因为有进口方开具的信用证,属于银行信用。对于出口商而言,采取这种方式可以很快融到资金,缓解出口商的流动性。在打包放款业务中,出口方银行给出口商提供的贷款额度一般不超过信用证金额的 80%,期限一般为 3 个月,不超过 6 个月,且由于风险较小,贷款的利率相对普通放贷利率会更低。

2. 票据贴现

票据贴现是指出口方银行以贴现方式购买出口商不附带货运单据的票据。在这种模式下,出口商可以很快地获取资金,但出口方银行对出口商具有追索权,即进口方拒绝付款时,出口方银行会向出口商追索款项,所以出口商并没有将风险转移出去,这是与福费廷业务不同的地方之一。

3. 进口押汇

进口押汇是指进口商以进口货物的单据向进口方银行进行抵押,从而获取短期贷款资金的融资方式。开证行与进口商签订押汇协议后,出口商或银行将单据寄给开证行,开证行帮进口商先行垫付货款,并将单据交还给进口商。进口押汇业务可分为进口信用证押汇及进口代收押汇。在进口代收押汇业务中，进口商还需向银行提交信托收据，进口商签发信托收据则意味着进口商愿意以受托人身份代为提取货物、报关、仓储及出售等，在进口商未付款之前，货物的所有权属于银行，进口商只是代为保管与出售。进口押汇为开证行对进口商提供的一种短期融资方式，一般期限为1~3个月。进口押汇操作简单，能够缓解进口商的流动性。

4. 出口押汇

出口押汇是指出口商以单据抵押给银行获取短期贷款的融资方式。在出口商发货后，将全套的单据抵押给出口方银行，出口方银行在审核单证相符之后对出口商放贷。出口押汇是银行对出口商提供的一种短期融资方式，一般期限不超过30天。由于贷款期限短、有抵押且银行对出口商有追索权，所以出口押汇业务的风险较小，银行比较愿意为出口商办理出口押汇并收取费用。出口押汇业务可分为出口信用证押汇和出口托收押汇。办理出口信用证押汇业务需要开证行进行付款保证，风险更小，而出口托收押汇业务不需要进口方银行进行信用担保，风险相对更高。

三、国际贸易融资的风险

相对于国内贸易融资而言，国际贸易融资的风险更高，因为参与贸易融资的主体分别属于不同的国家，彼此之间的了解程度更低，而且面临国家层面很多不确定性因素带来的风险。因此，有必要对国际贸易融资中的风险进行阐述，以便国际贸易融资的参与者能够采取正确的措施规避潜在的风险。

（一）国家风险

国家风险是指由于国际贸易融资参与者所在的国家发生主权变更、政治动乱及重大政策变更等因素对其造成损失的可能性。国际贸易融资的参与者属于不同的国家，无论哪一方发生主权问题或其他国家层面的大事件，对国际贸易融资的参与者都会造成影响。在和平年代，国家风险相对较低，尽管有些国家也会面临动荡或对外汇进行管制，但世界上大多数国家的政局是相对稳定的且政策具有一定的持续性。无论何时，国家风险对国际贸易融资参与者的融资决策都具有非常重要的影响，因为国家风险一旦出现，对国际贸易融资提供者造成的损失很可能是灾难性的。

（二）汇率风险

汇率风险是指由于汇率变化给国际贸易融资参与带来损失的可能性。由于国际贸易融资的参与者属于不同的国家，融资得到的币种与其需求的币种经常不一致，若两种货币之间的比值发生变化，则融资者可能会遭受损失。汇率风险是国际贸易融资中最常见的风险，融资者可以采取一些套期保值的措施来降低汇率波动给其带来的影响。然而，由于不少国家的货币在国际市场上使用较少，造成国际金融市场上缺乏相关货币的交易产品，使国际贸易融资者难以通过利用衍生产品来规避汇率风险。

（三）利率风险

利率风险是指由于利率发生变化对国际贸易融资参与者可能带来的损失。目前，很多国家的利率由市场决定，利率变化的频率变高，使国际贸易融资参与者可能面临的利率风险变大。

一般情况下，融资参与者之间使用固定利率融资时，在利率发生变化的情况下，必然会对某一方有利，而对另一方不利。采用浮动利率融资方式，可以有效地规避由利率变动带来的风险。

（四）信用风险

信用风险是指由于国际贸易融资的参与者一方出现违约给另一方造成损失的可能性。信用风险是任何交易中都存在的，但在国际贸易融资中，由于参与者来自不同的国家，信息不对称程度相对于国内贸易融资而言更高，所以参与者面临的信用风险更高。国家贸易融资的参与者可以通过要求政府担保、提供抵押品等方式规避或缓解信用风险。

本章小结

国际融资是指在国际金融市场上，运用各种金融手段，通过各种相应的金融机构而进行的资金融通。其中，国际信贷融资、国际证券融资、国际项目融资和国际贸易融资等是比较常见的也是比较重要的国际融资方式。

国际信贷融资是指国际上所发生的一切借贷资本活动的总称。国际信贷包括：国际商业银行信贷、政府信贷与国际金融机构信贷。

国际证券融资是指筹资人通过在国外金融市场上发行债券或股份的形式获取资金的行为。其中，国际债券融资是指在非发行人所在国或地区发行债券的筹资活动；国际股票融资是指企业在海外金融市场上发行股份的融资活动。

国际项目融资是指以特定工程项目的名义在国际市场上筹集资金，以项目完工后创造的经济效益承担债务偿还责任的融资方式。

国际贸易融资是指银行对进口商或出口商提供的与进出口贸易结算相关的融资或信用便利。

本章重要概念

国际信贷融资；国际政府融资；国际证券融资；国际项目融资；国际贸易融资；欧洲债券；外国债券；BOT；国际融资租赁；福费廷；出口信贷；进口押汇；出口押汇

本章复习思考题

1. 简述国际信贷融资的含义与类型。
2. 简述国际证券融资的类型与风险。
3. 简述国际项目融资的含义、类型与风险。
4. 简述国际贸易融资的含义、类型与风险。
5. 试述我国国际融资的现状、问题与对策。

第九章 国际资本流动

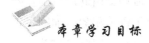 本章学习目标

掌握国际资本流动的概念与分类；熟悉国际资本流动的动因与影响；掌握国际长期资本流动的含义与形式；掌握国际短期资本流动的含义与形式；了解国际资本流动的相关理论等。

20世纪70年代以来，金融创新和金融自由化浪潮极大地促进了资本跨国界或跨地区的流动，即国际资本流动。国际资本流动的本质是资本的国际化，即资本的循环与增值运动从一国范围向国外延伸。在不同的时期内，国际资本流动的发展特征、动因以及影响并不完全相同，因而其相应的国际资本理论也在不断发展演变之中。从结果上看，国际资本流动对资本输入国、资本输出国以及世界经济都会产生深远的影响，既有正面的积极影响，又有负面的消极影响。因此，各国对于国际资本流动都或多或少进行适当的管理和控制等。

第一节 国际资本流动概述

一、国际资本流动的概念

所谓国际资本流动，是指资本从一国或地区转移到另一国或地区的过程。它具体包括资本在不同国家或地区之间做单向、双向或多向的流动，如贷款、援助、投资、债务的增加、债权的取得、利息收支、买方信贷、卖方信贷、外汇买卖、证券发行与流通等。国际资本流动是经济全球化、贸易自由化和投资便利化发展的内在要求和必然结果。

从一国的角度看，资本流入是指外国资本流入本国，即本国为资本输入国；资本流出是指本国资本流至外国，即本国为资本输出国。国际资本流动的状况主要反映在一国国际收支平衡表的资本和金融账户中。资本流入意味着本国收入外汇，属于收入项目，应记入本国国际收支平衡表的贷方，或用"+"号表示。资本流出意味着本国付出外汇，属于支付项目，应记入本国国际收支平衡表的借方，或用"-"号表示。资本流入与资本流出两者相抵后的余额，即为资本和金融项目差额。

一国的国际资本流动与一国的国际收支之间具有相互影响的关系：一方面，一国的国际资本流动会直接影响一国国际收支的情况；另一方面，一国的国际收支反过来也会影响到一国的国际资本流动。当一国的国际收支持续顺差时，则意味着该国货币的汇率上升、该国货币具有升值趋势，从而导致国际资本流入该国；而当一国的国际收支持续逆差时，则意味着该国货币的汇率下降、该国货币具有贬值趋势，从而导致国际资本流出该国。

二、国际资本流动的动因

引起国际资本流动的原因很多,有根本性的、一般性的、政治的、经济的,归结起来主要有以下几个方面:

(1)过剩资本的形成或国际收支大量顺差。随着资本主义生产方式的建立,资本主义劳动生产率和资本积累率的提高,资本积累迅速增长,在资本的本性和资本家唯利是图的本性的支配下,大量的过剩资本就被输往国外来追逐高额利润,早期的国际资本流动就由此产生了。随着资本主义的发展,资本在国外获得的利润也大量增加,反过来又加速了资本积累,加剧了资本过剩,进而导致资本对外输出规模的扩大,加剧了国际资本流动。近年来,国际经济关系发生了巨大变化,国际资本、金融、经济等一体化趋势有增无减,再加上现代通信技术的发明与运用,资本流动方式的创新与多样化使当今世界的国际资本流动更加快捷。总之,过剩资本的形成与国际收支大量顺差是早期也是现代国际资本流动的一个重要原因。

(2)引进外资策略的实施。无论是发达国家,还是发展中国家,都会不同程度地通过不同的政策和方式来吸引外资,以达到一定的经济目的。美国目前是全球最大的债务国。而大部分发展中国家的经济比较落后,迫切需要资金来加速本国经济的发展,因此,往往通过开放市场、提供优惠税收、改善投资软硬环境等措施吸引外资的进入,从而增加或扩大了国际资本的需求,引起或加剧了国际资本流动。

(3)利润的驱动。增值是资本运动的内在动力,利润驱动是各种资本输出的共有动机。当投资者预期到一国的资本收益率高于他国时,资本就会从他国流向这一国;反之,资本就会从这一国流向他国。此外,当投资者在一国所获得的实际利润高于本国或他国时,该投资者就会增加对这一国的投资,以获取更多的国际超额利润或国际垄断利润,这些也会导致或加剧国际资本流动。在利润机制的驱动下,资本从利率低的国家或地区流往利率高的国家或地区。这是国际资本流动的又一个重要原因。

(4)汇率的变化。汇率的变化也会引起国际资本流动,尤其20世纪70年代以来,随着浮动汇率制度的普遍建立,主要国家货币汇率经常波动且幅度大。如果一个国家货币汇率持续上升,则会产生兑换需求,从而导致国际资本流入;如果一个国家货币汇率不稳定或下降,资本持有者可能预期到所持资本的实际价值将会降低,就会把手中的资本或货币资产转换成他国资产,从而导致资本向汇率稳定或升高的国家或地区流动。在一般情况下,利率与汇率呈正相关关系。一国利率提高,其汇率也会上浮;反之,一国利率降低,其汇率则会下浮。当然,与利率、汇率的变化相伴的是短期国际资本(游资或热钱)的经常或大量的流动。

(5)通货膨胀的发生。通货膨胀往往与一个国家的财政赤字有关。如果一个国家出现财政赤字,而该赤字又是以发行纸币来弥补的,必然会增加对通货膨胀的压力,一旦发生严重的通货膨胀,为了减少损失,投资者会把国内资产转换成国外债权。如果一个国家发生财政赤字,而该赤字以出售债券或向外借款来弥补,也可能会导致国际资本流动。

(6)政治、经济及战争风险的存在。政治、经济及战争风险的存在,是影响一个国家资本流动的重要因素。政治风险是指由于一国的投资气候恶化而可能使资本持有者所持有的资本遭受损失。经济风险是指由于一国投资条件发生变化而可能给资本持有者带来的损失。战争风险是指可能爆发或已经爆发的战争对资本流动可能造成的影响。例如，海湾战争就使国际资本流向发生重大变化，在战争期间许多资金流向以美国为主的几个发达国家，而战后又使大量资本涌入中东，尤其是科威特等国。

（7）国际炒家的恶性投机。所谓恶性投机，包含两个含义：第一，投机者基于对市场走势的判断，纯粹以追逐利润为目的，刻意打压某种货币而抢购另一种货币的行为。这种行为的普遍发生，毫无疑问会导致有关国家货币汇率的大起大落，进而加剧投机，汇率进一步动荡，形成恶性循环，投机者则在"乱"中牟利。这是一种以经济利益为目的的恶性投机。第二，投机者不是以追求盈利为目的，而是基于某种政治理念或对某种社会制度的偏见，动用大规模资金对某国货币进行刻意打压，由此阻碍、破坏该国经济的正常发展。但无论哪种投机，都会导致资本的大规模外逃，并会导致该国经济的衰退，如1997年7月爆发的东南亚货币危机，其危机形成过程为：一国经济状况恶化→国际炒家恶性炒作→汇市股市暴跌→资本加速外逃→政府官员下台→一国经济衰退。

（8）其他因素。如政治及新闻舆论、谣言、政府对资本市场和外汇市场的干预，以及人们的心理预期等因素，都会对短期资本流动产生极大的影响。

三、国际资本流动的种类

按照不同的分类标准，可将国际资本流动划分为不同的种类。

（1）按照资本流动方向，国际资本流动可分为资本流入和资本流出。国际资本流入主要表现为：外国在本国的资产增加；外国对本国负债减少；本国对外国的债务增加；本国在外国的资产减少。国际资本流出主要表现为：外国在本国的资产减少；外国对本国债务增加；本国对外国的债务减少；本国在外国的资产增加。

（2）按照资本流动期限，国际资本流动可分为长期资本流动与短期资本流动。国际资本长期流动是指资本使用期限在1年及其以上的国际资本流动，具体包括国际直接投资、国际间接投资和国际贷款三种类型。国际短期资本流动是指资本使用期限在1年以内的国际资本流动，具体包括银行资本流动、贸易资本流动、保值性资本流动和投机性资本流动四种类型。

另外，按照资本流动主体，可分为政府资本与私人资本；按照资本流动方式，可分为投资与贷款；按照资本流动规模，可分为总额与净额等。

四、国际资本流动的影响

国际资本流动对资本输出国、资本输入国以及国际经济都会产生影响。就国际长期资本流动而言，由于其期限长、数量大，对资本输出国与输入国经济的长期稳定和持续发展均具有较大的影响。

（一）国际资本流动对资本输入国的影响

其积极的影响主要表现在：

（1）有利于提高本国吸引和利用全球资金的能力，弥补国内建设资金不足的问题。

（2）有利于提高工业化水平，扩大产品出口数量，提高产品的国际竞争能力。

(3)有利于增加新兴工业部门和第三产业部门的就业机会,缓解就业压力。
(4)有利于改善国际收支状况,提高对外支付能力等。

其消极的影响主要表现在:
(1)会给本国经济带来不确定性因素。
(2)会冲击民族工业,甚至个别行业会受到外国资本控制。
(3)会使本国对外资产生更多的依赖,增加外债负担等。

(二)国际资本流动对资本输出国的影响

其积极的影响主要表现在:
(1)有利于解决过剩资本的出路、提高资本的边际收益。
(2)有利于开拓世界市场、促进商品和劳务的输出。
(3)有助于克服贸易保护壁垒;有利于提高国际地位等。

其消极的影响主要表现在:
(1)需要承担诸多外部风险,如对外政治风险、对外经济风险、对外法律风险等。
(2)国内就业机会相对减少,因为对外投资的增加将会减少国内投资。
(3)政府税收减少,因为对外投资的一部分税收是由资本输入国征收的。

(三)国际资本流动对世界经济的影响

其积极的影响主要表现在:
(1)促进经济资源在全球范围内的高效配置。
(2)促进世界分工进一步细化,提高各国间的相互依存度。
(3)加快区域经济一体化和经济全球化发展等。

其消极的影响主要表现在:
(1)会增加大世界经济和世界金融市场的不稳定性。
(2)会加大各国宏观经济政策调控的难度。
(3)会进一步加大各国之间的贫富差距,加剧世界两极分化程度等。

就国际短期资本流动而言,由于贸易资本流动和银行资本流动比较稳定,其对资本输出国和资本输入国具有积极的影响;而以保值性资本和投机性资本为主的国际短期资本流动是最受国际金融市场和各国货币当局关注的,原因在于其流动规模巨大,变化速度快,对一国乃至世界经济金融造成的影响通常是消极的。尤其是投机资本流动对国内经济的影响主要体现在对国际收支、汇率、货币政策以及国内金融市场等方面。短期投机资本流动对世界经济的影响主要体现在国际经济和金融一体化进程的影响;对国际货币体系的影响;对国际金融市场的影响等方面。

第二节 国际长期资本流动

随着经济全球化的不断发展,长期资本的流入与流出规模不断扩大,并成为重要的国际资本流动方式。国际长期资本流动的根本原因是世界生产力的发展与国际分工的不断深化,其主要方式具体包括国际直接投资、国际间接投资和国际贷款等。

一、国际直接投资

（一）国际直接投资的概念

所谓国际直接投资，又称为外国直接投资（Foreign Direct Investment），是指一个国家的企业或个人对另一国企业部门进行的投资，具体包括直接投资新建企业或者取得某一企业的全部或部分管理和控制权。按照 IMF 的定义，通过国际直接投资而形成的直接投资企业是"直接投资者进行投资的公司型或非公司型企业，直接投资者是其他经济体的居民，拥有（公司型企业）10%及其以上的流通股或投票权，或拥有（非公司型企业）相应的股权或投票权"。其特点是投资者能够控制企业的有关设施，并参与企业的管理决策。直接投资往往和生产要素的跨国界转移联系在一起，如资本、机器设备、存货等，也包括企业管理权限和方法、市场营销渠道、生产技术以及专利权、商标权等无形要素。国际直接投资是改变资源分配的真实资本的流动。

（二）国际直接投资的形式

国际直接投资根据投资企业的参与者以及股权结构可以分成五种形式：

（1）在国外创办新企业，包括创办独资企业、设立跨国公司分支机构及子公司等。

（2）与东道国或其他国家共同投资、合作建立合营企业。

（3）投资者直接收购现有的外国企业。

（4）收购国外企业股票，所持有的股权达到一定比例（通常为 10%或以上）。

（5）将在国外企业投资所获得的利润作为资本，对该企业进行再投资。

在我国，将国际直接投资的形式分为外商独资企业、中外合资经营企业、中外合作经营企业、中外合作开发及外商投资股份有限公司。其中，中外合作开发及外商投资股份有限公司这两类形式在我国引入的国际直接投资中占比较低，而比较常见的是外商独资企业、中外合资经营企业及中外合作经营企业。

（1）外商独资企业。外商独资企业是指依据中国法律规定，在中国境内全部由外国投资者出资设立的企业。外商独资企业的设立一般有严格的规定，由于中国境内本土企业不参与其中，因此本土企业难以学习到外商独资企业的经营管理经验及先进的技术。根据我国外资企业法，设立外商独资企业必须采用国际先进技术和设备，或者生产的产品主要用于出口。在我国，对外商独资企业的营业范围有较为严格的规定，外商独资企业必须在被有关部门批准的范围内组织生产和销售，若要扩大企业的经营范围，需要报请有关部门批准。外商独资企业由外国投资者对企业拥有 100%的股份，同时，企业生产销售获取的利润全部由外国投资者获取。

（2）中外合资经营企业。与外商独资企业不同，中外合资企业由中国境内有关公司参与出资建立。在我国，根据《公司法》和《企业法人登记管理条例》的规定，由中国境外和境内的公司、企业或个人共同投资设立、共同经营、共负盈亏的有限责任公司称为中外合资经营企业。中外合资经营企业可以帮助跨国公司更快地进入中国市场，利用中方企业已有的供应链及销售渠道，快速地将产品打入市场，从而实现共赢。中外合资经营企业涉及两家及以上的合作者，且外国投资者的出资比例一般不低于 25%，很多时候是中外投资者的出资比例一样，以平衡各方的利益。中外合资经营企业既然在中国注册成立，则意味着这类企业与其他在中国设立的公司一样，都需要遵守中国的法律法规。另外，中外合资经营企业属于有限责任公司，股东以其认缴的出资额为限对公司承担责任，获得的收益也以双方的出资额占比进行分配，即按照出资比例承担风险和获取利润。需要注意的是，中外合资经营企业一般会设定合资经营的年限，根据中外合资经营企业所从事的行业不同，我国法律对其合资经营年限的要求也不同。一般而言，对于从事国家鼓励投资和允许投资项目的合营企业，合营各方可以在合营协议、合同中约定合营期限，也可以不约定合营期限。对于政府不希望外资参与的行业，合资经营的年限通常较短。若中外合资经营企业想延长合资经营的年限，则需要在合资经营期限届满六个月之前向有关部门提出申请，在得到批准之后，才能继续合资经营下去。若延长合资经营的申请没有得到批准或企业不想延长合资经营的期限，则在合资经营期限届满后，由企业清偿所有债务，并按股权比例分配剩余财产。

（3）中外合作经营企业。它是指境外和境内的公司或其他经济组织，按照平等互利原则，根据中国相关法律法规，在中国境内设立的因确立和完成项目而签订契约进行合作生产经营的企业。这类企业的经济组织方式可以是有股权的，也可以是无股权的合约形式。双方在合作经营中承担的风险、利润的分配以及合作结束后剩余财产的分配等都需要事先通过合同的形式记录下来。双方签订的合同在得到中国有关部门批准之后，受中国法律保护，合同的签订者都必须履行合同对其规定的义务。采取中外合作经营的方式，可以实现资源共享、优势互补，境外企业可以充分利用境内企业的渠道优势，境内企业可以充分利用境外企业的技术优势。另外，中外合作经营企业的设立方式较为灵活，可以是具备法人资格的合作经营企业，也可以是非法人的合作经营企业。具备法人资格的合作经营是指合作各方共同设立的既具有独立财产权，同时在法律上又具有独立的人格，能以自己的名义行使民事权和诉权的合作经营实体，不具有法人资格的合作经营企业本身没有独立的财产所有权，只有管理权和使用权。中外合作经营企业可以享受政府给予外商投资者的各项优惠，且外商投资者可以优先收回投资。在管理方面，可以采用董事会制、联合管理委员会制和委托管理制（委托中外合作者以外的他人经营管理）等多种形式。

二、国际间接投资

（一）国际间接投资的概念

所谓国际间接投资（International Indirect Investment），又称为国际证券投资，是指通过国际资本市场购买国外股票或债券等证券的一种投资活动。相对于国际直接投资而言，国际间接投资者一般不参与筹资企业的经营管理，对企业没有控制权，这是与国际直接投资最为重要的区别。另外，国际间接投资主要涉及金融领域的投资，而国际直接投资的领域较为广泛，涉及不同行业与不同资本。国际间接投资与国际直接投资在收益获取方式上也有所不同，国际间接投资主要是通过金融市场获取利息、股息与资本利得，而国际直接投资则主要是通过实体经济获取企业经营的利润。因此，国际直接投资一旦形成，对资本输入国的经济发展会产生直接的影响，而国际证券投资对资本输入国经济发展的影响较为缓慢且是间接的。

(二)国际间接投资的形式

国际间接投资主要包括国际股票投资与国际债券投资。在国际市场上购买中长期债券的形式为国际债券投资,购买企业股票的形式为国际股票投资。国际股票投资与国际债券投资在收益获取方式、风险程度等方面存在较大的不同,其具体分析如下。

1. 国际股票投资

国际股票投资与国内股票投资的主要区别在于,国际股票投资的投资者所在国与股票交易所所在国家不同,而国内股票投资一般是境内投资者在境内股票交易所购买股票。无论是国际股票投资还是国内股票投资,投资者所获得的股份都是对所投资公司的所有权凭证,投资者通过获取股息与资本利得的方式获取盈利。与债券投资不一样的是,公司股票的持有人是公司的股东,而公司债券的持有人是公司的债权人,两者在利益获取方式、风险承担程度等方面存在很大的差异。我国对于境外机构投资者投资境内股票市场采取资格认证的方式,通过资格认证的境外机构投资者称为合格境外机构投资者(Qualified Foreign Institutional Investors,QFII)。

2. 国际债券投资

国际债券投资是指投资者在国际债券市场上购买外国企业或政府发行的债券,并按期得到本息的投资活动。国际债券投资的投资者与债券的发行者属于不同的国家,甚至投资者所在国与债券发行所在国也不同。一般而言,债券的投资者是为了获取利息收入,而筹资者是为了获得企业发展所需要的资金或政府为了平衡国际收支等目的。根据债券发行人所在国、筹资货币所属国及发行地点的不同可以将国际债券分为外国债券、欧洲债券和全球债券。

(1)外国债券。外国债券是指在发行者所在国家以外的国家发行的,并以发行地所在国货币为面值的债券。如中国公司在美国发行美元债券,就属于外国债券。不同国家对于外国投资者在本国发行的以本币计价的债券所取的名称不同。外国筹资者在美国发行的以美元计价的债券被称为扬基债券,外国筹资者在日本发行的以日元计价的债券被称为武士债券,外国筹资者在中国发行的以人民币计价的债券被称为熊猫债券。投资外国债券可以降低汇率波动风险,因为购买债券时是以本国货币购买,到期获得的利息及本金也是本币,不存在汇率风险。

(2)欧洲债券。欧洲债券不是指在欧洲发行的债券,而是指一国政府、金融机构、工商企业或国际组织在国外债券市场上以第三国货币为面值发行的债券。欧洲债券的发行人、发行地以及面值货币分别属于三个不同的国家。如中国企业在英国发行的以美元计价的债券就属于欧洲债券。欧洲债券的发行规模较大,不少投资者投资欧洲债券并不是出于获取更高利息的目的,而是为了使自己的投资资金更加隐蔽。筹资者选择在美国以外的市场发行美元债券,可以规避美国对外国投资者在美国发行美元债券的诸多规定,从而顺利、方便、快捷地获得资金。

(3)全球债券。全球债券是指在世界各地的金融中心同步发行,并可在世界各国证券交易所同时上市,24小时均可进行交易的国际债券。这类债券的流动性非常好,投资者选择投资全球债券,可以在保障资金随时变现的前提下,安全地获取利息收益,实现流动资金的有效利用。考虑到全球债券的起步时间相对较晚,投资者对全球债券的认识还存在一定的不足,因此,全球债券要扩大规模还需要完善债券发行程序以及交易制度,并加强宣传以获得投资者的认可。

三、国际贷款

所谓国际贷款（International Loan），又称为对外借款，是指政府或国际金融机构等向他国政府、银行或企业提供的贷款服务。国际贷款也是资本流动的重要形式，按照放贷主体的不同，可以将国际贷款分为政府贷款、国际金融机构贷款和国际商业贷款。

（一）政府贷款

外国政府贷款是指一国政府向另一国政府提供的，具有一定赠予性质的优惠贷款。它具有政府间开发援助或部分赠予的性质，在国际统计上又叫双边贷款，并与多边贷款共同组成官方信贷。外国政府贷款的主要贷款形式有软贷款、混合性贷款与特种贷款。软贷款一般是无息或利率较低，还款期限较长的政府财政性贷款。这种贷款一般在项目选择上侧重于非盈利的开发性项目，如城市基础设施等。混合性贷款包括政府财政性贷款和一般商业性贷款的混合贷款、一定比例的赠款和出口信贷的混合贷款、政府软贷款和出口信贷的混合贷款。混合贷款相对于软贷款而言，有一定的盈利性，同时保留了部分优惠条件。特种贷款是一种定向贷款，所获得的贷款只能用于某一特定的方向，如教育或农业等。

（二）国际金融机构贷款

国际金融机构贷款主要是指国际性金融机构对外发放的贷款。这类机构主要有世界银行集团、国际货币基金组织与其他区域性国际金融机构。

1. 世界银行集团贷款

世界银行集团包括五个机构：国际复兴开发银行、国际开发协会、国际金融公司、多边投资担保机构和国际投资争端解决中心。其中，国际复兴开发银行、国际开发协会、国际金融公司、多边投资担保机构都会对外发放各种形式的贷款，而我们常说的世界银行是由国际复兴开发银行与国际开发协会组成的。国际复兴开发银行给予的贷款俗称"硬贷款"，这类贷款的条件与商业银行的贷款条件相差不大，在贷款利率方面一般不存在优惠；而国际开发协会给予的贷款俗称"软贷款"，这类贷款一般条件较优惠。

2. 国际货币基金组织贷款

国际货币基金组织与世界银行同时成立，两者并列为世界两大金融机构，都是联合国的专门机构，其职责包括监察货币汇率和各国贸易情况，提供技术和资金协助，确保全球金融制度运作正常。国际货币基金组织最初提供贷款主要是为了解决会员国国际收支困难，之后贷款形式逐步多样化，包括普通贷款、中期贷款、出口波动补偿贷款、缓冲库存贷款、信托基金和补充贷款等。

3. 区域性国际金融机构贷款

区域性国际金融机构相对较多，主要有亚洲开发银行、欧洲复兴开发银行以及亚洲基础设施投资银行等。作为区域性国际金融机构，它们致力于为本地区提供各种贷款支持及技术援助，以促进本地经济的发展。

（1）亚洲开发银行于1965年12月19日正式营业，总部设在菲律宾首都马尼拉。它的宗旨是通过发展援助帮助亚太地区发展中成员国消除贫困，促进亚太地区的经济和社会发展。

（2）欧洲复兴开发银行于 1991 年 4 月 14 日正式开业，总部设在伦敦。其主要任务是帮助欧洲战后重建和复兴。该行的作用是帮助和支持东欧、中欧国家向市场经济转化。

（3）亚洲基础设施投资银行（Asian Infrastructure Investment Bank，AIIB），简称亚投行，是一个政府间性质的亚洲区域多边开发金融机构。其主要宗旨是通过在基础设施及其他生产性领域的投资，促进亚洲经济可持续发展、创造财富并改善基础设施互联互通；与其他多边和双边开发机构紧密合作，推进区域合作和伙伴关系，应对发展挑战，它是首个由中国倡议设立的多边金融机构，总部设在北京，法定资本 1 000 亿美元。

（三）国际商业贷款

国际商业贷款是指以商业性条件在国际金融市场上进行的资金借贷活动，包括外国银行贷款、大额可转让存单和中期票据等股票以外的有价证券、国际融资租赁、项目融资等形式的商业性筹融资活动。国际商业贷款的形式较为灵活，资金投向的限制较小，手续简便，但是融资成本相对较高，且面临较大的汇率风险。1979 年以来，在利用国际金融组织和外国政府贷款的同时，中国借用了较大规模的国际商业贷款，促进了国内的经济建设。

第三节　国际短期资本流动

一、国际短期资本流动的特点

国际短期资本流动一般是借助于短期政府债券、商业票据、银行承兑汇票、银行活期存款凭单、大额可转让定期存单等信用工具来实现的。因此，在实际中，国际短期资本流动不但会受到各国货币政策的直接影响，而且其自身也会对各国的货币政策、国际收支、汇率以及金融市场等产生冲击。

近年来，国际短期资本流动规模不断扩大，并呈现出复杂性、政策性、投机性与市场性等方面的特点。复杂性体现在国际金融市场上可以利用的短期信用工具复杂多样，造成国际短期资本流动形式多样化，难以把握。政策性体现在各国政府的经济政策如利率、汇率政策对短期国际资本流动的影响很大。若某个国家的利率相对提高，国际短期资本就会往该国流动；反之，国际短期资本会流出该国。在世界各国对资本流动的管制逐步放松及对汇率的管理不断放宽的背景下，短期国际资本流动具有很强的投机性。国际短期资本流动以追逐利润为主，具有很强的市场流动性。

二、国际短期资本流动的种类

国际短期资本流动从性质上可分为贸易资本流动、银行资本流动、保值性资本流动和投机性资本流动。

（一）贸易资本流动

贸易资本流动是指由国际贸易引起的货币资金在国际上的融通和结算，是最为传统的国际资本流动形式。国际贸易活动的进行必然伴随着国际结算，引起资本从一国或地区流向另一国或地区。各国出口贸易资金的结算,导致出口国或代收国的资本流入;各国进口贸易资金的结算,则导致进口国或代付国的资本流出。随着经济开放程度的提高和国际经济活动的多样化,贸易资本在国际流动资本中的比重已经大为降低。

(二)银行资本流动

银行资本流动是指各国外汇专业银行之间由于资金调拨而引起的资本国际转移。各国外汇专业银行在经营外汇业务过程中,由于外汇业务或谋取利润的需要,经常不断地进行套汇、套利、掉期、外汇头寸管理、短期外汇资金的拆进拆出、国际上银行同业往来的收付和结算等,都要产生频繁的国际短期资本流动。

(三)保值性资本流动

保值性资本流动又称资本外逃(Capital Flight),是指短期资本的持有者为了使资本不遭受损失而在国与国之间调动资本所引起的资本国际转移。保值性资本流动产生的原因主要有国内政治动荡、经济状况恶化、加强外汇管制和颁布新的税法、国际收支发生持续性的逆差,由以上原因导致资本外逃到币值相对稳定的国家,以期保值,免遭损失。

(四)投机性资本流动

投机性资本流动又称为国际游资或热钱,是指投机者利用国际金融市场上的利率差别或汇率差别来谋取利润所引起的资本国际流动。具体形式主要有:对暂时性汇率变动的投机;对永久性汇率变动的投机;与贸易有关的投机性资本流动;对各国利率差别做出反应的资本流动。由于金融开放与金融创新,国际投机资本的规模越来越庞大,投机活动也越来越盛行。

三、保值性资本流动及其影响

保值性资本流动是为了规避由于金融危机、政治动荡、战争等因素所带来的风险以及恐惧等,而导致的本国资本的异常流出形式。一般来说,各国对于资本短期的快速流出都会有一定的限制,尽管如此,仍可以通过出口低报、进口高报以及地下钱庄等不合规形式来实现资本外逃,这说明资产外逃具有极强的违规性与隐蔽性,其规模数量也很难被准确衡量。

我国对资本项目的管制相对较为严格,因此,资本外逃经常通过非法手段实现。资本外逃的原因较为复杂,就我国的资本外逃现象而言,其原因主要有:不法分子转移非法所得、资本迂回投资、产权保护不力以及国内投资渠道不足等。资本外逃对于我国经济的影响主要是负面的,大量资本外逃会削弱经济发展的后劲,增加国家的债务负担,降低国家的财政收入。我国是一个发展中国家,需要大量的资金用于基础设施建设以及改善环境。发生资本外逃以后,会减弱外债对内资的有效替代,从而加重我国的债务负担,削弱经济的发展后劲,减缓经济的发展速度。另外,不少贪腐分子将贪腐得到的资金转移,而这部分转移的资金一般与国有资产流失有关,大量黑色收入转移到国外将造成国有资产的流失。我国需要强化对政府工作人员财产的监管,避免或降低此类资本外逃行为的发生。对于已经通过非法手段转移出去的非法收入,应当通过与相关国家协调来加以追回。再者,资本外逃可能意味着外资对本国经济的不看好,可能引发连锁反应,一些原本看好中国经济增长、准备投资的企业采取观望的态度或做出取消投资的决定,从而造成更大的经济增长压力。如何有效地防范资本外逃,对非法资金的对外转移加强监管并进行处罚等,需要我国在政策、法律法规等方面加以完善。

四、投机性资本流动及其影响

投机性资本流动是一种游离于本国经济实体之外、承担高度风险和追求高额利润、主要在他国金融市场上做短期投机的资本组合。由于投资资本与投机资本的来源相差无几,所以难以判断两者的差别。一般来说,投机性资本通常在短期内会频繁地调动资金,加大金融产品价格的波动,从中获取高额利润。国际投机性资本一般选择外汇期货、股票、期权等衍生性金融工具来获取利润。另外,国际投机性资本的投资手段快速且隐蔽,在某一时点对某一产品进行大规模的买卖,造成金融产品价格的剧烈波动,并很可能由此引发连锁反应,造成金融市场在短期内的混乱。

国际投机性资本可能会误导国际资本配置,破坏实体经济发展。由于投机性资本的参与,金融产品价格会在短期内大幅上涨,这可能引发其他资本的参与,使发展实体经济的资金转移到炒作金融产品上,从而降低对实体经济的投资。一旦国际投机性资本流出,金融产品价格则会大幅下降,投资者会面临较高的损失。因此,国际投机性资本的过度参与,会破坏经济金融市场原有的均衡状态,导致紊乱。国际投机性资本在国际金融市场上频繁流动,可能导致相关国家国际收支出现困难。当国际投机性资本在短时间内大量撤出某国时,该国需要大量的外汇储备来避免汇率的过度下跌,可能出现缺少外汇来支付进口商品货款的情况,因而国际投机性资本可能对一国国际收支均衡造成破坏,从而影响国际贸易的正常进行。

值得注意的是,国际投机性资本的过度流动还可能会诱发金融危机。由于国际投机性资本的过度流动,金融产品价格大幅波动,金融市场的稳定性大幅下降,引发一系列避险行为的发生,导致金融市场的不稳定性出现恶性循环,从而可能引发金融危机。如在东南亚金融危机中,国际投机性资本的过度流动造成相关国家大量外汇流失,货币大幅贬值,经济金融市场秩序紊乱等。可见,国际投机性资本流动会给世界经济发展与金融市场稳定带来负面的影响。

第四节 国际资本流动理论

一、国际资本流动的一般模型

国际资本流动的一般模型,又称麦克杜加尔(G. D. A. Macdougall)模型,或称完全竞争理论,是一种用于解释国际资本流动的动机及其效果的理论,它实际上是一种古典经济学理论。该理论认为国际资本流动的原因是各国间的利率和预期利润率存在差异,国际资本流动的结果是各国的资本边际产出率趋于一致,从而提高世界的总产量和各国的福利。该理论暗含的假设条件是各国的产品和生产要素市场是一个完全竞争的市场,资本可以自由地从资本充裕国向资本短缺国流动。这一结论可用下面的模型进行分析。

该模型的假定条件:整个世界由两个国家(A 国和 B 国)组成,一个资本充裕,一个资本短缺。如图 9.1 所示,世界资本总量为横轴 OO′,其中,资本充裕国资本量为 OC,资本短缺国资本量为 O′C。曲线 AA′和 BB′分别表示两个国家在不同投资水平下的资本边际产出率。它意味着投资水平越高，每增加单位资本投入的产出就越低，亦即两国投资效益分别遵循边际收益递减规律。

下面分两种情况进行分析。

（一）封闭经济系统

所谓封闭经济系统，是指资本在国际上没有相互流动的经济系统。在这种情况下，无论是资本充裕国，还是资本短缺国，资本只能在国内使用。

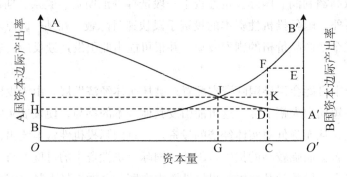

图 9.1 国际资本流动的一般模型

（1）如果资本充裕国把其全部资本 OC 投入国内生产，则资本的边际收益为 OH，总产出为曲边梯形 OADC 的面积。其中，资本使用者的收益是曲边三角形 HAD 的面积，资本所有者的收益是矩形 OHDC 的面积。

（2）如果资本短缺国也将全部资本 O′C 投入国内生产，则其资本的边际收益率为 O′E，总产出为曲边梯形 O′B′FC 的面积。其中，资本使用者的收益是曲边三角形 EB′F 的面积，资本所有者的收益是矩形 O′EFC 的面积。

（二）开放经济系统

所谓开放经济系统，是指资本在国际上具有相互流动的经济系统。在这种情况下，如图 9.1 所示，如果资本充裕国把总资本量中的 OG 部分投入本国，而将剩余部分 GC 投入资本短缺国，并假定后者接受这部分投资，则两国的效益会增大，并且达到资本的最优配置。

（1）就资本输出国而言，输出资本后的国内资本边际收益率由 OH 升高为 OI，国内总产出变为曲边梯形 OAJG。其中，资本使用者的国内收益为曲边三角形 IAJ 的面积，资本所有者的国内收益是矩形 OIJG 的面积。

（2）就资本输入国而言，输入资本后的国内资本总额增为 O′G，总产出为曲边梯形 O′B′JG 的面积，其中总产出增加量为曲边梯形 CFJG 的面积。这部分增加量又被分为两部分，矩形 CKJG 是资本输出国所有的收益，曲边三角形 JFK 则是资本输入国的所得。

这样，由于资本的输出与输入就使资本输出国增加了曲边三角形 JKD 面积的收益，同时资本输入国也增加了曲边三角形 JFK 面积的收益。国际资本流动增加的总收益就是这两个分收益之和。

从上述分析中，可得出三个结论：

（1）在各国资本的边际生产率相同的条件下，开放经济系统里的资本利用效益远比封闭经济系统里的高,并且总资本能得到最佳的利用。

(2)在开放经济系统里,资本流动可为资本充裕国带来最高收益;同时,资本短缺国也因输入资本使总产出增加而获得新增收益。

(3)由于上述两个原因,加上资本的可自由流动性,结果在世界范围内可重新进行资本资源配置,使世界总产值增加并达到最大化,促进了全球经济的发展。

二、国际直接投资理论

(一)以产业组织理论为基础的国际投资理论

20世纪70年代以来是跨国公司迅猛发展的阶段。跨国公司的海外投资活动,给国际投资带来了一系列的新问题,并向传统的国际资本流动理论提出了挑战。因为跨国公司海外投资的原因不能简单地从传统的利润差异上得到回答,于是,从产业组织论角度进行了多种解释。

1. 垄断优势论

垄断优势论最早由美国经济学家金德尔伯格(C. P. Kindleberger)和海默(S. A. Hymer)等人提出。所谓垄断优势,是指跨国公司所拥有的"独占性的生产要素优势",包括资本集约程度高、技术先进、高强的开发新产品能力、完善的销售系统以及科学的经营管理方式等。该理论是从产业组织角度解释跨国公司对外投资的第一种国际投资理论。该理论认为,一个公司之所以到海外投资就是因为这些公司在技术、专利、资金及管理上有垄断优势,而且这些优势能够通过产业组织转移到国外而又不被当地竞争对手所掌握。因此,虽然在与当地企业的竞争中,这些公司在运输、通信成本以及熟悉当地法律与经济环境上处于不利地位,但垄断优势完全可以抵消这些劣势,从而使跨国公司通过海外投资获得高于其国内的收益。金德尔伯格还认为,拥有这些优势的都是一些大寡头垄断企业,它们既可在国内也可在全球发挥其生产、营销上的规模经济效益。该理论后来又被其他学者在不同的角度上加以发展和完善,例如,赫希(S. Hirseh)从生产和科研开发的规模经济效益上强调了直接投资的成本降低作用;夏派罗(D. M. Shapiro)在研究了外国企业在加拿大的投资后得出结论,大型的高科技企业比一般性的企业更具有进入或退出某行业的能力,资本流动性更强、更灵活,因此,它们有能力在合适的地方投资,而不受国界限制;克鲁格曼(P. R. Krugman)和凯夫斯(R. E. Caves)观察到直接投资通常可分为两类,一类是"平行投资",另一类是"垂直投资",他们通过产品模型论证了垂直投资是为了整个生产过程一体化,避免上游产品或原材料价格扭曲和供给波动,在海外设立分支机构以达到保障供给、降低成本、增加垄断实力的目的。

2. 市场内部化理论

在产业组织论基础上,英国经济学家巴克莱(P. J. Buckley)和卡森(M. C. Casson)提出了另一种国际投资理论,即市场内部化理论。所谓市场内部化,主要是指把市场建立在公司内部,以公司内部市场取代公司外部市场。该理论的出发点是探索外部市场的不完全性,从分析这种不完全性与跨国公司分配其内部资源的关系来说明对外直接投资的决定因素。该理论认为,由于外部市场的不完全性,如果将企业拥有的半成品、工艺技术、营销诀窍、管理经验和人员培训等"中间产品"通过外部市场进行交易,就不能保证企业实现利润的最大化。企业只有利用对外直接投资方式,在较大的范围内建立生产经营实体,形成自己的一体化空间和内部交换体系,把公开的外部市场交易转变为内部市场交易,才能解决企业内部资源配置效率与外部市场的矛盾。这是因为内部化交易会使交易成本达到最小化,在内部市场里,买卖双方对产品质量与定价都有准确的认识,信息、知识和技术也可得到充分的利用,从而减少贸易风险,实现利润最大化。当然,该理论虽然在一定程度上解释了战后各种形式的对外直接投资,包括跨国经营的服务性行业的形成与发展,如跨国银行等。但这仅仅是一种微观的分析,没有从世界经济一体化的高度分析跨国公司的国际生产与分工,并且也忽视了工业组织与投资场所等问题。

3. 产品生命周期理论

产品生命周期理论是美国经济学家雷蒙·弗农(R. Vernon)从产业组织角度解释的又一种国际投资理论。弗农认为,企业产品生产周期的发展规律,决定了企业需要占领海外市场并到国外投资。他指出,产品在其生命周期的各个阶段各有特点:第一,在产品创新阶段,创新国首先占有优势,一般是国内市场需求较大,这时最有利的是安排国内生产,国外的需求通过出口就可以得到满足。第二,在产品进入成熟阶段后,产品性能稳定,国外市场日益扩大,消费的价格弹性增大,这时就迫切需要降低成本。如果国内生产边际成本加运输成本超过了在国外生产的平均成本,如果还存在着国外的劳动力价格差异,那么在国外生产就更为有利,而且随着产品的输出,技术也会逐渐外泄,所以在这个阶段国外的竞争者也会出现,同时也会出现创新产品的技术优势丧失的危险。为了维持市场,阻止海外竞争,就需要到国外去建立分支。这个阶段上的投资对象往往是与母国需求相似、技术水平差异不大的国家。第三,当产品进入标准化阶段后,生产已经规范化时,价格竞争便成为主要方面,相对优势就不再是技术,而成了劳动力。为了取得竞争优势,企业就要加快对外直接投资的步伐,到生产成本低的国家或地区建立子公司或其他分支机构。

4. 技术周期理论

另一位学者玛基(S. P. Masee)从技术、信息寻租的角度提出了与弗农理论相似的"技术周期理论"。他认为,企业花费巨资创造出技术和"信息",是企图通过这些技术和信息来生产和销售相关的产品以获得垄断性的租金。但是,专利保护是不完善的,所以它们寻租的目的很难在国内得到满足,这时企业会在寻租的动机下将资本输往它们认为能够提供额外专利保护的国家。玛基指出,跨国公司专门生产适合于公司内部转移的技术信息,会专门生产复杂的技术以保证自己占用这些技术并获得应有的租金。他还认为,新产品大量生产并普及之后,会导致技术越来越不重要。为此,他提出了"产业技术周期"的概念。在技术研发阶段,跨国公司倾向于在本国严格控制这些技术,不会转移它们。在技术实用阶段,跨国公司在寻求最大租金目的的驱动下,会将资本输出到海外以设立分支机构,并通过这些分支机构转移技术。随着跨国公司在海外投资的增加和生产规模的扩大,其技术周期就达到了成熟阶段,这时跨国公司在海外的投资规模又会随着其技术的过时而逐渐缩小。

总之,上述与产业组织理论有关的国际投资理论都有一个共同的特点,就是在产业组织的基础上从产业组织行为的角度分析垄断优势对跨国公司海外投资的影响。垄断优势论侧重于跨国公司垄断优势的制约性影响,并且强调这种优势是产业组织角度上的优势而非国别优势,这就正确地指出了跨国公司在国际直接投资中的主体作用。市场内部化理论强调的重点在于跨国公司寻求生产成本最小化的动机，这也是正确的，因为成本最小化即意味着利润最大化。产品周期论侧重于分析跨国公司在产品发展的不同阶段是如何争取最有利的生产条件，保持其垄断优势及自身对国际投资的影响的，这在一般情况下也是正确的。技术周期论强调了跨国公司创造新技术的寻租动机对海外投资的影响，它的论点与产品周期论相似。就跨国公司多数是有技术开发优势的大公司而言，这个理论也有其独特的作用。但是，所有上述理论也有一个缺陷，就是将跨国公司的对外直接投资的内在动因与外在客观条件混为一谈，混淆了跨国公司在全球范围内追逐垄断高额利润的性质及其所具有的全球生产、销售能力同其他客观条件之间的区别。这些理论无法解释一些未拥有技术等垄断优势的企业海外投资的动机，以及一些国家在国外直接开发新产品的投资行为等问题。

（二）侧重于投资条件的国际投资理论

1. 国际生产折中论

从20世纪70年代中期开始，国际投资出现了一些新的现象和新的特点：在发达国家继续大量输出资本的同时，一些发展中国家也开始对外直接投资，并有不断发展的趋势。尤其是第一次石油危机之后，石油输出国的海外投资大量增加，针对这些新的现象，以发达国家跨国公司为主要分析对象的产业组织理论的国际投资理论便很难解释清楚，这时，迫切需要一种新的理论诞生。

英国里丁大学教授邓宁（J. H. Dunning）于1981年在其著作《国际生产和跨国公司》中提出了"国际生产折中理论"，试图将国际贸易和产业组织理论融合在一起分析国际投资。他认为："之所以称之为'折中主义的国际投资理论'，其原因在于：该理论吸收了过去20年来解释国际投资的主要理论，适用于所有类型的国外直接投资，或许最有趣的是它包括了企业走向国际的三种主要形式，即直接投资、商品出口和合约性资源转让，并建议企业在何种情况下应采取何种方式。"这一理论的要点包括以下三个方面：

（1）分析了一个公司进行对外直接投资的充分与必要条件。该理论指出一个国家的企业从事国际经济活动有三种形式：直接投资、出口贸易和技术转移。直接投资必然引起成本的提高与风险的增加。跨国公司之所以愿意并能够发展海外直接投资，是因为跨国公司拥有了当地竞争者所没有的所有权特定优势、将所有权特定优势内部化的能力和区位特定优势等三个比较性优势。前两个是对外直接投资的必要条件，后者是充分条件。这三种优势及其组合决定了一个公司在从事经济活动中最好选择哪一种活动形式。如果一个公司独占所有权特定优势，则只能选择技术转移这个方案进行国际经济活动；如果具备了所有权特定优势，又具备内部化优势，则可以出口；如果三个优势都具备，则可以对外直接投资。

（2）指出了所有权特定优势的主要内容，具体包括：技术优势，如技术、信息、知识和有形资本等；企业规模优势，如垄断优势、规模经济优势、组织管理能力优势、金融优势等。

（3）指出了区位特定优势的内容，具体包括劳动成本、市场需求、关税与非关税壁垒及政府政策等。

当然，邓宁的这一理论重点分析的是直接投资的条件，就这些优势构成的国际投资条件而言是正确的，它可以解释不同类型国家的国际直接投资现象，并且它对企业选择不同的国际化发展战略也具有参考价值。但是，这一理论把一切国际投资仅仅归结为三个优势因素，难免有些绝对化。有些类型的企业，如服务性的企业，到海外投资并无明显的区域优势，而之所以投资到海外，是由它所提供的服务必须和消费者处于相同的地点这一特性所决定的。

2. 分散风险论

20世纪70年代中期发展的有关投资条件的另一种理论是"分散风险论"。其前期代表人物是凯夫斯（R. E. Caves）和斯蒂文斯（G. V. Stevens）。他们从马科维茨的证券组合理论出发，认为对外直接投资多样化是分散风险的结果，因此，证券组合理论的依据也是该理论的基础。凯夫斯认为，直接投资中的"水平投资"是通过产品多样化降低市场的不确定性，减少产品结构单一的风险；而"垂直投资"是为了避免上游产品和原材料供应的不确定性风险。斯蒂文斯认为，厂商分散风险的原则和个人一样，总要求在一定的预期报酬下，力求风险最小化。但个人投资条件与企业不一样，个人主要投资于金融资产，厂商则投资于不动产，即投资于不同国家和地区的工厂和设备。

该理论的后期代表人物阿格蒙（T. Agmon）和李沙德（D. Lessard）还认为，跨国公司对外直接投资是代表其股东作为分散风险的投资，不同国家和地区直接投资收益的不相关性为分散风险提供了很好的途径，甚至是证券投资无法提供的途径。另一学者阿德勒（M. Adler）认为，既然跨国公司是直接代表股东做出投资决策的，个人证券投资上的限制不一定会导致对外直接投资，只有当外国证券市场不完善、不能满足个人投资需要时，跨国公司的直接投资才会进行。在这种情况下，跨国公司起到了分散风险的金融中介作用。

分散风险论把证券投资与直接投资联系起来考察，把发展中国家证券市场的不完善看成是直接投资的一个因素，应该说是有它正确的一面的，它从另一个角度弥补了以前国际投资理论的不足。20世纪80年代以来，随着发展中国家证券市场的逐步完善，证券投资逐渐成为最主要的投资形式。这说明直接投资与证券投资具有互补作用。目前，我国正在大力改善外商投资环境，争取吸引更多的外国投资，但不应忽视进一步发展和完善我国证券市场的工作，因为根据分散风险理论，证券投资是外国企业首先考虑的投资形式。随着我国证券市场的不断完善，通过这一途径吸收的外资一定会大大增加。

（三）从金融角度解释的国际投资理论

进入20世纪80年代后，国际投资的格局发生了很大的变化。美国从最大的资本输出国地位上逐渐衰落下来，日本、德国等其他发达国家的海外投资急剧上升。美国成了它们竞相投资的对象，到1985年，美国竟成了最大的资本输入国。与此同时，一些新兴的工业化国家也开始大举向海外投资。与国际投资格局变迁相对应的变化是国际金融市场的作用在国际资本流动中越来越大，新兴的国际金融中心一个个出现并借助于科技革命的成果联为一体，新创的融资手段和融资方式也层出不穷。国际银团和金融寡头已取代产业性的跨国公司成为国际投资的主宰。所有这些都对以往的国际投资理论提出了新的挑战。于是，从金融角度出发研究国际投资理论便成为20世纪80年代以来新投资理论的共同特点。

1. 货币汇率论

阿里伯（R. Aliber）的"货币汇率论"是较早从金融角度提出的一种国际投资理论。他认为，以往所有理论既未能回答为什么这些企业具有获得外国资产的优势，也未提供任何投资格局上的意见，即为什么某些国家输出资本，另一些国家输入资本，更不能解释投资格局为什么会变化。

他指出，20世纪60年代美国资本市场上有一种优势，这种优势来源于美国及世界各国的投资者有以美元计价债务的偏好，这反映了以美元计价的利率在用预期汇率波动调整后比其他货币的利率低。由此可以得出结论，投资者要以较高的代价去获得1美元的股息收入，反过来这就意味着美国公司在购买外国股权时能够比其他国家的公司付更高的价格。他认为，整个20世纪60年代美国海外投资的高涨是美元高估的结果。随着20世纪70年代浮动汇率的实行，美元大幅度下跌，导致美国股市价格下降，外国股市价格上涨。此时，总部在欧洲、日本的企业就愿付较高的价格购买美国的企业了。阿里伯指出，国际投资的格局可以从总部设在不同国家的企业市价涨落中得到衡量。总部所在地公司的市价下跌，资本就流入；市价上升，资本就输出。总部所在地不同的企业市场价格上的变化是名义汇率与通货膨胀率变化的反映。因此，他认为硬货币国家会向软货币国家进行直接投资。

阿里伯的这个理论比较正确地分析了汇率变动对国际直接投资的影响。他试图用汇率来解释他所观察到的国际投资格局的变化和美国对外投资的相对萎缩，但是，汇率是货币实际价格变化的反映，是国际经济实力变化的反映，而不是这种变化的原因。因此，汇率对直接投资的影响只是现象，真正导致国际资本流动格局变化并制约国际投资行为的力量，是各国垄断资本相对优势和相对发展速率的变化，而这种变化又是资本主义发展不平衡的规律起作用的结果。

2. 国际金融中心论

里德（H. C. Reed）于20世纪80年代提出了"国际金融中心论"。里德认为，以往的国际投资理论忽视了国际金融中心在决定国际投资区域、规模和格局中的作用，而国际金融中心对国际投资活动是非常重要的，它不仅是国际清算中心、全球证券投资管理中心、通信交流中心、跨国银行中心，而且还是国际直接投资中心。里德指出，国际化公司追求的不是一般观点所认为的收入最大化或成本最小化，而是营运效益最优化，即其发行的股票价格和其债券利息最大化，这可以使企业在商品市场和资本市场两个方面增强竞争力。跨国公司的经营效益是由国际金融中心来评估的，而评估的结果是通过跨国公司发行的股票债券的价格升降来反映的。国际金融中心通过跨国公司资本比例、经营政策的评估，对国际直接投资发生作用。例如，当国际金融中心认为某个公司的借贷比例过高，海外资产发展过快时，就会降低该公司证券的市场价格，该公司的经营效益就会下降，公司股东和债权者的收益也会下降，这实际上意味着公司整个资本分布的效益可能很低。于是，这就会迫使该公司调整投资战略和经营方针，收缩其在海外的投资。如果该公司对金融中心的评估不予理睬，那么金融中心可能会进一步降低其证券的价格，迫使该公司做出反应。这样一来，国际金融中心及在金融中心的融资活动中占统治地位的大银行、保险公司、共同基金等金融垄断资本就控制了国际直接投资活动。

里德的国际金融中心论，正确地指出了20世纪80年代以国际金融中心为代表的国际金融寡头对国际资本流动的控制和影响。正是这些国际垄断财团在操纵着国际证券市场价格与国际资本的流向和流量，在全球范围内追逐高额垄断利润。但是，里德虽然正确地指出了国际金融中心的影响，却并未把握住它的本质，产业资本与金融资本并不是截然可分的，它们是交织在一起的，而且这个理论分析上的错误也是比较明显的。它将企业证券价格的涨跌与企业经营效益的关系颠倒了，好像企业经济效益下降是由企业证券价格下跌所致，其实证券价格下跌只是企业经营不佳的反映。虽然金融中心的垄断资本可以操纵影响企业证券的价格，但是这个关系不会颠倒，因为垄断资本不会也无法将一个经营不良、盈利不佳的企业的证券维持在一个高价位上。此外，在20世纪80年代还出现了两种重要理论，即邓宁的投资发展阶段论和产业内双向投资理论。

3. 投资发展阶段论

邓宁在1982年对折中主义理论做了动态化的发展，提出了投资发展阶段论。这一理论要点在于：第一，一个国家的投资流量与该国的经济发展水平有着密切的关系。第二，提出了对外投资周期的概念。该理论对利用外资与对外投资进行阶段性划分，各阶段是：利用外资很少，没有对外投资；利用外资增多，少量对外投资；利用外资与对外投资增长速度都很快；对外投资大致等于或超过利用外资。邓宁据此认为，发达国家一般都已经历了这四个阶段，发展中国家已由第一阶段进入第二阶段，中国台湾、中国香港、新加坡、韩国等新兴工业群正在迅速从第二阶段转入第三阶段或已进入第三阶段。第三，利用动态化的国际生产综合理论或折中主义论来解释投资的发展阶段，并由此证明一国的国际投资流量总是与经济发展水平密切相关的。

这一理论还认为，在经济发展的第一阶段，本国几乎没有所有权特定优势和内部化优势，本国无法利用外国的区位优势，而本国的区位优势对外国投资者又缺乏吸引力，因此，本阶段没有资本输出，只有少量的资本流入。在第二阶段，国内市场得到了扩大，购买力相应地有所提高，市场交易成本也有所下降，资本流入开始增加，这时资本流入（利用外资）可分为两种类型，即进口替代型和出口导向型。在这一阶段引进外资是关键，为此，该国就要创造区位的优势，如改善投资环境、健全法律制度以及疏通专业渠道等。第三阶段，国内经济发展水平有了较大幅度的提高，对外投资的可能性增大，因为前一阶段引进技术对本国的资源进行开发，使所有权特定优势不断增强，原来外国投资者的优势相对消失，而外国市场区位也有较大的吸引力。第四阶段，经济已相当发达或高度发达，一般都拥有所有权特定优势、内部化优势，并且能利用其他国家的区位特定优势，这时该国就积极向外进行直接投资了。

可见，这一理论与折中主义论是一脉相承的，只是把后者予以动态化而已，用动态化的四个阶段阐明了直接投资与经济发展的相关性，并阐明了一国之所以能参与对外直接投资，是因为具有了所有权、内部化和区位等三个方面的相对优势并予以配合的结果。需要指出的是，这个理论有一定的现实意义，它有助于发展中国家充分利用外资创造区位条件，也有助于发展中国家利用自己的相对优势对外进行适当的投资，并向国际市场挺进等。

4. 产业内双向投资论

产业内双向投资论是在近二十年国际资本流向发生的重大变化，特别是出现了资本在发达国家之间流动，并集中利用相同产业内部的现象情况下提出来的。经济学者对此进行了广泛的研究，并试图解释这一现象。E.M.格雷汉指出，之所以会出现双向投资，是因为"跨国公司产业分布的相似性"，相似的东西容易接近。

邓宁则指出，双向的投资主要集中在技术密集型部门，传统部门的投资比例不高。这是因为：第一，发达国家间水平相近，但没有一个企业拥有独占的所有权特定优势，而若干个公司才能拥有几乎相近的所有权优势。第二，各公司为了获得联合优势和规模经济的利益，同时为了得到东道国较低成本的好处，就进行双向投资。第三，发达国家收入水平相近，需求结构也基本相似，这样对异质产品的需求不断扩大，就会产生发达国家之间的产业内国际贸易的倾向，一旦产业内贸易受到阻碍，市场内部化的要求就会导致产业内双向投资情况的出现。

海默和金德尔伯格也对这一现象进行了解释，提出了"寡占反应行为说"。他们认为各国寡头垄断组织为获取或保住其在国际竞争中的地位，会通过在竞争对手的领土上占领地盘，即"寡占"这种形式来进行，而产业内直接投资只是这种"寡占"竞争的重要手段。

另外，近年来出现的安全港理论也能解释双向投资的现象。该理论的核心观点是：虽然在发展中国家投资的收益比发达国家高，但安全性弱、法律保障程度小，需要承担极大的政治经济风险。因此，投资者宁愿把资本投往发达国家，取得较为稳定的收益，再加上产业内部条件相近，投资见效较快，也可更迅速地获得利润。可见，该理论的运用很容易导致双向投资的增长。

三、国际间接投资理论

国际间接投资理论主要研究在各种相互关联的、确定与不确定结果的条件下，理性投资者该如何做出最佳投资选择，以降低投资风险，实现投资收益最大化的目标。该理论主要有两种：一是古典国际证券投资理论；二是现代证券投资组合理论。

（一）古典国际证券投资理论

古典国际证券投资理论，产生于国际直接投资和跨国公司迅猛发展之前。该理论认为，国际证券投资的起因是国际上存在的利率差异，如果一国利率低于另一国利率，则金融资本就会从利率低的国家向利率高的国家流动，直至两国的利率没有差别为止。进一步说，在国际资本能够自由流动的条件下，如果两国的利率存在差异，则两国能够带来同等收益的有价证券的价格也会产生差别，即高利率国家有价证券的价格低，低利率国家有价证券的价格高，这样，低利率国家就会向高利率国家投资购买有价证券。

该理论的不足之处有以下四个：

（1）仅说明资本从低利率国家向高利率国家的流动，而未能说明资本为何存在大量的双向流动。

（2）它以国际资本自由流动为前提，这与现实不符，在现实中各国对资本流动的管制处处可见。

（3）即使国家间存在利率差异，也并不一定会导致国际证券投资。

（4）该理论仅以利率作为分析问题的基点，有失准确性。

（二）现代证券投资组合理论

现代证券投资组合理论，亦称资产组合理论，是由美国学者马科维茨（H.M.Markovitz）于20世纪50年代在其《有价证券选择》一书中首先提出的，其后托宾（J.Tobin）又发展了该理论。该理论采用风险—收益法来说明投资者如何在各种资产之间进行选择，形成最佳组合，使投资收益一定时风险最小，或投资风险一定时收益最大。

该理论认为，所有资产都具有风险与收益两重性，在证券投资中一般投资者的目的是获得一定的收益，但是收益最高伴随着的风险也最大，甚至可能损失本金。风险由收益率的变动性来衡量，采用统计上的标准差来显示，投资者根据他们在一段时期内的预期收益率及其标准差来进行证券组合，即投资者把资金投在几种证券上，建立一个"证券组合"，通过证券的分散而减少风险。但是在一段时间内投在证券上的收益率高低是不确定的，这种不确定的收益率在统计学上称为随机变量，马科维茨借用它的两种动差，即集中趋势和分散趋势来说明证券投资的预期收益及其标准差。预期收益用平均收益来代表，它可以看作是衡量与任何组合证券投资相联系的潜在报酬。标准差则说明各个变量对平均数的离散程度，以表示预期收益的变动性大小，来衡量与任何组合的证券投资的风险大小。因此，投资者不能只把预期收益作为选择投资证券的唯一标准，还应该重视证券投资收入的稳定性。多种证券组合可以提高投资收益的稳定，同时也降低了投资风险，因为在多种证券组合中不同证券的收益与损失可以相互抵补，起着分散风险的作用。投资者可能选择不同国家的证券作为投资对象，从而引起资本在各国之间的双向流动。

现代证券组合理论指出了任何资产都有收益和风险的两重性，并提出以资产组合的方式来降低投资风险的思路，揭示了国际上资本互为流动的原因，因此有其进步性和合理性。但该理论主要用于解释国际证券资本流动，而对国际直接投资却未做任何解释。此外，该理论假设市场是充分有效的，参与者同时可以得到充分的投资信息，这与现实情况不符，因此，该理论也有它的缺陷。

【专栏 9.1】 《国务院关于积极有效利用外资推动经济高质量发展若干措施的通知（国发〔2018〕19 号）》

利用外资是我国对外开放基本国策和构建开放型经济新体制的重要内容。当前我国经济已由高速增长阶段转向高质量发展阶段，利用外资面临新形势新挑战。为贯彻落实党中央、国务院关于推动形成全面开放新格局的决策部署，实行高水平投资自由化便利化政策，对标国际先进水平，营造更加公平透明便利、更有吸引力的投资环境，保持我国全球外商投资主要目的地地位，进一步促进外商投资稳定增长，实现以高水平开放推动经济高质量发展。

（一）大幅度放宽市场准入，提升投资自由化水平

（1）全面落实准入前国民待遇加负面清单管理制度。

（2）稳步扩大金融业开放。

（3）持续推进服务业开放。

（4）深化农业、采矿业、制造业开放。

（二）深化"放管服"改革，提升投资便利化水平

（1）持续推进外资领域"放管服"改革。

（2）提高外商投资企业资金运用便利度。

（3）提升外国人才来华工作便利度。

（4）提升外国人才出入境便利度。

（三）加强投资促进，提升引资质量和水平

（1）优化外商投资导向。

（2）支持外商投资创新发展。

（3）鼓励外资并购投资。

（4）降低外商投资企业经营成本。

（5）加大投资促进工作力度。

（四）提升投资保护水平，打造高标准投资环境

（1）加大知识产权保护力度。

（2）保护外商投资合法权益。

（五）优化区域开放布局，引导外资投向中西部等地区

（1）拓宽外商投资企业融资渠道。

（2）降低外商投资企业物流成本。

（3）加快沿边引资重点地区建设。

（4）打造西部地区投资合作新载体。

（六）推动国家级开发区创新提升，强化利用外资重要平台作用

（1）促进开发区优化外资综合服务。

（2）发挥开发区示范带动提高利用外资水平的作用。

（3）加大开发区引资金融支持力度。

（4）健全开发区双向协作引资机制。

本章小结

国际资本流动是指资本在国际上的转移。它具体包括资本在不同国家或地区之间做单向、双向或多向流动，如贷款、援助、输出、输入、投资、债务的增加、债权的取得、利息收支、买方信贷、卖方信贷、外汇买卖、证券发行与流通等。

按照资本跨国界流动的方向，国际资本流动可以分为资本流入和资本流出；按照资本跨国流动时间的长短期限，国际资本流动可以分为长期资本流动与短期资本流动。

长期资本流动是指使用期限在一年以上，或者规定使用期限的资本流动。它主要包括三种类型：国际直接投资、国际证券投资和国际贷款。国际直接投资是指一个国家的企业或个人对另一国家的企业部门进行的投资。国际证券投资是指通过在国际债券市场上购买外国政府、银行或工商企业发行的中长期债券，或在国际股票市场上购买外国公司股票而进行的对外投资。国际贷款是指一国政府、国际金融组织或国际银行对非居民（包括外国政府、银行、企业等）所进行的期限为一年以上的放款活动，主要包括政府贷款、国际金融机构贷款、国际银行贷款。

短期资本流动是指期限在一年或一年以内即期支付的资本流动。它主要包括贸易资本流动、银行资本流动、保值性资本流动和投机性资本流动。

国际资本流动理论主要包括国际直接投资理论与国际证券投资理论等。

本章重要概念

国际资本流动；国际长期资本流动；国际直接投资；国际间接投资；国际贷款；国际短期资本流动；国际游资；资本外逃

本章复习思考题

1. 简述国际资本流动的分类与原因。
2. 简述国际长期资本流动的类型。
3. 简述国际短期资本流动的类型。
4. 试述国际直接投资理论的基本内容。
5. 试述国际间接投资理论的基本内容。
6. 试述中国利用外资与资本走出去的现状、问题与对策。

第十章　全球金融治理规则：国际货币体系

本章学习目标

掌握国际货币体系的含义与内容；熟悉国际金本位制的基本内容和崩溃原因；熟悉布雷顿森林体系的基本内容、主要作用与崩溃原因；掌握牙买加体系的形成背景、主要内容与特点；关注国际货币体系存在的缺陷与未来改革方向。

全球金融治理是当前和今后相当长时间内国际金融制度的总体发展趋势。全球金融治理的目的是维持一个可预测、稳定并有利于国际经济交易支付的国际货币体系，同时保护世界各地储户与投资者的利益。因此，有效率的全球金融治理不仅有利于全球经济的可持续增长，而且符合国际经济秩序中所有相关者的利益。全球金融治理的基本内容主要包括全球金融治理规则和全球金融治理机制两个方面。中国正处于参与全球金融治理大有作为的机遇期，应当利用好这次机遇，不断提升自己的权利份额，同时又要承担相应的国际责任。

第一节　全球金融治理与国际货币体系的概念

一、全球金融治理的概念

全球金融治理是从全球治理概念衍生而来的。全球治理理论的主要创始人之一詹姆斯·罗西瑙（James N. Rosenau）认为，与政府统治相比，治理既包括政府机制，也包括非正式的、非政府的机制。全球治理包括了在诸如超越国家的和国际的其他层次上建立和执行规则，同时也承认国家在国际系统中的作用。概括起来说，治理具有以下四个特征：治理不是一整套规则，也不是一种活动，而是一个过程；治理过程的基础是协调，而不是控制；治理既涉及公共部门，也包括私人部门；治理不是一种正式的制度，而是持续的互动。治理强调了非政府机构、准政府机构以及非正式制度安排在国际政治、经济活动中的作用，并认为全球治理不能单纯地从行为体的角度来理解，还需要考虑行为体之间复杂的互动模式。

所谓全球金融治理（Global Finance Governance），又称国际金融治理，是指通过规则、制度和机制的建立，对全球货币事务和金融活动进行有效管理的统称。其基本内容主要包括全球金融治理规则和全球金融治理机制。

全球金融治理的基本宗旨是通过维护全球货币和金融的稳定和公平，进而推动全球经济、贸易和投资等各个领域的健康发展。

全球金融治理的目标主要包括：首先，全球金融治理是为了维持一个可预测、稳定并有利

于国际经济交易支付的国际货币体系；其次，全球金融治理旨在监督国际金融体系，保护世界各地储户与投资者的利益，并在所有潜在的借款人之间有效、公平地分配信贷。因此，有效率的全球金融治理应该有利于全球经济的可持续增长，以符合国际经济秩序中所有相关者的利益，而只有符合"发展方案具有整体性"（Holistic Approach to Development）、"全面保障各事项"（Comprehensive Coverage）、"尊重可适用的国际法"（Respect for Applicable International Law）、"专业分工并相互协调"（Coordinated Specialization）以及"良好行政方式"（Good Administrative Practice）这五个原则才是真正有效率的金融治理。另外，将实现金融危机之后的经济复苏、为长期的金融稳定建立基础，促使全球金融治理体系更加透明、负责和有效等也纳入全球金融治理的含义之中。

目前，参与全球金融治理的主体范围相对明确，这些国际机构包括了世界贸易组织（WTO）、经济合作与发展组织（OECD）、国际货币基金组织（IMF）、国际复兴开发银行（IBRD）、国际开发协会（IDA）、国际金融公司（IFC）等。另外还有许多与国际金融监管协调有关的实体，即国际监管和标准制定机构，包括巴塞尔银行监管委员会（BCBS）、国际支付与结算系统委员会（CPSS）、金融特别行动小组（FATF）以及国际保险监督官协会（IAIS）等。它们是国家默认而非正式成立的组织，其规制结构也不太正式，且一般不要求其成员必须是国家。另外，它们不具有法人资格，因此并不受传统国际组织关于权力、特权、义务、责任等方面的约束。

随着全球化程度的不断加深，确实有必要在国际层面来解决许多原本在一国国内便可解决的问题，因此必须在全球范围建立全面、一致、有效的治理体系。在新体系建立的过程中，新旧体系之间的冲突与融合是其中最具挑战性的一环。同时，随着时代的不断进步，在全球金融治理的过程中出现了许多新问题，如全球经济由于受到信息技术发展、金融全球化程度加深的影响，面临着政府职能衰落与重新崛起、国家在金融活动中面临巨大风险挑战等，因此新体系的建立应有利于应对这些新型的全球问题。

二、国际货币体系的概念

所谓国际货币体系，是指在国际范围内各国之间处理国际货币金融关系的一系列规则和机制的总称。它是由国际货币制度、国际金融机构以及由习惯和历史沿革而形成的国际货币秩序或全球金融治理规则，也是各种主权国家货币在国际化进程中相互竞争和相互博弈而形成的一种制度安排。其目的是保障世界经济的稳定和国际贸易有序地发展，使各国的资源得到有效的开发利用等。一般来说，国际货币体系的基本内容主要包括以下几个方面：

（1）确定世界及各国货币的汇率制度。目前的汇率制度主要有固定汇率制度和浮动汇率制度。

（2）确定各国货币的兑换性和国际资金融通所采取的措施，包括对经常项目、资本金融项目管制与否的规定，国际结算原则的规定。

（3）确定国际收支的调节机制，即在一国出现贸易赤字或盈余时，通过何种方式使其国际收支重新达到平衡。

（4）确定国际货币或国际储备资产。国际上需要流通性好且价值有保障的资产作为储备资产以应对国际贸易结算以及可能出现的贸易赤字等问题。国际货币或国际储备资产价值的稳定性对于国际贸易以及世界经济发展的稳定性意义较大。

（5）确定有关国际货币金融事务的协调机制或建立有关协调与监督机构。

国际货币体系的核心问题是如何确立充当国际清偿力的本位货币，并保持其适度增长。因为国际本位货币的确立在相当程度上决定了国际收支的协调机制，是自动协调还是政策协调，是责任分担式的协调还是责任不对等的协调。国际本位货币历史上最早采用的是实物形式，如黄金。用实物来充当国际货币本位面临的矛盾是：一方面，全球经济增长的无限性、国际贸易和金融往来的无限性，决定了对国际清偿手段无限增长的要求，而任何实物的供给总是有限的，难以满足这种要求；另一方面，任何实物在全球地域分布上肯定是不均匀的，从而造成支付能力在起始点上的不公平分配，会引发地区矛盾和冲突。

三、国际货币体系的历史演变

从历史演变情况上看，国际货币体系先后经历了国际金本位制、布雷顿森林体系与牙买加体系三种制度安排。

国际货币体系的"初始模式"是国际金本位制。国际金本位制的建立是国际货币体系从无到有的一个里程碑，它是伴随着英镑国际化的进程逐步建立起来的。19世纪上半叶，英国对内不断强化自身经济实力，完善金融体系，稳定英镑与黄金的比价；对外不断推行自由贸易，加强与各国之间的经济联系及中央银行间的合作。凭借英国在经济上与政治上的绝对优势，英镑成为国际上的硬通货，并引导其他国家货币逐步向其靠拢，形成国际金本位制。然而，国际金本位制的建立，虽然离不开英国的主观意愿与长期努力，但是这一制度毕竟不是以签订协定的形式确立下来，而是其他国家在长期经济发展过程中对金银复本位制自我否定，最终自发选择金本位制的结果，这就决定了这一制度的建立是一个缓慢的过程。从19世纪20年代英国建立金本位制开始，经历了长达半个世纪的时间，才使其他主要资本主义国家放弃金银复本位制、选择金本位制，最终确立了国际金本位制。

20世纪30年代大危机和第二次世界大战宣告了国际金本位的垮台，1944年的布雷顿森林会议确立了战后的国际货币金融新秩序——布雷顿森林体系。和战前的金本位相比，布雷顿森林体系的运行机制发生了许多变化，一方面，反映了当时世界经济的客观变化，如随着国际经济交往的扩大，实物黄金作为国际货币本位的缺陷更加明显；另一方面，反映了美国在全球经济中的霸主地位和美国的利益。在布雷顿森林体系下，各国货币与美元挂钩，美元与黄金挂钩。各国官方均可以拿美元去美国财政部兑换黄金，美国为此需要足够的黄金储备来应对。同金本位制度时的英国一样，兑付承诺使得美国发行货币还有个硬约束，但由于私人市场参与者不享有从美国财政部获得黄金兑换的权利，这种约束相对于金本位时对英镑的约束已经削弱了。1971年，尼克松宣布美元对黄金脱钩，美元不再能兑换黄金，布雷顿森林体系崩溃。从1944年布雷顿森林体系建立至今，美国一直是国际货币体系的中心国家，其贸易账户变化呈现出一定的规律性和周期性。其过程是：通过贸易逆差输出国际本位货币美元→贸易逆差积累到一定程度，美元不得不对其他货币贬值→贬值以后的一段时间贸易账户走向平衡→再次通过贸易逆差输出美元。每次周期的不同之处只是出现经常项目顺差的国家各有不同。

在当今的牙买加体系下，不同国家使用的汇率制度有所差别，一些国家使用的是固定汇率制，另一些国家使用浮动汇率制，但目前的固定汇率制主要表现为钉住汇率制，指一国采取使本国货币同某外国货币或一篮子货币保持固定比价关系的做法。由于所钉住的货币本身的汇率是浮动的，因此，目前的固定汇率制本质上也是浮动汇率制。一个国家使用自由浮动汇率制可以使汇率发挥调节国际收支的经济杠杆作用，且具有连续的调节能力，从而保障了国内政策的自主性，不需要以牺牲内部平衡来换取外部平衡。另外，还可以降低官方对国际储备资产的需要和依赖。但在自由浮动汇率制下，汇率波动的不确定性存在很大风险，带来的外汇投机活动会加剧国际金融市场的动荡与混乱，不利于贸易和投资的发展。

第二节　国际金本位制

一、国际金本位制的特点与基本内容

国际金本位制是指以黄金作为国际基本货币的一种制度，其特点是各国货币之间的汇率由各自的含金量之比决定，黄金可以在各国间自由输出与输入，国际收支具有自动调节机制。英国于1816年率先实行金本位制度，金本位制度使英镑有了一个可靠的信用基础。19世纪70年代以后，欧美各国和日本等国相继效仿，许多国家的货币制度逐渐统一，金本位制成为普遍国际货币制度安排之后，英镑也就成为国际货币体系的核心。

国际金本位制度的主要内容是：

（1）用黄金规定所发行货币代表的价值，每一货币单位都有法定的含金量，各国货币按其所含黄金的重量形成一定的比价关系。

（2）金币可以自由铸造、自由储藏、自由流通，也可作为商品自由买卖。

（3）金币是无限法偿的货币，具有无限制支付手段的权利。

（4）各国的货币储备是黄金，国际结算也使用黄金，黄金可以自由输出或输入，当国际贸易出现赤字时，可以用黄金进行结算和支付。

在金本位制度下，黄金充当了国际货币，是国际货币制度的基础。这一时期的国际金本位制度是建立在各主要资本主义国家国内都实行金铸币本位制的基础之上的，其典型的特征是金币可以自由铸造、自由兑换，以及黄金可以自由进出口。由于黄金可以自由进出口，能够保持本币汇率的稳定，所以一般认为金本位制是一种稳定的货币制度。另外，各国货币之间的汇率由它们各自的含金量比例决定。因为金铸币本位条件下金币的自由交换、自由铸造和黄金的自由输出或输入能保证使外汇市场上汇率的波动维持在由金币平价和黄金运输费用所决定的黄金输送点以内。国际金本位制按其货币与黄金的联系程度，可以分为金币本位制、金块本位制和金汇兑本位制。

（一）金币本位制

金币本位制又称"金铸币本位制"，是金本位制的最初形态。金币本位制将黄金铸币作为法定本位币，金币可以自由铸造、自由兑换、自由输出入，而银币则退居辅币地位，银币的自由铸造和无限法偿能力受到限制。金币本位制下，各国政府以法律形式规定货币的含金量，两国货币的含金量之比（又称铸币平价）决定彼此之间的兑换关系，即汇率。由于黄金

可以自由输出或输入国境，可以对汇率起到自动调节作用。在金币本位制下，因铸币平价的作用和受黄金输送点的限制，汇率波动幅度不大。金币本位制消除了复本位制下存在的价格混乱和货币流通不稳的弊病，保证了流通中货币对本位币金属黄金不发生贬值，保证了世界市场的统一和外汇行市的相对稳定，是一种相对稳定的货币制度，对于促进各国之间的贸易发展起到了重要的作用。

最早实行金币本位制的国家是英国。英国政府在1816年颁布铸币条例，规定1盎司黄金为3镑17先令10.5便士，银币则处于辅币地位。1819年，英国政府又颁布条例，要求英格兰银行的银行券在1821年能兑换金条，在1823年能兑换金币，并取消对金币熔化及金条输出的限制。从此，英国实行了真正的金币本位制。到19世纪后期，金币本位制已经在资本主义各国普遍采用，成为国际性的货币制度。由于当时英国强大的经济力量，伦敦成为国际金融中心，英国也是国际经济与金融活动的中心，因此，这种国际性的货币制度实际上是一个以英镑为中心、以黄金为基础的国际金本位制度。

随着主要资本主义国家之间矛盾的激化，破坏国际货币体系稳定性的因素日益增长。1913年年底，英、法、美、德、俄五国占有世界黄金存量的2/3，削弱了其他国家货币制度的基础，使各国多用纸币在市面流通，从而影响货币的信用，而一些政府支出较大，大量发行银行券，导致银行券兑换黄金越来越困难，破坏了自由兑换的原则。当某国经济出现危机时，资金大量撤出，引起黄金大量外流，使其限制黄金流动，黄金不能在各国间自由转移。由于维持金币本位制的一些必要条件逐渐遭到破坏，国际货币体系的稳定性也就失去了保证。第一次世界大战爆发后，各国停止银行券兑换黄金并禁止黄金输出，同时出现严重的通货膨胀。战争期间，各国实行自由浮动的汇率制度，汇率波动剧烈，国际货币体系的稳定性已不复存在，宣告了金币本位制的结束。

（二）金块本位制和金汇兑本位制

第一次世界大战以后，在1924—1928年，资本主义世界出现了一个相对稳定的时期，主要资本主义国家的生产都先后恢复到大战前的水平并有所发展。由于金铸币流通的基础已经遭到削弱，不可能恢复典型的金币本位制，因此，之后实行了没有金币流通的金块本位制和金汇兑本位制。在金块本位制和金汇兑本位制下，虽然都规定以黄金为本位货币，但只规定货币单位的含金量，而不铸造金币，实行银行券流通。

金块本位制是一种以金块办理国际结算的金本位制，亦称金条本位制。在金块本位制下，由国家储存金块，作为储备。流通中的各种货币与黄金的兑换关系受到限制，不再实行自由兑换，但在需要时可按规定的限制数量以纸币向本国中央银行无限制兑换金块。可见，这种货币制度实际上是一种附有限制条件的金本位制。金汇兑本位制则是一种准许本国货币无限制地兑换成金块本位制或金币本位制国家货币的一种金本位制。在该制度下，国内只流通银行券，银行券不能兑换黄金，只能兑换实行金块本位制或金币本位制国家的货币。国际储备除黄金外，还有一定比重的外汇，外汇在国外才可兑换黄金，黄金是最后的支付手段。

二、金本位制崩溃的原因

金本位制崩溃的原因主要有：

（1）黄金的产量低于经济发展对黄金的需求量。黄金生产量的增长幅度远远低于商品生产增长的幅度，导致黄金无法满足日益扩大的商品流通需要。

（2）黄金自身的价值难以稳定。金本位制下，黄金既是货币又是商品。作为商品，黄金的价值要受供求关系的影响，使其价值不稳定。

（3）各国缺乏有效的货币政策。金本位制下，各国货币之间的比价用所含的黄金量来确定。以货币的黄金含量为基础的固定汇率制度下，各国难以为了刺激或抑制经济而采取有效的货币政策。

（4）黄金存量在各国的分配不平衡。1913年年末，美、英、德、法、俄五国占有世界黄金存量的2/3。黄金存量大部分为少数强国所掌握，削弱了其他国家金币流通的基础。

（5）战争带来的破坏。两次世界大战中，参战国为了筹集军费，大量发行纸币，使纸币与黄金之间的兑换关系难以确定，各国停止黄金的自由输出和银行券兑现，导致金本位制的崩溃。

金本位制度的崩溃，对国际金融乃至世界经济产生了巨大的影响。废除金本位制后，各国为弥补财政赤字或扩军备战，滥发不兑换的纸币，加剧了各国的通货膨胀，不仅使各国货币流通和信用制度遭到破坏，而且使各国出口贸易严重萎缩。金本位制度崩溃后，各国开始使用不可兑换的信用货币，使货币之间的比价关系缺乏良好的基础，波动很大，影响了各国经济贸易的正常进行，从而需要新的国际货币体系来适应当时国际贸易的发展需要。战后，在美国的主导下，布雷顿森林体系得以登上历史的舞台。

三、对国际金本位制的评述

国际金本位制作为国际货币体系的最初模式，其优点是显而易见的：有利于汇率稳定和国际上的资本流动，促进了资源在全球范围的优化配置；有利于维持物价的稳定；有利于各国经济政策的协调。然而，国际金本位制也有着其自身无法克服的缺陷，即货币供给缺乏弹性和宏观调控缺乏灵活性。另外，国际金本位制中的国际收支自动调节机制效果并不完美，黄金在国际债务清偿中的使用频率比较低。

（1）以英镑为核心的运行机制决定了国际金本位制的不稳定性。英镑虽然是国际金本位制的核心货币，但它归根结底依然是由英国发行的主权货币，所以英镑在强化自身在国际金本位制中的地位的同时，必然会通过其核心地位为英国利益服务，英国也成为国际金本位制的最大受益者。然而，其他货币加入国际金本位体系自然也是出于本国利益的考虑，因此，国际金本位制看似稳定的表面背后是各个国家完全不同的利益诉求，这就导致了国际金本位制存在不稳定性。以英镑为核心的国际金本位制需要英国在经济上和政治上都占据绝对的优势，才能维持英镑霸权以及英格兰银行在各国中央银行间的领导地位。当英国的国家霸权足以支撑英镑的绝对优势地位时，英镑就可以把其他货币维系在其周围，从而维持国际金本位制的运行；反之，当英国的国家实力逐渐下滑时，英镑的国际地位也将随之下降，那么以英镑为核心的国际金本位制也将走到尽头。

（2）国际金本位制需要满足苛刻的条件，这决定了国际金本位制的不可持续性。国际金本位制的出现和成功运行与具体的历史条件密切相关。国际金本位制的稳定运行需要满足苛刻的条件：一是政府赋予维持货币可兑换性的优先权；二是各国中央银行的协调合作。这些条件只有在特定的历史条件下才能具备，而随着时间的推移，国际金本位制的这种条件也在逐渐弱化,主要原因是:政府维持货币可兑换性的优先权意味着政府不会牺牲汇率的稳定来换取其他目标的实现,作为国际金本位制核心国家的英国,由于可以在该体系下获得经济上与政治上的利益,必然会通过一切努力来维持英镑与黄金的可兑换性,但对于该体系下的其他国家而言,维持金本位制则会导致内部均衡让位于外部均衡,比如当一国出现危机时,进口减少,国际收支出现顺差,该国政府为了维持外部均衡只能减少出口,这一措施将加剧本国的危机,导致内部更加不均衡。

(3)银行部分准备金制的兴起也暴露了国际金本位制的缺陷。作为商业银行,必须以存款为贷款融资,但是由于采取的是部分准备制,一旦因为存款者缺乏信心而发生挤兑,银行将没有办法满足所有的兑现要求,随时面临破产的局面,在这个时候,一般需要最后贷款人的介入。在金本位制下,这将使政府和中央银行处于两难的境地:如果作为最后贷款人提供额外的流动性,那么货币与黄金的固定比价将得不到保证;如果提供与金本位法令要求完全一致的信贷,则金融体系必然受到伤害。银行部分准备金制的这一矛盾在金本位制下是无法解决的,这也是金本位制最终解体的原因之一。

可见,国际金本位制是一个精密的体系,需要各国中央银行与政府间的精诚合作:一方面需要各国中央银行间同步升降贴现率;另一方面需要各国中央银行主动为危机国中央银行贴现。然而,各国中央银行虽然会主动帮助危机国家,但其本质动机并非为了帮助危机国家渡过难关,而是在当时的历史条件下维持国际金本位制的稳定运行以有利于本国的利益。如果危机不是局部的而是全球性的,同样的动机将使各个国家自顾不暇,各国政府与中央银行间不但不会相互合作,还会禁止黄金的输出,放弃本国货币与黄金之间的自由兑换,国际金本位制也就无法维持了。

第三节 布雷顿森林体系

布雷顿森林体系是第二次世界大战之后以美元为中心的一种新国际货币体系,这一国际货币体系的产生有其重要的历史背景。

一、布雷顿森林体系的建立与运行

(一)建立背景

第二次世界大战后,主要资本主义国家的经济格局发生了巨大的变化,美国成为这场战争的最大赢家,不但打赢了战争,而且发了战争财。据统计数据显示,在第二次世界大战即将结束时,美国拥有的黄金占当时世界各国官方黄金储备总量的75%以上,几乎全世界的黄金都通过战争这个机制流到了美国。而且,美国的工业制成品占世界工业制成品总额的一半,对外贸易额占世界贸易总额的三分之一以上,美国的对外投资也急剧增长。相比之下,英国在战争期间遭受重创,经济实力已远不如美国。这决定了英国与美国关于建立新的国际货币体系的对话将是一次地位完全不对等的博弈。美国和英国分别提出了重建国际货币体系的"怀特计划"和"凯恩斯计划",两个计划的分歧几乎无处不在。显然,英国高估了本国在世界经济与政治格局中的地位，它已经没有能力阻止美国建立一个以美元为核心的国际货币体系，而美国的计划中也不想留给英国任何"特殊地位"，一心只想确立美元的绝对主导地位，而此时的美国已经是"既有心又有力"。因此，在接下来英美两国交换意见的过程中，英国不得不逐步降低自己的条件，最终在1944年的布雷顿森林会议上通过了以"怀特计划"为基础的《布雷顿森林协定》（以下简称《协定》）。该协定对战后国际货币体系的具体内容做出了明确的规定，国际货币体系从此进入美元霸权下的布雷顿森林体系时期。

1944年7月1日，44个国家或政府的经济特使在美国新罕布什尔州的布雷顿森林小镇召开了联合国货币金融会议（简称布雷顿森林会议），会议通过了以"怀特计划"为基础制定的《国际货币基金协定》和《国际复兴开发银行协定》，确立了以美元为中心的国际货币体系，关税总协定作为1944年布雷顿森林会议的补充，连同布雷顿森林会议通过的各项协定，统称为"布雷顿森林体系"。1945年12月27日，参加布雷顿森林会议的国家中有22国代表在《布雷顿森林协定》上签字，正式成立国际货币基金组织和世界银行两大国际金融机构。前者负责向成员国提供短期资金借贷，目的为保障国际货币体系的稳定；后者提供中长期信贷来促进成员国经济复苏。这两个机构自1947年11月15日起成为联合国的常设专门机构。中国是这两个机构的创始国之一，由于历史及政治的阻碍，直到1980年，中华人民共和国才恢复了在这两个机构中的合法席位。

（二）主要内容

布雷顿森林体系的主要内容包括：

（1）成立永久性国际金融机构——国际货币基金组织（IMF）。通过国际金融机构的组织、协调和监督，保证布雷顿森林体系下的各项原则和措施的推行，在一定程度上维持着国际金融秩序的基本稳定。

（2）建立一种以美元为中心的美元—黄金本位制，简称"双挂钩"。即一方面美元与黄金挂钩，另一方面其他成员国货币与美元挂钩。具体地说，美元按照每35美元等于一盎司黄金的比例与黄金保持固定比价，每一美元的含金量为0.888 671克黄金；其他成员国政府规定各自货币的含金量，通过含金量的比例确定同美元的汇率，并可随时用美元向美国政府按照这一汇率兑换黄金。

（3）实行可调整的固定汇率制度。《国际货币基金协定》规定，各国货币对美元的汇率只能在法定汇率上下各1%的幅度内波动。若市场汇率超过法定汇率1%的波动幅度，各国政府有义务在外汇市场上进行干预，以维持汇率的稳定。若会员国法定汇率的变动超过10%，就必须得到国际货币基金组织的批准。1971年12月，这种即期汇率变动的幅度扩大为上下各2.25%的范围，决定"平价"的标准由黄金改为特别提款权。布雷顿森林体系的这种汇率制度被称为"可调整的钉住汇率制度"。

（4）确定各国货币兑换性原则与国际支付结算原则。《协定》的第八条款规定会员国不得限制经常项目的支付，不得采取歧视性的货币措施，要在兑换性的基础上实行多边支付；同时，《协定》规定了国际支付结算的原则，即会员国未经基金组织同意，不得对国际收支经常项目的支付或清算加以限制。

(5)确定国际储备资产。《协定》中关于货币平价的规定,使美元处于等同黄金的地位,成为各国外汇储备中最主要(或唯一)的国际储备货币。这样,国际储备货币和国际清偿力的主要来源就完全依赖于美元,美元既是美国本国的货币,又是世界各国的储备货币,美元自然成了关键国际货币。

(6)安排国际收支失衡的调节措施。为了保证可调整的钉住汇率体系的顺利运转,各国均需要大量的国际储备。《协定》第三条规定,会员国份额的25%以黄金或可兑换成黄金的货币缴纳,其余(份额的75%)则以本国货币缴纳。会员国发生国际收支逆差时,可用本国货币向基金组织按规定程序购买一定数额的外汇,并在规定时间内以购回本国货币的方式偿还借款。会员国所认缴的份额越大,得到的贷款也越多。贷款只限于会员国用于弥补国际收支赤字,即用于经常项目的支付。

从布雷顿森林体系的主要内容也可以看出,它与历史上的国际金本位制相比有了明显的改进:第一,建立了永久性的国际金融机构。通过国际金融机构的组织、协调和监督,保证统一的国际金汇兑本位制的各项原则、措施的推行。第二,签订了有一定约束力的《国际货币基金协定》。金本位制对汇率制度、黄金输出输入没有一个统一的协定,而第二次世界大战后的《国际货币基金协定》是一种国际协议,对会员国政府具有一定的约束力。第三,根据《国际货币基金协定》,建立了现代国际货币管理所必需的各项制度。例如,国际收支调节制度、国际信贷监督制度、国际金融统计制度、国际汇率制度、国际储备制度和国际清算制度等。

(三)运作条件

从该体系的运作条件来看,以美元为中心的国际货币制度能在一个较长的时期内顺利运行,与美国的经济实力和黄金储备分不开。要维持布雷顿森林体系的运转,需具备三项基本条件:

(1)美国国际收支保持逆差,美元对外价值稳定。若其他国家通货膨胀严重,国际收支逆差较大,在基金组织同意下,该国货币可以贬值,将重新与美元建立固定比价关系。

(2)美国的黄金储备充足。在布雷顿森林体系下,美元与黄金挂钩,外国政府或中央银行持有的美元可向美国兑换黄金。美国要履行35美元兑换一盎司黄金的义务,就必须拥有充足的黄金储备。

(3)黄金价格维持在官价水平。第二次世界大战后,美国黄金储备充足,若市场价格发生波动,美国可以通过抛售或购进黄金加以平抑。

显然,在布雷顿森林体系下,美元可以兑换黄金和各国实行可调节的钉住汇率制,是这一货币体系的两大支柱,国际货币基金组织则是维持这一体系正常运转的中心机构,它有监督国际汇率、提供国际信贷、协调国际货币关系三大职能。

(四)主要作用

布雷顿森林体系有助于国际金融市场的稳定,对战后的经济复苏起到了一定的作用,具体表现在以下五个方面:

(1)以美元为中心的布雷顿森林体系的建立,使国际货币金融关系有了统一的标准和基础,暂时结束了战前货币金融领域里的混乱局面,维持了战后世界货币体系的正常运转。

（2）促进各国国内经济的发展。在金本位制下，各国注重外部平衡，国内经济往往带有紧缩倾向。在布雷顿森林体系下，各国偏重内部平衡，国内经济比较稳定，危机和失业情形较之战前有所缓和。

（3）布雷顿森林体系的形成，在相对稳定的情况下扩大了世界贸易。美国通过赠予、信贷、购买外国商品和劳务等形式，向世界输出了大量美元，客观上起到了扩大世界购买力的作用；同时，固定汇率制在很大程度上消除了由于汇率波动而引起的动荡，在一定程度上稳定了主要国家的货币汇率，有利于国际贸易的发展。

（4）布雷顿森林体系形成后，国际货币基金组织和世界银行的活动对世界经济的恢复和发展起了一定的积极作用：一是基金组织提供的短期贷款暂时缓和了战后许多国家的收支危机，促进了支付办法上的稳步自由化；二是世界银行提供和组织的长期贷款与投资不同程度地解决了会员国战后恢复和发展经济的资金需要。

（5）布雷顿森林体系的形成有助于生产和资本的国际化。汇率的相对稳定，避免了国际资本流动中引发的汇率风险，有利于国际资本的输入与输出，有助于金融业和国际金融市场发展，有利于跨国公司生产的国际化等。

二、布雷顿森林体系的缺陷与解体

（一）布雷顿森林体系的主要缺陷

由于资本主义发展的不平衡性，主要资本主义国家经济实力对比一再发生变化，以美元为中心的国际货币制度本身固有的矛盾和缺陷日益暴露，具体表现在以下几个方面：

（1）金汇兑制本身的缺陷。美元与黄金挂钩，享有特殊地位，加强了美国对世界经济的影响。一方面，美国通过发行纸币而不动用黄金进行对外支付和资本输出，有利于美国的对外扩张和掠夺；另一方面，美国承担了维持金汇兑平价的责任。当人们对美元充分信任，美元相对短缺时，这种金汇兑平价可以维持；当人们对美元产生信任危机，美元拥有太多，要求兑换黄金时，美元与黄金的固定平价就难以维持。

（2）储备制度不稳定。这种制度无法提供一种数量充足、币值坚挺、可以为各国所接受的储备货币，以使国际储备的增长能够适应国际贸易与世界经济发展的需要。1960年，美国耶鲁大学教授特里芬在其著作《黄金与美元危机》中指出，布雷顿森林制度以一国主权货币作为主要国际储备货币，其内在的基本矛盾决定了布雷顿森林体系的不稳定性。

（3）国际收支调节机制的缺陷。该制度规定汇率浮动幅度需保持在1%以内，汇率缺乏弹性，限制了汇率对国际收支的调节作用。

（4）内外平衡难以统一。在固定汇率制度下，各国不能利用汇率杠杆来调节国际收支，只能采取有损于国内经济目标实现的经济政策或采取管制措施，以牺牲内部平衡来换取外部平衡。当美国国际收支逆差、美元汇率下跌时，根据固定汇率原则，其他国家应干预外汇市场，这一行为导致和加剧了这些国家的通货膨胀；若这些国家不加干预，就会遭受美元储备资产贬值的损失。

(二) 布雷顿森林体系下的美元霸权

在布雷顿森林体系下，美元几乎等同于黄金，作为国际上主要的清算支付工具和储备货币，执行国际货币的各种职能。不同于国际金本位时期的英镑，美元的地位是通过签订协定确立下来的，只需要保持固定的官方价格，其他国家就对美元无条件地接受。这一情况使美国从中获得了巨大的收益，并凸显了美元的霸权性：

（1）美元的特殊地位要求美国不断对外输出流动性，在布雷顿森林体系成立初期，美国一直保持贸易顺差，美元输出的主要途径是对外直接投资。使用本国几乎零成本发行的信用货币购买其他国家具有真实价值的资产，其收益是不言自明的。

（2）美元在布雷顿森林体系中的主导地位也使美国处于一个非常特殊的地位，即它可以在经常项目长期逆差的情况下依旧维持美元币值的稳定。在布雷顿森林体系下，美国基本上是一个资本和商品不受控制的中心地区，而处于外围地区的日本和欧洲国家，为了保持本国商品在国际市场上的竞争力，必须避免本币对美元升值，只能不断买入美元，承担起维持美元稳定的责任；美国则主要通过对外直接投资向外围地区提供美元流动性，以美元计价的有价证券源源不断地被外围国家中央银行所吸纳，其结果是美元的坚挺与低通货膨胀率并存。美国无须面对菲利普斯曲线下在经济增长与通货膨胀之间做出选择的难题。

总之，在布雷顿森林体系下，美元获得了货币国际化下的所有收益，如巨额的国际铸币税、贸易条件的改善、本国金融业的发展等。与此形成鲜明对比的是，美元几乎不用承担货币国际化的成本，其他国家因为和美元维持固定的比价，无法通过自身的政策调整对美国经济产生影响。布雷顿森林体系是维护美元霸权、扩展美国经济与实现美国利益的一个不平等的体系，这从国际基金组织投票规则的设定就可以看出——在美国的"一票否决权"下，尽管美国无法确保 IMF 能够通过美国的每项提议，但它却完全能够否决任何自己所不同意的提议。

(三) 美元霸权的下降与布雷顿森林体系的解体

1. "特里芬难题"与布雷顿森林体系的解体

要维持以美元为中心的"双挂钩"，需要满足三个条件：美国拥有充足的黄金储备、美元对外价值稳定以及美国国际收支逆差。然而，"特里芬难题"决定了在美元对外价值稳定与国际收支逆差两个目标之间不可兼得。当其他国家对美元失去信心而竞相拿本国的美元储备向美国要求兑换黄金时，美国的黄金储备显然是不够的。随着美国国际收支的不断恶化，美元地位岌岌可危，已经很难维持官方 35 美元兑换 1 盎司黄金的比价。1971 年，美国宣布停止美元兑换黄金，在同年 12 月签订《史密森协定》后，美元第一次贬值为 38 美元兑换 1 盎司黄金，各国货币对美元都做了不同程度的升值，对美元允许的波动幅度也扩大到 2.25%。然而这一系列改革措施并没有改善美国的国际收支，1973 年 2 月，美元再次贬值为 42.22 美元兑换 1 盎司黄金。此时，其他国家已经对美元失去信心，纷纷抛售美元抢购黄金，最终各国货币放弃钉住美元，布雷顿森林体系宣告解体。

布雷顿森林体系解体的标志是：第一，美元停止兑换黄金。1971 年 7 月，第七次美元危机爆发，尼克松政府于 8 月 15 日宣布实行"新经济政策"，停止履行外国政府或中央银行可用美元向美国兑换黄金的义务。1971 年 12 月以《史密森协定》为标志，美元对黄金贬值，美联储拒绝向国外中央银行出售黄金。至此，美元与黄金挂钩的体制名存实亡。第二，取消固定汇率制度。1973年3月，西欧出现抛售美元、抢购黄金和马克的风潮。3月16日，欧洲共同市场9国在巴黎举行会议并达成协议，联邦德国、法国等国家对美元实行"联合浮动"，彼此之间实行固定汇率；英国、意大利、爱尔兰实行单独浮动，暂不参加共同浮动；其他主要西方货币实行了对美元的浮动汇率。至此，固定汇率制度完全垮台。

2. 美元霸权地位的相对下降是布雷顿森林体系解体的根本原因

"特里芬难题"的确指出了布雷顿森林体系的内在矛盾，但是这一内在缺陷是从布雷顿森林体系建立伊始就存在的，如果"特里芬难题"是导致布雷顿森林体系解体的根本原因，那么就无法解释布雷顿森林体系为何可以维持将近三十年的时间。因此，导致布雷顿森林体系解体的最根本的原因是美元霸权地位的相对下降。经过十几年的经济建设，日本与欧洲国家的经济走出了战后的萧条，综合国力有了显著的提升，虽然战后美国一直是资本主义世界的头号经济强国，但其工业生产总值在世界工业生产总值中的比重已经从1949年的55.9%下降到1970年的40.9%，而同期的西德和日本分别从4.2%和1.3%上升到9.7%和9.4%。因此，到了20世纪六七十年代，世界经济格局发生了巨大的变化，美国在资本主义世界总产出中的比重已经下降，而像日本、德国等在第二次世界大战中受到严重破坏的国家已经重新回到了经济强国的行列。在新的经济格局下，各国自然也不再妥协于布雷顿森林体系下美元的霸权地位。一方面，随着经济的发展，本国市场的扩大，其他国家对于美国市场的依赖程度逐渐减小，维持美元币值稳定的主观意愿也就降低；另一方面，其他国家不再像第二次世界大战结束时那样依赖美国的资本来支持国家经济的重建，因此，美国已不再像第二次世界大战刚结束时那样具有绝对的统治力，"特里芬难题"下美国国际收支逆差与美元的贬值压力成为布雷顿森林体系的主要矛盾。随着石油危机这根导火索的点燃，布雷顿森林体系下所有的矛盾彻底爆发并最终导致布雷顿森林体系的解体。

三、对布雷顿森林体系的评述

（1）布雷顿森林体系作为第二次世界大战后的国际货币体系，其建立与运转对战后国际贸易与世界经济的发展起到了一定的积极作用。首先，实行可调整的钉住汇率制，限制了各国汇率的波动幅度，有利于国际贸易与国际投资的发展；其次，美元作为最重要的国际储备货币，有效地弥补了当时国际清偿力的不足，一定程度上解决了经济增长与黄金供给增长之间的矛盾；再次，制定了一系列国际合作的规则，金融资源可以在世界范围内有效配置，提高了金融资源的配置效率；最后，布雷顿森林体系时期建立的国际货币基金组织与国家复兴开发银行，在促进国际货币合作、多边支付体系、满足短期贷款需求以及会员国发展所需要的长期贷款方面发挥着重要的作用，这两个组织在当今世界经济发展中仍然扮演着重要的角色。

（2）布雷顿森林体系本质上是一种金汇兑本位制，它也面临着两战期间国际金汇兑本位制面临的问题：布雷顿森林体系要稳定有效地运行，更需要成员国政府或者中央银行将固定本国货币与美元的汇率作为最主要的目标，但各成员国政府和中央银行已经无法像国际金本位时期一样优先考虑货币的可兑换性，当国内经济运行不景气、失业率过高时，各成员国政府都有违反"游戏规则"增加货币供给提振本国经济的压力和动力。因此,布雷顿森林体系具有内在的不稳定性。金属货币始终无法避免黄金增速与货币需求增长之间的矛盾,无论国际货币体系的制度安排如何变化,只要核心货币的最终形式是指向黄金,这一矛盾就始终无法得到解决。而这一矛盾在布雷顿森林体系中的表现就是处在黄金与各国货币之间的美元所面对的"特里芬难题":一方面美元要保持与黄金的比价,其供应的增加就必须与黄金储备的增长保持相同的速度;另一方面,世界经济的发展要求各国货币供应量增加,为了维持与美元的固定汇率,美元供应量的增加又必须与世界经济增长保持相同的速度。这一矛盾不断地激化,美元最终不得不切断与黄金的联系,布雷顿森林体系也随之解体。

(3)英镑霸权下的国际金本位制与美元霸权下的布雷顿森林体系的建立过程是截然不同的。国际金本位制是在英镑霸权逐步形成的过程中逐步建立起来的,经历了半个世纪的漫长过程;而布雷顿森林体系是通过世界各国签订协定形成的,在此之前美元就已经确立了其霸权地位。也就是说,英镑霸权的形成与国际金本位制的建立是一个同步进行的过程,而美元霸权的形成与布雷顿森林体系的建立则具有时间上的前后关系。

(4)美元本质上是一种国家主权货币,却扮演着类似国际本位货币的角色,终究无法解决国际货币的基本矛盾。以美元为核心的布雷顿森林体系根本上是服务于美国的利益的,当该体系下美国的利益与各成员国的利益之间存在矛盾时,美国必然以本国利益为重,过度发行美元、违反《布雷顿森林协定》降低黄金与美元的比价,甚至单方面取消黄金与美元的兑换。当布雷顿森林体系无法服务于美国的利益时,美国宁愿让其解体,也不愿意承担因维持该体系运行而需要付出的成本。这些都充分证明了以某一主权国家货币为核心建立起来的国际货币体系始终无法长期维持。

第四节 牙买加体系

在布雷顿森林体系崩溃之后,为了防止国际货币机制再次陷入无秩序状态,IMF 理事会随即着手建立新的国际货币体系。经过几年的筹备与磋商,1976 年 1 月,"国际货币体系临时委员会"通过了《牙买加协定》;同年 4 月,IMF 组织理事会通过修改后的以《牙买加协定》为基础的《国际货币基金协定第二次修正案》,并于 1978 年 4 月 1 日正式生效,由此形成了当今的国际货币体系——"牙买加体系"。

一、牙买加体系的形成背景

1971 年之后,美元与黄金脱钩,美联储拒绝其他国家政府或央行用美元向其兑换黄金,使布雷顿森林体系接近崩溃,世界货币市场变得动荡不安。1973 年后,不少国家实行对美元的浮动汇率制度,使布雷顿森林体系下的又一重要规定被打破,从而宣告布雷顿森林体系的结束,国际金融秩序又回到第二次世界大战期间的动荡状态。此时,国际社会纷纷探索能否建立一种新的国际金融体系,并提出了许多改革主张,如恢复金本位、恢复美元本位制、实行综合货币本位制以及设立最适货币区等,但均未能取得实质性进展。

1972 年 7 月，国际货币基金组织成立了一个专门委员会，具体研究国际货币体系的改革问题，并于 1974 的 6 月提出一份《国际货币体系改革纲要》，对黄金、汇率、储备资产、国际收支调节等问题提出了一些原则性的建议，为以后的货币改革奠定了基础。各国为了能够在新的国际货币体系中占据更主动的位置，对新的国际货币体系在储备资产、国际收支调节等问题上具有诸多争议。直至 1976 年 1 月，国际货币基金组织理事会"国际货币体系临时委员会"在牙买加首都金斯敦举行会议，讨论国际货币基金协定的条款，达成了《牙买加协定》，并于同年 4 月通过了《国际货币基金协定第二次修正案》，即牙买加体系。

二、牙买加体系的主要内容与特点

牙买加体系主要包括以下三个方面的内容：

（1）在汇率制度方面，同意固定汇率制和浮动汇率制暂时并存，各成员国在接受 IMF 指导和监督的前提下（防止成员国采取损人利己的汇率政策）可以选择不同的汇率政策，增强了各国货币政策的自主性和灵活性；废除了黄金官价，黄金与货币脱钩，降低黄金的货币作用，取消了会员国之间、会员国与基金组织之间以黄金清偿债权债务的义务，并逐步处理基金组织持有的黄金。

（2）在储备制度方面，确定将特别提款权（Special Drawing Right，SDR）作为主要国际储备手段。布雷顿森林体系时期美元一枝独秀的局面被以美元为首的多种储备货币本位所取代，这在一定程度上解决了布雷顿森林体系时期国际货币储备与国际清偿手段过分依赖美国国际收支状况的局面。

（3）在资金融通方面，增加成员国在 IMF 中的基金份额，扩大对发展中国家的资金融通。IMF 各成员国所缴纳的基金份额从原来的 292 亿 SDRs 增加到 390 亿 SDRs，增幅达到 33.6%；IMF 用出售黄金所得收益建立信托基金，向最贫穷的发展中国家提供优惠条件的贷款，将 IMF 的贷款幅度从会员国份额的 100%提高到 145%，并将 IMF "出口波动补偿贷款"在份额中的比重从 50%增加到 75%。

与布雷顿森林体系相比，牙买加体系具有以下几个特点：

（1）黄金非货币化。在牙买加体系下，黄金与美元脱钩，国家之间清偿债权债务不再规定必须使用黄金，从而降低黄金的货币作用，使黄金在国际储备中的地位下降，以促成多元化国际储备体系的建立。

（2）多样化的汇率制度安排。牙买加体系允许汇率制度安排多样化，并试图在世界范围内逐步用更具弹性的浮动汇率制度取代固定汇率制度。在布雷顿森林体系下，国际货币基金组织不承认浮动汇率的合法性，直至 1976 年 1 月，国际货币基金组织才正式承认浮动汇率制度。1978 年 4 月，基金组织理事会通过《关于第二次修改协定条例》，正式废止以美元为中心的国际货币体系。至此，浮动汇率制度在世界范围取得了合法的地位。

（3）以美元为主导的多元化国际储备体系。在当今的牙买加体系中，可供一国选择的国际储备货币不仅仅是美元，还可以是欧元、日元和英镑等国际货币。尽管如此，美元仍是各国外汇储备的主要组成部分。

(4) 国际收支调节机制多样化。在布雷顿森林体系下，各国在出现国际贸易赤字时，无法通过汇率的调整来平衡国际收支，只能采取紧缩的国内经济政策以抑制进口的方式实现国际收支平衡。但是，这种方式不仅牺牲了本国经济发展，而且不利于世界贸易的增长。而在牙买加体系下，IMF 允许国际收支不平衡国家可以通过汇率机制、利率机制等多种国际收支调节手段对国际收支失衡进行调节，从而能够更有效地实现国际收支平衡。

三、牙买加体系下的美元霸权

在牙买加体系下，虽然美元不再拥有在布雷顿森林体系下的绝对核心地位，但是在国际货币体系中的霸权地位依旧没有受到根本性的撼动。

（一）牙买加体系下的美元霸权地位只是相对下降

在布雷顿森林体系中，美元的霸权地位不仅有美国综合实力的支撑，还有《布雷顿森林协议》的保护，美元高于其他一切国家货币的地位。在牙买加体系下，美元不再拥有这种制度上的优势，在形式上与其他国家货币处在一个平等的地位。除了制度上的变化导致美元霸权地位的相对下降外，来自其他国际货币的压力也对美元的霸权地位造成了一定的影响。主要表现在：一是欧元的兴起对美元霸权的挑战。欧元启动以来，欧元区内部的贸易与投资都是用欧元来计价和结算，基本将美元挤出了该区域；在区域外的贸易与投资，欧元的使用比例也在逐渐上升；在国际储备上，美元进入 21 世纪以来在官方外汇储备中比重的下降额度基本等于欧元的上升额度。欧元在国际货币体系中对美元产生了一定的替代作用，对美元霸权形成了一定程度上的牵制作用。二是新兴经济体对美元霸权的挑战。进入 21 世纪以来，新兴经济体对世界经济增长贡献率不断上升，成为带动世界经济增长的主要动力，特别是当美国爆发金融危机和欧元区深陷主权债务危机之后，发达国家反而需要新兴经济体的资金来渡过难关。新兴经济体国际经济地位的上升，自然要求在国际货币体系中拥有更多的话语权，虽说无法从根本上撼动美元霸权的地位，但是也能起到一定的制衡作用。

（二）牙买加体系下的美元霸权依旧没有受到根本性的撼动

其具体表现在以下几方面：

（1）美元依然是最主要的国际结算和储备货币。在牙买加体系下，国际贸易中美元结算的比重要远远高于其他货币，涉及美国的进出口几乎都是用美元结算的，即使是不涉及美国的国际贸易中，美元结算的比重也占据了很大的部分。虽然《牙买加协议》希望将 SDRs 作为主要的国际储备，但事与愿违，SDRs 始终无法成为主要的国际储备，美元仍旧是国际储备中的最主要的货币。

（2）美元霸权下的"中心—外围"结构。在牙买加体系下，存在着美元霸权主导下的"中心—外围"结构（见图 10.1）。在这一结构下，存在以下两类外围国家：一类主要是采取出口导向战略的国家（以东亚国家为主），它们通过出口积累了大量的美元储备，然后用这些美元储备购买了大量美国国债。在这种模式下，美国获得了两大好处：一是美国通过发行货币的铸币税来购买东亚国家的商品，在满足美国国内需求的同时，也稳定了美国的物价水平；二是东亚国家的美元储备主要用来购买美国国债，从而降低了美国为经常项目逆差融资的成本。另一类外围国家以欧洲和拉美国家为主,它们购买了大量美国的金融资产或者收购了美国公司,美国通过这种方式融入了大量的真实资本,并用这些资本进行国内投资或者对外直接投资。在这种模式下,美国也得到了两大好处:一是金融资产的收益率低于实际投资的收益率,美国通过向国外出售金融资产可以赚取这两种收益率的差价;二是美国可以将金融资产的风险转嫁到国外。

图 10.1　牙买加体系下美元霸权主导下的"中心—外围"结构

在这种"中心—外围"结构下,作为中心国家的美国获得了更多的收益(如铸币税和通货稳定),而作为外围国家的东亚、欧洲和拉美国家则承担了更多的风险(如通货膨胀、资源输出甚至是金融危机)。显然这种国际货币体系是不平衡的,所以牙买加体系下的全球金融体系长期处于不稳定的状态中,并多次爆发金融危机。

(3)美国对国际金融机构和国际组织的控制权。国际货币基金组织与世界银行并没有因为布雷顿森林体系的解体而退出历史舞台,反而对世界经济运行起到越来越重要的作用。这些国际金融机构仍然被以美国为首的发达国家所掌控,因此更多的是反映发达国家的利益诉求,美国依然能够保证"尽管无法确保 IMF 能够通过美国的每项提议,但它却完全能够否决任何自己所不同意的提议"的特殊地位。而在这两个组织的框架下,发展中国家的经济自主权却受到了极大的挑战。此外,牙买加体系时期的各种国际组织在重大的国际事务中发挥着重要的作用,而美国则在这些国际组织中都扮演着主导者的角色,很多重要决议只有在符合美国利益时才能达成,或者只有在美国极力推动下某些决议才能真正付诸实施。

(4)金融危机无法彻底撼动美元的霸权地位。虽然金融危机在一定程度上削弱了美元的霸权地位,但却无法对当前的国际货币体系造成根本性的影响,更无法彻底颠覆美元的霸权地位。从国际货币体系的历史看,美元是在美国各个方面已经完全超越了英国,并在两次世界大战中帮助美国对原先的国际货币体系进行"破旧"的历史背景下,才完成了美元霸权对英镑霸权的取代,建立了以美元为核心的国际货币体系。美元霸权至今已经维持了半个多世纪,即使是在布雷顿森林体系解体后,由于美国强大的经济实力与政治实力,美元霸权依旧稳固。如今,金融危机在重创了美国金融市场与实体经济的同时,也同样重创了美元主要竞争对手所属的经济体,欧元区和日本经济甚至先于美国陷入衰退。美国依然是经济上与政治上最强大的国家,所以短期内国际货币体系仍将以美元为核心。

四、对牙买加体系的评述

(1)牙买加体系是对布雷顿森林体系的扬弃,部分克服了布雷顿森林体系的弊端,对世界经济的发展起到了一定的积极作用:①"特里芬难题"已经证明任何国家货币单独作为国际储备货币都会存在无法解决的矛盾,储备货币的多元化可以在一定程度上化解这一矛盾;②混合汇率制允许各个国家依照自身的具体情况选择最合适的汇率制度,赋予了各个国家货币政策上的灵活性,可以兼顾内部均衡与外部均衡;③牙买加体系下的多种调节机制,在一定程度上缓和了布雷顿森林体系下调节机制失灵的矛盾。

然而，牙买加体系也存在着明显的弊端：①美元依旧是最主要的结算货币和储备货币，但美元却无须承担起维持币值稳定的责任，其他各种储备货币也同样无须稳定本国货币的市值，这就导致了当前国际货币体系缺乏一个稳定的基础。②牙买加体系下虽然是以浮动汇率为主的混合汇率体制，但是主要储备国家都采取浮动汇率制，竞争性贬值或竞争性升值经常发生，国际汇率处于频繁变动之中，这就增加了国际贸易、国际投资与国际借贷的风险，多种结算货币与储备货币共存也增加了经济运行的成本。③国际收支调节机制不健全，各国更加注重本国的内部均衡，把外部均衡放在了一个比较次要的位置，而 IMF 的贷款机制并不能很好地促进国际收支平衡，以至于出现如美国这样的长期逆差国和像石油输出国组织与中国这样的长期顺差国的情况。

（2）牙买加体系虽然是"无体系的体系"，但它并非由"看不见的手"自发调节的完全竞争的市场体系，而是一种由美元、欧元、英镑和日元等充当国际关键货币，美元充当实际主导力量的垄断体系。

虽然当前国际货币体系不像布雷顿森林体系下一样赋予美元绝对的主导地位，但是美元依然是最主要的国际货币，美元霸权依然存在。从某种角度上说，牙买加体系下的美元霸权是比国际金本位制下的英镑霸权和布雷顿森林体系下的美元霸权更高级的霸权，因为在国际金本位制和布雷顿森林体系下，英镑和美元虽然是唯一的国际关键货币，但是它们必须以承诺的比价随时接受持有者的兑换要求，所以国际金本位制下的英镑和布雷顿森林体系下的美元都受到了黄金储备的制约。当前的美元霸权脱离了黄金而存在，其发行量完全取决于美国单方面的意愿，虽然美元与英镑、欧元与日元几种国际关键货币共存，但英镑与日元的地位很难对美元构成实质性的威胁，而欧元则在欧洲主权债务危机下充分暴露了其非国家主权货币的内在缺陷，因此，美元霸权在当前国际货币体系下依然无法撼动。

（3）牙买加体系并不是真正意义上的国际货币体系，而是一个过渡性质的国际货币体系。就像国际金汇兑本位制是国际金本位制到布雷顿森林体系的过渡体系一样，牙买加体系是从布雷顿森林体系到未来某一相对稳定的国际货币体系的过渡体系。

牙买加体系与国际金汇兑本位制不同的是，国际金汇兑本位制下的英镑与美元处于一种对峙状态，但是美元霸权取代英镑霸权的趋势已经不可阻挡，因此国际金汇兑本位制作为过渡体系并没有维系很长一段时期，第二次世界大战的爆发只是加快了霸权更替的进程，但即使没有第二次世界大战，美元霸权也必将取代英镑霸权。牙买加体系下的美元霸权地位虽然相对下降，但可以与美元抗衡甚至取代美元霸权的货币并未出现，在未来可预见的一段时期内也不大可能出现，因此，牙买加体系作为一个过渡体系，还会维持较长的一段时间。

第五节 国际货币体系改革

一、现行国际货币体系的主要缺陷

在当今的牙买加体系下，美元仍然居于国际货币体系的中心，尽管有来自黄金和特别提款权的补充，有来自于欧元、英镑、日元等其他国际货币的竞争。但美元仍是当今无可争议的一股独大的国际货币。美元在国际经济交易中居于主要地位，全球的外汇储备资产仍以美元资产为主，国际收支调整要以美国为中心，美国仍事实上控制着国际货币基金组织、世界银行等国际金融机构。这一体系安排在早期也确实促进了世界经济的发展，但是到后期其缺陷也越来越明显，最终导致了美国金融危机的爆发。具体来说，现行国际货币体系的主要缺陷有以下几个方面：

（1）现行体系是一个非对称的制度安排。美国与其他非储备货币国在全球经济调整中的权利和义务都是不对等的，从而赋予了这一体系内在的不稳定性、不平衡性、不公平性以及不合理性等。

（2）现行体系并没有彻底消除布雷顿森林体系下的固有矛盾——特里芬难题。美元作为国际货币要求的币值稳定坚挺与作为世界主要储备货币要求的国际收支逆差之间的矛盾仍然存在。因此，随着世界对美元储备资产要求的不断增加，必然要求美国的国际收支保持持续的逆差，这就使得全球经济失衡不可避免。

（3）现行体系的国际收支调节机制仍不健全。它并不存在国际金本位和布雷顿森林体系下的国际收支自动调节机制，这种逆向调节机制的缺失使得全球经济失衡之路越走越远，最终不得不以金融危机这一激烈形式收场。

二、国际货币体系改革的基本方向

国际货币体系的发展史就是一部国际货币体系的改革史，可以说，从国际金本位制度建立以来，国际货币体系改革就从未间断过。未来国际货币体系的改革方向是：从单极走向多元、从无序走向规则、从货币霸权到超主权国际货币的建立。

（一）从单极走向多元

国际货币多元化是世界经济多元化的必然结果。一国货币的国际地位受到多种因素的影响，其中经济实力则是其中最重要的一个。从历史的经验来看，国际货币地位的转换无不伴随着经济实力的转移。国际金本位制下英镑国际货币地位的确立以英国成为资本主义世界头号强国为前提；而美元逐步取代英镑的过程，也是美国经济不断成长、英国经济不断衰落的过程。国际货币多元化也是伴随着世界经济格局的转变而诞生的。布雷顿森林体系崩溃后，国际储备资产呈现出多样化的局面，美元虽然仍是主导的国际货币，但其地位已经有所削弱，而随着日本和欧洲经济的快速恢复，日元和欧洲货币特别是马克脱颖而出，也成为重要的国际货币，这与当时的世界经济发展形势是相适应的。多元化的世界要求多元化的国际货币结构，这是一个历史趋势。然而，国际货币多元化将是一个长期过程。历史经验表明，货币国际化或者国际货币的更替，往往滞后于国际经济地位的变化。这是因为，一国货币成为国际货币之后，由于其所拥有的规模经济、网络效果以及公众长期形成的货币使用习惯等因素，将会使得其他国际货币的成长变得不那么容易。目前的国际货币多元化也仅仅处于初级阶段，美元仍是主导的国际货币，其他国际货币在国际货币体系中的地位还很低，这导致国际货币之间并不能形成有效的竞争与制约。美元仍具有霸权性，但相对于单一的美元储备结构来说，目前的体系虽然有所进步,但依然不能确保国际货币体系的稳定运转。未来的国际货币多元化应该是多个国际货币实力相对均衡,地位相对对等的多元化。

(二) 从无序走向规则

世界经济的多极化发展使得任何一个国家都无法独立掌控世界,在各国间相互依赖关系不断增强的情况下,世界事务的顺利解决需要更多国家的参与和合作。在当今国际货币体系寻求变革的背景下,加强国际经济协调与合作显得尤为重要。

1. 国际货币供给的约束——寻求美元的"紧箍咒"

美元首先是美国的货币,因而美元的供给首先要服务于美国国内经济发展的需要。美元的供给受制于美国联邦储备委员会的货币政策,联邦储备规定美国的货币政策目标是最大化就业、保持物价稳定和维持金融稳定。在这一原则的指导下,美国货币的供给增长主要受两个变量的影响:一是美国的通胀水平,二是实际经济增长率。因此,美元的供给仅仅关注美国国内经济的情况,其作为国际货币对于世界经济的调节责任是缺失的。美元的无序供给成为2008年金融危机爆发之前全球流动性过剩的重要来源。金融危机爆发后,美国不负责任的货币供给行为在金融危机救助中再一次展现得淋漓尽致。因此,必须为桀骜不驯的美元套上绳索。从历史与现实来看,寄希望于美国的自我约束与克制是不现实的,对美元必须施加外部约束。显然,通过国际货币基金组织来加强对美国的经济政策监督无疑是最合适不过的。除此之外,在对美元的约束中还应发挥20国集团的作用。

2. 保持储备货币汇率稳定——为世界经济提供稳定的价格锚

在布雷顿森林体系下,美元严格钉住黄金,而其他国家钉住美元(即所谓的双挂钩),因此,在黄金产量保持稳定的基础上,整个世界的价格水平不会发生太大的波动。而随着美元与黄金脱钩,美元开始缺少一个稳定的价格参照物,尤其是在牙买加体系下浮动汇率的合法化则使得各国有了选择不同汇率制度的可能,各国汇率波动幅度开始加大,成为全球金融新的不稳定来源。例如,大宗商品价格就是一个很好的例子。由于大部分大宗商品价格都以美元进行标价和交易,因此,当美元走弱时将对大宗商品价格形成上涨压力;反之,形成下跌压力。美元的汇率波动将会直接反映在全球商品价格的波动上。剧烈的储备货币间的汇率波动还会给全球经济带来新的风险,如1997年的东亚金融危机,从某种意义上说,日元对美元汇率的波动则是诱发东亚金融危机爆发的主要因素。另外,美元汇率波动将对世界贸易、金融、投资等产生重要影响,美元汇率走势还将影响外国投资者对美元资产的信心,从而影响国际货币体系的稳定等。在这种情况下,必须加强针对美元汇率的国际经济协调与合作。在历史上存在大量针对美元汇率走势的国际经济协调的实践,如1985年的"广场协议"和1987年的"卢浮宫协议"等。在新兴市场经济体群体性崛起的今天,汇率协调可积极利用20国集团国际经济协调框架来进行。因此,汇率协调不应只体现发达经济体的声音与意志,还应该重视发挥新兴市场经济体(如金砖国家)的地位与作用,使其成为美元汇率协调的重要参与者。

3. 加强国际收支协调——直面全球经济失衡问题

从国际货币体系的演进历史来看,国际收支调节的规则性越来越弱,收支调节效果越来越差,这是全球经济失衡只能依靠金融危机来解决的一个原因。在国际金本位制下,存在自动国际收支调节机制,只要各国严格遵守国际金本位制,各国的国际收支失衡问题就会得到调整。

而布雷顿森林体系实行的是以美元为基础的金汇兑本位制，是广义金本位制的一种，因此，理论上只要各国严格遵守国际货币体系的运行规则，国际收支失衡问题仍可得到自我调整与解决。同时，布雷顿森林体系还建立了国际货币基金组织帮助各国进行国际收支调节。然而，布雷顿森林体系在国际收支调节上不仅没有比金本位制做得更好，反而更差。"黄金——美元——外围货币"这样一个货币关系的建立，使得美元居于货币体系的中心地位。而美元的对外供给必须通过国际收支逆差来完成，这就不可避免地造成国际收支失衡，否则就会遭遇全球经济通货紧缩，即所谓的"特里芬难题"。进入牙买加体系后，国际货币体系规则进一步弱化，美元最后一点名义上的限制条件也被去除，美元可以更加肆无忌惮地向外输出，美国的国际收支状况更加恶化。因此，全球经济失衡的解决之道，或是改变主权货币充当国际货币的局面，或是重新为主权货币建立严格的发行规则和制度，或是建立有效的国际经济协调机制。从现实情况看，前两个解决方案在目前推行困难较大，后一个方案则比较可行。当然，完全的国际收支平衡是不存在的，国际经济协调的目的在于将失衡控制在一定程度内，避免其对世界经济发展造成严重影响。

（三）从货币霸权到超主权国际货币的建立

1. 回归凯恩斯设想

美国金融危机的爆发令全球对以美元霸权为支撑的国际货币体系质疑之声层出不穷，建立新的布雷顿森林体系的呼声再次响起，也是凯恩斯重新进入我们的视野之中。凯恩斯在其最初的布雷顿森林体系提议中提出了以可自由兑换的世界货币代替黄金的建议，建议以一种多方管理的世界性货币来解决全球贸易问题。尽管凯恩斯的提议由于政治因素被美国拒绝，但当前的经济发展状况和由美国金融危机引发的国际货币体系危机证实了国际货币是不能仅仅以一种货币"独大"的方式来构建和维系的。因此，凯恩斯的建议可能成为目前解决危机的一个出发点，从而逐渐使美元霸权退出国际货币的舞台，促成多方的国际合作。

2. 黄金的追忆

黄金作为货币的法定形式有着悠久的历史，这是因为黄金具有天然的货币属性，这也就使得它的价值有了内在的稳定性，而被各国广泛认可和接受。每一次金融危机的发生，都会有声音呼吁金本位的复辟，特别是意识到美元供给的失序对于美国金融危机难辞其咎，这更加让人念及黄金的优点。但是，金本位已经被经济的发展所淘汰，国际货币体系不能走回头路。其原因在于：首先，黄金的总量是有限的，而如果想要发挥货币的职能则需要其具有无限性，这两者是矛盾的。其次，金本位缺乏相适合的制度依托。根据历史的经验和现代相关的理论研究，黄金的自由兑换、铸造以及流动是金本位稳健运行的关键，但在今天的环境下，金本位的基本规则无法得到严格的遵守。最后，金融危机中金本位不仅不能维护市场的稳定，反而会催生新的风险。如在金本位制度下，宏观经济调控政策将显得很无力，这会使得市场缺乏有效的规范与调整。因此，金本位制成为历史是一种必然的发展趋势，重新启用金本位将是对经济金融发展客观规律的违背。

3. 重视特别提款权

特别提款权作为第一种人为创设的国际储备资产形式，它是继布雷顿森林体系之后的又一创举。从历史的角度看,特别提款权从创立开始,就没有在国际中占据过任何重要地位。尽管 SDR 是布雷顿森林体系后国际货币体系上的一个重大事件,并在一定程度上是凯恩斯的一个超主权货币梦想,甚至可以说是"班克"的"替代品",然而,遗憾的是这一伟大尝试远远低于人们创立时的预期。当然,不可否认,特别提款权的存在为目前岌岌可危的国际货币体系提供了一线生机。特别提款权作为国际储备资产,与任何一国的信用货币相比,优势都是显而易见的。而在当前这个全球汇率波动剧烈的时期,特别提款权如果能够真正成为主要的国际储备资产,对于整个货币体系而言无疑是巨大的福音,对于那些外围国家更是有利的。我们有理由相信,超主权货币必然成为未来国际货币体系改革的一个最终方向,而特别提款权则无疑为我们提供了一条捷径。一旦其作用得到充分的发挥,那么凯恩斯在几十年前的"班克"设想则会以一种更加符合当前国际经济形势特点的方式得到全新的诠释与实践。历史与事实不断证明,霸权模式的国际货币体系无法长久维系,以特别提款权为起点的国际货币体系改革才能使全球经济真正走出阴霾,重获新生。

总之,由于各国综合实力的差距在缩小,未来的国际货币体系很难出现像国际金本位制和布雷顿森林体系下英镑或美元独霸的局面,而应当是"一超多极",也就是说,美元依然是最主要的国际货币,但是其地位将比在牙买加体系下有所下降,欧元以及人民币的地位将会上升。因此,美元在未来国际货币体系的框架下为美国牟取利益的能力将被削弱。

三、国际货币体系改革的欧洲尝试:欧洲货币体系

在布雷顿森林体系下,随着美元多次发生危机,各国不断地将拥有的美元兑换成黄金,并引发了更多国家对货币体系的担忧。出于经济政治稳定的目的,欧共体于 1969 年着手建立"货币联盟",1979 年 3 月,在德国总理和法国总统的倡议下,欧共体的 8 个成员国(法国、德国、意大利、比利时、丹麦、爱尔兰、卢森堡和荷兰)决定建立欧洲货币体系(European Monetary System,EMS)。

(一)欧洲货币体系的主要内容

1. 继续实行过去的汇率联合浮动体制

按照欧洲货币体系的规定,本阶段的对内浮动制的汇率可容许波动幅度仍沿旧制,为上下 2.25%,除意大利以外(其幅度放宽到上下 6%);对第三国货币(主要是美元)的汇价则联合自由波动。当市场汇率波动超越规定范围时,有关的两国货币当局即应进行市场干预。弱币国如感到干预力量不足,可向欧洲货币合作基金借入强币。

2. 建立欧洲货币基金(European Monetary Fund)

欧共体理事会曾决定以两年为期建成欧洲货币基金,首先要集中各个参加国的黄金储备的 20%,以及美元和其他外币储备的 20%作为共同基金,再加上与此等值的本国货币,总计约值 500 亿欧洲货币单位。这些集中起来的黄金外汇将换算成欧洲货币单位的存款额并计息。

3. 建立欧洲货币单位(European Currency Unit)

成员国缴纳各自黄金外汇储备的 20%作为共同基金的资金来源,并以此作为发行 ECU 的准备。欧洲货币联盟建设过渡期的一个任务就是要逐步扩大作为将来的共同货币的前身的欧洲综

合货币指标的使用范围。随着"货币合作基金"工作的逐步开展,欧洲货币单位的作用也逐渐扩大,它已不仅是欧共体内部财政核算的一种尺度,而且成为欧共体各成员国货币当局之间划拨计算的一种工具,并构成欧共体各国的一种外汇储备资产。具体地说,一是在共同农业政策范围内的应用问题上,欧洲货币单位应用广泛;二是在公私经济中欧洲货币单位具有被广泛利用的趋势。

(二)欧洲经济与货币联盟

欧洲经济与货币联盟由经济联盟和货币联盟组成,按照《德洛尔报告》,经济与货币联盟意味着商品、劳务、资本及人员完全自由流动,各国货币之间保持不可改变的固定汇率并最终实现单一货币。1991年12月,欧共体在荷兰马斯特里赫特签署了《政治联盟条约》和《经济与货币联盟条约》。《政治联盟条约》的目标在于实行共同的外交政策、防务政策和社会政策。《经济与货币联盟条约》规定最迟在1999年1月1日之前建立经济货币联盟(Economic and Monetary Union,EMU),届时在该联盟内实现统一的货币、统一的中央银行以及统一的货币政策。《马斯特里赫特条约》经各成员国议会分别批准后,于1993年11月1日正式生效,与此同时,欧共体更名为欧盟。欧洲经济与货币联盟要求:所有成员国之间货币可以自由兑换;资本自由流动,实现银行和其他金融市场一体化;消除一切汇率波动,保持汇率稳定,实行固定汇率制度。

1. 欧元的诞生

为了实现统一的货币、统一的中央银行以及统一的货币政策,1994年1月1日,各成员国开始调整财政预算政策,为建立欧洲中央银行体系进行制度和结构方面的准备。1994年成立了欧洲货币局,1995年12月正式决定欧洲统一货币的名称为欧元(Euro)。1998年7月1日,欧洲中央银行正式成立。从1999年1月1日开始,正式启动欧元,实施统一的货币政策。

2. 欧元的作用

欧元的引入促进了欧洲金融市场的一体化,增强了欧盟整体的经济实力与竞争力。欧元启动以后,统一的货币与统一的市场有利于成员国减少内部矛盾,防范和化解金融风险,共同促进各成员国之间的贸易发展与经济增长。另外,欧元的使用消除了各成员国货币兑换的麻烦,从而简化了流动手续,降低了结算成本,有利于提升成员国的产品竞争力。目前,欧元在国际贸易结算中已经成为仅次于美元的国际货币,从而对美元在国际储备货币中的地位形成了有力的挑战,对于国际货币体系储备货币的多元化发展产生了积极的作用。

(三)欧洲货币体系取得的成就与存在的缺陷

欧洲货币体系的建立,促进了欧洲共同体经济与货币联盟的建设,推动了欧洲国家政治联合的发展,稳定了欧洲国家之间的汇率,极大地促进了欧盟经济和贸易的发展,同时在一定程度上削弱了美元在国际贸易结算及储备货币的霸主地位并推动了全球性国际货币制度改革的进程。为此,欧洲货币体系的建立,不仅对欧洲经济发展意义重大,而且对世界经济及目前国际货币体系产生了较大影响。

但是欧洲货币体系各主要成员国经济发展不平衡,各国的经济状况及经济政策不同,导致货币汇率难以稳定,由此可能带来货币危机。另外,汇率机制的有效运作受制于各成员国经济货币政策的协调与合作,而且汇率机制调整的频率难以准确反映不断变化着的各国经济实力。

再者，由于各国汇率波动幅度有限制，当一些国家经济状况发生较大变化时，若继续维持一定范围内的汇率波动幅度，则需要以牺牲国内经济为代价来实现外部均衡。但是，一些国家可能不太愿意采取这样的措施，使维持相对固定汇率缺乏现实基础，容易受到国际资本的冲击，从而产生货币危机。

本章小结

国际货币体系是各国政府为适应国际贸易与国际支付的需要，而对货币在国际范围内发挥世界货币职能所确定的原则、采取的措施和建立的组织形式的总称。其演变历程主要包括国际金本位制、布雷顿森林体系与牙买加体系。

国际金本位制度具有"三自由"特征，即金币自由铸造、自由兑换和黄金自由输出与输入。

布雷顿森林体系具有"双挂钩"特征，即美元与黄金挂钩、各国货币与美元挂钩，并建立固定比价关系的、以美元为中心的国际金汇兑本位制。布雷顿森林体系存在不可解脱的内在矛盾——"特里芬难题"。

现行货币体系是 20 世纪 70 年代布雷顿森林体系崩溃后不断演化的产物，学术界称之为牙买加体系。布雷顿森林体系瓦解后，国际货币体系改革步入漫漫长途。1976 年，IMF 通过《牙买加协定》，确认了布雷顿森林体系崩溃后浮动汇率制的合法性，继续维持全球多边自由支付原则。

现行国际货币体系被人们戏称为"无体系的体系"，规则弱化导致重重矛盾。这些也为国际货币体系的未来改革埋下了伏笔。

本章重要概念

国际货币体系；金本位制；金币本位制；金块本位制；金汇兑本位制；布雷顿森林体系；牙买加体系；欧洲货币体系；全球金融治理

本章复习思考题

1. 国际货币体系主要包括哪些内容？
2. 简述国际金本位制的特点。
3. 简述布雷顿森林体系的主要内容、特点与缺陷。
4. 简述布雷顿森林体系崩溃的原因。
5. 简述牙买加体系的主要内容与特点。
6. 简述欧洲货币体系的主要内容。
7. 试述现行国际货币体系的缺陷与改革方向。
8. 试分析美元霸权地位的形成原因与影响。

第十一章 全球金融治理机制：国际金融机构

本章学习目标

熟悉国际货币基金组织的成立背景、基本宗旨与主要业务；熟悉世界银行的主要职能与业务；熟悉国际清算银行的主要职能与业务；熟悉亚洲开发银行的主要职能与业务；了解亚洲基础设施投资银行和金砖国家投资银行的主要作用。

国际金融机构作为全球金融治理机制中的主体，是指从事国际金融业务、协调国际金融关系、维持国际货币体系正常运转、促进国际贸易发展与世界经济发展的超国家机构。按照国际金融机构主要的业务范围，可将其分为全球性国际金融机构和区域性国际金融机构。其中，全球性国际金融机构主要包括国际货币基金组织和世界银行集团以及国际清算银行；区域性国际金融机构主要包括亚洲开发银行、欧洲复兴开发银行、非洲开发银行以及新型国际金融机构等。

第一节 全球性国际金融机构

国际货币基金组织和世界银行是联合国 11 个专门机构中，专门经营国际金融业务的全球性金融机构。在所有国际金融机构中，其规模最大、成员最多，影响最广泛。在加强国际经济和货币合作、稳定国际金融秩序等方面，发挥着极为重要的作用。

一、国际货币基金组织

（一）成立背景与基本宗旨

国际货币基金组织（International Monetary Fund，IMF）于 1945 年 12 月 27 日成立，为世界三大金融机构之一，其职责是监察货币汇率和各国贸易情况、提供技术和资金协助、确保全球金融制度运作正常。其总部设在美国华盛顿。

国际货币基金组织成立的直接背景是第二次世界大战接近尾声，以美国为首的战胜国为了国家的重建以及世界贸易的发展等原因需要筹建国际性金融组织与机构提供贷款、稳定汇率。国际货币基金的主要设计者是费边社成员约翰·梅纳德·凯恩斯和美国副财政部长亨利·迪克特·怀特。1944 年，联合国赞助的财金会议于美国新罕布什尔州的布雷顿森林举行。1944 年 7 月 22 日，布雷顿森林会议上签订了成立国际货币基金的协议。1945 年 12 月 27 日，协议条款付诸实行。1947 年 3 月 1 日，国际货币基金组织正式运作。国际货币基金组织的成立对于第二次世界大战后国家的重建、国际贸易发展等起到了重要的作用，对于维护世界金融秩序的稳定是不可或缺的。

国际货币基金组织的基本宗旨是：促进成员国在国际货币问题上的磋商与协作；促进汇率的稳定和有秩序的汇率安排，避免竞争性的汇率贬值；为经常项目收支建立一个多边支付和汇兑制度，消除外汇管制；提供资金融通，缓解国际收支不平衡；促进国际贸易的发展，实现就业和实际收入水平的提高及生产能力的扩大。

（二）组织架构

1. 理事会

理事会是 IMF 的最高决策机构，由各成员国各派一名理事、一名副理事组成，任期 5 年。理事通常由该成员国的财政部长或中央银行行长担任，有投票表决权。副理事在理事缺席时才有投票权。理事会的主要职权是：批准接纳新的成员国；批准 IMF 的份额规模与特别提款权的分配；批准成员国货币平价的普遍调查；决定成员国退出 IMF；讨论有关国际货币制度的重大问题。理事会通常每年开一次年会，一般同世界银行理事会年会联合举行。

2. 执行董事会

执行董事会是 IMF 负责处理日常业务工作的常设机构，由 24 名执行董事组成，任期两年。执行董事包括指定与选派两种。指定董事由持有基金份额最多的美、英、德、法、日各派一名，中国、俄罗斯与沙特阿拉伯各派一名。选派董事由其他成员国按选区轮流选派。执行董事会的职权主要是：接受理事会委托定期处理各种政策和行政事务，向理事会提交年度报告，并随时对成员国经济方面的重大问题，特别是有关国际金融方面的问题进行全面研究。执行董事会每星期至少召开三次正式会议，履行基金协定指定的和理事会赋予它的职权。当董事会需要就有关问题进行投票表决时，执行董事按其所代表的国家或选区的投票权进行投票。

3. 总裁

总裁是 IMF 的最高行政长官，其下设副总裁协助工作。总裁负责管理 IMF 的日常事务，由执行董事会推选，并兼任执行董事会主席，任期 5 年。总裁可以出席理事会和执行董事会，但平时没有投票权，只有在执行董事会表决双方票数相等时，才可以投决定性的一票。根据不成文规定，IMF 的总裁来自欧洲，从 1946 年成立至今一直如此。

4. 其他组织

在执行董事会与理事会之间还有两个机构：一是国际货币基金组织理事会关于国际货币制度的临时委员会，简称"临时委员会"；二是世界银行和国际货币基金组织理事会关于实际资源向发展中国家转移的联合部长级委员会，简称"发展委员会"。两个委员会每年开会 2~4 次，讨论国际货币体系与开发援助等重大问题，其通过的决议最后往往就是理事会的决议。基金组织除理事会、执行董事会、临时委员会和发展委员会外，其内部还有两大利益集团，即"七国集团"（代表发达国家利益）和"二十四国集团"（代表发展中国家利益），以及其他常设职能部门。

（三）资金来源

国际货币基金组织具有多样化的资金来源方式，主要包括成员国缴纳的份额、借款、捐款、出售黄金所得的信托基金以及有关项目的经营收入等。其中，份额、借款及出售黄金给国际货币基金组织带来的资金量最大。

1. 份额

份额是指成员国参加国际货币基金组织时所要认缴的一定数额的款项。份额犹如股份，一旦认缴就成为国际货币基金组织的财产，是基金组织资金的主要来源，用于对成员国的资金融通。份额认缴基金组织的每个成员国被分配一定的份额，份额大致基于成员国在世界经济中的相对地位。成员国的份额决定了其向基金组织出资的最高限额和投票权，并关系到其可从基金组织获得贷款的限额。国际货币基金组织规定，每一成员国有 250 份基本票，这部分代表国家的主权。然后按成员国所认缴份额的量，每 10 万特别提款权折合一票，成员国认缴的份额越多，所获票数也就越多，表决权也就越大。目前，从总体上看，发达国家认缴的份额最多，美国因为拥有超过 15%的投票权，对国际货币基金组织的重大问题具有一票否决权。

2. 借款

借款是国际货币基金组织的另一个主要的资金来源。这种借款是在国际货币基金组织与成员国签订协议的前提下实现的，主要形式有：借款总安排、补充资金贷款借款安排和扩大资金贷款借款安排。扩大的新借款安排和借款总安排是国际货币基金组织设有的两项常备多边借款安排。如果国际货币基金组织认为其未来承诺能力可能无法满足成员国的需要（如在重大金融危机中），国际货币基金组织可以启动这些安排。

3. 出售黄金

国际货币基金组织持有大约 9 050 万盎司（合 2814.1 吨）的黄金，是全球第三大黄金官方持有者。《国际货币基金组织协定》对黄金的使用具有严格限制。国际货币基金组织出售黄金或接受成员国以黄金支付需要获得占投票权 85%以上的成员国同意。

（四）主要业务

国际货币基金组织的主要业务包括外汇与汇率政策监督、促进成员国政策磋商与协调、对成员国提供金融资助（贷款业务）三个方面。

1. 外汇与汇率政策监督

为使国际货币制度能够顺利运行，保证金融秩序的稳定和世界经济的增长，基金组织要求各成员国避免操纵汇率或国际货币制度来妨碍国际收支有秩序的调整或取得对其他成员国不公平的竞争优势。为了保证有秩序的汇率安排和促进汇率的稳定，防止成员国操纵汇率或采取歧视性的汇率政策以谋求竞争利益，国际货币基金组织会对成员国的汇率政策进行监督。监督有在多边基础上的监督和在个别国家基础上的监督。在多边基础上的监督是指国际货币基金组织通过分析发达国家的国际收支和国内经济状况，评估这些国家的经济政策和汇率政策对维持世界经济稳定发展的总体影响。在个别国家基础上的监督主要是检查各成员国的汇率政策是否符合基金协定所规定的义务和指导原则。近年来，随着成员国经济往来中依赖性的增强、国际经济一体化和国际资本流动的加速，以及国际金融市场的动荡，在多边基础上的监督显得越来越重要。墨西哥货币危机、亚洲金融危机、美国次贷危机发生之后，IMF 扩大了监管活动范围，加大了对成员国经济数据的质量及这些数据的适时公布情况、成员国金融制度的效率和能力，以及私人资本的稳定性的关注程度，并通过对可能出现的问题提出警告来防止金融和经济危机的发生。

2. 促进成员国政策磋商与协调

为了能够履行监督成员国汇率政策的责任,国际货币基金组织必须了解成员国的经济发展状况和政策措施,迅速处理成员国申请贷款的要求。根据基金协定的规定,基金组织可按期组织成员国对其经济政策、货币政策和汇率政策进行多边协调与磋商,促进成员国之间的合作。其过程是专家小组首先了解有关的统计资料,如贸易收支、物价水平、失业率、利率和货币供应量等,然后与政府高层官员讨论经济政策的效果及欲进行的调整措施,预测国内外经济发展的前景。在必要时,基金组织还可派出专家机构协助成员国解决相关政策协调或政策改革问题。讨论后,专家小组写出报告,供执行董事会磋商、讨论与分析成员国经济时使用,并发表在一年两期的《世界经济展望》和年度报告《国际资本市场》刊物上。但从实践来看,基金组织目前的磋商协调程序对成员国的决策影响并不很大,难以独立解决各成员国的利益冲突,而往往需要求助于基金组织的贷款批准政策。

3. 贷款业务

贷款业务是 IMF 的一个主要业务活动,其形式多种多样,条件很严格。根据《国际货币基金协定》第五条第二节规定,除本协定另有规定外,基金的业务限于会员国请求,以该会员国货币向基金普通资金账户上的普通资金购买特别提款权或其他会员国货币。可见,IMF 的贷款更像是提款。享有提款权以会员国身份为要件,行使提款权则必须以该会员国的国际收支出现不平衡为要件。因此,当会员国发生国际收支暂时性不平衡时,IMF 向会员国的财政部、中央银行、外汇平准基金等政府机构提供短期信贷,贷款限于贸易和非贸易的经常性支付,额度与会员国的份额负担成正比例。国际货币基金组织提供的贷款有些是优惠贷款,即贷款的利率较低;有些则是非优惠贷款,其贷款利率与市场借贷利率相比没什么优惠。

贷款的提供方式采取由会员国用本国货币向 IMF 申请换购外汇的方法,一般称为购买(用本国货币购买外汇)或提款(会员国按缴纳的份额提用一定的资金)。会员国还款的方式是以外汇或特别提款权购回本国货币,贷款无论以什么货币提供,都以 SDR 计值,利息也用 SDR 缴付。相对于其他国际经济组织及一般的私人贷款,国际货币基金组织的贷款有以下特点:

(1)贷款对象。其贷款对象限成员国政府,IMF 只同成员国的财政部、中央银行及类似的财政金融机构往来。

(2)贷款用途。其贷款用途只限于解决短期性的国际收支不平衡,用于贸易和非贸易的经常项目的支付。

(3)贷款期限。其贷款期限多为平衡短期国际不平衡的短期贷款。

(4)贷款额度。其贷款额度是按各成员国的份额及规定的各类贷款的最高可贷比例确定其最高贷款总额。

(5)贷款方式。其贷款方式是根据经磋商同意的计划,由借款成员国使用本国货币向基金组织购买其他成员国的等值货币(或特别提款权),而偿还时用特别提款权或 IMF 指定的货币买回过去借用时使用的本国货币。

国际货币基金组织从成立到现在,根据世界经济形势的变化,开展了多种多样的贷款业务,从最初的普通贷款拓展到之后的出口波动补偿贷款、缓冲库存贷款、中期贷款、补充储备便利贷款、结构调整贷款、制度转型贷款与预防性信贷等,不同的贷款业务具有不同的操作方式和贷款条件。

（1）普通贷款。普通提款权是 IMF 最基本的贷款，期限不超过 5 年，利率随期限递增，主要用于成员国弥补国际收支逆差。会员国借取普通贷款的累计数额不得超过其份额的 125%。IMF 对普通贷款采取分档政策，即将会员国的提款权划分为储备部分贷款和信用部分贷款。由于储备部分贷款视为会员国在 IMF 的国际储备，其实际上指会员国以特别提款权或可自由兑换货币缴纳的 25%份额。虽然同 IMF 其他各项贷款项下的贷款提取一样，储备部分的提款也必须以国际收支的需要为条件，但是 IMF 无权对会员国提出的需要表示异议。信用部分贷款最高额占成员国缴纳份额的 100%，共分四个档次，每档为份额的 25%，成员国申请第一档贷款比较容易，一般只需制订出借款计划便可得到批准，而二至四档属于高档信用贷款，贷款条件较严格，成员国要借取就必须提供全面、详细的财政稳定计划，而且在使用时还必须接受 IMF 的监督。通常，信用部分贷款在提款 3 年零 3 个月后开始偿还，每个季度偿还一次，分 8 次还清，也就是要在提款 5 年后还清。

（2）出口波动补偿贷款。出口波动补偿贷款设立于 1963 年 2 月，最初是为解决初级产品出口国由于出口收入下降或因进口价格上升引起的国际收支困难而设立的贷款，贷款期限一般为 3~5 年。如果贷款只因为出口收入下降或进口价格上升中的一个因素，上限为份额的 45%；如果两种因素都有，则上限为 55%。该项贷款的优点是，不影响会员国在储备部分和低信用档部分提款的权利，即有独立的借款上限。1981 年 5 月，国际货币基金组织又规定，当成员国粮食进口价格超过前 5 年的平均价格而造成国际收支困难时，也可申请补偿贷款。1988 年 8 月，IMF 再次通过了一个修改方案，将应急机制加入原来的补偿贷款，并把贷款名称更改为补偿与应急贷款。成员国在执行 IMF 支持的经济调整计划中，如遇突发性、临时性的经济因素而造成经常项目收支偏离预期调整目标时，可申请该项贷款。所谓突发性、临时性的经济因素主要是指出口收入、进口价格及国际金融市场利率等。该贷款最高限额为份额的 95%，如果成员国仅具备申请补偿性融资的条件，则最高限度为份额的 65%；如果成员国仅具备申请应急融资的条件，则最高贷款额为份额的 30%。

（3）缓冲库存贷款。缓冲库存贷款设立于 1969 年 6 月，国际货币基金组织通过提供资金以支持成员国采取相应的措施，使其维持初级出口产品库存，从而稳定初级出口产品的价格，以缓解初级产品出口收入波动过大对相关国家造成的不利影响。贷款的最高额度为成员国份额的 50%，期限为 3~5 年。

（4）中期贷款。中期贷款，亦称扩展贷款，于 1974 年 9 月设立，目的在于为那些正在进行结构性经济改革的会员国提供期限比较长的资金支持。中期贷款的期限一般为 3 年，也可以延长到 4 年。提款通常是半年一次，还款也是半年一次。每笔提款的偿还预期为 4 年半至 7 年，还款期最长可以延至 10 年。当某些国家的生产和贸易结构严重失衡，价格和成本扭曲广泛存在，从而面临国际收支困难时，国际货币基金组织对其提供较长期调整专用贷款有助于帮助该国家顺利地完成结构调整，从而使其国际收支恢复平衡。该项贷款的额度可达会员国份额的 140%。由于中期贷款是普通贷款中信用贷款的一种补充，因此，当中期贷款与信用贷款一起提用时，总额不得超过借款国份额的 165%。

（5）补充储备便利贷款。补充储备便利贷款于 1997 年 12 月设立，当时亚洲金融危机正处于高峰阶段，它是国际货币基金组织对世界经济形势变化做出的反应。接收贷款的会员国一般都已经出现了储备资产急速流失，短期外汇需求骤升，金融市场信心崩溃，国际收支极其困难的情况。为了帮助这些国家摆脱困境，恢复金融市场运作，IMF 专门创设了这项贷款。然而，IMF 采用了较高的利率水平，同时为各贷款会员国制定了详细、苛刻的经济政策，即贷款条件较高。补充储备便利贷款不同于信贷贷款和中期贷款，没有明确的额度限制，而是根据提款国的资金需要和还款能力来提供相应的贷款。

（6）结构调整贷款。该贷款于 1986 年 3 月由国际货币基金组织执行董事会批准设立，旨在帮助低收入会员国解决长期存在的国际收支问题，即采纳中期宏观经济和结构的调整规划，以帮助这些国家扭转经济的失调现象，恢复国际收支状况的生机，并促使经济更迅速地增长。结构调整贷款的贷款条件比较优惠，年利率仅为 0.5%～1%，期限一般为 10 年，且有 5 年宽限期，最初的贷款最高限额为份额的 70%，IMF 于 1987 年 12 月增设了"扩大的结构调整贷款"，将最高贷款额占份额的比重提高到了 250%，在特殊情况下还可提高到份额的 350%。但是，IMF 对借款国经济结构改革的计划要求较高，对贷款效果的监督也较严格。若会员国对结构调整贷款有需求，要与国际货币基金组织和世界银行工作人员密切合作，准备一份政策纲要报告，报告要概述会员国的需要和目的，指明其重点以及宏观经济和结构调整政策的总方向。

（7）制度转型贷款。该贷款于 1993 年 4 月设立，主要目的是帮助苏联和东欧国家克服从计划经济向市场经济转变过程中出现的国际收支困难。这些困难包括：由计划价格向市场价格转变引起的收支困难；由双边贸易向多边贸易转化引起的收支困难；由游离于国际货币体系之外到融入该体系之内引起的收支困难。此项贷款最高额为份额的 50%，期限为 4～10 年。成员国要获取该项贷款，必须制定一项经济稳定与制度改革方案，内容包括财政货币制度改革和货币稳定计划、控制资本外逃计划、经济结构改革计划以及市场体系培育计划等，而贷款能否全部得到还需借款国与 IMF 充分合作，并做出切实有效的努力。

（8）预防性信贷。国际货币基金组织于 2010 年 8 月 30 日公布了"预防性信贷安排"计划，扩大向成员国所提供贷款的种类。对于那些在国家政策上获得国际货币基金组织广泛认可的国家，在陷入经济危机之前，国际货币基金组织将按该国申请向它们提供大量的资金援助，贷款最高额度限定在成员国认缴基金份额的 10 倍以内。这种贷款的具体操作规范类似于银行的信贷，并不是每个成员国都一定要使用。国际货币基金组织表示，上述计划主要针对经济基本面和政策健全良好，但是可能通不过比较严苛的弹性授信计划审查的国家，因此该计划有利于众多发展中国家在陷入危机之前获得金融援助。

国际货币基金组织中拥有投票权较多的主要是发达国家，且美国在重大问题上具有一票否决权，使国际货币基金组织在很大程度上体现了发达国家的意志。发达国家从自身利益出发，认为发展中国家应将解决国际收支失衡的外部问题置于首位，通过贷款条件约束来纠正国际收支逆差，并维持经济的稳定和开放；发展中国家则希望国际收支的调节不会损害其国内经济的发展，并认为内部均衡问题对它们而言是更为紧迫的。这使国际货币基金组织一般具有以下贷款条件：①要求借款国紧缩货币政策以降低通胀率；②要求借款国执行紧缩的财政政策；③要求借款国增加出口或减少进口；④要求借款国实施自由化改革，进一步开放贸易和资本项目等。

总体而言，国际货币基金组织对于世界经济金融秩序的稳定起到了较大的作用，为世界经济的发展做出了较大的贡献，然而，国际货币基金组织还存在一系列需要改革的地方。在贷款条件的安排上不能采取一刀切的方式，而应该更多地结合成员国的现实条件，同时需要根据世界经济形势的发展，改革国际货币基金组织认缴份额的比例，以提升发展中国家在国际货币基金组织中的话语权，从而使国际货币基金组织的业务更完善。

（五）中国在国际货币基金组织中的份额

由于政治原因，中国在 1980 年 4 月 17 日才恢复在国际货币基金组织的合法席位，从而正式履行会员国的义务并享受相应的权利。同年 9 月，IMF 通过决议，将中国份额从 5.5 亿特别提款权增加到 12 亿特别提款权；11 月，中国份额又随同 IMF 的普遍增资而进一步增加到 18 亿特别提款权。2001 年 2 月 5 日，中国份额增至 63.692 亿特别提款权，占总份额的 2.98%，升至第 8 位，投票权也增加至 2.95%，中国也由此获得了在 IMF 单独选区的地位，从而有权选举自己的执行董事。2008 年 IMF 改革之后，中国在该组织中的份额为 80.901 亿特别提款权，占总份额的 3.72%。中国共拥有 81 151 张选票，占总投票权的 3.66%，所占份额仅次于美、日、德、英、法五大股东国。2014 年 1 月，中国份额从 3.72%升至 6.39%，投票权从 3.66%升至 6.07%。

二、世界银行集团

世界银行集团（World Bank Group，WBG）于 1944 年成立，其总部设在美国华盛顿。自成立以来，世界银行已从一个单一的机构发展成为一个由五个联系紧密的发展机构组成的集团，这 5 个机构分别是：国际复兴开发银行、国际开发协会、国际金融公司、多边投资担保机构和国际投资争端解决中心。其中，国际复兴开发银行被称为"世界银行"。然而，"世界银行"一词在非正式场合也被作为世界银行集团的简称。世界银行的使命已从过去通过国际复兴开发银行促进战后重建和发展演变成为目前通过与其下属机构国际开发协会和其他成员机构密切协调推进世界各国的减贫事业。当前，重建仍然是世界银行工作的重要内容之一，通过实现包容性和可持续的全球化减少贫困仍是世界银行工作的首要目标。

世界银行集团各机构归成员国政府所有，成员国政府在各机构内对包括政策、财务、成员国资格等在内的所有事项具有最终决策权。成员国通过理事会和执行董事会管理世界银行集团。各机构的所有重大决策均由理事会和执行董事做出。《国际复兴开发银行协议条款》规定，一个国家要想成为世界银行成员国，就必须首先加入国际货币基金组织。加入国际复兴开发银行是成为国际开发协会、国际金融公司和多边投资担保机构成员的前提条件。世界银行秘书处与国际货币基金组织配合，并同其他世界银行集团成员协商，协调新成员国加入事宜，并负责维护成员国地位的相关信息，包括成员国名单更新。

世界银行集团通过向发展中国家提供低息贷款、无息信贷和赠款来资助这些国家克服穷困，各机构在减轻贫困和提高生活水平的使命中发挥独特的作用。

（一）国际复兴开发银行

1944 年 7 月，在美国布雷顿森林举行的联合国货币金融会议上通过了《国际复兴开发银行协定》。1945 年 12 月 27 日，28 个国家政府的代表签署了这一协定，并宣布国际复兴开发银行

（International Bank for Reconstruction and Development，IBRD）正式成立。1946年6月25日国际复兴开发银行开始营业，1947年11月5日起成为联合国专门机构之一，是世界上最大的政府间金融机构之一。其总部设在美国华盛顿，并在巴黎、纽约、伦敦、东京、日内瓦等地设有办事处，此外还在二十多个发展中成员国内设立了办事处。

1. 基本宗旨

国际复兴开发银行的基本宗旨：

（1）通过使投资更好地用于生产事业的办法以协助会员国境内的复兴与建设，包括恢复受战争破坏的经济，使生产设施回复到和平时期水平，以及鼓励欠发达国家生产设施与资料的开发。

（2）利用担保或参加私人贷款及其他私人投资方式，促进外国私人投资。当私人资本不能在合理条件下获得时，则在适当条件下运用本身资本或筹集的资金及其他资源，为生产事业提供资金，以补充私人投资的不足。

（3）用鼓励国际投资以发展会员国生产资源的方式，促进国际贸易长期均衡地增长，并保持国际收支的平衡，以协助会员国提高生产力、生活水平和改善劳动条件。

（4）就本行所贷放或担保的贷款而与通过其他渠道的国际性贷款有关者做出安排，以便使更有用和更迫切的项目不论大小都能优先进行。

（5）在执行业务时恰当地照顾到国际投资对各会员国境内工商业状况的影响，在紧接战后的几年内，协助促使战时经济平稳地过渡到和平时期的经济。银行的一切决定，均应以本条上列宗旨为准则。

2. 组织与管理

国际复兴开发银行设有一个理事会、若干执行董事、一个行长及其他官员和工作人员，以执行银行所决定的职责。国际复兴开发银行的一切权力赋予理事会，理事会由每一会员国按其自行决定的方法指派理事及副理事各一人组成。每一理事及副理事任期为五年，由其本国任命，并得连任。副理事仅在理事缺席时有投票权。理事会应推选理事一人为理事会主席。理事会每年召开一次年会；经理事会规定或经执行董事会召集，亦得举行其他会议。每当有五个会员国或持有四分之一总投票权的会员国请求时，执行董事亦应召开理事会议。理事会每次会议的法定人数应过半数理事，并持有不少于三分之二的总投票权。

理事会可以将理事会的任何权力委托执行董事会行使，但下列权力除外：①批准新会员及决定其加入的条件；②增加或减少银行资本总额；③暂停会员资格；④裁决对执行董事解释本协定所产生的异议；⑤安排与其他国际机构的合作办法（暂时性和行政性的非正式安排除外）；⑥决定永远停止银行业务及其资产的分配；⑦决定银行净收入的分配。

执行董事负责处理银行的日常业务，行使理事会所委托的一切权力。每一执行董事应指派一副董事，在其本人缺席时，全权代行其职权。指派副董事的执行董事出席会议时，副董事可参加会议，但无投票权。执行董事召开每次会议的法定人数应为过半数董事，并持有不少于半数的总投票权。

执行董事应选行长一人。理事、执行董事或两者之副职皆不得兼任行长。行长应为执行董事会的主席，但除了在双方票数相等时投一个决定票之外，无投票权。行长要参加理事会会议,但无投票权。行长职务的终止由执行董事决定。行长为银行工作人员的主管,在执行董事的指导下处理银行日常业务,并在执行董事总的管理下负责官员和工作人员的组织、任命及辞退。行长、官员和工作人员在执行其任务时,应完全对银行负责,而不对其他官方负责。各会员国应尊重此种职责的国际性,并应制止在他们执行职务时对任何人施加影响的企图。

3. 会员资格及会员退出

国际复兴开发银行规定,银行的创始会员国应为国际货币基金组织的会员国,并为在规定日期前正式参加银行者。国际货币基金组织的其他会员国可以按照银行所规定的时间和条件加入银行成为会员国。国际复兴开发银行的会员国在其丧失国际货币基金组织会员国资格三个月后,即自动丧失其为银行会员国的资格,除非经银行总投票权四分之三的多数通过允许该国仍为会员国。因此,国际复兴开发银行的会员国一般都是国际货币基金组织的会员国。另外,国际复兴开发银行的会员国有权利退出,且在会员国不履行相关义务时,经理事会投票后,有权暂停其会员资格。任何会员国若以书面形式通知银行总办事处要求退出银行,在银行接到该项通知之日起,退出即应生效。如果会员国不履行任何对银行的义务,银行经半数以上理事并持有过半数总投票权的表决,可以暂停其会员国资格。该国自暂停会员资格之日起一年后,除非以同样的多数表决恢复其资格外,否则终止其会员国资格。在暂停资格期间,该会员国除有权退出外不再享有协定规定的任何权利,但仍应对全部债务负责。一国政府停止为会员国时,它对该会员国在未退出前所欠银行的一切直接负债及所应分担的银行债务,在贷款或担保贷款的任何部分尚未清偿以前,仍应继续。但在该国停止为会员国以后,对银行承做的贷款与担保贷款不再负有责任,也不再分摊银行的收益或费用。

4. 资金来源

国际复兴开发银行的资金来源主要有会员国认购股份带来的股金、在国际金融市场上借款得到的资金、通过办理业务得到的收益,以及通过转让债券获得的收益等。IBRD 的股本主要包括实缴股本与储备金。世界银行的实力来源于 IBRD 强劲的资本状况、股东的支持,以及 IBRD 审慎的财务政策与实践。作为合作性机构,IBRD 并不追求利润最大化,而是维持足够收入确保其财务实力,持续支持发展活动。

5. 主要业务

国际复兴开发银行主要是通过提供和组织长期贷款与投资,解决会员国战后恢复和发展经济的资金需要。因此,在其成立初期,贷款的发放主要集中于欧洲国家,用于帮助其战后经济复兴,在欧洲经济向好之后,贷款开始转向亚、非、拉发展中国家。国际复兴开发银行除贷款业务外,还有其他业务活动,如技术援助、担任国际联合贷款团的组织工作、协调与其他国际机构关系等。国际复兴开发银行的贷款条件为:

(1) 贷款对象一般限于会员国。

(2) 借款国在不能按合理条件从其他渠道获得资金时,才能向银行申请贷款。

(3) 专款专用,世界银行的贷款一般都是项目贷款,即规定贷款必须用于一定的工程项目,以期促进生产发展与经济增长。

该行只在特殊情况下发放非项目贷款,用以解决进口物资设备的外汇需要,或战胜自然灾害,实行经济发展计划的资金需要。

国际复兴开发银行的贷款特点有：贷款用途广，期限较长；贷款数额不受份额限制；审批和管理较为严格。

（二）国际开发协会

国际开发协会（International Development Association，IDA）成立于1960年，是世界银行集团成员，也是世界银行的无息贷款（软贷款）和赠款窗口。协会通过向生产性项目提供贷款，促进欠发达国家的经济社会发展。协会成立以来，对于促进不发达国家和地区的发展做出了巨大的贡献。IDA是向世界最贫困国家提供优惠贷款的最大多边渠道。IDA提供资金支持各国促进经济增长、减少贫困及改善穷人生活水平。

1. 宗旨

国际开发协会的宗旨是帮助世界上欠发达地区的协会会员国促进经济发展，提高生产力，从而提高生活水平，特别是以比通常贷款更为灵活、在国际收支方面负担较轻的条件提供资金，以解决它们在重要的发展方面的需要，从而进一步发展国际复兴开发银行的开发目标并补充其活动。协会的一切决定均应以该宗旨为准则。

2. 组织与管理

国际开发协会的一切权力都归理事会。凡世界银行会员国又是协会会员国者，其指派的银行理事和副理事，依其职权，同时也是协会的理事和副理事。副理事除在理事缺席外，无投票权。世界银行理事会主席同时也是国际开发协会理事会主席。理事会每年召开一次年会，出席会议的法定人数应为过半数理事，并持有不少于2/3的总投票权。理事会有权决定接纳新会员和决定接纳其入会的条件；批准追加认股和决定相关的规定和条件；暂时停止会员国资格；裁决因执行董事会对本协会条文所在地做解释而产生的异议；决定永远停止协会业务和分配其资产；决定协会净收益的分配。理事会第一创始会员国享有500票的投票权，另按其首次认缴额每5 000美元增加一票。首次认股以外的股金所在地应享有的投票权由理事会视情况决定，除另有特殊规定外，协会一切事务均采取简单多数原则通过。

3. 资金来源

IDA原法定资本为10亿美元，之后，随着成员国增加，资本额也随之增加。除了股金之外，IDA资金主要来自合作伙伴政府捐款。其他资金来源包括IBRD净收入转移、IFC赠款和借款国偿还IDA信贷的回流资金。捐款国政府和借款国的代表每三年召开一次会议，讨论IDA战略方向与工作重点，确定未来3个财年IDA贷款项目所需资金规模。

4. 主要业务

国际开发协会的资助一般采取贷款方式，同时也采取其他资助形式，具体方式有：一是从规定认缴的资金角度由该款衍生和作用本金、利息或其他费用而得来的资金中提供；或在特殊情况下，由提供给协会的补充资金中，及由该款衍生的本金、利息或其他费用而得来的资金中提供；二是在注意到有关地区的经济状况和发展前景以及资助项目的性质和要求后，国际开发协会可按其认为适当的方式和条件提供资助。协会对会员国（包括在协会会员国内某一地区的政府及其下属政治部门）领土内的公私实体，以及国际或区域性组织提供资助。在对实体而非对会员国贷款时，协会可斟酌情况，要求适当的政府担保或其他担保。在特殊情况下，协会可提供外汇供当地开支使用。协会还可以开展以下一些业务：经会员国同意，借入资金；对协会投资的证券提供担保，以利于证券的销售；买卖协会所发行、担保或投资的证券；在特殊情况下，对符合规定用途的其他贷款进行担保；提供会员国请求的技术援助和咨询服务。

（三）国际金融公司

国际金融公司（International Finance Corporation，IFC）成立于1956年7月，总部设在美国华盛顿，是世界银行集团下属机构之一，同时也是发展中国家规模最大、专门针对私营部门的全球性发展机构。

1. 宗旨

国际金融公司的宗旨主要是：配合世界银行的业务活动，向成员国特别是其中的发展中国家的重点私人企业提供无须政府担保的贷款或投资，鼓励国际私人资本流向发展中国家，以推动这些国家私人企业的成长，促进其经济发展。

2. 组织与管理

国际金融公司的组织机构和管理办法与世界银行相同，其最高权力机构是理事会。国际金融公司的成员国通过董事会和理事会指导国际金融公司的各项工作，每个成员国指派理事和副理事各一名。国际金融公司的权力归理事会所有。理事会授权由25名董事组成的董事会行使大部分权力，董事的表决权按各董事所代表的股本加权计算。董事定期在世界银行集团位于美国华盛顿特区的总部开会、审议和决定投资项目，并向国际金融公司管理层做出总体的战略性指导。理事会下设执行董事会，负责处理日常事务，正副理事、正副执行董事也就是世界银行的正副理事和正副执行董事。

3. 资金来源

国际金融公司最主要的资金来源为会员国缴纳的股金。另外，国际金融公司也可以从世界银行和其他来源借入资金。国际金融公司的第三个资金来源为公司的业务经营净收入。

4. 业务内容

国际金融公司利用自有资源和在国际金融市场上筹集的资金对会员国私人企业提供无须政府担保的贷款或对私人企业进行投资来直接入股，同时它还向政府和企业提供技术援助和咨询。国际金融公司的业务有其自身的特点，主要体现在以下几个方面：国际金融公司与发起公司和融资伙伴共同承担风险，但不参与项目的管理；国际金融公司的章程规定它按照商业原则运作获取利润，在项目投资总额当中国际金融公司只承担部分融资；国际金融公司投资不需要政府担保。

（四）多边投资担保机构

多边投资担保机构（Multinational Investment Guarantee Agency，MIGA）成立于1988年6月，是世界银行集团里成立时间最短的机构。但成立多边投资担保机构的建议早在1961年就提出过，世界银行也曾于1966年起草"机构"协议草案，并先后28次讨论并修改这一草案。但因各方分歧很大，草案一直未获得通过。1981年，世界银行决定重新讨论建立"机构"的问题，并于1985年通过了《多边投资担保机构公约》。

1. 宗旨

多边投资担保机构的宗旨是：鼓励在其会员国之间，尤其是向发展中国家会员通融生产性投资，以补充世界银行、国际金融公司和其他国际开发金融机构的活动。

2. 主要业务

多边投资担保机构的主要业务包括：当一会员国从其他会员国得到投资时，对投资的非商业性风险予以担保，包括再保和分保；开展合适的辅助性活动，以促进向发展中国家会员国和在发展中国家会员国间的投资流动；推进其目标，行使其他必要和适宜的附带权力。

3. 业务特点

多边投资担保机构可以使发展中国家在一定程度上自我限制本国在外国投资担保问题上的主权，同时，发达国家同意敦促本国的投资者更加尊重东道国的政治主权和经济主权，具体表现为：第一，除非事先获得东道国政府的同意，MIGA 不得签订任何承保政治风险的保险合同；第二，MIGA 不对不符合东道国法律和法规的投资提供保险；第三，MIGA 只承保有利于东道国经济发展的投资；第四，MIGA 不担保任何因投保人认可或负有责任的东道国政府的任何作为和不作为所造成的损失；第五，从法律上禁止 MIGA 伙同任何成员国从事反对其他成员国的政治活动。另外，多边投资担保机构的业务机制不同于任何国家官办保险机制之处在于，多边投资担保机构对吸收外资的每一个发展中国家成员国同时赋以双重身份，既是东道国又是 MIGA 的股东。

（五）国际投资争端解决中心

国际投资争端解决中心（International Center for Settlement of Investment Disputes，ICSID）是依据《关于解决国家和其他国家国民投资争端公约》（以下简称《公约》）成立的国际组织，其总部设在美国华盛顿。第二次世界大战以后，新独立的发展中国家纷纷对涉及重要自然资源和国民经济命脉的外资企业实行征收或国有化，引起了发达国家与发展中国家之间的矛盾和纠纷。为了解决此类矛盾和纠纷，1962 年，在银行的主持下，专家们开始起草《公约》草案，并于 1965 年通过。1966 年 10 月 14 日，荷兰作为第 20 个国家完成了批准手续，满足了《公约》对缔约国数目的最低要求，《公约》开始生效，中心也开始运作。中国于 1990 年 2 月 9 日签署了《公约》，并于 1993 年 1 月 7 日被正式核准。在批准文件中中国指出，中国仅考虑把由征收和国有化产生的有关补偿的争议提交国际投资争端解决中心管辖。

1. 宗旨

根据《公约》，设立 ICSID 的宗旨在于专为外国投资者与东道国政府之间的投资争端提供国际解决途径，即在东道国国内司法程序之外，另设国际调解和国际仲裁程序。但 ICSID 本身并不直接承担调解仲裁工作，而只是为解决争端提供便利，为针对各项具体争端而分别组成的调解委员会或国际仲裁庭提供必要的条件，便于它们开展调解或仲裁工作。ICSID 可以受理的争端仅限于一缔约国政府（东道国）与另一缔约国国民（外国投资者）直接因国际投资而引起的法律争端。对一些虽具有东道国国籍，但事实上却归外国投资者控制的法人，经争端双方同意，也可视同另一缔约国国民，享受"外国投资者"的同等待遇。

2. 组织机构

国际投资争端解决中心的组织机构包括理事会和秘书处。理事会为最高权力机构，由各成员国派 1 名代表组成，每年举行一次会议，世界银行行长为理事会主席。秘书处由秘书长负责,处理日常事务。其成员包括世界银行成员国和其他被邀请国。

3. 主要业务

调解和仲裁是 ICSID 的两种业务程序。调解时的调解员及审理案件的仲裁员,可从其调解员名册和仲裁员名册中选定。按《公约》规定,在调解程序中,调解员仅向当事人提出解决争端的建议,供当事人参考。而在仲裁程序中,仲裁员做出的裁决具有约束力,当事人应遵守和履行裁决的各项条件。《公约》实际上是为了保障资本输出国(多为发达国家)海外投资者的利益,它尽可能把本来属于东道国的管辖权转移给"中心"这一国际组织。由于这一原因及其他种种原因,自 ICSID 成立以来,受理的业务很少。

三、国际清算银行

国际清算银行(Bank for International Settlements,BIS)是英、法、德、意、比、日等国的中央银行与代表美国银行界利益的摩根银行、纽约和芝加哥的花旗银行组成的银团,根据《海牙国际协定》于 1930 年 5 月共同组建的,总部设在瑞士巴塞尔。其业务遍布世界五大洲,是致力于国际货币政策和财政政策合作的国际金融组织。

(一)建立背景

国际清算银行最初创办的目的是处理第一次世界大战后德国的赔偿支付及有关的清算等业务问题。第二次世界大战后,它成为经济合作与发展组织成员国之间的结算机构,该行的宗旨也逐渐转变为促进各国中央银行之间的合作,为国际金融业务提供便利,并接受委托或作为代理人办理国际清算业务等。国际清算银行不是政府间的金融决策机构,亦不是发展援助机构,实际上是西方"中央银行的银行"。

第一次世界大战后,《凡尔赛协议》中关于德国战争赔款事宜原来是由一个特殊的赔款委员会执行,按照当时的"道维斯计划",从 1924 年起,德国第一年赔付 10 亿金马克,以后逐年增加,一直赔付 58 年。至 1928 年,德国赔款增至 25 亿金马克,德国声称国内发生经济危机无力照赔,并要求减少。美国同意了德国的要求,又由杨格(O. D. Young)策划制订了"杨格计划"。协约国为执行"杨格计划",决定建立国际清算银行取代原来的赔款委员会,执行对德国赔款的分配并监督德国财政。1930 年 1 月 20 日,以摩根银行为首的一些美国银行(另外还有纽约花旗银行、芝加哥花旗银行)和英国、法国、意大利、德国、比利时、日本等国的中央银行在荷兰海牙会议上签订国际协议,成立"国际清算银行"。英、法、比、德、意、日六国政府与瑞士政府达成协议,由瑞士承诺向国际清算银行颁发建行特许证。特许证规定:国际清算银行具有国际法人资格,免税,瑞士政府不征税、扣押和没收该行财产,准许该行进出口黄金和外汇,享有外交特权和豁免。

第二次世界大战后,国际清算银行先后成为欧洲经济合作组织(即现在的经济合作与发展组织)各成员国中央银行汇兑担保的代理人,欧洲支付盟国和欧洲煤钢共同体的受托人,欧洲共同体成员国建立的欧洲货币合作基金的代理人。

国际清算银行成立的实质就是美国要利用这个机构来掌握德国财政,并将欧洲债务国清偿美国债务问题置于自己的监督之下。1944 年,根据布雷顿森林会议的决议,国际清算银行的使命已经完成，应当解散，但美国仍把它保留下来，作为国际货币基金组织和世界银行的附属机构。国际清算银行开创资本为 5 亿金法郎，分为 20 万股，每股 2 500 金法郎，由六国中央银行和美国银行集团七方平均认购。1969 年 12 月，国际清算银行更新了章程，其宗旨改为：促进各国中央银行之间的合作，并向其提供更多的国际金融业务的便利；促进在国际清算之间的合作，并向其供更多的国际金融业务的便利；在国际清算业务方面充当受托人或代理人。银行资本也相应地增至 15 亿金法郎，分为 60 万股，每股 2 500 金法郎。现在国际清算银行 4/5 的股份掌握在各成员国中央银行手中，1/5 的股份已经由各成员国的中央银行转让给了私人，由私人持有，但私人股股东无权参加股东大会。

1996 年 9 月，国际清算银行决定接受中国、印度、韩国、新加坡、巴西、墨西哥、俄罗斯、沙特阿拉伯等国家和中国香港地区的中央银行或行使中央银行职能的机构为该行的新成员。这是国际清算银行 25 年来首次接纳新成员。原有的 32 名成员中有 26 个欧洲国家的中央银行，其余 6 家为加拿大、澳大利亚、日本、土耳其和南非的中央银行与代表美国利益的摩根银行。实际上，现在世界上绝大多数国家的中央银行都与其建立了业务关系。国际清算银行虽不是联合国 11 个专门机构的之一，但其地位和作用现已发展成为仅次于国际货币基金组织和世界银行集团之后的最重要的国际金融机构。

（二）组织机构

国际清算银行是以股份公司的形式建立的，因此它的组织机构符合一般股份公司组织机构的特点，即包括股东大会、董事会、办事机构。国际清算银行的最高权力机关为股东大会，股东大会每年 6 月份在巴塞尔召开一次，只有各成员国中央银行的代表参加表决。选票按有关银行认购的股份比例分配，而不管在选举的当时掌握多少股票。

每年的股东大会通过年度决算、资产负债表、损益计算书、利润分配办法和接纳新成员国等重大事项的决议。在决定更新银行章程、增加或减少银行资本、解散银行等事项时，应召开特别股东大会。除各成员国中央银行行长或代表作为有表决权的股东参加股东大会之外，所有与该行建立业务关系的中央银行代表均被邀请列席。

董事会是国际清算银行的经营管理机构，由 13 名董事组成。比利时、德国、法国、英国、意大利和美国的中央银行行长是董事会的当然董事，这 6 个国家可以各自任命 1 名本国工商和金融界的代表做董事，此外董事会可以 2/3 的多数票数选举出其他董事，但最多不超过 9 人。

董事会设主席 1 名，副主席若干名，每月召开一次例会，审议银行日常业务工作，决议以简单多数票做出，票数相等时由主持会议的主席投决定票。董事会主席和银行行长由 1 人担任。董事会根据主席建议任命 1 名总经理和 1 名副总经理，就银行的业务经营向银行负责。国际清算银行下设银行部、货币经济部、法律处和秘书处等办事机构。

（三）宗旨与业务

国际清算银行的宗旨是促进各国中央银行之间的合作，为国际金融运作提供便利，并作为国际清算的委托人或代理人。

扩大各国中央银行之间的合作始终是促进国际金融稳定的重要因素之一，随着国际金融市场一体化的迅速推进，这类合作的重要性显得更为突出。因此，国际清算银行便成了各国中央银行家的会晤场所，该行接受各中央银行的委托开展各种业务。根据国际清算银行的章程和规定，其有权进行下列业务活动：

（1）既可为自己，又可为中央银行购买、出售、交换和储存黄金。

（2）为各成员国中央银行提供贷款和接受它们的贷款。

（3）为各成员国中央银行办理和重办期票，收买或出售期票以及其他优等短期债券。

（4）既可靠自己，也可以靠各成员国中央银行收受展品（外汇和有价证券股票除外）。

（5）接受各成员国中央银行往来资金和存款。

（6）作为被委托人接受政府的存款或根据董事会的决议，接受其他资金，不得发行提示付款银行券、承兑汇票、为各国政府提供贷款（购买国家公债例外）。

（7）对任何一个企业有监督权。

（8）对由于抵偿还银行的债务而归于银行的不动产，在没有更合适的价格被变卖之前，掌管这些不动产。

（四）服务对象

国际清算银行以各国中央银行、国际组织（如国际海事组织、国际电信联盟、世界气象组织、世界卫生组织）为服务对象，不办理私人业务。这对联合国体系内的国际货币金融机构起着有益的补充作用。现在世界各国的国际储备约有 1/10 存放在国际清算银行。各国中央银行在该行存放的外汇储备，货币种类可以转换，并可以随时提取而无须声明理由。这对一些国家改变其外汇储备的结构，实现多样化提供了一个很好的途径。在国际清算银行存放黄金储备是免费的，而且可以用作抵押，从国际清算银行取得黄金价值 85%的现汇贷款。同时，国际清算银行还代理各国中央银行办理黄金购销业务，并负责保密。因此，它在各成员国中央银行备受欢迎。除了银行活动外，国际清算银行还作为中央银行的俱乐部，是各国中央银行之间进行合作的理事场所，其董事会和其他会议提供了关于国际货币局势的信息交流的良好机会。

（五）资金来源

国际清算银行的资金主要来源于以下三个方面：

（1）成员国缴纳的股金。该行建立时，法定资本为 5 亿金法郎，1969 年增至 15 亿金法郎，以后几度增资。该行股份 80%为各国中央银行持有，其余 20%为私人持有。

（2）借款。向各成员国中央银行借款，补充该行自有资金的不足。

（3）吸收存款。接受各国中央银行的黄金存款和商业银行的存款。

（六）主要业务

（1）处理国际清算事务。第二次世界大战后，国际清算银行先后成为欧洲经济合作组织、欧洲支付同盟、欧洲煤钢联营、黄金总库、欧洲货币合作基金等国际机构的金融业务代理人，承担着大量的国际结算业务。

（2）办理或代理有关银行业务。第二次世界大战后，国际清算银行业务不断拓展，目前可从事的业务主要有：接受成员国中央银行的黄金或货币存款，买卖黄金和货币，买卖可供上市的证券，向成员国中央银行贷款或存款，也可与商业银行和国际机构进行类似业务，但不得向政府提供贷款或以其名义开设往来账户。目前，世界上很多中央银行在国际清算银行存有黄金和硬通货,并获取相应的利息。

(3)定期举办中央银行行长会议。国际清算银行于每月的第一个周末在巴塞尔举行西方主要国家中央银行的行长会议,商讨有关国际金融问题,协调有关国家的金融政策,促进各国中央银行的合作。

第二节　区域性国际金融机构

国际上比较知名的区域性国际金融机构主要有亚洲开发银行、欧洲复兴开发银行、欧洲投资银行、泛美开发银行、非洲开发银行以及加勒比开发银行等。

一、亚洲开发银行

亚洲开发银行(Asian Development Bank,ADB)是亚洲和太平洋地区的区域性金融机构,于1965年12月19日正式营业,总部设在菲律宾首都马尼拉。亚洲开发银行不是联合国下属机构,但它是联合国亚洲及太平洋经济社会委员会(联合国亚太经社会)赞助建立的机构,同联合国及其区域和专门机构有密切的联系。

1986年2月17日,亚洲开发银行理事会通过决议,接纳中华人民共和国加入亚洲开发银行。1986年3月10日,我国成为亚洲开发银行正式成员国。在1987年4月举行的理事会第20届年会董事会改选中,中国当选为董事国并获得在董事会中单独的董事席位。1987年7月1日,亚洲开发银行中国董事办公室正式成立。1986年,中国政府指定中国人民银行为中国对亚洲开发银行的官方联络机构和亚洲开发银行在中国的保管银行,负责中国与亚洲开发银行的联系及保管亚洲开发银行所持有的人民币和在中国的其他资产。2000年6月16日,亚洲开发银行驻中国代表处在北京成立。在亚洲银行不断发展壮大的过程中,为中国提供了大量的资金支持,帮助中国消贫以及进行基础设施建设等方面做出了较大贡献。

(一)基本宗旨

建立亚洲开发银行的基本宗旨是通过发展援助,帮助亚太地区发展中成员国消除贫困,促进亚太地区的经济和社会发展。亚洲开发银行对发展中成员国的援助主要采取四种形式:贷款、股本投资、技术援助、联合融资相担保。

(二)资金来源

亚洲开发银行的资金主要来源于普通资金、开发基金与联合融资。普通资金包括股本、借款、普通储备金、特别储备金、净收益和预交股本等。开发基金主要包括亚洲开发银行基金、技术援助特别基金、日本特别基金与日本扶贫基金等。亚洲开发银行的联合融资是指一个或一个以上的外部经济实体与亚洲开发银行共同为某一开发项目融资。

1. 普通资金

普通资金用于亚洲开发银行的硬贷款业务。这是亚洲开发银行进行业务活动最主要的资金来源。普遍资金来源于股本、借款、普通储备金、特别储备金、净收益和预交股本等。亚洲开发银行建行时法定股本为10亿美元,后来经过多次增资。日本和美国是亚洲开发银行最大的出资国，其认缴股本额相等，均占亚洲开发银行总股份的 16.054%。中国认缴额在亚洲开发银行总股份中占 6.628%，居第三位。

2. 开发基金

亚洲开发银行基金创建于 1974 年 6 月，基金主要是来自亚洲开发银行发达会员国或地区成员的捐赠，用于向亚太地区贫困国家或地区发放优惠贷款。同时亚洲开发银行理事会还按有关规定从各会员国或地区成员缴纳的未核销实缴股本中拨出 10% 作为基金的一部分。此外，亚洲开发银行还从其他渠道取得部分赠款。

3. 联合融资

亚洲开发银行除了用自己筹集到的资金从事贷款和技术援助以外，还通过联合融资这一形式为本地区的经济发展筹集更多的开发资金。亚洲开发银行的联合融资是指一个或一个以上的外部经济实体与亚洲开发银行共同为某一开发项目融资。亚洲开发银行最大的融资伙伴是官方机构，官方融资总数为 177.23 亿美元，占联合融资总额的 72.04%；另外商业融资 24.88 亿美元，占联合融资总额的 10.11%；出口信贷为 43.9 亿美元，占联合融资总额的 17.84%。

（三）主要业务

1. 贷款业务

向发展中成员提供贷款是亚洲开发银行援助中最具实质性的内容，亚洲开发银行的贷款一般直接贷给发展中成员政府或由发展中成员政府担保借给发展中成员的机构。亚洲开发银行所发放的贷款按条件划分，有硬贷款、软贷款和赠款三类。硬贷款的贷款利率为浮动利率，每半年调整一次，贷款期限为 10~30 年（有 2~7 年宽限期）。软贷款也就是优惠贷款，只提供给人均国民收入低于 670 美元（1983 年的美元）且还款能力有限的会员国或地区成员，贷款期限为 40 年（有 10 年宽限期），没有利息，仅有 1% 的手续费。赠款用于技术援助，资金由技术援助特别基金提供，赠款额没有限制。亚洲开发银行贷款按方式划分可分为：项目贷款、规划贷款、部门贷款、开发金融机构贷款、综合项目贷款、特别项目执行援助贷款和私营部门贷款等。

2. 技术援助

技术援助是亚洲开发银行工作的重要组成部分。亚洲开发银行通过技术援助帮助其发展中成员经济而有效地设计、拟定、执行和经营发展项目，以此来促进资源和技术向亚洲开发银行发展中成员的转移。技术援助可分为项目准备技术援助、项目执行技术援助、咨询技术援助和区域活动技术援助。项目准备技术援助用于帮助会员国或地区成员立项或项目审核，以便亚洲开发银行或其他金融机构对项目投资。项目执行技术援助是为帮助项目执行机构（包括开发性金融机构）提高金融管理能力而提供的。咨询性技术援助用于援助有关机构（包括亚洲开发银行执行机构）的建立或加强，进行人员培训，研究和制定国家发展计划、部门发展政策与策略等。区域活动技术援助用于重要问题的研究，开发培训班，举办涉及整个区域发展的研讨会等。

3. 联合融资业务

亚洲开发银行不仅自己为其发展中成员的发展提供资金，而且吸引多边、双边机构以及商业金融机构的资金投向共同的项目。联合融资是指一个或一个以上的区外经济实体与亚洲开发银行共同为会员国或地区成员某一开发项目融资。联合融资主要包括以下几种：

（1）平行融资。平行融资是指将项目分成若干个具体的独立的部分，以供亚洲开发银行和其他区外经济实体分别融资。

（2）共同融资。共同融资是指亚洲开发银行与其他经济实体按照商定的比例，对某会员国或地区成员的一个项目进行融资。

（3）窗口融资。窗口融资是指联合融资的其他经济实体将其资金通过亚洲开发银行投入有关项目，联合融资的其他经济实体与借款人之间不发生关系。

（4）参与性融资。参与性融资是指亚洲开发银行先对项目进行贷款，然后商业银行购买亚洲开发银行中较早到期的部分。

（5）伞形融资或后备融资。这类融资在开始时由亚洲开发银行负责项目的全部外汇费用，但只要找到联合融资的其他经济实体，亚洲开发银行中相应的部分即取消。对受款国来说，联合融资增加了筹资渠道，而且条件优惠于纯商业性贷款；对亚洲开发银行来说，联合融资克服了资金不足的困难；对联合融资者来说，联合融资可以节省对贷款的审查费用。

4. 股本投资

股本投资是对私营部门开展的一项业务，且不需要政府担保。除亚洲开发银行直接经营的股本投资外，还通过发展中成员的金融机构进行小额的股本投资。

二、欧洲复兴开发银行

欧洲复兴开发银行（European Bank for Reconstruction and Development，EBRD）是由美国、日本及欧洲一些国家政府发起成立的银行，于 1991 年 4 月 14 日正式开业，总部设在伦敦。建立欧洲复兴开发银行的设想是由法国总统密特朗于 1989 年 10 月首先提出的，后来得到了欧洲共同体各国和其他一些国家的积极响应。成立之初，欧盟委员会（前欧洲共同体委员会）、欧洲投资银行和 39 个国家在银行中拥有股权，最大股份拥有者是美国，占 10%，其次是法国、德国、意大利、日本和英国各占 8.5%，东欧国家总共拥有股份 11.9%，其中苏联占有 6%。欧洲复兴开发银行成立时，拥有 100 亿欧洲货币单位（约 120 亿美元）的资本，此外欧洲复兴开发银行也在全球资本市场募集资金。

（一）基本宗旨

欧洲复兴开发银行的基本宗旨是在考虑加强民主、尊重人权、保护环境等因素下，帮助和支持东欧、中欧国家向市场经济转化，以调动上述国家中个人及企业的积极性，促使他们向民主政体和市场经济过渡。

（二）组织结构

理事会为欧洲复兴开发银行最高权力机构，由每个成员国委派正副理事各一名，即正副理事各 66 名，每年举行年会一次。董事会代理事会行使权力，董事任期 3 年。董事会负责指导银行的日常业务工作，并负责选举行长。董事会主席任银行行长，行长任期 4 年。欧洲复兴开发银行其他部门包括金融、人事、行政、计划评估、作业支持暨核能安全、秘书处、法律室、首席经济家、内部审计、通信等。

（三）主要业务

欧洲复兴开发银行依据其受惠国在不同阶段之特殊需求，协助受惠国进行结构及产业性经济改革,提升竞争力、私有化及企业精神,并借由投资增进受惠国私人产业活动、强化金融机构及法制、发展基础建设并振兴私人产业。具体而言,欧洲复兴开发银行的业务包括:受惠国提供必要的资金支持、技术援助和人员培训,帮助受援国政府制定政策及措施,推动其经济改革,帮助其实施非垄断化、非中央集权化及非国有化,参加筹建金融机构及金融体系,支持筹建工业体系,尤其注意扶持中小型企业的发展。国际复兴开发银行最为主要的业务是为受惠国的发展需求提供资金支持,主要是提供贷款。贷款的条件是:贷款期限为 2~10 年,贷款利率按照伦敦市场的利率计算,另外根据项目的风险程度和抵押条件上浮 2~5 个百分点。欧洲复兴开发银行的基本操作模式是:通过代理行来放贷,该行只在基准利率上加 1~2 个百分点,允许代理行可以收取剩下的 6~8 个百分点,几乎是基准利率的 3 倍,代理行对此业务单独考核、单独记账,加强管理,及时撤除坏账。欧洲复兴开发银行的优点在于其可在私有及公有部门运作,为私有或可私有化企业设定各种适宜的融资条件,以便通过共同融资方式与其他国际金融机构及公私金融机构进行合作。

第三节 新型国际金融机构

近年来,随着中国经济实力的不断增强和国际地位的不断提高,中国主动参与全球金融治理改革,先后主导成立了金砖国家银行和亚洲基础设施投资银行等新型国际金融机构。

一、金砖国家开发银行

2013 年 3 月 27 日,第五次金砖国家领导人峰会上决定建立金砖国家开发银行、筹备建立金砖国家外汇储备库,并成立工商理事会。按照最初的设计,金砖银行的初始本金为 500 亿美元,由每个国家各出资 100 亿美元。金砖国家开发银行的宗旨是通过制度性安排,帮助金砖国家以及更广泛意义上的发展中国家,充分调动可用资金,实现储蓄向实体投资转化,从而增进资源的有效配置。2011 年,南非正式成为金砖国家中的一员,从此,金砖国家由中国、俄罗斯、印度和巴西四国,变成目前的"金砖五国"。

金砖国家都是新兴经济体,发展速度较快,对资金的需求较大,且彼此之间的贸易往来较多,存在诸多共同利益。金砖国家开发银行的成立,将以基础设施建设等项目投资为重点,为五国乃至更多的新兴市场国家提供融资便利,从中长期看,将促进这些国家的经济发展,最终实现共同繁荣。另外,发展中国家在面临经济困难和财政困难时,除了向世界银行和国际货币基金组织求援外,也可以向金砖国家开发银行求助。再者,成立金砖国家开发银行,可以简化金砖国家间的相互结算与贷款业务,从而减少对美元和欧元的依赖,有效保障成员国间的资金流通和贸易往来,促进经济的发展。

金砖国家开发银行的成立,将标志着新兴经济体在全球金融框架中发挥越来越重要的影响,从而对 IMF(国际货币基金组织)、世界银行这一长期由欧美国家把持主导权的国际金融体系构成挑战。事实上,该银行构想的虚变实,同样也体现了这种挑战的逐步清晰化、成形化:2012 年新德里峰会,"金砖"首次公开提出加速改革 IMF/世界银行机制,本着公开、择优原则推选两大机构最高领导人等共识;2013 年包括金砖国家开发银行在内、一揽子构想的推出,则更直接表明了"金砖"们已不仅仅满足于欧美在 IMF/世界银行机制框架里有限的让步和安抚，而要"别开生面"、构建另一套相对平行的国际金融架构。

金砖国家 2014 年 7 月 15 日发表《福塔莱萨宣言》，宣布金砖国家新开发银行（New Development Bank）的初始授权资本将为 1 000 亿美元，初始认购资本将为 500 亿美元，由 5 个创始成员国均摊。其总部设在中国上海，其首任理事长来自俄罗斯，首任董事长来自巴西，首任行长来自印度。

二、亚洲基础设施投资银行

亚洲基础设施投资银行（Asian Infrastructure Investment Bank，简称亚投行，AIIB）是一个政府间性质的亚洲区域多边开发机构。重点支持基础设施建设，成立宗旨是为了促进亚洲区域的建设互联互通化和经济一体化的进程，并且加强中国及其他亚洲国家和地区的合作，是首个由中国倡议设立的多边金融机构，总部设在北京，法定资本 1 000 亿美元。

（一）成员概况

自 2016 年 1 月正式成立以来，经历了多次扩容，截至 2019 年 4 月 22 日，亚投行的成员总数达到 97 个。按大洲分，涉及亚洲、欧洲、大洋洲、南美洲、非洲等。联合国安理会五大常任理事国已占四席：中国、英国、法国、俄罗斯。G20 国家中已占 16 席：中国、英国、法国、印度、印度尼西亚、沙特阿拉伯、德国、意大利、澳大利亚、土耳其、韩国、巴西、南非、俄罗斯、加拿大、阿根廷。七国集团已占五席：英国、法国、德国、意大利、加拿大。金砖国家全部加入亚投行：中国、俄罗斯、印度、巴西、南非。

（二）主要宗旨

秉持"简洁、廉洁、清洁"的核心价值观，通过在基础设施及其他生产性领域的投资，促进亚洲经济可持续发展、创造财富并改善基础设施互联互通；与其他多边和双边开发机构紧密合作，推进区域合作和伙伴关系，应对发展挑战。

（三）主要职能

（1）推动区域内发展领域的公共和私营资本投资，尤其是基础设施和其他生产性领域的发展。

（2）利用其可支配资金为本区域发展事业提供融资支持，包括能最有效支持本区域整体经济和谐发展的项目和规划，并特别关注本区域欠发达成员的需求。

（3）鼓励私营资本参与投资有利于区域经济发展，尤其是基础设施和其他生产性领域发展的项目、企业和活动，并在无法以合理条件获取私营资本融资时，对私营投资进行补充。

（4）为强化这些职能开展的其他活动和提供的其他服务。亚投行采用股份制银行的治理模式，组织框架由理事会、董事会和银行总部组成。其中，由所有成员国代表组成的理事会是其最高权力和决策机构；董事会由理事会选举的总裁主持，负责对日常事务的管理决策；银行总部下设银行各主要职能部门，包括综合业务部、风险管理部等，分别负责亚投行日常业务的开展。运行后的亚投行将是一个政府间性质的亚洲区域多边开发机构，按照多边开发银行的模式和原则运营，重点支持亚洲地区基础设施建设。

 **本章小结**

国际金融组织与机构是指从事国际金融业务，协调国际金融关系，维持国际货币体系正常运转，促进国际贸易发展与世界经济发展的超国家机构。按国际金融组织与机构主要的业务范围，可以将其分为全球性的国际金融组织与机构和区域性的国际金融组织与机构。

国际货币基金组织于1945年12月27日成立，为世界三大金融机构之一，其职责是监察货币汇率和各国贸易情况，提供技术和资金协助，确保全球金融制度运作正常。其总部设在华盛顿。

世界银行集团是一个包含有5个国际组织的集团，其总部在美国华盛顿特区。自1944年成立以来，世界银行已从一个单一的机构发展成为一个由5个联系紧密的发展机构组成的集团。这5个机构分别是：国际复兴开发银行、国际开发协会、国际金融公司、多边投资担保机构和国际投资争端解决中心。

国际清算银行不是政府间的金融决策机构，亦不是发展援助机构，实际上是西方"中央银行的银行"。国际清算银行虽不是联合国11个专门机构之一，但其地位和作用现已发展成为仅次于国际货币基金组织和世界银行集团之后的最重要的国际金融机构。

亚洲开发银行是亚洲和太平洋地区的区域性金融机构，于1965年12月19日正式营业，总部设在菲律宾首都马尼拉。亚洲开发银行不是联合国下属机构，但它是联合国亚洲及太平洋经济社会委员会赞助建立的机构，同联合国及其区域和专门机构有密切的联系。

欧洲复兴开发银行是由美国、日本及欧洲一些国家政府发起成立的银行，于1991年4月14日正式开业，总部设在伦敦。

金砖国家开发银行和亚洲基础设施投资银行是近年来以中国为主导成立的新型区域性国际金融机构。

 本章重要概念

国际货币基金组织；世界银行集团；世界银行；国际清算银行；国际复兴开发银行；亚洲开发银行；亚洲基础设施投资银行；金砖国家开发银行

 本章复习思考题

1. 简述国际货币基金组织的成立背景、主要宗旨与业务。
2. 简述世界银行集团的职能与主要业务。
3. 简述国际清算银行的职能与主要业务。
4. 简述亚洲开发银行的职能与主要业务。
5. 简述欧洲复兴开发银行的宗旨与业务。
6. 试述金砖国家开发银行的主要作用。
7. 试述亚洲基础设施投资银行的主要作用。

第十二章 国际金融危机

本章学习目标

理解国际金融危机的含义与特点；熟悉国际金融危机的类型及其含义；掌握国际金融危机的传导与扩散路径；了解国际货币危机的相关理论；了解国际债务危机的性质与特点。

经济全球化的本质就是通过经济的、贸易的、金融的、信息的网络把世界各地紧紧地联系在一起，将全球作为一个统一的自由市场，有效地进行分配与再分配，使各地的资源优势得到充分的利用与发挥。但经济全球化也带来了诸多弊端，比如它导致了各种金融风险传导的全球化。从 1997 年的亚洲金融危机到 2008 年的美国金融危机，充分证明了国际金融危机具有比过去更迅速的传导性和更大的破坏性。当然，国际金融危机的频繁爆发也暴露了现行国际金融监管制度存在的缺陷，各国应当建立宏观的、审慎性的监管框架体系，以防范系统性金融风险和国际金融危机的发生。

第一节 国际金融危机概述

一、国际金融危机的概念

所谓金融危机，是指金融风险积聚到一定程度后集中爆发的一种极端状态。这一状态集中表现为主要金融指标，如汇率、资产价格、企业破产数和金融机构倒闭数等出现急剧的或超周期的恶化，并对社会经济发展造成了灾难性的影响。20 世纪 80 年代以来，随着经济全球化、金融国际化的发展，一国金融危机很容易蔓延至周边国家或其他国家，从而使得金融危机呈现国际性的特征。

所谓国际金融危机，是指在国际金融领域中所发生的严重的动荡、混乱以及恐慌的一种极端状态。它主要通过资产价格、金融交易或金融恐慌心理等迅速传染到其他的国家或经济体，并使其金融领域出现同样的剧烈动荡和混乱状态。20 世纪 90 年代爆发的三次大规模的金融危机，即欧洲货币体系危机、墨西哥金融危机和亚洲金融危机，对世界产生的影响一直为世人所关注。2008 年由美国次贷危机引发的全球金融危机、2009 年年底的迪拜债务危机和 2010 年年初的希腊主权债务危机，再次引起人们对国际金融危机及其产生原因的思考。国际金融危机的特点表现为集中性、蔓延性、突发性和频繁爆发性等。

（1）集中性，是指金融危机多数集中在发展中国家。由于发展中国家市场体制发育不成熟、外债结构不合理、引进外资具有盲目性、短期外债过量且银行体系不健全等内在因素，所以抵御外部经济波动和风险的能力较弱。

（2）传染性，是指一旦某一经济体内部出现金融危机，就会迅速蔓延到其他国家乃至全球，进而形成全球性的经济危机。比如，2008年爆发的全球金融危机起源于2007年2月的美国次贷危机，同年8月就迅速波及欧洲和亚太地区，2008年10月蔓延至全球。

（3）突发性，是指金融危机爆发事先没有预兆，一旦爆发，金融危机波及面广，危机程度深，给金融业、实体经济带来的危害巨大。据统计，在2008年全球金融危机中，美国破产的企业和个人总数近120万家，诸如雷曼兄弟等著名金融机构都纷纷倒闭；欧洲、韩国及日本等众多发达国家也都不同程度地受到此次金融危机的影响，出现经济增长速度明显放缓的现象；发展中国家，尤其是新兴市场经济体更受到严重冲击。

（4）频繁性，是指金融危机爆发的时间间隔不断缩短，爆发的频率较高。20世纪90年代，伴随着国际游资的膨胀，国际货币、金融危机频繁爆发，从1994年墨西哥金融危机到席卷亚洲的1997年东南亚金融危机，从2007年美国次贷危机到2008年爆发的冰岛主权债务危机，从2009年迪拜主权债务危机到2010年不断发展蔓延的欧洲债务危机，都是金融危机频繁爆发的实例。

二、国际金融危机的类型

国际货币基金组织在1998年5月出版的《世界经济展望》一书中，根据金融危机的性质和特性，将国际金融危机分为银行危机、货币危机、债务危机以及股市危机和综合性金融危机等几种类型。其中，银行危机是一种传统的金融危机；而在现代经济条件下，世界经济全球化加速发展，金融危机的类型越来越呈现出复杂性、综合性的趋势，如货币危机、债务危机以及股市危机等频繁爆发并相互交织在一起。

所谓银行危机（Banking Crises），是指商业银行由于出现了挤兑或经营失败而不能正常履行对储户兑现义务的一种状况，或者指商业银行为避免违约现象发生而不得不求助于政府出面提供大规模资金援助的一种状况。一旦某家银行爆发危机，它可能会波及其他银行，从而引起整个银行业危机。

所谓货币危机（Currency Crises），是指当某种货币的汇率受到投机性袭击时，该货币出现持续性贬值，或迫使货币当局为保卫本币对外价值稳定而动用外汇储备或急剧提高利率的一种状况。货币危机的实质是一种货币的对外价值即本币汇率在某一时期内出现剧烈波动或本币对外大幅度贬值（一般认为年贬值率超过25%）的一种状况。

所谓债务危机（Foreign Debt Crises），是指一国政府无法履行其对外债的偿还义务时的一种状况。当一国无法偿还其对外债务时，公众会对其货币信誉失去信心，从而引发货币贬值，因此债务危机往往会伴随货币危机发生，而货币危机未必会导致债务危机。

所谓股市危机，又称证券市场或资本市场危机，是指证券二级市场上的金融资产（如股票、债券、基金等）价格出现的短暂剧烈的暴跌的一种状况。泡沫经济、信息不对称、噪声以及循环周期等理论较好地解释了这种危机形成的基本机理；相应地，采取限定过度投机、设立涨跌幅限制、调节货币供应量以及对个别企业与机构救助等措施对于稳定股市价格、提振市场信心以及抑制股市危机的扩展与蔓延等均具有积极的作用。

所谓综合性金融危机（Systematic Financial Crises），也可称为"全面金融危机"，是指上述几种危机中同时发生或相继发生两种以上的状况，又称孪生危机或多重危机。当综合性金融危机发生时，说明整个金融体系出现了全面的严重混乱的一种极端状态。它具体可分为外部综合性金融危机和内部综合性金融危机。发生内部综合性金融危机国家的共同特点是金融体系脆弱，危机由银行传导至整个经济。

三、国际金融危机的传导和扩散

（一）金融危机的传导效应

金融危机的传导有狭义和广义之分。所谓狭义的金融危机传导，又称接触性传导，是指由于实体经济或贸易金融方面的相互衔接关系导致一国金融危机在相关国家之间的传播。所谓广义的金融危机传导，泛指一国金融危机的跨国传播与扩散导致许多国家同时陷入金融危机。它既包括由于贸易金融关系密切的国家间所产生的接触性传导——这是贸易和金融溢出效应的结果；也包括贸易金融关系并不密切的国家间的非接触性传导——这是以资本的流动作为载体的。由于全球外汇市场和股票市场 24 小时不间断交易，金融市场全球化程度越高的国家或经济体，其接受与释放金融危机信号的速度就越快。因此，金融危机一旦爆发，就会迅速通过一国金融市场传导到另一国金融市场，然后再向实体经济蔓延。具体地说，金融危机具有以下传播效应。

1. 季风效应（Monsoonal Effect）

季风效应是指由于共同的冲击引起的危机传导。季风效应源于国内金融市场与国际金融市场的高度相关性，市场心理因素往往起主导作用，属于非接触性风险传导。当一国发生危机时，国际金融市场的系统性风险提高，无风险利率会上升，国际金融市场出现紧缩。它是由共同的冲击引起的危机传导，如主要工业国家实施的经济政策会对新兴市场国家的经济政策产生相似的作用和影响。

2. 溢出效应（Spillovers Effect）

溢出效应源于国际金融市场体系中各个子市场之间的高度相关性，实质经济因素往往起主要作用，属于接触性传导。溢出效应通常包括贸易溢出和金融溢出。由于一国与他国经济的联系主要是通过贸易和金融，因此，贸易和金融成为金融危机传导的两个重要途径。当一国发生金融危机时，国际金融市场会提高对其他相似国家的风险溢价，索取更高的回报率，使得这类国家的融资成本上升，该国出口、外国直接投资和国际资本流入都会大幅减少。出口大幅度减少，使得以出口为导向的企业经营陷入困境，在金融溢出和贸易溢出的双重作用下，金融危机加快了从金融市场向实体经济蔓延的速度。

3. 净传染效应（Pure Contagion Effect）

净传染效应是指金融危机是由宏观基本面数据不能解释的原因所引起的。其主要涉及的是自我实现和多重均衡理论。在这一框架下，一国陷入危机后会引致另一国经济走向"不良均衡"，其特征是货币贬值、资产价格下降、资本外流和坏账、呆账增加。因此，在经济危机发生时，这种均衡只有一种坏的结果，存款人由于恐慌心理而发生银行挤兑，最后冲击整个金融业。

4. 羊群效应（Herd Effect）

羊群效应是指经济个体的从众心理。信息不对称性及收集和处理信息的高额费用是导致羊群效应的原因。由于缺乏足够的信息，投资者一般认为一个国家发生金融危机之后其他国家也会发生类似的危机。因此，投资者更愿意根据其他投资者的决策来做出自己相应的决策，小额投资者也往往跟随大额投资者做出决策。当金融危机发生时，大额投资者减持或卖出资产和投资组合时，小额投资者也会跟进减持和卖出，这就导致所谓的羊群效应。

（二）金融危机的国际传导路径

金融危机在国家间的传导可以分为波及传导和净传导。波及传导是指出现危机的国家恶化了另一个国家的宏观经济涉外变量，从而破坏了其原有的内外平衡，导致另一个国家的经济出现危机。净传导是指一个国家的金融危机诱发了另一个国家的金融危机。从国家间关系的性质出发，金融危机的国际传导分为接触传导和相似传导。接触传导是指通过直接的经济金融联系实现的传导。相似传导是指通过投机者行为实现的传导，即源发国的危机迫使投机者纷纷调整自身的行为，重新评价相似国家的经济基础及政府的政策，调整资产结构进行自救，从而使得另一国染上危机。金融危机的传导路径主要分为实体经济路径和金融路径。

1. 实体经济路径

实体经济路径是指通过实体经济的关联而达成的危机在国家间的传导和扩散。其具体形式有以下两种：

（1）竞争对手型传导。如果危机发生国和非危机发生国的出口市场相同，互为竞争对手，则会发生竞争对手型传导。货币危机使危机发生国的货币大幅贬值，由此降低了其竞争国的出口竞争力，从而导致其宏观经济恶化。另外，因为竞争国可能采取竞争性贬值行动，从而诱发投机者对该国货币发起攻击。在通常情况下，一国与危机发生国的贸易联系越紧密，危机传导的概率就越大。由于发展中国家大多依靠廉价劳动力的优势发展对外贸易，而且发展中国家与发达国家存在互补性的贸易结构，所以其产品销售市场多为发达国家。众多发展中国家往往竞争同一发达国家的出口市场，而相互间的贸易往来不是很多，因此在货币危机发生时，容易出现竞争对手型传导。

（2）贸易伙伴型传导。一个国家的金融危机恶化了另一个与其贸易关系密切国家的国际收支及经济基础运行状况，从而令其陷入金融危机，这被称为贸易伙伴型传导。贸易伙伴型传导又包括两个路径：一是直接的进出口贸易传导，它是指爆发金融危机的国家往往表现为本国货币大幅贬值，进口减少而出口增加，从而导致贸易伙伴国的贸易赤字增加，外汇储备减少，不但缺少用于国际支付的手段，而且会成为投机者攻击的对象，最终成为危机国际传导的受害者；二是间接的价格冲击传导，它是指一个国家金融危机导致的本币贬值使其贸易伙伴国的价格水平下降，同时促使贸易伙伴国的居民进行货币替换，对本币的需求量减少，而要求兑换外币的数量增加，导致中央银行外汇储备减少，诱发货币危机，进而形成金融经济危机。

2. 金融路径

金融路径传导是指一个国家因宏观经济波动导致金融机构或金融市场缺乏流动性，进而导致另一个与其有着密切金融联系的国家的金融机构或金融市场缺乏流动性，从而导致该国爆发危机，或者另一个国家虽然与其没有密切联系，但基于预期而导致该国爆发了危机。金融路径的具体传导渠道有以下两个：

（1）金融机构渠道。金融机构不但具有高度的垄断性和内部关联性，而且是各国金融联系的重要纽带。当某金融机构在危机国利益受损后，为了达到资本充足率和保证金要求，或出于调整资产负债的需要，往往会大幅收回给其他国家的贷款，并且没有能力给其他国家提供新的贷款。如果该国缺乏足够的国际储备，金融管理水平不高，就很难应付国际资本大规模流动造成的冲击，结果陷入危机。

（2）资本市场渠道。在金融全球化的背景下，金融危机的传染还可以通过资本市场渠道进行。因为当今资本市场是一个全球一体化的市场，极易发生波动，当机构投资者在一个市场上出现大量的资本损失时，往往会在其他市场上出售证券获取现金以便补充流动性；即使不遭受损失，也会基于风险和预期心理重新进行证券投资组合，以获得尽可能大的收益。这个组合会随着风险与预期的变化而相应调整。因此，一个市场的资产收益在一些投机者的冲击下发生变化，导致其他市场证券组合的改变，从而把危机传染到该证券市场所在国。尤其重要的是，预期效应使得即使国家之间不存在直接的贸易、金融联系，也可能会传染金融危机。这是因为一个国家发生危机，投资者对另一些类似国家的市场预期也会发生变化，从而影响投资者的信心与预期，在信息不充分、不对称的作用下而产生"羊群效应"，进而导致投机者对这些国家的货币冲击，最终使这些国家染上金融危机。

（三）不同类型金融危机的传导与扩散

金融危机的传导过程可以分为两个层面：一个是危机在不同市场或不同领域之间的传导与扩散过程，另一个是危机在不同地理空间上的传导与扩散过程。

从金融危机的传导与扩散过程看，主要有两个载体：一是资本的流动；二是投资者信心的相互影响。货币危机与外债危机主要是依靠这两者实现传导的。资本市场危机，在各国资本市场相对独立的情况下，主要依靠投资者信心的丧失来传导。银行危机在国内不同地区之间的传导能力很强，货币危机和债务危机的跨国度传导能力最强。

1. 以银行危机为先导的金融危机的传导与扩散

银行危机是指银行过度涉足高风险行业，从而导致资产负债严重失衡，呆账负担过重而使资本运营呆滞，从而破产倒闭的危机。银行业是金融业的主体，在一国社会经济生活中具有非常重要的地位。引发银行危机的往往是商业银行的支付困难，即资产流动性缺乏，而不是资不抵债。银行危机具有多米诺骨牌效应，因为资产配置是商业银行等金融机构的主要经营业务，各金融机构之间因资产配置而形成复杂的债权债务联系，使得资产配置风险具有很强的传染性。一旦某个金融机构资产配置失误，不能保证正常的流动性头寸，则单个或局部的金融困难就会演变成全局性的金融动荡。银行危机的影响之大也非一般行业危机可比，它可能会波及一国的社会、经济、政治等方方面面。银行危机源于金融机构的内在脆弱性及由此发生的各种风险，特别是由于过度信贷导致的大量的不良资产，当经济衰退或资金借贷严重失衡时，就出现信心危机和挤兑，从而引发危机。银行业危机爆发后，通过传导和扩散机制，即无力支付存款人存款，导致个人和企业的破产，最终引发资本市场危机和货币危机。

2. 以货币危机为先导的金融危机的传导与扩散

货币危机是实行固定汇率制的国家在非常被动的情况下，如在经济基本面恶化的情况下或者在遭遇强大的投机攻击的情况下，对本国的汇率制度进行调整，转而实行浮动汇率制，而由市场决定的汇率水平远远高于原先所刻意维护的官方汇率，汇率的变动幅度超出了一国可承受的范围而导致的危机。定值过高的汇率、经常项目巨额赤字、出口下降和经济活动放缓等都是发生货币危机的先兆。就实际运行来看，货币危机通常由泡沫经济破灭、银行呆坏账增多、国际收支严重失衡、外债过于庞大、财政危机、政治动荡、对政府的不信任等引发。在全球化时代，由于国民经济与国际经济的联系越来越密切，而汇率是这一联系的纽带，因此货币危机源于汇率的失真。由于国内出现严重的货币供求失衡、资金信贷失衡、资本市场失衡或者是国际收支失衡，致使国内出现严重的货币汇率高估，从而引发投机性攻击、投资者信心崩溃，导致资本外逃，这又加剧了本国货币汇率的狂跌和国际收支的失衡，最终引发了货币危机。货币危机通过传导与扩散机制，特别是信心危机的传导，造成货币供求、资金借贷和资本市场失衡的加剧，引发股市危机和银行危机，从而形成全面的金融危机。

3. 以债务危机为先导的金融危机的传导与扩散

债务危机的爆发源于资金信贷和国际收支的失衡。衡量一个国家的外债清偿能力有多个指标，其中最主要的是外债清偿率指标，即一个国家在一年中外债的还本付息额占当年或上一年出口收汇额的比率。一般情况下，这一指标应保持在 20% 以下，超过 20% 就说明外债负担过高。过度地利用外债，并且债务规模过大、债务高度集中，容易导致支付能力的不足和国际收支的严重失衡，支付能力不足削弱了投资人的信心，造成资金外逃，引发债务危机。债务危机通过传导和扩散机制，可以引发货币危机、资本市场危机和银行危机，从而形成全面的金融危机。

4. 以证券市场危机为先导的金融危机的传导与扩散

证券市场是十分敏感的市场。资本市场的失衡，除了市场内部原因之外还可能是因为实物经济和产业结构的失衡、经济增长速度的放慢或即将放慢、货币政策的调整、银行危机、外汇市场危机和债务危机及它们所带来的信心危机。当人们对于金融资产价格、整体经济的信心急剧丧失时，会在短时间内采取一致的行动，抛售各种资产特别是有价证券，导致资本市场危机的爆发。资本市场危机的爆发，使企业和个人遭受巨大损失，资金借贷和货币需求出现严重失衡。资本市场危机又通过传导和扩散机制，引发银行危机和货币危机。

由上述内容可知，金融危机在不同空间和市场之间的传导过程不是截然分开的，而是同步进行的，时间上互相交叉、传导上互相感染、空间上连锁反应，形成极为复杂的传导与扩散机制。通过这种机制，一步一步把金融危机推向极致，甚至引发严重的政治危机和社会动乱。因此，一次金融危机的发生，不仅仅是单一市场、单一链条的传导，而是通过传导机制向多个领域、多个市场、多个国家蔓延。

四、20 世纪 90 年代以来的主要金融危机

布雷顿森林体系崩溃后，在世界范围内掀起了放松管制、强化市场机制、推动经济自由化和金融深化的浪潮，相应地，国际金融市场也日益自由化和全球一体化。加上现代化通信手段和计算机网络技术的应用，金融衍生工具和交易手段层出不穷，国际资本流动得到了空前的发

展。进入 20 世纪 90 年代以来，在资本高速流动、投机性冲击频频发生的背景下，世界上爆发过多次金融危机。

（一）1992 年的欧洲货币危机

加入欧洲货币体系的欧洲共同体成员国货币之间实行联合浮动汇率制度，创立了欧洲货币单位（ECU），并制定了各成员国与 ECU 的法定中心汇率。于是各成员国之间形成了固定汇率制度，对外则实行联合浮动。20 世纪 90 年代初，欧洲共同体各国经济出现动荡，成员国之间的宏观经济状态如通货膨胀率、失业率、财政赤字和经济增长等出现较大差距，一些成员国货币与中心汇率的平价难以维持，于是给国际投机者提供了机会。

投机性冲击出现于 1992 年下半年，最早遭受投机性冲击的货币是芬兰马克和瑞典克朗。芬兰和瑞典当时都不是欧洲货币体系的成员国，但它们都希望加入欧洲货币体系，并将本国货币与 ECU 中心汇率相联系。在投机性冲击下，芬兰迅速放弃固定汇率，于 9 月 8 日大幅度贬值。瑞典政府则坚决保卫克朗，将短期利率提高到年利率的 500%，最终击退了投机性冲击。同时，英镑和里拉也持续遭到冲击。9 月 11 日，欧洲货币体系同意里拉贬值 7%，尽管德国中央银行花费约 240 亿马克支持里拉，但是 3 天后里拉还是退出了欧洲货币体系。此时英格兰银行为保卫英镑已损失了数十亿美元，9 月 16 日英国被迫允许英镑自由浮动。法国法郎也遭受了投机性冲击，但是通过法、德两国的共同干预，以及法国大幅度提高利率，使法郎币值得到回升。

欧洲货币体系的危机从 1992 年持续到 1993 年，在此期间投机性冲击时有发生。1992 年年末，葡萄牙货币埃斯库多贬值，西班牙货币比塞塔再次贬值，瑞典克朗和挪威克朗开始浮动。1993 年上半年，爱尔兰镑贬值，葡萄牙埃斯库多再次贬值，西班牙比塞塔第三次贬值。而法国法郎和丹麦克朗终于顶住了间断性的投机性冲击。

（二）20 世纪 90 年代的墨西哥金融危机

1988 年，墨西哥开始实行爬行汇率制，并带来了一定的效果，经济得到快速增长，通货膨胀率下降。但由于墨美两国通货膨胀率差异较大，比索对美元长时间不调整，引起比索高估，抑制了出口，墨西哥经常项目赤字巨大，1994 年逆差达到 280 亿美元，占国内生产总值的 8%。为了弥补这一赤字，墨西哥采取政府举借美元外债，开放国内资本市场特别是股票市场等办法吸引外部资金。

1994 年，西方经济开始复苏，利率随之上扬，加上墨西哥政局不稳，一些外国投资者开始大量抽走资金，造成资金大量外流。墨西哥政府不得不运用外汇储备干预，致使外汇储备急剧下降，所剩不足以维持本国经济的正常运转。当局决定通过比索一次性贬值来促进出口、减少进口、阻止资金外流，于是在 1994 年 12 月 19 日夜宣布比索一次性贬值 15%，引起人们极度恐慌，纷纷抢购美元，比索继续贬值，政府干预外汇市场无效，于次日又宣布实行自由浮动，随后比索大幅贬值。12 月 20 日收盘时，1 美元兑换 3.987 比索，到 1995 年 3 月 9 日，汇率跌破了 1∶8.9。比索的大幅贬值导致股市狂跌，12 月 20 日一天之内，墨西哥股票交易所收盘价下跌 6.26%，至 1995 年 1 月 10 日，股票市场价按美元计算下跌 50%。资本外逃，国际储备大量流失，比索贬值与物价上涨相互攀比，银行利率不断上扬，大批企业陷入资金困难，金融危机最终变成了全面的经济危机。

墨西哥金融危机对世界经济产生了很大冲击。由于阿根廷、巴西、智利等其他拉美国家经济结构与墨西哥类似，都不同程度地存在着债务沉重、贸易逆差、币值高估问题，墨西哥金融危机爆发首先影响的就是这些国家。由于外国投资者害怕墨西哥危机扩展到整个拉美国家，纷纷抛售这些国家的股票，导致拉美股市猛跌，整个拉美证券市场损失89亿美元。

（三）1997年的东南亚金融危机

1997年7月，地处东南亚地区的泰国首先爆发了货币危机。该国从1984年建立起来的固定汇率制不能维持，以泰铢表现的外币汇率急剧上涨，最终泰国只得放弃固定汇率制，实行浮动汇率制。浮动汇率制的推行未能帮助泰国政府制止外币汇率不断上涨、外汇市场继续动荡的危险形势，与之相伴的有价证券行市急剧下降，大量资金外流，国际收支逆差严重，大批企业倒闭，利息率急剧高涨。国内经济的衰退很快使货币危机转变为系统性的金融危机。在国际经济高度一体化的情况下，危机迅速由泰国蔓延到印尼、菲律宾、马来西亚、新加坡、我国的香港和台湾地区，到1997年10月韩国也爆发了金融危机。危机此起彼伏、相互影响，对国际经济与金融产生了非常深刻的影响，甚至诱发了1998年俄罗斯与拉丁美洲巴西的金融危机。东南亚金融危机影响之深、时间之长是前所未有的。直到1999年上半年，亚洲各国才逐步走出危机谷地，开始走向复苏的道路。

1997年东南亚金融危机首先在泰国爆发，以后蔓延到诸多新兴市场国家和地区。其表现形式主要包括以下几个方面：

（1）汇市飙升。造成外汇市场需求猛增，汇率急剧上涨的直接原因有：出口收汇减少，进口付汇要到期支付；国际短期资金撤走抽回；本国资本外逃；外国逼债；居民抢汇保值；企业竞相"迟收早付"，以减少汇率波动风险。与危机前相比，危机最严重时各国货币对外贬值幅度为：泰国56%、菲律宾43%、印尼53%、马来西亚36%、韩国233%。

（2）股市狂泻。有价证券行市下跌的主要原因是企业，特别是房地产开发商、投资商、债务人欠款不能收回，导致企业破产、倒闭增加。而投资于这些证券的企业、银行或遭受损失，或其本身的证券也受到连带的影响。此外，各国不断提高利率，吸引国际资金，以稳定汇率，但利率提高后都促使有价证券行市进一步下降。与危机前相比，危机严重时期各国有价证券下跌幅度为：泰国44%、马来西亚51%、菲律宾43%，香港恒生指数有时一天下跌1438点，下跌幅度达42%。

（3）银行、企业破产倒闭。危机期间，泰国有58家银行停业，印尼在1997年12月由50家银行合并为12家银行，韩国在1997年年底有3 000家公司破产、14家商业银行停业。

（4）涌现巨额呆账。企业破产、银行倒闭、有价证券行市下降等，导致市场涌现大量呆账，泰国房地产业的呆账达200亿美元，韩国1998年年初不良贷款为31.7亿韩元，占贷款总额8.7%。

（5）国际收支逆差严重，大量资金外流。由于经济不振，出口锐减，居民抢汇保值，汇率上涨，大量资金外流，导致国际收支逆差量加大，如泰国1994年经常项目赤字为80亿美元，1995年年底就已达135亿美元。

（6）借贷资本极端缺乏，利息率急剧高涨。危机爆发，信贷链条中断、停滞或停止，危机期间幸免于难的企业急需资金偿贷或维持生产经营，对信贷资金需求迫切，但由于呆账涌现、企业破产，市场恐慌心理加剧，能提供的信贷资金有限，形成借贷资本奇缺、利息率高涨的局面。同时，货币当局为了抑制汇率上涨，提高利率吸收国际资金，在利率高涨中又起着推波助澜的作用，如韩国利率最高时达32%，菲律宾达23%～27%。

此次金融危机的直接原因是投机资本的攻击，但是不良的基础面因素，如经常项目逆差、落后的产品结构、不健全的金融体系与金融机构、政府的家族渊源等，不足以维持高估的汇率水平，形成汇率贬值预期，也是造成此次金融危机的原因之一。

（四）2008年的美国金融危机

2008年美国金融危机的导火索是美国次贷危机。美国"次贷危机"是从2006年春季开始逐步显现的。2007年，美国出现大规模的次级贷款无法偿还，引起次级抵押贷款机构破产、投资基金被迫关闭、股市剧烈震荡等一系列金融风暴。所谓次贷，即次级按揭贷款，是指向信用分数较低、收入证明缺失、负债较重的人提供住房贷款。贷款人可以在没有资金的情况下购房，仅需声明其收入情况，无须提供任何有关偿还能力的证明。由于风险高，次级按揭贷款的利率也很高。次贷的放出机构为了尽早收回资金，将这些贷款资产证券化，发行债券，即以大量次级贷款债权构成的资产池为基础，发行不同信用等级的抵押贷款支持证券（Mortgaged Backed Securities，MBS），将与贷款相关的收益与风险转移给全球市场上的投资者。为了将一些风险较大、无人问津的MBS推销出去，金融机构又将这些中间级的MBS打包发行新的证券——抵押债务权证（Collateral Debt Obligation，CDO），并将这些新产品销售给投资者。这种将原有金融产品反复打包并发行新的衍生金融产品的做法在理论上是可以无限延伸下去的，从而造成金融衍生产品的规模远远超过实体经济的规模。

美国次级按揭客户的偿付保障不是建立在客户本身的还款能力的基础上，而是建立在房价不断上涨的假设之上。在房市火爆的时候，银行可以借此获得高额利息收入而不必担心风险。如果房市低迷，利率上升，客户们的负担将逐步加重。当这种负担到了极限时，大量违约客户出现，贷款不能支付，造成坏账。此时，次贷危机就产生了。2004年起，美联储连续提高利率，最终导致房价在2006年7月开始下跌。房价下跌一方面使房屋价值缩水，贷款供应商不能通过出售抵押品收回本息；另一方面，借款人也很难获得新的贷款来偿还房贷本息。这两方面的共同作用使房贷违约率上升，也导致MBS和CDO的信用等级显著下降，市场价值大幅缩水，投资者损失严重。2007年8月，以贝尔斯登宣布其旗下对冲基金停止赎回为标志，次贷危机全面爆发。

世界其他国家也大量购买了美国的次级债，与美国投资银行与保险公司交易量巨大，美国爆发的金融危机也造成了这些国家金融机构的亏损。这样，美国金融危机很快就传递到世界其他国家，引起其他国家的经济下滑，并最终酿成2008年全球性金融危机。

第二节 国际银行危机

一、银行危机的概念

银行危机是指银行由于系统性挤提存款等原因而导致无法将存款兑现，进而陷入破产倒闭的一种状况。国际货币基金组织曾对1980—1994年世界范围内的银行部门进行研究，提出了判断银行危机的界定依据:银行系统的不良贷款占总资产的比重超过 10%;援助经营失败银行的成本至少占国内生产总值的 2%;银行业的问题导致了大规模的银行国际化;出现范围较广的银行挤兑,或者由政府采取存款冻结、银行放假、担保存款等措施以应付危机。只要出现了上述四种情况中的任何一种即构成银行危机。

引发银行危机的往往是商业银行的支付困难,即资产流动性缺乏,而不是资不抵债。只要银行能够保持资产充分的流动性,就可能在资不抵债、技术上处于破产而实际上并未破产的状态下维持其存续和运营。银行危机具有多米诺骨牌效应。因为资产配置是商业银行等金融机构的主要经营业务,各金融机构之间因资产配置而形成复杂的债权债务联系,使得资产配置风险具有很强的传染性。一旦某个金融机构资产配置失误,不能保证正常的流动性头寸,则单个或局部的金融困难就会演变成全局性的金融动荡。由于网络技术的发展,银行的经营范围也扩展到国际业务,从全球目标出发采用全球经营战略,产生了大型的跨国银行。国际银行出现信用危机,从而导致地区性或全球性银行也出现经营困难甚至发生银行破产的经济现象便是国际银行危机。

二、银行危机理论

(一)货币政策失误论

货币政策失误导致银行危机的理论是由美国货币主义学派代表人米尔顿·弗里德曼(Milton Friedman)提出的。他认为,银行危机的根本原因在于货币政策的失误,并且这种失误(如突然的通货紧缩)会产生一些轻微的局部性金融问题,通过加剧银行恐慌演变为剧烈的全面的金融动荡。1929—1933 年美国史无前例的银行危机和经济危机正是由于美联储错误地执行了紧缩性货币政策导致的。

(二)金融不稳定性假说

金融不稳定性假说是由美国经济学家海曼·P. 明斯基(Hyman P. Minsky)于 1963 年提出来的。该理论的分析建立在资本主义繁荣与萧条长波理论的基础上,指出经济繁荣时期就埋下了金融动荡的种子。明斯基着眼于经济繁荣与紧缩的长期波动,认为资本主义经济具有固定的不稳定性。他将借款企业依据风险从低到高分为抵补性企业、投机性借款人和高风险借款人三类。随着经济的繁荣,第一类投资者比重在缩小,后两类投资者比重在增大,生产部门、个人和家庭的债务相对其收入比重越来越高,股票和不动产的价格也持续上涨。然而,长波上升之后必是下滑。任何打断信贷资金流入生产部门的事件都将引起企业违约破产风潮,从而导致银行破产、金融危机爆发。由于代际遗忘(Generation Ignorance)和竞争压力(Rivalrous Pressure),这一长波现象周而复始、循环往复。

(三)银行体系关键论

诺贝尔经济学奖得主詹姆斯·托宾(James Tobin)于 1981 年提出了银行体系关键论。这一理论的核心思想是银行体系在金融危机中起着关键作用。托宾认为,在过度负债状况下,如果银行能提供贷款,就可以避免出现债务—通货紧缩现象。但在过度负债的状态下,经济、金融扩张中积累起来的风险增大并显露出来,银行可能遭受贷款损失,甚至破产。因此,银行为了控制风险，必然不愿提供贷款，甚至提高利率、减少贷款。银行的这种行为会使企业投资减少，或引起企业破产，从而直接影响经济发展，或者使企业被迫出售资产以清偿债务，造成资产价格急剧下降。这种状况会引起极大的连锁反应，震动也极为强烈，使本来脆弱的金融体系崩溃得更迅速。

（四）银行挤兑论

戴蒙德和迪布维格（Diamond & Dybvig）于1983年提出了银行挤兑理论。该理论的基本思想是：银行作为一种金融中介机构，其基本功能是将不具流动性的资产转化为流动性资产，正是这种功能本身使得银行容易遭受挤兑。银行是金融中介机构，其债务主要为短期存款，其资产通常是向企业和消费者发放的长、短期贷款。当资产价值低于其债务价值时，银行就失去了偿还能力，即当借款人没有能力或不愿意偿还债务时，银行资产价值就可能下跌（信贷风险）。因此，如果一家银行的贷款损失超过了强制性准备金和资源储备及其产权资产的安全余额，那么该银行就失去了清偿能力。如果某国大部分银行都遭受超越其资本的贷款损失，那么银行系统的危机就会发生。

（五）安全边界说

克瑞格（Kregel）于1997年提出"安全边界说"（Margins of Safety），从银行的角度分析了金融脆弱性存在的客观性。安全边界可以理解为银行收取的风险报酬，包含在借款人给银行支付的贷款利息中。当不测事件发生，使得未来没有重复过去的良好记录时，安全边界能够给银行提供一种保护。确定安全边界的关键在于银行和借款人对预期现金收入的判断和对投资项目风险的把握。由于对未来市场知之有限，银行家的信贷决定遵循摩根法则，即是否贷款主要看贷款人过去的信用记录，而不大关注未来预期。银行家对借款人本身信用风险的重视超过了对贷款项目的评估，但贷款本息事实上只能由贷款项目的未来现金收入来偿还。而经济扩张使有良好记录的借款人越来越多，相应地降低了安全边界。于是银行家和企业家越来越自信，处于"非理性亢奋"状态中，没有发现信用风险敞口正在扩大。过去不能获得贷款的借款人或被要求较高安全边界的借款人，现在都能获得贷款或能以较低的安全边界获得贷款。正是那些对安全边界的缓慢、难以察觉的侵蚀，产生了金融脆弱性。当安全边界减弱到最低程度时，即使经济现实略微偏离预期，借款企业为了兑现固定现金收入流量承诺，也不得不改变已经计划好了的投资行为。这意味着拖延支付或另找借款。若不能实现，就只能推迟投资计划或变卖投资资产。于是，银行危机发生。

第三节 国际货币危机

一、国际货币危机概述

（一）国际货币危机及其分类

货币危机的含义有广义和狭义之分。从广义上看，一国货币汇率变动在短期内超过一定幅度（一般为15%~20%）时，就可以称之为货币危机。从狭义上说，货币危机是与对汇率波动采取某种限制的汇率制度相联系的，它主要发生在固定汇率制下，是指市场参与者对一国的固定汇率失去信心的时候，通过外汇市场抛售等操作导致该国固定汇率制度崩溃、外汇市场持续动荡的事件。

按照国际货币危机在狭义上的定义，国际货币危机的种类按照其成因可划分为以下几种类型：

（1）由政府扩张性政策导致经济基础恶化，从而引发国际投机资金冲击所导致的货币危机。假定一国货币需求非常稳定，而该国的货币供给由央行国内信贷及持有外汇储备两部分构成。我们知道一国的外汇储备总是有限的，在其他条件不变时，国内信贷的持续扩张必然会导致该国外汇储备持续下降，最终为零。外汇储备是政府维持固定汇率制的主要工具。一般情况下，一国持续扩张的货币政策导致该国外汇储备下降为零、放弃固定汇率制，汇率自由浮动时确立的汇率水平较原有的固定汇率制有大幅度的贬值。

以上分析可以用图 12.1 说明，由于一国货币需求和供给量稳定，这在图上体现为一条水平线。图中代表国内信贷的曲线是一条向上倾斜的直线，这表示该国国内信贷随时间推移而持续增加。图中代表外汇储备的曲线是一条向下倾斜的直线，这是因为在货币供给存量不变的情况下，外汇储备必然随着国内信贷的增长而下降。在图上的 t_0 点，外汇储备下降为零，此时政府无力维持原有的固定汇率，货币危机发生，汇率大幅度贬值后自由浮动。

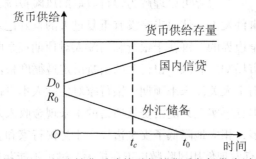

图 12.1　扩张性货币政策引起的货币危机发生过程

（2）在经济基础比较健康时，主要由心理预期作用而带来国际投机资金冲击所引起的货币危机。这类货币危机的发生与国际短期资金流动的运动规律有关，它主要是由于市场投机者的贬值预期心理造成的。这种投机预期可以完全与经济基本面无关，只要它的幅度足够大，就可以通过利率变动最终迫使政府放弃平价，从而使这一预期得到实现，因此，这种货币危机又被称为"预期自致型货币危机"（Expectation Self-fulfiling Currency Crisis）。政府为了抵御投机冲击而持续提高利率直至最终放弃固定汇率制是这种货币危机发生的一般过程。在这一过程中，中央银行主动介入市场采取措施进行防御。预期因素决定了货币危机是否会发生和发生到什么程度，而利率水平则是决定固定汇率制度放弃与否的中心变量。

（3）蔓延型货币危机。在金融市场一体化的今天，一国发生货币危机极易传播到其他国家，这种因其他国家传播而发生的货币危机被称为"蔓延型货币危机"（Contagion Currency Crisis）。货币危机最容易传播到以下三类国家：第一类是与货币危机发生国具有较密切贸易联系的国家。这样，发生货币危机的国家或者对该国商品的进口下降，或者对该国的出口形成巨大压力，导致该国贸易收支变化，从而诱发投机攻击。第二类是与货币危机发生国存在较为相近的经济结构、发展模式，尤其是潜在的经济问题（如汇率高估）的国家。投机资金会比较一致地对这些国家逐一攻击。第三类是过分依赖国外资金流入的国家。影响比较大的货币危机发生后，国际金融市场上的投机资金一般都会调整或收缩其持有的外国资产，至少是存在较大风险的国家的资产。许多国家将不可避免地发生相当部分资金流出的现象，如果这一流出对该国的国际收支有重大影响，则该国也有可能发生货币危机。

（二）货币危机的影响

货币危机无论对危机发生国还是对整个世界经济都会产生重大的影响和严重的危害。货币危机的不利影响体现在以下几个方面：

（1）货币危机发生过程中出现的对经济的不利影响。例如，为了抵御货币危机引起的资金外流，政府会采取提高利率的措施，而且对外汇市场的管制可能会维持很长的时间，这将对经济带来严重的消极影响。同时，危机期间大量资金会在国内外频繁流动，从而扰乱该国的金融市场。此外，货币危机期间的不稳定局势会给公众的正常生产经营活动带来很大干扰，一国的经济秩序也往往因此陷入混乱状态。

（2）货币危机发生后经济条件会发生的变化。首先，货币危机容易诱发金融危机、经济危机乃至政治危机、社会危机。其次，外国资金往往在货币危机发生后大举撤出该国，给经济发展带来沉重打击。再次，货币危机导致以本币衡量的外债大量增加。最后，货币危机发生后被迫采取的浮动汇率制度，往往因为政府无力有效管理而波动过大，给正常的生产、贸易带来不利影响。

（3）货币危机发生后政府措施产生的负面影响。从货币危机发生后政府被迫采取的补救性措施的影响看，紧缩性财政货币政策往往是最普遍的。但如果货币危机并不是由扩张性的宏观政策因素导致的，这一措施很可能给社会带来巨大的灾难。另外，为了获得外国的资金援助，一国政府将被迫实施这些援助所附加的种种条件，如开放本国金融市场等，给本国的经济运行带来较大的风险。

当然，货币危机也能够暴露一国经济隐藏着的诸多问题，同时货币的大幅度贬值也将纠正货币高估现象，有利于改善国际收支。但是，这些有利因素是在非常痛苦的过程中发挥出来的。所以总的来看，货币危机的危害性远远大于积极性。

二、货币危机理论

从埃铁翁（Richard Cantillon）1755 年的著作《论一般商业的性质》开始，经济学家对危机进行了近一百五十年的研究和论述。但是，直到 20 世纪 70 年代以前，国际金融市场的发展一直比较平稳，没有发生过较大的货币金融危机，所以未形成比较成熟的理论。20 世纪 70 年代布雷顿森林体系瓦解后出现了国际货币危机，美国经济学家克鲁格曼便设计出了第一代货币危机模型；1992—1993 年的欧洲货币体系危机引导人们对第一代货币危机模型进行了反思和修改，于是出现了第二代货币危机；1997 年东南亚金融危机后，人们发现东南亚国家货币危机中有许多因素是前两代货币危机模型所不能解释的，于是第三代货币危机模型应运而生。

(一)第一代货币危机模型——克鲁格曼模型

克鲁格曼在布雷顿森林体系瓦解的背景下,于1979年提出的货币危机模型是西方关于货币危机的第一个比较成熟的模型。第一代货币危机模型认为国家经济的基本面,特别是财政赤字的货币化,是决定货币危机是否爆发的主要因素。克鲁格曼对货币危机的分析打上了浓厚的货币主义色彩,他认为在一国货币需求稳定的情况下,国内信贷的扩张会带来储备流失,从而导致原有的固定汇率在投机冲击下产生危机。由于他在分析中采取的非线性形式导致固定汇率制的崩溃时间难以确定,这一工作实际上是由弗拉德(R. Fload)和戈博(R. Garber)于1986年完成的,后来被合称为克鲁格曼—弗拉德—戈博模型。

这一模型以小国开放经济为分析框架。假定货币需求不变,货币供给由央行国内信贷与持有外汇储备组成(假定不存在私人银行),则有

$$\overline{M}_d = m_t = \gamma D_t + (1-\gamma)R_t, 0 < \gamma < 1 \quad (12\text{-}1)$$

式中,$\overline{M}_d$ 表示固定的货币需求;m_t 表示货币供给;D_t 表示国内信贷;R_t 表示折算为本币价值的外汇储备,下标 t 表示时间。

令国内信贷以稳定速度增长,则有

$$\frac{dD_t}{dt} = \mu, \mu > 0 \quad (12\text{-}2)$$

式(12-1)可变为

$$R_t = (\overline{M}_d - \gamma D_t)/(1-\gamma) \quad (12\text{-}3)$$

对式(12-3)按时间取导数,并将式(12-2)代入,可得

$$\frac{dR_t}{dt} = -\mu \cdot \frac{\gamma}{1-\gamma} \quad (12\text{-}4)$$

显然从式(12-4)中得出的结论是:外汇储备将随国内信贷的增长而持续流失,这一流失速度与信贷扩张速度保持一定比例。如果一国对国际储备水平设定最低限 $\overline{R}$,则 $R_t < \overline{R}$,政府将宣告放弃平价,汇率大幅贬值后自由浮动。

以上的分析没有考虑到投机者因素。如果假定投机者是完全预期的,则市场上不存在套利或亏损的可能性,汇率不会出现跳跃。因此,在储备下降到最低限之前,投机者就会发动攻击,以防止因固定汇率的崩溃而可能给他们带来损失。为了说明投机攻击的时间选择问题,有必要引进一个新的概念——影子浮动汇率(Shadow Floating Exchange Rate)。影子浮动汇率是指在没有政府干预下,外汇市场自由浮动时确定的汇率水平。信贷扩张会使影子汇率水平不断降低,当影子浮动汇率降至与固定汇率平价相等的那一点时,投机者就会发动攻击,使政府储备立刻耗尽而放弃固定汇率,但汇率水平本身在固定汇率制向浮动汇率过渡中并不发生变化。因此,投机者的完全预期加速了固定汇率制的崩溃。

以上分析可用图12.2加以说明。在图12.2(a)中,货币存量 m_t 是一条直线,这表示在货币需求不变时货币市场处于均衡的情况。D_0、R_0 分别表示期初的储备与国内信贷存量。在图12.2(b)中,纵轴表示汇率水平(直接标价法),$\overline{S}$ 表示固定的汇率平价,AC 线表示影子浮动汇率的变动。在国内信贷不断扩张的情况下,影子汇率持续贬值。如果不考虑投机因素,当储备降至最低限 $\overline{R}$(假定 $\overline{R}=0$)时,固定汇率制崩溃,汇率由图12.2(b)中的 B 点跳跃至

C 点。在投机者完全预期情况下,当影子汇率与固定汇率相等(图中为 A 点)时,投机者就会发动攻击,此时储备突然降低至 $\bar{R}$,固定汇率制提前崩溃。从分析中可以看出,期初储备存量越高,信贷扩张速度越低,货币危机的发生也就越晚。

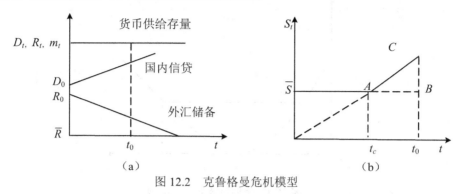

图 12.2 克鲁格曼危机模型

概括来说,第一代货币危机模型认为货币危机的发生是由于政府宏观政策与固定汇率的维持之间不一致引起的,而投机攻击导致的储备下降至最低限是其一般过程,所以紧缩性财政货币政策是防止货币危机的关键。

(二)第二代货币危机模型——预期自致型模型

20 世纪 90 年代的欧洲货币体系危机的发生使人们认识到第一代货币危机模型的不足,因为当时欧洲发生货币危机国家的经济运行良好,但却发生了货币危机。此时第二代货币危机模型提出了崭新的思路:货币危机是由于贬值预期的自我实现所导致的,即使一国的经济基本面尚好,但在羊群效应和传染效应的作用下仍会出现货币危机。因为从理论上讲,政府总可以通过提高利率以抵消市场贬值预期,获得储备来维持平价;当政府被迫放弃平价时,其原因一定是提高利率以维持平价的成本大大高于维持平价所能获得的收益。

政府提高利率以维持平价的成本可能包括:①如果政府债务存量很高,高利率会加大预算赤字。②高利率不利于金融稳定。利率上升时,社会上会有更多的、风险更大的借款人愿意接受贷款,同时任何借款人都倾向于改变自己的项目性质,使其变得风险更大。③总的来说,高利率意味着经济紧缩,这会带来衰退与高失业率等问题。政府维持平价的收益,也就是放弃平价的成本,一般包括:第一,消除汇率自由浮动会给国际贸易与投资带来不利影响;第二,发挥固定汇率的"名义锚"(Nominal Anchor)作用,遏制通货膨胀;第三,政府可以从对汇率的维持中获得政策一致性的"名声"(Reputation),这在政府政策对象是具有理性预期的公众时是极为重要的。

政府的决策过程实际上是对这两种成本的权衡过程。政府跨时期的损失函数可表示为

$$L_t = \int_t^\tau C_s e^{-\delta(s-t)} ds + \int_\tau^{+\infty} (f + C_s) e^{-\delta(s-t)} ds \qquad (12-5)$$

式中,τ 表示政府放弃平价的时间,δ 表示政府贴现率,f 表示放弃平价的成本,C_t 为 t 期的名义利率成本。上式说明:如果政府在 τ 期放弃平价,则在 t 期($t > \tau$)的总成本是由 τ 期以前维持平价的成本(上式中左边部分)与放弃平价后的成本(上式中右边部分)组成。不妨

令 $C_t = \gamma(i_t)$，其形状如图 12.3 所示。假定经济中存在着最优利率水平 $\hat{i}$，此时成本 $\gamma(\hat{i})$ 为零。一般来说，外国名义利率水平 i^* 高于 $\hat{i}$。当 $i_t > \hat{i}$ 时，名义利率成本随利率上升而递增。

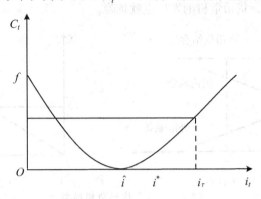

图 12.3　预期自致型危机模型

政府在决策中力图通过名义利率政策使损失函数最小，而名义利率政策的决定与平价是否维持有密切关系。如果政府维持平价，则在本币资产与外币资产完全替代、投机者风险中立的情况下，本国名义利率水平必须满足非套补的利率平价要求，即

$$i_t = i^* + \pi_t \cdot \Delta e \tag{12-6}$$

式中：π_t 表示贬值发生的概率；Δe 表示可能的贬值幅度。如果平价已经放弃，则政府会将利率调整到最优水平，即

$$\forall t > \tau, i_t = \hat{i}, C_t = 0 \tag{12-7}$$

利用式（14-7），政府的决策最优化问题可改写为

$$\min_\tau \left[\int_t^\tau \gamma(i_s) e^{-\delta(s-t)} ds + \frac{f}{\delta} e^{-\delta(\tau-t)} \right] \tag{12-8}$$

取一阶导数，得

$$\frac{dL}{d\tau} = \left[\gamma(i_\tau) - f \right] e^{-\delta(\tau-t)} \tag{12-9}$$

我们将满足 $\gamma(i_t) = f$ 时的名义利率水平称为 i_τ。显然，当市场预期的贬值概率为零或很小时，$i_t < i_\tau$，$\gamma(i_t) < f$，政府会维持平价。随着预期的贬值概率不断上升，名义利率不断提高，当 $i_t = i_\tau$ 时，$\gamma(i_t) = f$，即维持平价的成本与放弃平价的成本相等，此时政府会放弃平价，货币危机发生，名义利率调整到最优水平 $\hat{i}$，经济从一个均衡点跳跃到另一个均衡点。

第二代货币危机理论认为，货币危机发生的根源不在于经济基础，而是市场投机者的贬值预期。这一预期通过名义利率机制发挥作用，最终迫使政府放弃平价，使这一预期得到实现。防范货币危机发生的主要政策措施是提高政府政策的可信性，换而言之就是提高政府退出固定汇率制的成本。从分析中可以看出，这一成本 f 越大，政府对提高利率的忍耐程度就越高，货币危机发生的可能性也就越小。

（三）第三代货币危机模型

在东南亚金融危机后，货币危机的研究又掀起了一阵高潮。这些研究与前两个模型相比又有一些新的进展，主要是人们开始重视危机的传染性，并注意到微观经济因素对危机的影响。

对于这场危机,研究者们有许多不同的解释,这些模型无论在基本思想还是在分析方法上都未形成一个统一的框架,因此不能算是严格意义上的一代模型。第三代货币危机模型认为一个国家货币的实际贬值或经常账户的逆差和国际资本流动的逆转将引发货币危机,并在分析中引入了"金融过渡"的概念。下面讨论的是以银行、企业、外国债权人等微观主体行为为基础的开放经济金融危机理论,它主要包括道德风险模型、流动性不足模型和企业资产净值基础上的多重均衡模型。

1. 道德风险模型

道德风险(Moral Hazard)指政府免费向有着裙带关系的企业和银行提供显性或隐性担保,在管制松散的环境下,导致金融中介有强烈的欲望追求高风险收益。

假设金融机构有两类资产可作为投资选择,它们的优劣状态概率都为 0.5,在无道德风险条件下的投资回报如表 12.1 所示。

表 12.1 无道德风险条件下的投资回报

投资回报	无风险资产(%)	风险资产(%)
优状态下回报	107	120
劣状态下回报	107	80
期望回报	107	100

如果没有非理性担保,金融机构应投资于无风险资产,因为其期望回报高于风险资产。但是,如果存在非理性担保,金融机构在优状态下可获 120% 的回报,而在劣状态下却不用承担损失,期望回报则为 100%,于是金融机构将投资于高风险资产。

如果资本市场开放,道德风险将转化为金融过度(Financial Excess)。金融过度指过度投资和过度对外借贷。如果资本市场没有对外开放,道德风险只能转化为国内利率上升,不至于引发投资过度。但是,当资本市场对外开放后,政府担保使一些金融中介可以按较低利率等优惠条件从国际资本市场上融资,造成国内投资过度。

在资本(如房地产)供给缺乏弹性的情况下,金融中介的过度投资不会完全转化为资本存量的增加,而可能导致资产价格的持续攀升,使资产泡沫逐渐形成。当金融过度推动的泡沫难以维持时,资产泡沫崩溃,外资撤回,内资流出,最终使固定汇率制无法维持。

无论政府账面上的财政状况如何,道德风险使其存有隐性赤字,因为它对金融机构的不良资产提供了担保。一旦这些隐性赤字显现出来,即泡沫崩溃时银行呆账过于巨大,政府拯救它们的成本过于高昂,政府就将放弃自己的努力。于是,货币危机与银行危机同时发生。

该模型的政策建议涉及四个方面:第一,金融过度在金融危机中发挥主要作用,因此政府需要加强金融监管;第二,金融过度的原因之一是道德风险,因此克服货币危机需要制度变革,特别是打击"裙带关系";第三,金融开放是金融过度的必要条件,因此,发展中国家的金融开放不能追赶国际潮流;第四,既然货币危机是发生国制度扭曲的结果,外界的援助不能解决根本问题。

2. 流动性不足模型

流动性不足指金融中介缺乏清偿能力。金融中介出现流动性不足,源于三个原因:第一,商业银行的资产收益期与债务偿还期不一致,或者说它们以短期存款发放长期贷款,这就使典型的商业银行很容易遭到挤兑;第二,在利用外资过程中,游资大量涌入会显著增加银行的脆弱性,因为任何风吹草动都可能使其撤离该国,并加大流动性不足问题;第三,不适当的金融自由化会加剧流动性问题,在银行业竞争加剧的同时,准备金要求和监管都相应放宽了。

金融中介流动性不足会导致高成本的清算。如果银行倒闭,银行、企业和公众都会承受巨大的损失。这种高清算成本使得人们极易产生金融恐慌心理,小的冲击就可能引发大规模存款外流和严重的金融危机。银行危机的到来会使固定汇率制崩溃,因为拯救银行与维持固定汇率的目标存在冲突。为挽救银行,中央银行承担最后贷款人角色,对银行的挤兑转化为对中央银行的挤兑。但是,人们是用本国货币购买外国货币,政府的外汇储备不断减少,最终使固定汇率无法维持。

与强调内因的道德风险模型不同,流动性不足模型主要强调金融危机的外因,即游资的大量进入及恐慌性的资本流出。其政策建议是:适当控制短期资本流入;采取措施限制恐慌性的资本流出;建立国际层面的最后贷款人机制和债务协商机制,即主张对危机发生国实行国际援助。

3. 企业资产净值基础上的多重均衡模型

克鲁格曼将企业资产净值(资产减负债)与企业融资的关系用于开放经济之中:

$$I_t^f = (1 + \lambda)\omega_t \qquad (12-10)$$

式中,I_t^f 为企业从国外获得的融资;ω_t 为企业的财产。该式表明企业境外融资是由其财产决定的。

$$\omega_t = \alpha Y - D - eF \qquad (12-11)$$

式中,αY 表示企业家收入;D 为内债;F 为外债;e 为汇率。

从中我们可以看到,外资流入和流出会影响汇率,从而影响企业外币负债的本币价值。当国外债权人预期本国企业有较高的资产净值时,资本流入,本币对外升值,本国企业的外币负债减少,外国债权人的预期得到证实,由此得到一种理性预期均衡。如果外国债权人预期本国企业资产净值较少时,资本流入减少,本币贬值,企业外币债务负担加重,外国债权人的预期得到证实,构成另一种理性预期均衡。

该模型认为货币危机源自企业的问题。如果企业销售疲软,企业收入就会减少,内债增加,其净资产就会减少。这样,企业境外融资就会减少,该国资本外流。这又导致本币对外贬值,即发生货币危机。本币贬值还会加大企业外债的本币价值,使其陷入资不抵债的境地。因此,克鲁格曼修正了其他问题归结为银行的看法,认为谨慎的银行体系也不足以保证开放经济不受自我加强式金融崩溃的威胁。该模型实际上揭示了政府在货币危机时期的两难选择:若政府选择本币贬值,则企业会因外债加重而破产;若政府选择高利率政策捍卫固定汇率,企业又会因为经济紧缩而破产。正是在此意义上,克鲁格曼建议以紧急性资本管制来切断利率与汇率之间的联系。

(四)第四代货币危机理论

2000 年年初,保罗·克鲁格曼和哈佛大学的 Aghion 先后在第三代危机模型的基础上又提出了一些新的观点，认为如果本国的企业部门外债的水平很高，外币的风险头寸越大，"资产负债表效应"越大，经济出现危机的可能性就越大。其理论逻辑是：在亚洲国家存在严重的信息不对称和信用风险偏大，银行要求企业提供足额担保才发放贷款。这样，从总量来讲，一个国家的总投资水平就取决于国内企业的财富水平（因为抵押才能获得银行资金），如果企业持有大量外债，国外的债权人会悲观地看待这个国家的经济，会减少对这个国家的企业的贷款，其本币会贬值，企业的财富下降，从而能申请到的货款下降，导致全社会投资规模下降，经济陷入萧条，这一过程是自我实现的。第四代危机模型尚有待完善，比如没有解决在一个动态模型中，企业的外债累积问题，以及在多大程度上，银行的低效率会影响到危机的程度。总体来看，现在的货币危机模型正在向泛化发展，不限于事后解释某次特定的危机，而是希望能一般性的解释下一轮危机。

三、国际货币危机爆发的原因

随着市场经济的发展与全球化的加速，经济增长的停滞已不再是导致货币危机的主要原因。经济学家的大量研究表明，定值过高的汇率、经常项目巨额赤字、出口下降和经济活动放缓等都是发生货币危机的先兆。就实际运行来看，货币危机通常由泡沫经济破灭、银行呆坏账增多、国际收支严重失衡、外债过于庞大、财政危机、政治动荡和对政府的不信任等引发。

（一）汇率政策不当

固定汇率制名义上可以降低汇率波动的不确定性，但是，僵化的制度设计在国际资本大规模、快速流动的条件下是不可行的。自20世纪90年代以来，货币危机常常发生在那些实行固定汇率的国家，如巴西、哥伦比亚、韩国、俄罗斯、泰国和土耳其等。这些实行固定汇率制的国家，自身外汇储备不足，在金融体系脆弱、金融监管能力低下的情况下过早地放弃资本管制，一旦遇到投机性冲击，货币当局不得不放弃固定汇率制度，出现本币贬值。这会直接引起大部分拥有外币负债的金融部门和公司资不抵债。而汇率的调整往往伴随着自信心的丧失、金融系统的恶化、经济增长的放慢和政局的动荡，最终引起货币急剧贬值，引发货币危机。

（二）国际收支失衡，外汇储备不足

当一国国际收支出现逆差，尤其是出现经常项目巨额逆差时，为了保持汇率的稳定，常常需要对外汇市场进行干预，抛售外汇并买进本币，这会消耗本国的外汇储备。当国外投资者意识到该国外汇储备不足以偿还所欠外债时，清偿危机会随之出现。在其他众多不稳定因素的诱导下，极易引发撤资行为，从而导致货币危机。拉美等地发生的货币危机主要是由于经常项目逆差导致外汇储备减少而无法偿还对外债务造成的。

（三）银行系统脆弱

在大部分新兴市场国家，货币危机的一个可靠先兆是银行业危机。在许多发展中国家，银行收入过分集中于贷款收益，而银行自身又缺乏对风险的预测能力。在没有严格监管的情况下，银行向国外大肆借取以外币表示的贷款，再以本币形式贷放给国内的项目，由于国内项目投资收益率低，加之银行资金期限不匹配，短借长贷情况普遍，因此累积的呆坏账越来越多，形成的经济泡沫越来越大，银行系统也就越发脆弱。20世纪80年代的阿根廷、智利和乌拉圭

危机及1994年的墨西哥危机中，脆弱的银行业的表现非常类似。

（四）金融市场开放过快

发展中国家经济自由化措施的实施顺序非常重要。一些国家过快地开放金融市场，尤其是过早取消对资本的控制，是导致货币危机发生的主要原因。对于发展中国家而言，在有健全的防护和监管措施之前，过早地开放资本金融项目显然是错误的。这是因为当经济增长放慢时，资本会外逃，使得国内的银行资不抵债，而资本外逃引起的货币替换会导致货币急剧贬值，由此不可避免地爆发货币危机。

第四节　国际债务危机

一、外债与债务危机

根据国际金融机构如 IMF（国际货币基金组织）、IBRD（国际复兴与开发银行）、BIS（国际清算银行）以及 OECD（经济合作与发展组织）等对外债的解释，外债是指在某一时间内一国居民欠非居民的、已使用尚未清偿的、具有契约性偿还义务的全部债务。这一概念具有四个方面的含义：①必须是居民与非居民之间的债务；②必须是具有契约性偿还义务的债务；③必须是某一时点上的存量；④"全部债务"既包括外币表示的债务，又包括本币表示的债务，还可以是以实物形态构成的债务，如补偿贸易下以实物来清偿的债务等。

所谓债务危机，是指作为债务人的一国政府、机关、企业等，在特定的、比较集中的时期内，因支付困难不能履行对内、对外的债务契约和按期还本付息，致使债权人受到呆账损失或威胁的一个经济过程。债务危机乃是金融危机的一种表现形式，一般用以下几个指标来衡量：

（1）外债的总量指标。外债的总量指标是对外债承受能力的估计，反映外债余额和国民经济实力的关系。主要指标有外债余额与国内生产总值的比率，亦称负债率，一般不得超过10%；外债余额与出口商品和劳务的外汇收入额的比率，亦称债务率，一般不得超过1。

（2）外债负担的指标。外债负担的指标是对外偿债能力的估计，反映当年还本付息额与经济实力的关系。主要指标有外债还本付息额与出口商品、劳务的外汇收入额，亦称偿债率，一般参照系数是20%；当年外债还本付息额与当年财政支出的比率，一般不高于10%。

（3）外债结构指标。外债结构指标是在既定的外债规模条件下，衡量外债本身内部品质的指标。它主要通过债务内部各种对比关系反映举债成本，并预示偿还时间和偿还能力，旨在降低借款成本，调整债务结构，分散债务风险。主要指标有种类结构、利率结构、期限结构和货币结构。如果一国外债负担超过了上述警戒线或安全线，就表明该国发生了债务危机。

当世界上一定数量的国家政府对外债务形成债务危机时，国际债务危机便形成了。目前，人们经常提到的国际债务危机主要指 20 世纪 80 年代的国际债务危机。国际债务危机是指发展中国家因偿债困难所引起的债务重新安排和债务减免，及其对债权国、债务国和国际金融市场产生巨大冲击的经济破坏过程。

二、国际债务危机的爆发背景

20世纪70年代,由于受到两次石油危机的冲击,在世界经济中形成了大范围的国际收支失衡。在失衡的双方构成中,顺差一方是持有大量石油美元的石油输出国,逆差一方则是包括发达国家和发展中国家在内的所有石油进口国。对于失衡的解决,国际金融市场在中间起到了关键的回流石油美元的作用。当时IMF的方针也非常明确,主张逆差国不应该采取传统的紧缩国内经济的方法来调节经常账户逆差,而应通过借入国际金融市场上充裕的石油美元资金来为其经常账户融资。

石油危机过后,面对经常账户的大量逆差,发达国家和非产油发展中国家同样采取了依靠外部融资的政策。但是在国内经济政策方面,两者是截然不同的。发达国家利用外部资金融通提供的缓冲,在20世纪70年代大力发展节约能源的技术和工业,减少对进口能源的依赖,从而趁机巩固了其国际收支地位。而非产油发展中国家,特别是南美的一些新兴工业化市场经济国家,错误地认为国际金融市场的融资是永远可以依赖的,不但没有借缓冲之机调整国内经济,巩固国际收支地位,反而继续利用外部融资来支持国内扩张性经济计划和弥补财政赤字,从而进一步增加了对外部资金的依赖,而且更严重的是债务多以浮动利率负债和向私人贷款者借款为主,这就增加了其外部资金的风险和来源的不稳定性。于是在20世纪80年代主要工业化发达国家先后陷入经济衰退、国际金融市场贷款条件骤然恶化时,国际债务危机一触即发。

1981年波兰宣布不能偿还到期对外债务后,1982年8月12日世界第二大债务国墨西哥也宣布无力偿还1982—1983年到期外债的本息195亿美元,同年9月和12月巴西与阿根廷分别宣布不能按期偿还外债,要求重新安排债务。世界性的债务危机从此爆发。此后非洲的苏丹、摩洛哥、多哥、中非共和国、马达加斯加、巴拉维、扎伊尔和赞比亚10多个债务国和亚洲的印尼、菲律宾等债务国都宣布不能偿还外债,到1988年年底大约有44个国家卷入了这次震撼世界的债务危机。

三、国际债务危机爆发的原因

20世纪80年代国际债务危机的形成原因,应从债务国国内的政策失误和世界经济外部环境的冲击两个方面加以分析。债务国国内经济发展战略的失误和债务管理方针的不当,使外债规模的膨胀超过了国民经济的承受能力,这是危机爆发的内在原因。而世界经济的衰退及储备货币国国内的宏观经济政策引起的国际金融市场动荡,则是诱发债务危机的直接原因。

(一)债务危机爆发的内因

1. 国内经济政策失误,盲目借取大量外债,不切实际地追求高速经济增长

许多重债国自20世纪70年代以来一直采取扩张性的财政和货币政策。进入20世纪80年代以后,国际金融市场利率水平开始快速上升,世界贸易也处于停滞状态。面对如此严峻的外部环境,主要债务国家不是审时度势地调整国内经济、平衡国际收支,而是继续其扩张性的财政政策,借入大量外债,维持高速经济增长。于是巨额的财政赤字只能由货币供应的巨量增长来弥补。这一方面促使国内资金加速外逃,另一方面也导致了国内通货膨胀率的迅速上升。许多拉美国家的通货膨胀率在20世纪80年代初期和中期都出现过3位数字,这些都使得外债问

题更加严重。

2. 所借外债没有得到妥善的管理和高效利用

陷入债务危机的国家不仅借入超出自身偿还能力的大量贷款，而且也未形成合理的债务结构。短期债务和商业银行贷款比重过大，而这类贷款的利息高且往往以浮动利率计息，受国际金融市场动荡的影响很大。而且这些国家的外债统计和监测机构的制度不健全，难以对国家外债总额和结构形成高效的管理。更重要的是所有债务危机国家的外债资金利用率都很低，未能把外债资金全部投入生产性和创汇盈利产业，有些借款甚至根本没有形成任何生产能力，于是不能保证贷款形成的收益率高于偿债和付息率。也就是说，外债并没有形成高速经济增长，这样在世界经济形势突变时，自然难以应付，从而无法如期偿还债务。

（二）债务危机爆发的外因

1. 20 世纪 80 年代初以发达国家为主导的世界经济衰退

1979 年的石油价格大幅上涨，诱发了世界经济的衰退。以美国为首的发达国家为了转嫁国内危机，纷纷实行严厉的贸易保护主义，利用关税和非关税贸易壁垒减少进口，使发展中国家的出口产品价格，尤其是低收入国家主要出口的初级产品的价格及石油价格大幅下降。因此，发展中国家的出口收入突然下降，它们的偿债能力也随之下降，债务危机也就在所难免了。

2. 国际金融市场上利率和美元汇率的上升

1980 年，美国为克服国内经济严重的滞胀，实行了紧缩的货币政策和扩张的财政政策，致使国内金融市场利率水平大幅度提高，从而吸引了大量国际资金流向美国，同时还形成美元汇率的大幅度攀升。其他主要发达国家为了避免国内资金大量外流，也不得不相应地提高其利率水平，从而形成世界范围内利率水平大幅上升。发展中国家的外债多为浮动利率的商业性贷款，国际金融市场利率水平的上升大大加重了其偿债负担。同时，由于所借债务主要是美元债务，高利率形成的美元汇率上升也必然对债务国形成不利的影响。

3. 商业银行没有采取有效的控制风险的措施

由于发展中国家的外债主要是以国家名义借入的，美国花旗银行主席瑞斯顿所宣称的"国家永不破产"的观点是大多数商业银行发放贷款时的主导思想，这导致它们在国际借贷活动中没有采取借贷限额等限制风险的措施。相反，主要银行甚至不断地大量增加它们对发展中国家的贷款，一些大银行甚至将超过其自有资金一倍以上的资金贷给少数几个发展中国家。

四、国际债务危机的性质和影响

（一）国际债务危机的性质

对于 20 世纪 80 年代发展中国家债务危机的性质，在国际金融学术界有两种截然不同的看法：一种认为是流动性问题（Liquidity Problem）。持此观点者认为发展中国家在 20 世纪 70 年代利用外资从事建设是有一定功绩的。债务危机的引发是由于外汇资金周转失灵，又逢发达国家遭遇经济危机，因而债务危机属暂时性困难。只要债权国和债务国对债务偿还期进行重新安排，并给债务国以资金融通，就可以使发展中国家渡过危机，缓解危机的不良影响。而另一种观点认为发展中国家债务危机属清偿力问题（Solvency Problem）。持此观点者认为发展中国家债务危机并非资金周转失灵,而是清偿力危机。重新安排债务和资金融通,只能解决一时资金的周转,而不能长期从根本上解决债务危机。发展中国家只有进行经济结构的彻底调整,促进经济增长,才能从根本上解决债务危机。

(二)债务危机的影响

债务危机不仅给债务国,而且给债权国及国际金融市场与国际金融体系带来了严重的影响,主要表现在以下几个方面:

(1)债务国经济陷入停滞,并进一步恶化。债务国为了还债,使本已不多的外汇储备进一步减少,被迫实行紧缩的经济政策,工人大量失业,造成经济进一步恶化。

(2)债权国出口紧缩,延缓了其经济恢复的进程。

(3)20世纪80年代中期,美国出口的40%左右和OECD成员国出口近30%是输往发展中国家,由于发展中国家受债务危机的困扰,经济恶化,进口减少,所以发达国家出口减少,对处于经济危机中的债权国的经济复苏产生了极为不利的影响。

(4)动摇国际金融体系的稳定。由于巨额债务不能回收,影响国际银行体系的资金周转与稳定,特别是大多数商业贷款来自欧洲货币市场,大量呆账不能回收,造成国际信贷资金周转中止和停滞,动摇整个国际金融体系的稳定。

五、债务危机的解决办法

解决债务危机的方案经历了一个演变的过程。债务危机解决方案的变化是与对债务危机性质认识的不断深化相联系的。为了缓解债务危机的国际影响,维护国际金融体系的稳定,发达国家政府、国际金融组织及发展中国家先后提出了以下方案、办法与措施。

(一)最初解决方案(1982—1984年)

债务危机爆发后,美国等发达国家与国际货币基金组织共同制订了紧急援助计划。这一方案的核心是将债务危机视为发展中国家暂时出现的流动性困难,所以只是采取措施使它们克服这一资金紧缺。该方案一方面由各国政府、商业银行、国际机构向债务国提供大量的贷款以缓解资金困难;另一方面将现有债务重新安排,主要是延长偿还期限,并不减免债务总额。该方案要求债务国实行紧缩的国内政策,以保证债务利息的支付,所以对发展中国家来说是比较苛刻的。

(二)贝克计划(1985—1988年)

对债务危机的最初解决方案并没有使债务国摆脱债务负担,这使得人们发现债务危机不仅仅是一个暂时的流动性困难问题,而是由于债务国现有的经济状况不具有清偿能力,所以债务危机的解决必须与发展中国家经济的长期发展相结合。1985年9月,美国财政部长詹姆斯·贝克提出了反映这一思想的新方案。该方案的重点是通过对债务新增贷款、将原有债务的期限延长等措施来促进债务国的经济增长,同时也要求债务国调整其国内政策。

在贝克计划的执行中,采取了一些重要的金融创新手段,如债务资本化、债权交换和债务回购等。债务资本化是指债权银行按官方汇率将全部债务折合成债务国货币,并在债务国购买等值的股票或直接投资取得当地企业的股权,这一过程也称为债务—股本互换。债权交换是指债权人按照一定的折扣将所持债务交换为附有担保品的其他债务，这种交换要求新债券的信用比原有的要高。债务回购是指债务国以一定的折扣用现金购回所欠的债务。这些金融创新对随后的债务危机解决方案具有重要的影响。

（三）布雷迪计划（1989年以后）

1986年石油价格的下跌，使得严重依赖于石油出口收入的债务国的经济受到严重打击，对外债的偿付又出现困难。在金融市场上，许多银行已对不良债务失去了信心，它们已准备接受债务不可能得到全部清偿的现实。1989年，美国财政部长布雷迪制定了新的债务对策，承认现有债务额仍然大大超过了债务国的偿还能力，因此要求在自愿、市场导向的基础上，对原有债务采取各种形式的减免。在IMF等国际经济组织的主持下，债务国与债权银行磋商减免债务的具体方案，债权国政府和债务国对债务减免后剩余的债务偿还做出担保。在磋商中，债务国利用在贝克计划时期就已出现的对债务的金融创新等方式，为商业银行提供可供选择的债务减免方案的菜单，商业银行可以在其中自愿挑选。布雷迪计划不仅减轻了债务国的债务负担，更为重要的是，它提高了债务国的信用，增强了市场对这些国家的信心。

（四）发展中国家经济调整方案

如前所述，债务危机的引发与债务国的经济政策和发展战略失误有着直接关系。20世纪80年代中期后，不少发展中国家对过去的经验教训进行总结，并实行新的经济调整，包括重新制定发展战略、协调宏观经济政策、调整经济结构和改革经济管理体制。这些措施有助于获得经济的持续发展，从而进一步缓解了债务危机的影响。

1990年后，美国利率显著下降，一方面减轻了债务国的负担，另一方面也促使国际资金寻求能获得更高收益的场所，对债务国的资金流入恢复起到了促进作用。与此同时，债务国调整后的经济政策也初见成效。到1992年，债务危机基本宣告结束。

本章小结

国际金融危机是指在国际金融领域中所发生的严重的动荡、混乱以及恐慌的一种极端状态。

根据金融危机的性质和特点，国际金融危机分为货币危机、银行危机、债务危机、股市危机以及综合性金融危机等类型。金融危机的传播效应包括季风效应、溢出效应、净传染效应和羊群效应。金融危机国际传染的一般路径包括实体经济路径和金融路径。

债务危机是指作为债务人的一国政府、机关、企业等，在特定的、比较集中的时期内，因支付困难不能履行对内、对外的债务契约和按期还本付息，致使债权人受到呆账损失或威胁的一个经济过程。

从广义上看，一国货币汇率变动在短期内超过一定幅度时，就可以称为货币危机。从狭义上说，货币危机是与对汇率波动采取某种限制的汇率制度相联系的。它主要发生于固定汇率制下，是指市场参与者对一国的固定汇率失去信心的时候，通过外汇市场抛售等操作导致该国固定汇率制度崩溃、外汇市场持续动荡的事件。

银行危机主要是指系统性挤提存款导致大批银行无法将存款兑现，进而陷入破产倒闭的状况。

本章重要概念

国际金融危机；银行危机；货币危机；债务危机；股市危机；综合性金融危机；季风效应； 溢出效应；净传染效应；羊群效应；道德风险

 本章复习思考题

1. 简述国际金融危机的含义和特点。
2. 简述金融危机的传播效应。
3. 衡量债务危机的指标有哪些？
4. 简述国际债务危机的性质与特点。
5. 货币危机按其原因分类可分成哪几种？
6. 比较东亚金融危机与美国金融危机爆发的成因与表现。

第十三章 开放经济的宏观经济政策

本章学习目标

理解内部均衡与外部均衡目标的内容；掌握开放经济的宏观政策工具及其政策搭配原理；掌握不同资本流动假定条件下的蒙代尔——弗莱明模型；了解宏观经济政策国际协调的历史进程与最新进展。

开放经济的宏观经济政策目标包括内部平衡和外部平衡两个方面，但内部平衡和外部平衡之间是相互作用和相互影响的，它们之间存在着复杂的经济关系。因此，一国必须进行宏观经济政策的适当搭配才能较好实现其政策目标。另外，在经济全球化条件下，开放经济的宏观经济政策选择还会受到国际经济形势发展变化的影响。一国经济的失衡或震荡会通过传导机制的作用而传导到邻国或更远；同样，境外的经济金融的震荡也会传导或扩散到本国。因此，为了应对经济全球化下的诸多风险，各国的唯一选择就是实现宏观经济政策的国际合作，这是经济全球化的必然要求。

第一节 开放经济的宏观经济政策目标

所谓开放经济，是指一国或地区的经济活动延伸到了国际范围内，并通过国际贸易、国际融资与国际投资等具体活动，将其经济与世界经济紧密联系起来的一种经济体系。在开放经济条件下，一国或地区的政府、企业、金融机构及居民四个部门将经常性地与外部经济发生各种交易，通常将这些存在着国际经济活动的国内经济主体称为开放部门。在开放经济下，一国或地区的宏观经济目标主要有四个，即充分就业、物价稳定、经济增长和国际收支平衡。当一国经济同时实现了充分就业、物价稳定与经济增长目标时，称之为内部均衡（Internal Balance）；当一国经济实现了国际收支平衡目标时，称之为外部均衡（External Balance）。因此，在开放经济下，政府对宏观经济政策的调控目标就是同时实现内部均衡和外部均衡。

一、内部均衡目标

（一）充分就业

充分就业就是保持较高而稳定的就业水平，也常指所有资源的充分利用。只要经济处于可接受的或意愿的失业水平上，就实现了充分就业。具体的充分就业水平难以确定，一般来说，正常的失业率不应高于 4%～6%。失业的类型一般可分为三种，即摩擦性失业、结构性失业和

需求不足性失业。摩擦性失业是指由于信息等原因，劳动力在失业和就业之间需要一定的时间，从而形成的失业。摩擦性失业在充分就业条件下也会存在。结构性失业是指劳动力市场对劳动的需求发生结构性变化时产生的失业。需求性不足失业是指劳动总需求下降引发的失业，如经济危机引起的失业。在这三种失业中，摩擦性失业是暂时的，政府可以通过加强信息传递来解决；结构性失业也可以通过改善劳动力的职业转换能力（再培训）和地理位置转移来解决；而对于需求不足性失业，应采取宏观经济政策来增加总需求，以减少失业。

（二）物价稳定

通常可将物价上涨分为两种情况：一种或几种商品的价格相对于其他商品价格的变动，属于市场机制的正常现象；而所有商品的价格水平的持续普遍上涨，则称之为通货膨胀。价格水平的剧烈变动会使货币的真实价值不易确定。一方面，以货币为媒介的市场交易受到干扰，价格作为资源配置手段的作用难以发挥，经济效率下降；另一方面，人们对货币和其他资产的需求之间发生替代，投机活动增加，经济更加不稳定。因此，为了避免价格水平的大起大落，政府应适时干预经济以保持产出的稳定，并避免长期持续的通货膨胀和通货紧缩。在开放经济下，通货膨胀也可能导致失业率的上升。通货膨胀上升会使本国商品在国际市场的竞争力下降，在其他条件不变的情况下，这会导致进口需求增加、出口需求下降，从而引起国内产出下降、失业增加。此时，如果汇率能够充分调整，则可完全抵消通货膨胀的影响，割断通货膨胀与失业的这种正向联系。但是，经验证据表明汇率不可能充分调整，因此，通货膨胀会带来失业的增加。这意味着在开放经济下，政府采取政策措施来抑制通货膨胀往往也会有利于增加就业。

（三）经济增长

美国经济学者库兹涅茨为经济增长下了一个经典性的定义："一个国家的经济增长，可以定义为给居民提供种类日益繁多的经济产品的能力上升，这种不断增长的能力是建立在先进技术及所需要的制度和思想意识之相应的调整的基础上的。"经济增长集中体现的结果是商品供给总量的不断增加，即国民生产总值的增加。这是经济增长的中心。如果考虑到人口的增加与价格的变动，经济增长就是人均实际国民生产总值的增加。因此，经济增长最简单的定义就是人均实际国民生产总值的增长。

二、外部均衡目标

在开放经济中，除了内部均衡的三个目标外，宏观经济政策的目标还有一个外部均衡目标，即国际收支平衡。随着各目标之间关系的不断变化，内部均衡目标与外部均衡目标之间的冲突便成为一个突出问题。

外部均衡的具体内涵经历了一个不断丰富的过程。在布雷顿森林体系下，各国对资本流动采取了严格的管制措施，经常账户的逆差很难通过汇率变动或吸引外资的方法加以解决，因此这时的外部均衡通常被视为经常账户平衡。20 世纪 70 年代以来，汇率可以自由浮动，同时在国际上流动的资本数量日益增加，相当多的人认为可以通过外汇市场的自发调节来弥补经常账户差额，因此外部均衡不存在了，或者说将外部均衡视为总差额的平衡。20 世纪 80 年代以来，外部均衡的含义有了深刻的变化。由于国际资本流动问题日益突出，资本在国际上自发流动的过程中出现了汇率剧烈变动、债务危机与货币危机等严重问题,国际收支总差额的平衡并不能说明问题。于是,一国可以根据其经济特点和发展阶段来确定相应的经常账户余额目标,并进而确定合理的国际收支结构。因而,外部均衡可以定义为一国与宏观经济相适应的合理的国际收支结构。简单地说,外部均衡是指与一国宏观经济相适应的合理的经常账户余额。从动态角度看,外部均衡目标不应追求经常账户的简单平衡,而应重视经常账户的可持续性。

三、内部均衡与外部均衡的关系

(一)内外均衡的一致性

当某一均衡目标的实现时会使得另一均衡目标也得到改善的情况,就是内外均衡一致。如果一国经济衰退、失业增加且国际收支顺差,为了实现内部均衡,政府应当采取增加社会总需求的措施进行调控,这会通过边际进口倾向的作用导致进口的相应增加,在出口保持不变时,会带来经常账户顺差的减少,从而使原来的国际收支顺差状况得到改变而趋于平衡;同样,如果一国通货膨胀且国际收支逆差,政府会采取削减社会总需求的措施,这会导致进口的相应减少,在出口保持不变时,导致经常账户逆差减少,进而改善国际收支逆差状况,使之趋向平衡。这样,政府在采取措施实现内部均衡的同时,也对外部均衡的实现发挥了积极影响。

(二)内外均衡的冲突性

当某一均衡目标的实现会同时使得另一均衡目标受到干扰和破坏的状况,就是内外均衡的冲突。当一国经济衰退、失业增加并且国际收支逆差时,政府应当采取增加社会总需求的措施进行调控,这会通过边际进口倾向的作用导致进口的相应增加,在出口保持不变的情况下,使经常账户的逆差增加,从而使国际收支逆差更加恶化。这表明,政府在通过调节社会总需求实现内部均衡时,会使外部经济状况距离均衡目标更远,即此时内外均衡存在着冲突。

由此可以得出结论:第一,内外均衡冲突的根源在于经济的开放性;第二,内外均衡冲突的产生是与某种特定的调控方式直接相对应的;第三,内外均衡冲突问题说明,在开放经济下,单纯运用调节社会总需求这一封闭经济的政策工具是不能同时实现内外均衡目标的,开放经济的宏观调控需要有新的政策工具。

第二节 开放经济的宏观经济政策工具

一、开放经济的宏观经济政策工具的种类

开放经济的宏观经济调控主要是通过对社会总需求进行调节而实现的,故称为"需求管理"。对总需求的调节可从需求总量和结构两个方面来进行,进而可将宏观经济政策分为两种类型,即支出调整政策(Expenditure-Changing Policies)和支出转换政策(Expenditure-Switching Policies)。

(一)支出调整政策

支出调整政策又称支出变动政策,主要通过支出水平的变动来调节社会需求的总水平,具

体包括财政政策与货币政策。

财政政策是指政府利用财政收入、财政支出和国债对经济进行调控的经济政策。它的主要工具包括财政收入政策、财政支出政策和国债政策。一般来说，当财政支出高于财政收入时，依靠发行国债来弥补财政赤字。财政收入政策工具主要是税收，当提高税率、增加税收时，政府财政收入增加，而社会支出下降，总需求减少；反之，总需求增加。财政支出政策工具主要是政府支出，当政府支出增加时，社会总需求增加；反之，社会总需求减少。因此，财政收入增加和财政支出减少为紧缩性财政政策，财政收入减少和财政支出增加为扩张性财政政策。

货币政策是指中央银行通过调节货币供给和利率以影响宏观经济活动水平的经济政策，其主要工具是公开市场业务、再贴现率和改变法定存款准备金率等。中央银行在公开市场上卖出短期国债、提高再贴现率和提高法定准备金率都会使得货币供给减少，导致社会总需求下降，即为紧缩性货币政策；反之，中央银行在公开市场上买进短期国债、降低再贴现率和降低法定准备金率都会增加货币供给，导致社会总需求增加，即为扩张性货币政策。

财政政策与货币政策都可直接影响社会需求总水平，进而调节内部均衡；同时，社会总需求的变动又可通过边际进口倾向影响进口和通过利率影响资本流动，进而调节外部均衡。

（二）支出转换政策

支出转换政策是指在不改变社会总需求的情况下通过支出方向的变动来调节社会需求的内部结构，从而改变外国商品和劳务与本国商品和劳务的相对价格。支出转换政策主要包括汇率政策与直接管制政策。

在宏观调控中，汇率政策主要通过确定汇率制度与汇率水平来对经济产生影响，其主要问题是确定合理的汇率水平。汇率政策对社会总需求的转换机制在于：通过汇率贬值使本国产品在国际商品市场上变得相对便宜，外国产品在国内市场上变得相对昂贵。在一定条件下，这将诱发本国居民将支出从外国产品转向本国商品，实现进口替代，从而减少进口需求，同时不刺激外国居民减少对其国内产品的需求，扩大对贬值国出口商品的支出，增加贬值国的出口。由此可见，贬值的汇率政策会增加净出口，实现外部均衡；反之，本币的升值会减少净出口。同时，汇率政策在增加或减少净出口的基础上会增加或减少社会总需求，对社会需求总量产生影响。

直接管制政策是指政府对经济交易实施的直接行政控制，主要包括贸易管制（如关税、进出口配额和许可证等）和金融管制（如外汇兑换管制、汇率管制和资本管制等）。直接管制政策通过改变各种商品的相对可获得性来改变贸易和资本的流向，进而达到支出转换的目的。直接管制政策的利弊都很突出：一方面，它具有立竿见影、灵活易行的特点，可以针对不同情况而迅速起到作用；另一方面，它不可避免地使市场发生扭曲，导致资源配置的低效率，引起黑市交易和走私等非法活动，而且还容易引起其他国家的报复。

（三）其他政策工具

开放经济的政策工具除调节社会总需求的工具外，还有调节社会总供给的工具和提供融资的工具等，它们的作用机制有所不同。调节社会总供给的工具，一般又可称为结构政策，包括产业政策和科技政策等，旨在改善一国的经济结构和产业结构，提高商品质量，降低生产成本，增强社会产品的供给能力。供给政策的特点是长期性，在短期内难以有显著的效果，但它可以从根本上提高一国的经济实力与科技水平,从而为实现内外均衡创造条件。

提供融资的工具即融资政策,是指在短期内利用资本融通的方式弥补国际收支出现的超额赤字以实现经济稳定的一种政策。融资政策包括官方储备的使用和国际信贷的使用,从一国宏观角度看,它主要表现为国际储备政策。对外部均衡调控的首要问题就是"融资还是调整"(financing or adjusting),如果国际收支失衡是由临时性、短期的因素所导致的,那么可以用融资方法弥补以避免调整的痛苦;如果国际收支失衡是由中长期因素所导致的,那么就必须运用其他政策进行调整。可见,融资政策与调节社会总需求的支出政策之间是有一定的互补性和替代性的。

二、开放经济的宏观经济政策工具的搭配原理

(一)丁伯根法则

丁伯根法则是由首届(1969)诺贝尔经济学奖获得者荷兰经济学者简·丁伯根(J. Tinbergen)提出的。其基本含义是:一国可以运用的独立的政策工具数目至少要与所要实现的宏观经济目标数目相等。也就是说,要实现一个经济目标,至少需要一种独立的政策工具。由此推论,要达到 N 个独立的经济目标,至少需要使用 N 种独立的有效政策工具。在政策工具与经济目标之间的关系中,经济目标可被看作是未知数的解,政策工具可被看作是已知参数,只要未知数(经济目标)与参数(政策工具)之间有函数的关系存在,就可以建立起众多未知数与众多参数之间函数关系的联立方程式。只要独立的方程式数目等于未知数的数目,则联立方程式就有唯一解存在。只要将已知的参数值代入,即可求得未知数的解值。即便在固定汇率制下,只要将支出调整政策中的财政政策和货币政策看作是两个独立的政策工具,就可以运用这两个独立的工具来实现内外均衡目标。由此解决了固定汇率制下政策工具短缺的问题。但这一法则的不足之处是没有指明一种政策工具在调控中是否应侧重于一个经济目标的实现。

(二)蒙代尔的"有效市场分类原则"

蒙代尔(R. Mundell)于 20 世纪 60 年代提出了关于政策指派的"有效市场分类原则",弥补了丁伯根法则的不足。其含义是:应将每一种政策工具指派给其最具相对影响力的目标,即在影响此政策目标上具有相对优势。如果在指派问题上出现错误,则经济会产生不稳定而离均衡点越来越远。这一原则实质上是比较优势原理在政策指派中的运用。

例如,财政政策与货币政策都分别对内部均衡和外部均衡具有影响力,就会出现政策指派问题。财政政策一般通过商品市场的调节对就业与物价进行调控,且通过经常账户对国际收支产生影响;货币政策一般通过对商品市场和货币市场的调节对就业与物价进行调控,且通过经常账户和资本与金融账户对国际收支产生影响。可见,货币政策在内外均衡目标的实现上对外部均衡的影响力更大一些,而财政政策对内部均衡的影响力更大一些。因此,按照有效市场分类原则,应将实现外部均衡目标分配给货币政策,将实现内部均衡目标分配给财政政策。

蒙代尔的政策指派原则与丁伯根法则一起确定了开放经济政策调控的基本思想,即针对内外均衡目标,确定不同政策工具的指派对象,并且尽可能地进行协调以同时实现内外均衡,通常将这一政策间的指派与协调称为"政策搭配"。

三、开放经济的内外均衡目标实现与政策搭配

在运用政策搭配以实现内外均衡的方案中,蒙代尔提出的财政政策与货币政策搭配和斯旺提出的支出政策与汇率政策搭配最有影响力。

(一)蒙代尔的财政政策与货币政策搭配

财政政策与货币政策的搭配可以用图 13.1 来说明。在图 13.1 中,横轴表示预算,作为财政政策的代表;纵轴表示货币供给,作为货币政策的代表。IB 曲线表示内部均衡,在这条线上,国内经济达到均衡;在这条线的左边,国内经济处于衰退和失业状态;在这条线的右边,国内经济处于膨胀状态。EB 曲线表示外部均衡,在这条线上,国际收支达到均衡;在这条线的上边,表示国际收支逆差;在这条线的下边,表示国际收支顺差。沿预算轴线向右移动,表示财政政策扩张,预算增加;向左移动,表示财政政策紧缩,预算削减。沿货币供给轴线向上移动,表示货币政策扩张,银根放松;向下移动,表示货币政策紧缩,银根收紧。IB 曲线比 EB 曲线更陡峭,是因为蒙代尔假定,相对而言,预算对国民收入、就业等国内经济变量影响较大,而利率对国际收支影响较大。

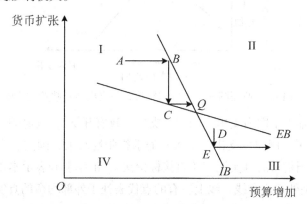

图 13.1 蒙代尔的财政政策与货币政策搭配

在上述假定条件下,比如在区间 I 的 A 点,即国内宏观经济和国际收支都处于失衡状态时,应采用财政政策来解决国内经济衰退问题,通过扩大预算,使 A 点向 B 点移动。同时,为解决国际收支问题应采用紧缩性货币政策,使 B 点向 C 点移动。扩张性财政政策与紧缩性货币如此反复使用,最终会使 A 点靠近 Q 点,Q 点表示开放经济处于内外均衡。反之,如果采取相反的政策指派方式,即以财政政策解决外部均衡问题,而以货币政策解决内部均衡问题,那么对应区间 III 中的点,先以紧缩性货币政策解决通货膨胀问题,则通货膨胀得以消除,但国际收支顺差加重;再以扩张性财政政策解决国际收支顺差问题,则 E 点向右移动。如此下去,经济将越来越远离内外均衡点。同理,在 II、IV 区域也可以适用政策的搭配来解决内外均衡问题。表 13.1 为在各种区间内的财政政策和货币政策的搭配情况。

表 13.1 蒙代尔的财政政策与货币政策搭配情况

区 间	经 济 状 况	财 政 政 策	货 币 政 策
I	失业/国际收支逆差	扩张	紧缩
II	通货膨胀/国际收支逆差	紧缩	紧缩

续表

区间	经济状况	财政政策	货币政策
III	通货膨胀/国际收支顺差	紧缩	扩张
IV	失业/国际收支顺差	扩张	扩张

（二）斯旺的支出调整政策与支出转换政策的搭配

澳大利亚经济学者特雷弗·斯旺（Trevoi Swan）首先将斯旺图引入国际经济分析中，用于说明支出政策与汇率政策的搭配（见图 13.2）。这里假定没有国际资本流动，即外部均衡就是经常账户平衡，价格水平保持不变。

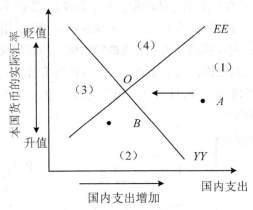

图 13.2　斯旺图——支出调整政策与支出转换政策的搭配

图 13.2 中的横轴表示国内支出（消费、支出、政府开支），政府的支出调整政策可以明显地影响国内支出总水平，国内总支出增加表示需求扩张性政策，国内总支出减少表示需求紧缩性政策。纵轴表示本国货币的真实汇率（直接标价法），汇率上升表示本币贬值，汇率下降表示本币升值。EE 曲线是外部均衡线，线上所有的点代表处于外部均衡的真实汇率与国内支出的组合。EE 曲线向右上方倾斜，斜率为正，因为国内支出的增加将带来进口增加，需使汇率升高（本币贬值），以减少进口、增加出口，维持外部均衡。在 EE 曲线的右边，国内支出大于维持国际收支平衡所需的国内支出，处于国际收支逆差状态；在 EE 曲线的左边，则处于国际收支顺差状态。YY 曲线是内部均衡线，此线上的所有点均代表处于内部均衡的真实汇率与国内支出的组合。YY 曲线向右下方倾斜，斜率为负，因为汇率下降（本币升值）将减少出口、增加进口，维护内部均衡就必须增加国内支出。在 YY 曲线的右边，有通货膨胀的压力，因为对于既定的汇率，国内支出大于维护内部均衡所需的国内支出；在 YY 曲线左边，有通货紧缩压力，因为国内支出比维持内部均衡所需的国内支出要少。

在图 13.2 中，只有在 EE 曲线与 YY 曲线的交点 O 处才是同时达到了内外均衡。这样就可以划分出如下四个区域：区域（1）表示国内通货膨胀与国际收支逆差并存；区域（2）表示国内失业与国际收支逆差并存；区域（3）表示国内失业与国际收支顺差并存；区域（4）表示国内通货膨胀与国际收支顺差并存。

当经济处于内外失衡状态时，可以搭配使用支出调整政策和支出转换政策，使经济恢复到 O 点。A 点处于区域（1）中，即国内通货膨胀与国际收支逆差并存，通过采取支出紧缩性政策削减国内支出，压缩总需求，抵制通货膨胀，并通过支出转换政策（本币贬值）改善国际收支逆差之后，A 点便向 O 点方向靠近，实现内外均衡。同理，在区域（2）的 B 点上，失业和国际收支逆差并存，可以采用支出扩张性政策治理国内失业，采取支出转换政策（本币贬值）改善国际收支，使 B 点向 O 点方向靠近，实现内外均衡。其政策配合情况如表 13.2 所示。

表 13.2　斯旺图中的支出调整政策与支出转换政策搭配情况

区　　间	经济状况	支出调整政策	支出转换政策
（1）	通货膨胀/国际收支逆差	紧缩	贬值
（2）	失业/国际收支逆差	扩张	贬值
（3）	失业/国际收支顺差	扩张	升值
（4）	通货膨胀/国际收支顺差	紧缩	升值

第三节　开放经济的内外均衡理论

政府在宏观经济管理中，如何同时实现内外均衡两个目标，其相应的观点与思想被称为内外均衡理论。

（一）早期的内外均衡理论

早在 18 世纪，人们就已开始研究国际收支均衡问题。但是在金本位货币制度下，国际收支有一种自动均衡机制，即最早由英国哲学家和古典政治经济学者大卫·休谟于 1552 年提出的"价格——铸币流动机制"。根据休谟的理论，在金本位制度下，无论国际收支顺差还是逆差都不能持久存在，经济运行会使国际收支自动趋于均衡。由于这种内在的均衡机制，再加上金本位制度下各国经济的国际化程度都比较低，所以国际收支均衡和内外均衡问题都还没有成为经济运行中的突出问题。

进入 20 世纪后不久，金本位制度便衰弱了。经过两次世界大战，国际金本位制已彻底崩溃。两次世界大战期间，各国的国际收支问题日益严重，内外均衡的矛盾也逐渐突出。在这一阶段，国际收支均衡的主要研究成果是国际收支弹性理论，即侧重从经常项目中国际贸易部门的进出口弹性角度，来分析国际收支均衡实现的条件和调节失衡的办法。第二次世界大战以后，国际经济一体化的趋势进一步加强，各国宏观经济中内外均衡的矛盾也日益凸显。国际收支均衡的研究在 20 世纪五六十年代以吸收分析法为主流理论，其核心思想是把凯恩斯宏观经济理论运用于国际收支分析，从而扩展了分析视角，并开始把国际收支的外部均衡目标和一国的内部均衡目标结合起来考虑。吸收分析法认为，国际收支均衡与国内的宏观经济均衡紧密相关，国际收支失衡也可能是由国内经济失衡引起的；反之，出现国际收支失衡后，可以通过对国内经济的调节（主要是总需求管理）来使国际收支恢复均衡。

（二）米德冲突——系统的内外均衡理论

英国经济学者詹姆斯·米德（J. Meade）于 1951 年在其著作《国际收支》中最早提出了固定汇率制下的内外均衡冲突问题。他指出，在开放经济下政府宏观经济政策需要达到的目标可概括为内部均衡和外部均衡两个方面。在汇率固定不变时，政府只能运用影响社会总需求的政策来调节内外均衡，这将会导致内部均衡和外部均衡难以兼顾的情况（见表13.3），这种情况被称为米德冲突（Meade's conflict）。

表 13.3 固定汇率制下的内外均衡的一致与矛盾

序 号	内部经济状况	外部经济状况	内外均衡关系
1	经济衰退/失业增加	国际收支逆差	冲突
2	经济衰退/失业增加	国际收支顺差	一致
3	通货膨胀	国际收支逆差	一致
4	通货膨胀	国际收支顺差	冲突

在表13.3中，第2种和第3种情况意味着内外均衡之间的一致。以第2种情况为例，为了实现经济的内部均衡，显然要求政府采取增加社会总需求的措施进行调控，这便会通过边际进口倾向的作用导致进口的相应增加，在出口保持不变时，带来经常账户的逆差增加，从而使原有的国际收支顺差状况得以改变而趋于平衡。这样，政府在采取措施实现内部均衡的同时，内部均衡的改善也对外部均衡的实现发挥积极影响，因此内外均衡是一致的。而表中的第1种和第4种情况则意味着内外均衡之间的冲突，因为政府在通过调节社会总需求实现内部均衡时，会引起外部经济状况距离均衡目标更远。可见，在米德的分析中，内外均衡的冲突一般是指在固定汇率制下，失业增加与国际收支逆差或通货膨胀与国际收支顺差这两种特定的内外经济状况组合。

（三）蒙代尔—弗莱明模型

到了20世纪60年代，蒙代尔在米德分析的基础上，进一步细化了支出调整政策，不再把它看作是一种政策工具，而是将其拆分为财政政策和货币政策两大工具，认为如果由货币政策解决国际收支上的困难，由财政政策解决国内就业的困难，仍是两个目标、两种手段，尽管在固定汇率制下不能使用支出转移政策，但只要很好地搭配使用财政政策和货币政策，仍然可以达到内外均衡，并给出了相应的政策搭配法则。

蒙代尔继而深入研究了不同汇率制度下的内外均衡问题，他在内外均衡理论方面的贡献可以用蒙代尔—弗莱明模型（MF）来加以说明。这个模型分别讨论了在固定汇率制度和浮动汇率制度下，针对国际资本流动自由程度的不同，一国应该采取什么样的宏观经济政策搭配才能实现内外均衡。由于这个模型的理论贡献，蒙代尔因此荣获了1999年度的诺贝尔经济学奖。

蒙代尔—弗莱明模型在不同汇率制度下的政策效应分析的结论是：第一，在固定汇率制度下，当资本完全不流动时，货币政策和财政政策对国民收入等实际变量的长期影响是无效的；当资本不完全流动时，货币政策在长期内无效，而财政政策是有效的且使用非常明显。第二，在浮动汇率制度下，当资本完全不流动时，货币政策和财政政策对国民收入等实际变量的影响是比较有效的；当资本不完全流动时，货币政策和财政政策仍是比较有效的；当资本完全流动时，货币政策非常有效，而财政政策是完全无效的。因此，蒙代尔认为在固定汇率制下，货币政策作用不明显，而在浮动汇率制下，货币政策非常有效。在此基础上再加上一个前提假定条件——资本的完全自由流动，蒙代尔推出了其著名的"不可能三角难题"，即货币政策独立性、资本完全流动性、汇率稳定性三者之间可选其二，不可三者兼得。这一结论在当前仍具有广泛的意义。

第四节 开放经济的宏观经济政策框架：IS-LM-BP 模型

在 IS-LM 模型中引入国际收支因素，形成了开放经济中的 IS-LM-BP 模型，即蒙代尔—弗莱明模型。它被称为开放经济的基本分析框架，通过这一模型可以对开放经济的货币政策和财政政策效应进行分析。

一、开放经济的 IS-LM-BP 模型

开放经济的 IS-LM-BP 模型以标准的 IS-LM 模型为基础，引入国际收支因素，以一个开放的"小型国家"为分析对象，采取流量分析方法，讨论的问题由商品市场与货币市场均衡扩展到包括国际收支的外汇市场的三个市场同时达到均衡。

（一）开放经济的 IS 曲线推导

开放经济的 IS 曲线是考虑货币因素后，反映商品市场均衡的曲线。开放经济，对一国产品的总需求是由私人消费、私人投资、政府支出、商品净出口构成的，即

$$Y_D = C + I + G + X - M \tag{13-1}$$

其中前三项合称为国内吸收，用 A 表示，即

$$A = C + I + G \tag{13-2}$$

商品的净出口也就是贸易账户余额（简称贸易余额）用 T 表示，即

$$T = X - M \tag{13-3}$$

贸易余额函数为

$$T = \bar{T} - mY, \quad 0 < m < 1 \tag{13-4}$$

式中，$\bar{T}$ 是与本国国民收入无关的自主性贸易余额，m 为边际进口倾向，即国民收入增长中用于进口支出的比例。

吸收函数为

$$A = \bar{G} + I + C = \bar{A} + aY - bi, \quad \bar{A} = \bar{G} + \bar{I} + \bar{C} \tag{13-5}$$

式中，$\bar{A}$ 为与国民收入无关的自主性吸收；a 为边际消费倾向；b 为投资的利率弹性，即随着利率的增加而导致投资需求下降的数量。

此时的商品市场均衡条件为

$$Y = Y_D = A + T = \bar{A} + aY - bi + \bar{T} - mY$$

即

$$Y = \alpha(\bar{A} - bi + \bar{T}), \quad \alpha = \frac{1}{1-a+m} = \frac{1}{s+m} \tag{13-6}$$

式中，$s = 1 - a$ 为边际储蓄倾向。式（13-6）给出了在其他条件（如政府支出、汇率）不变的情况下，维持开放经济的商品市场均衡时的国民收入与利率之间的关系。将这一关系用图 13.3 表示，就得到了开放经济的 IS 曲线。

这一曲线的斜率为负，因为当利率降低时，投资需求增加，从而总需求水平也增加了，为

了维持商品市场平衡，必须提高国民收入水平。当自主性吸收或自主性贸易余额发生变化时，IS 曲线会发生平移，如政府支出增加会导致 IS 曲线向右平移。

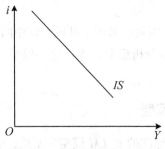

图 13.3　开放经济的 IS 曲线

（二）开放经济的 LM 曲线推导

开放经济的 LM 曲线是反映货币市场均衡时国民收入与利率组合情况的曲线。这一均衡条件为货币总供给等于货币总需求，即

$$\frac{M_s}{P} = L_D(i, Y) = kY - hi \quad (k > 0, \ h > 0) \quad (13\text{-}7)$$

式中，M_s 表示名义货币供给，P 为价格水平，M_s/P 即为对价格水平进行调整后的实际货币供给水平。L_D 为货币需求，一般可分为交易、预防性需求及投机性需求，前者的主要影响因素是收入，两者正相关；后者的主要影响因素是利率水平，两者负相关。如果固定名义货币供给水平，令 $M_s = M_0$，即可得到

$$Y = \frac{1}{k}\left(hi + \frac{M_0}{P}\right) \quad (13\text{-}8)$$

式（13-8）反映了维持货币市场均衡的利率水平与国民收入的组合，即图 13.4 所示的 LM 曲线。

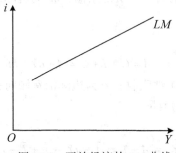

图 13.4　开放经济的 LM 曲线

在开放经济下，LM 曲线的斜率为正，因为对于既定的货币供给，当利率提高时，对货币投机性需求减少，为维持货币总供求的平衡，必须提高国民收入以增加交易性需求。当名义货币供给水平增加、物价水平不变时，会使 LM 曲线向右平移。

（三）开放经济的 BP 曲线推导

开放经济的 BP 曲线是反映外汇市场均衡的曲线。国际收支等于贸易差额和资本账户差额之和，即

$$BP = T + K \tag{13-9}$$

式中，T 为贸易差额，K 为资本账户差额。在此，对外贸易和国际金融资本流动都包含在国际收支的范围内。由式（13-9）展开可得外汇市场的均衡条件为

$$BP = T + K = X - M + K = X(q) - M(Y) + K(i, i^*) \tag{13-10}$$

式中，q 为真实汇率（直接标价法），i 和 i^* 分别为本国和外国的利率水平。

利率对资本账户的影响大小取决于资本流动对利率的反应程度，即资本流动的利率弹性。按照资本流动对利率的反应程度大小，可以衡量出不同程度的资本流动性。BP 曲线表示维持国际收支均衡的各种收入和利率水平的组合。由于资本流动性不同，BP 曲线有三种形状。当资本完全不流动时，这一曲线意味着经常账户的平衡。对于某一真实汇率水平 q_0，存在着与之对应的能使经常账户平衡的收入水平 Y_0，BP 曲线在坐标空间内就是与这一收入水平垂直的直线，汇率的贬值会使之右移。当资本完全流动时，资本流动情况决定了国际收支平衡与否。假定风险中立并对汇率予以静态预期，当该国利率水平与世界利率水平一致时，该国国际收支处于平衡状态，资本的流动弥补任何形式的经常账户收支不平衡。此时，BP 曲线是一条水平线，汇率的贬值将对之没有影响。当资本不可完全流动时，资本与金融账户、经常账户对国际收支都有影响，此时 BP 曲线是一条斜率为正的曲线。这是因为对于既定的汇率水平，收入增加引起的经常账户逆差需要提高利率以吸引资本流入进行弥补。资本流动性越大，这一曲线就越平缓，因为较小的利率增加就能吸引更多的资本流入。汇率的贬值同样将使之右移。从图 13.5 中可以了解 BP 曲线在不同的资本流动性下的各种形状。

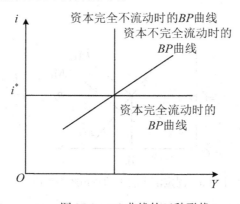

图 13.5　BP 曲线的三种形状

二、资本完全流动下的 IS-LM-BP 模型

蒙代尔—弗莱明模型是以资本具有完全流动性为假设前提的开放经济模型。它是一类特殊的 IS-LM-BP 模型，其特殊性表现在 BP 曲线由于资本的完全流动性而成为一条水平线。此模型是在 20 世纪 60 年代浮动汇率盛行前，由美国哥伦比亚大学经济学教授蒙代尔和国际货币基金组织研究员弗莱明所创立的。尽管其分析后来被不断地修正，但最初的蒙代尔—弗莱明模型有关解释资本具有高度流动性情况下政策如何发挥作用的部分均被完整地保留下来。

（一）固定汇率制下的财政政策与货币政策效应分析

在资本具有完全流动性的情况下，利率的微小变动都会引发资本的无限量流动。在这种假定条件下，各国利率均与世界均衡利率水平保持一致。在固定汇率制度下，任何国家的中央银行均不可能独立地操纵货币政策。其原因如下：

假设一国货币当局希望提高利率，因而采取紧缩性货币政策使利率上升，很快世界各国的投资者为了享有这一更高的利率而将其资本转入该国，结果由于巨额资本流入，该国的国际收支出现大量顺差，外国人购买该国大量的金融资产会造成该国货币面临巨大的升值压力。在固定汇率制度下，该国中央银行有责任干预外汇市场以保持汇率稳定，因此，中央银行将在外汇市场上抛售本币、买进外币，结果使该国货币供应量增加，抵消了最初紧缩货币政策的影响，最终国内利率退回到最初水平。

上述过程可用图 13.6 来说明。假设经济的初始状态处于 E 点，这时国内利率水平 i 与国际均衡利率 i^* 水平一致，国际收支达到平衡，即 $BP=0$。由于资本具有完全流动性，所以 BP 曲线为一条水平线。现在假定中央银行执行扩张性货币政策 LM_0 曲线右移到 LM_1，经济处于 E' 点对应的水平，但在 E' 点由于资本大量外流存在国际收支逆差，这样对国内货币产生贬值压力。为了维持固定汇率制度，中央银行必须干预市场、抛出外汇、收回本币，使汇率保持固定。与此同时，国内货币供给减少，LM_1 曲线开始向左移。这一过程将一直继续，直到重新回到均衡点 E 点为止。实际上，在资本完全流动的情况下，国民收入水平不会达到 E' 点对应的水平。这是因为资本流动数量巨大且非常迅速，在经济达到 E' 点以前中央银行就已被迫取消扩大货币存量的措施。

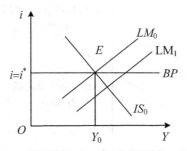

图 13.6　固定汇率制下的货币政策效应

综上所述，在固定汇率制度下，如果资本具有完全的流动性，任何国家都不可能独立地执行货币政策，不可能偏离世界市场通行的利率水平。任何独立执行货币政策的企图都将引起资本的大量流入或流出，并迫使货币当局增加或减少货币供给，从而使利率回到世界市场上通行的水平，经济重新恢复到原来状态。

再来看扩张性财政政策的作用效果。如图 13.7 所示，仍假定经济最初处于均衡点 E 点。在货币供给不变的情况下，执行扩张性财政政策会使 IS_0 曲线右移至 IS_1，经济达到了点 E' 所对应的水平，利率 i 与国民收入 Y 都有所增加。这时利率高于国际均衡水平 i^*，吸引大量国际资本流入本国，造成巨额国际收支顺差，本币汇率面临升值的压力。为了保持固定汇率，中央银行必须在外汇市场上买进外汇，抛出本币，于是本国货币供给增加 LM 曲线发生右移。这一过程将一直持续到经济达到新的均衡点 E''，利率恢复到原来的水平，国际收支恢复平衡为止。但这时收入进一步增加，由 Y_1 上升到了 Y_2。这说明在固定汇率和资本完全流动的情况下，财政政策是有效的。

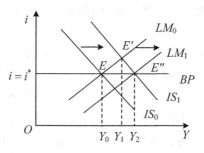

图 13.7　固定汇率制下的财政政策效应

由此可见，在固定汇率制度下，如果资本具有完全流动性，则一国不可能执行独立的货币政策。任何扩张或紧缩货币供给的企图都将被巨额资本的迅速流动及央行保持固定汇率的努力而抵消。而财政政策则会收到意想不到的效果，由于上述相同原因而使国际收支恢复均衡，但对国民收入的影响却进一步扩大了。

（二）浮动汇率制下的财政政策与货币政策效应分析

这部分将讨论浮动汇率下的宏观经济政策，即汇率由市场力量决定的浮动汇率制度下的宏观经济政策。从中可以看到两种不同汇率制度下的宏观经济政策效应的重大差别。

这里仍使用蒙代尔—弗莱明模型来探讨浮动汇率与资本可流动情形下财政政策与货币政策是如何起作用的。尽管汇率是可浮动的，与前文一样，但仍假定国内价格是既定不变的，并假设资本是完全流动的。资本具有完全流动性意味着存在一个唯一利率，即国际均衡利率 i^*。国内利率只有在此利率水平上，国际收支才会平衡，所以 BP 曲线是一条水平线。

充分弹性汇率制度的主要特征是通过汇率变动来维持外汇供求的平衡，从而使国际收支也总能处于平衡。在资本不流动的情况下，如果一国贸易收支由于某种原因出现逆差，那么外汇市场上外汇的需求大于供给，而本币则供大于求，于是本币贬值。本币贬值使本国企业较易与外国企业进行竞争，从而使本国出口增加，改善本国的贸易收支，直到国际收支再次恢复均衡。如果一国出现贸易收支顺差，那么外汇的供给大于需求，本币的需求将大于供给，这将导致本币升值，从而使本国进口增加，结果贸易收支顺差减少，国际收支最终达到均衡。

从以上分析可以看出，在价格给定的条件下，汇率是总需求的一个决定因素，汇率变动将导致 IS 曲线的移动。具体影响情况如下：给定国内商品价格 P 和国外商品价格 P^*，本币贬值会使本国商品更具有竞争力，提高净出口，从而使得 IS 曲线向右移动，而本币升值将使 IS 曲线向左移动，如图 13.8 中的箭头所示。据此，当本国利息率高于国外利息率，即 $i>i^*$ 时，本币升值，IS 曲线向左移动；当本国利息率低于国外利息率，即 $i>i^*$ 时，本币贬值，IS 曲线向右移动。由此可见，在浮动汇率下，财政政策的效果会受汇率变动的制约。

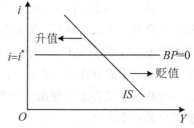

图 13.8　汇率变化对国内均衡的影响

简单地说，浮动汇率可自动调节国际收支，使一国经济达到对外平衡。这样，汇率调节就完成了固定汇率下政府必须考虑的内外均衡两个任务中的一个。现在，只剩对内平衡一个目标需要考虑。所以在浮动汇率制度下，政府的政策目标将只有一个，即通过宏观经济政策的实施实现充分就业和物价稳定。

浮动汇率下财政政策在刺激国内经济作用方面，与固定汇率下的效果大相径庭。如图13.9所示，政府采取扩张性财政政策，如减税或增加政府开支，会导致 IS 曲线右移，从原来的位置移到 IS_1 处，国内经济均衡点也由 E 点移到了 E' 点（短期均衡点）。此时需求扩张，产量提高，对货币的需求也因此增加，并导致利率上升。国内利率上升会造成资本大量流入国内，从而国际收支出现顺差。反映在外汇市场上即对本币的需求超过了本币的供给。由于汇率可以自由调整，于是本币升值。本币升值后，本国出口受到抑制，但进口增加，IS 曲线将往回移动，直到净进口的增加抵消国际收支顺差为止。这意味着汇率的自由浮动机制对扩张性财政政策产生一个完全的挤出效应，致使财政政策达不到降低失业、提高收入水平的目的。

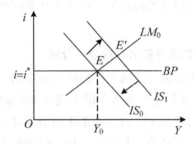

图 13.9　浮动汇率制下的财政政策效应

上述分析表明，在浮动汇率制度下，如果资本具有完全的流动性，通过财政政策刺激总需求不会实现影响均衡产量或均衡收入的目的。

浮动汇率制下货币政策的作用与固定汇率制下的作用也存在本质区别。如图13.10所示，最初均衡点为 E 点。假定货币当局增加货币供给量 M，因价格 P 不变，实际货币供给增加，LM 曲线向右移动，利率下降，这会刺激国内投资，提高国民收入水平，所以国内均衡点移至 E' 点。在 E' 点，由于国内利率低于国际均衡水平，导致大量资本流出，国际收支出现逆差，于是本国货币贬值。本币贬值后，本国出口增加，进口减少，于是 IS 曲线向右移动，直至国际收支恢复平衡为止。最终均衡点移至 E'' 点，此时国内收入水平提高，利率与国际均衡利率相等。结果，扩张性货币政策导致了产量、就业的提高和汇率的上升。

上述分析的重要前提是价格不变。因此，货币增加引起实际货币供给增加。一般来讲，实际货币余额的需求，即实际货币需求 L 是利息率 i 和收入水平 Y 的函数，即 $L=L(i, Y)$。由于资本具有完全的流动性，国内利率必须等于国外利率，因此可以假定国内利率不变。这样一来，实际货币需求就只取决于 Y，直到 Y 的增加使得货币需求等于已经增加的货币供给为止。这一分析的意义在于它提出了一个有趣的命题：扩张性货币政策将有助于通过本币贬值改善经常项目的收支状况。

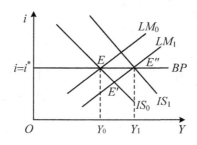

图 13.10 浮动汇率制下的货币政策效应

如果实行紧缩性货币政策，则结果正相反。短期内，紧缩性货币政策会提高利率，降低国民收入水平，并导致资本大量流入，国际收支出现顺差。于是本币升值，净进口增加，IS 曲线左移，直到国际收支恢复平衡，达到更低收入水平的均衡点。

在固定汇率制度下，中央银行必须对外汇市场进行干预。货币当局实际上不能控制货币存量，因为当它扩张货币存量的时候，外汇储备的损失将会抵消国内货币存量的增长。而在浮动汇率制度下，中央银行不必干预外汇市场，所以货币存量的增加就不会构成对外汇市场的干预的抵消作用。因此，在浮动汇率制度下，中央银行可以控制货币存量是上述分析的一个重要结论。

扩张性货币政策导致货币贬值，净出口增加，这实际上是将国外需求的一部分转移到国内来，从而导致国外对自己的产品的需求下降，产量也随之下降，进而导致就业下降。因此，这一政策被看作是在国内减少失业的同时向国外转移国内的失业，或将国内失业向国外出口的一种政策。

三、资本不完全流动下的 IS-LM-BP 模型

基本的蒙代尔—弗莱明模型是建立在资本完全自由流动条件下，而该模型提供的分析框架，却可以适合不同经济背景下的宏观经济政策分析，这也正是该模型生命力能够长久不衰的一个重要原因。为了对蒙代尔—弗莱明模型有一个更为全面深入的认识，这里将放松资本完全自由流动的假设条件，而保留其他基本蒙代尔—弗莱明模型中的假设，通过图示的方法对资本完全不流动和资本不完全流动下的蒙代尔—弗莱明模型进行介绍。

（一）资本完全不流动下的蒙代尔—弗莱明模型

资本完全不流动条件下，利率的变化不会引起任何国际短期资本进出，因而 BP 线与横轴垂直，此时的外部平衡就是经常账户的平衡。首先来看固定汇率制下的情况。从均衡点 E 点开始，如果采取扩张性货币政策（见图 13.11），LM 线从 LM_0 右移至 LM_1 位置，与 IS_0 曲线交于 E' 点，短期内利率下降，收入上升，进口增加，国际收支经常账户出现恶化。为了稳定汇率，央行卖出外汇资产，货币供应量减少，使得 LM 曲线又向左移动，直至回到原来的 LM_0 位置，最终 E 点重新成为均衡点，但基础货币的内部结构发生了变化。如果采取扩张性的财政政策（见图 13.12），IS 曲线从 IS_0 右移至 IS_1 位置，短期内利率上升，收入上升，国际收支经常账户恶化，为稳定汇率，央行卖出外汇资产，货币供应量减少，LM 曲线向左移动到 LM_1，与 IS_0 和 BP 曲线共同交于新的均衡点 E''，这时，利率有了进一步上升，收入回到初始水平，但基础货币和

总支出的内部结构均发生了变化。

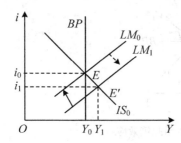

图 13.11　固定汇率制下货币政策的效果

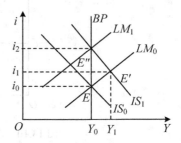

图 13.12　固定汇率制下财政政策的效果

再来看浮动汇率制下的情况。扩张性货币政策（见图 13.13）使得 LM 曲线由 LM_0 右移到 LM_1，收入上升，利率下降，国际收支赤字，导致本币贬值，BP 曲线和 IS 曲线相应右移，最终交于新的均衡点 E'' 点，此时国民收入和利率较初始的均衡点分别上升和下降。如果采取扩张性的财政政策（见图 13.14），IS 曲线由 IS_0 右移至 IS_1，收入上升，利率上升，国际收支赤字，本币贬值，导致 BP 曲线和 IS 曲线相应右移，最终交于新的均衡点 E'' 点，此时国民收入和利率较初始的均衡点均上升。

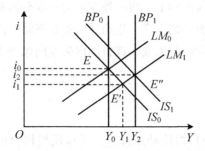

图 13.13　浮动汇率制下货币政策的效果

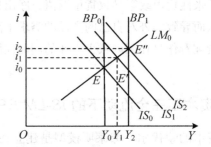

图 13.14　浮动汇率制下财政政策的效果

（二）资本不完全流动下的蒙代尔—弗莱明模型

资本不完全流动条件下，BP 曲线是一条向右上方倾斜的曲线，并且国际资本流动对利率的变化越敏感，BP 曲线就越平缓。根据资本流动对利率的敏感程度，BP 曲线的斜率可能大于也可能小于 LM 曲线的斜率。在固定汇率制下，扩张性的货币政策与资本完全不流动的情况类似，LM 曲线在右移至 LM_1 后因外汇储备减少造成的货币供应量下降而又向左移动，最终回到原来 LM_0 的位置，收入、利率均回到初始的水平，如图 13.15（a）所示。如果采取扩张性的财政政策，当资本流动程度高、BP 曲线的斜率小于 LM 曲线的斜率时，如图 13.15（b）所示，IS 曲线右移到 IS_1，在 E'' 点实现新的均衡，此时，国民收入进一步上升，利率较初始状态上升，但较 E' 点的水平则是下降的。同时还可以分析资本流动程度低、BP 曲线的斜率大于 LM 曲线的斜率的情况下扩张性财政政策的效应，如图 13.15（c）所示，国民收入上升，利率上升，但是 E'' 点的收入水平小于 E' 点。因此，对于刺激经济来说，财政政策的效果在 LM 曲线斜率小于 BP 曲线斜率的情况下不如 LM 曲线斜率大于 BP 曲线斜率的情况效果好。

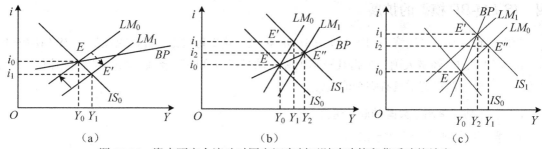

图 13.15　资本不完全流动时固定汇率制下财政政策和货币政策效应

在浮动汇率制下，扩张性货币政策的效果分析也类似于资本完全不流动下的情况（见图 13.16（a）），LM 曲线右移后，本币贬值导致 IS 曲线右移至 IS_1，BP 曲线向右下方移至 BP_1，三条线交于新的均衡点 E'' 点，此时，收入上升，因此，货币政策是有效的。扩张性财政政策的效果分 BP 曲线斜率大于 LM 曲线（见图 13.16（b））和 BP 曲线斜率小于 LM 曲线（见图 13.16（c））两种情况来分析。第一种情况下，扩张性财政政策使得 IS 曲线先右移到 IS_1，国际收支出现恶化，本币贬值，出口增加，进口减少，IS 曲线继续右移，同时由于贬值，BP 曲线向右下方移动，最终三条线在 E'' 点相交，实现新的均衡。从图形可以看出，这种情况下财政政策对刺激经济的效果较好。第二种情况下，IS 曲线右移后，国际收支出现盈余，本币升值，出口减少，进口增加，IS 曲线开始反方向向左移动，同时由于本币升值，BP 曲线向左上方移动，最终在 E'' 点实现新的均衡。此时，虽然从收入来看仍然是上升的，但是由于本币升值造成的抵消作用，其刺激经济的效果不如第一种情况明显。

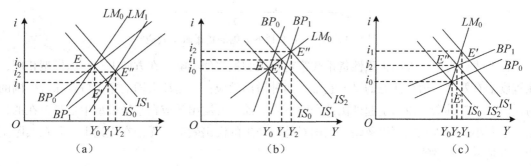

图 13.16　资本不完全流动时浮动汇率制下财政政策和货币政策效应

综合各种资本流动假定条件下蒙代尔—弗莱明模型的分析，可以将结论归纳为如表 13.4 所示的内容。从该表中可以清楚地看出，在不同汇率制度和不同资本流动条件下，一个小国实施财政政策或货币政策对刺激经济所能发挥效用的程度。资本流动程度越高，财政和货币政策的效果越接近完全资本流动的情况，反之，则越接近资本完全不流动的情况。

表 13.4　不同的资本流动条件下的货币政策与财政政策效应分析

汇率制度	资本完全不流动		资本不完全流动				资本完全流动	
			资本流动程度低		资本流动程度高			
	财政政策	货币政策	财政政策	货币政策	财政政策	货币政策	财政政策	货币政策
固定汇率制度	无效	无效	较弱	无效	较强	无效	有效	无效
浮动汇率制度	有效	有效	较强	较强	较弱	较强	无效	有效

四、IS-LM-BP 模型的扩展

前面讨论的都是"经济小国"的 IS-LM-BP 模型，这里将讨论"经济大国"的 IS-LM-BP 模型。本模型中的"经济大国"是指其资本国际流动足以改变国际金融市场上利率的国家。为分析方便，本模型假设资本具有完全流动性。

（一）浮动汇率制下大国的政策选择

1. 浮动汇率制下大国的货币政策

如图 13.17 所示，假设期初该国经济处于 E 点，其本国利率 i_0 与外国利率 i_0^* 相等。现在，政府推行扩张性货币政策，使 LM_0 曲线右移到 LM_1 的位置。该经济暂时由 E 点移到 E' 点，收入增加且利率下降。本国利率下降产生两种结果。其一，在资本完全流动条件下，它使资本大量外流，导致国际金融市场上资本供给增加，外国利率由 i_0^* 下降到 i_1^*，于是 BP_0 线相应下移到 BP_1 的位置。其二，在浮动汇率制下，资本外流使外币汇率上升，它们导致的净出口增加一般会大于收入增加所导致的净出口减少，于是 IS_0 曲线将向右移到 IS_1 的位置。最后，IS_1、LM_1、BP_1 三条曲线相交于 E'' 点。作为比较，我们看到对于小国来说，最终均衡点为 E''' 点。

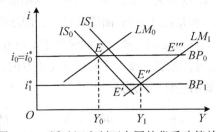

图 13.17　浮动汇率制下大国的货币政策效应

在上述分析中，大国扩张性货币政策对收入和汇率的影响，在方向上与小国模型相同，只在程度上有差异。值得注意的是，它带来两种溢出效应：一是该大国的净出口意味着外国的贸易逆差；二是其资本流出引起外国的利率下降。前一种溢出效应在小国模型中也是存在的，但是由于其小，所以往往可以忽略。大国对外国产生的溢出效应，无论在理论上还是在实际生活中，都是不容忽略的。

2. 浮动汇率制下大国的财政政策

如图 13.18 所示，假设期初该国经济处于 E 点。政府推行扩张性财政政策，使 IS_0 曲线向右移到 IS_1 的位置，该经济暂时由 E 点移到 E' 点；本国利率上升，收入增加。本国利率上升首先使资本大量流入，带动外国利率由 i_0^* 上升到 i_1^*，于是 BP_0 曲线上升到 BP_1 的位置。其次，资本大量流入还会引起外币汇率下降，引起净出口减少；收入增加也会通过进口增加引起净出口减少，于是 IS_1 曲线又会向左移到 IS_2 的位置。最后，该经济移到 E'' 点。与期初 E 点相比，该大国利率上升，收入增加，外币汇率下降。在此过程中，该大国的扩张性财政政策产生两种溢出效应；一是本国扩张性财政政策带动外国利率上升；二是本国净出口减少使外国出现贸易顺差。例如，20 世纪 80 年代美国政府曾推行了扩张性财政政策，带来了美元汇率上升和美国贸易收支逆差并存的情况。

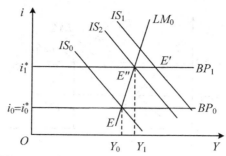

图 13.18　浮动汇率制下大国的财政政策效应

（二）固定汇率制下大国的政策选择

1. 固定汇率制下大国的货币政策

如图 13.19 所示，设期初该大国处于 E 点。政府推行扩张性货币政策，使 LM_0 曲线右移到 LM_1 的位置。该经济由 E 点移到 E' 点，收入增加，利率下降。利率下降导致资本外流，为了维持固定汇率，政府要动用外汇储备干预外汇市场；外汇储备减少意味着货币供给相应减少，于是 LM_1 又向左移到 LM_2 的位置。当本国利率下降时，资本流出也会引起外国利率由 i_0^* 下降到 i_1^*，于是 BP_0 曲线也会下移到 BP_1 的位置。最后，该经济由 E' 点移到均衡点 E'' 点。与期初 E 点相比，收入由 Y_0 增加到 Y_1，利率由 i_0^* 下降到 i_1^*。

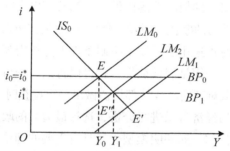

图 13.19　固定汇率制下大国的货币政策效应

在上述分析中，最值得注意的是对于大国来说，固定汇率制下货币政策也能有效地调节国民收入。其原因就在于大国的货币政策能够改变外国的利率，并在资本完全流动条件下使本国利率降下来。改变外国利率也是固定汇率制下，大国扩张性货币政策的重要溢出效应。

2. 固定汇率制下大国的财政政策

如图 13.20 所示，假设期初该大国处于 E 点。政府推行扩张性财政政策，使 IS_0 曲线右移到 IS_1 的位置。该经济暂时由 E 点移到 E' 点，利率上升，收入增加。利率上升吸收外资流入，其结果是：第一，外国利率由 i_0^* 上升到 i_1^*，并使 BP_0 曲线上升到 BP_1 的位置；第二，为了在资本流入情况下维持固定汇率，政府货币当局需要到外汇市场购买外汇，而外汇储备增加造成货币供给增加，LM_0 曲线右移到 LM_1 的位置。最后，三条曲线相交于 E'' 点。为了进行比较，我们可注意到在小国 MF 模型中，最终均衡点将是 E''' 点。

与小国相比，固定汇率制下大国的扩张性财政政策的主要特点在于，它能引起外国利率上升。因此，它在调节收入方面的作用也相应变小。

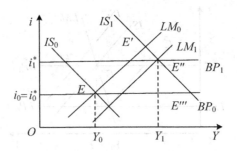

图 13.20　固定汇率制下大国的财政政策效应

(三) IS-LM-BP 模型的主要贡献

蒙代尔—弗莱明模型把宏观经济一般均衡分析框架扩大到开放经济的领域，开创了开放经济财政政策和货币政策的效应分析，证明了财政政策和货币政策的效果取决于国际资本流动的程度，同时也证明了汇率制度在其中的重要性。

蒙代尔—弗莱明模型在整个内外均衡理论体系中具有十分重要的意义，主要表现在两个方面。首先，蒙代尔—弗莱明模型结论具有鲜明的政策含义。在明确的汇率制度前提下，这些结论为开放经济的政策搭配提供了政策有效性依据，也为一国的合理政策搭配的确定提供了理论基础。其次，蒙代尔—弗莱明模型为开放经济内外均衡的实现提供了一个可以适合不同经济背景的一般均衡分析框架，使得不同情况下的内外均衡和政策搭配问题能在这样一个基本的框架中进行具体分析和扩展。最初的蒙代尔-弗莱明模型虽然是在布雷顿森林体系固定汇率制条件下建立的理论模型，但它同时也适用于浮动汇率制条件下分析宏观经济内外均衡和政策搭配。实际上，放松了蒙代尔—弗莱明模型假设前提，就可以将这一分析框架应用于更为丰富多彩的现实经济中。当一国政府意欲对其内部或外部均衡做出一定调整时，就可以利用蒙代尔-弗莱明模型的分析框架，结合具体的经济背景进行分析，选择最适合的政策搭配方案以更好地实现内外均衡目标。迄今为止，蒙代尔—弗莱明模型仍然具有重要的理论价值和实际意义，是政府调控内外均衡和进行政策搭配的重要分析工具。

当然，蒙代尔—弗莱明模型也有其局限性。例如，模型中假定价格水平是不变的，即它是一种非充分就业的均衡，没有从长期角度来考虑价格水平的调整问题，并且模型对市场预期做了高度简化的假设，采用的是静态预期。此外，模型没有考虑跨时的预算约束，即没有考虑影响经济动态均衡的重要因素（如支出、债务积累和货币持有等）和相关经济约束的调节机制。这些局限使得蒙代尔—弗莱明模型本身存在着理论上的内在缺陷。尽管如此，蒙代尔—弗莱明模型仍然是一个重要的具有里程碑意义的分析方法。

第五节　开放经济的宏观经济政策协调

开放经济的宏观经济政策协调，是指各国政府或国际经济组织，在承认世界经济相互依存的前提下，就财政、货币、汇率、贸易等宏观经济政策在有关国家之间展开磋商、协调，或适当修改现行的经济政策，或联合采取干预市场的政策行动。其目的是减缓各种突发事件和经济危机带来的冲击，维持和促进各国经济的稳定增长。国际经济政策协调强调，在利益发生冲突或无法确保相关国家的经济利益同时达到最大化的情况下，对这些国家的宏观经济政策进行协调，以寻求各参与协调国家的整体利益趋于最大化。

一、宏观经济政策国际协调的动因

各国宏观经济政策国际协调的必要性来自各国经济的相互依存性和市场的不完整性。在封闭经济条件下，各国可以通过制定相应的财政政策、货币政策实现其国内的经济均衡；但在开放经济条件下，一国采用的宏观经济政策就会影响与其经济联系密切的国家经济发展，单纯靠国内的财政政策和货币政策已经难以实现一国国内的经济均衡。随着经济全球化趋势的日益明显，各国经济交流逐渐深化，经济联系达到了空前的融合。因此，世界各国间宏观经济政策的国际协调就显得尤为重要。宏观经济政策国际协调的主要原因之一，就是各国宏观经济政策的实施存在溢出效应。

所谓溢出效应，是指各国国内独立的宏观经济政策对其他国家产生的影响。这种影响可能是正面的，也可能是负面的。一般来说，一国的宏观经济政策会通过收入机制、利率机制、汇率机制和价格机制等在国际上传导，从而对他国产生影响。美国经济学者弗兰克尔认为，溢出效应是一国国内经济与世界其他国家之间发生重要联系的结果。这种联系包括两个方面：第一，一国与其他国家通过贸易流量发生联系，即一国的出口是另一国的进口，一国贸易流量的变化会影响有关国家的收入和就业水平，一些出口导向型的国家更是如此。第二，国际上的资本流动把国际利率差异和预期汇率变化连在一起，影响国内利率的政策会通过真实汇率的变化对贸易伙伴国产生影响。

同时，其他国家的有关经济政策会通过相应的渠道波及国内，从而干扰或削弱国内经济政策的实施效果，这种现象则被称为溢入效应。溢出效应和溢入效应说明了各国之间所采取的经济政策是会相互影响的，因此，为了实现预定的经济目标，各国必须加强协调。在这种前提下，如果各国采取非协调的经济政策，其结果往往会背离政府或有关当局通过系列经济政策发展或调节经济的初衷，进而偏离要实现的经济目标。

二、宏观经济政策国际协调的层次

宏观经济政策国际协调主要包括六个层次。

（一）信息交换

信息交换包括各国政府间相互交流本国为实现经济内外均衡而采取的宏观调控的政策目标范围、政策目标的侧重点、政策工具种类、政策搭配原则等信息，但仍在独立分散的基础上进行本国的决策。

（二）危机管理

危机管理是指针对世界经济中出现的突发性的、后果特别严重的事件，各国进行共同的政策协调以缓解、渡过危机。

(三)避免共享目标变量的冲突

共享目标变量的冲突即是指两国面对同一目标采取的政策冲突,国家间的竞争性贬值就是典型的形式。

(四)合作协调中介目标

两国国内一些变量的变动会通过国家间的经济联系而形成一国对另一国的溢出效应,因此各国有必要对这些中介目标进行合作协调。

(五)部分协调

部分协调是指不同国家就国内经济的某一部分目标或工具进行的协调。

(六)全面协调

全面协调是指将不同国家的所有政策目标或工具都纳入协调范围,从而最大限度地获取政策协调的收益。

目前,宏观经济政策的国际协调有两种:第一种是指充分考虑国际经济联系,有意以互利的方式调整各自的经济政策的过程,它包括了从相当有限的目标协调到宏观经济政策的一系列协调形式。第二种是指在有关国家解决失业和通货膨胀的目标选择不一致时,在相互让步的基础上,就这些国家的货币政策和财政政策进行国际协调,并达成某种妥协或临时默契,共同选择一个符合参与协调整体利益最大化的均衡点。可见,第二种经济政策的国际协调相对第一种经济政策的国际协调较为深入,不仅对一国经济的微观经济效益产生影响,还对一国的宏观经济变量如经济增长、通货膨胀、利率等产生直接影响,进而影响一国的经济结构。

三、宏观经济政策国际协调的主要历程

(一)布雷顿森林体系下的宏观经济政策协调

真正意义上的宏观经济政策协调出现在第二次世界大战之后。战后成立的联合国成为协调国际事务的常设机构,而经济领域的协调则主要体现在布雷顿森林协议、关税与贸易总协定(GATT)的签订和国际货币基金组织、世界银行的建立上。第二次世界大战结束前夕,一些国家深切地感受到国际经济的动荡乃至战争的爆发,与国际经济秩序的混乱存在着某种直接或间接的关系。因此,除了重建各国国内经济,修复和重建国际经济秩序也是重建战后经济的一项重要任务。当时,因为各国之间的经济往来仍然以商品交易为主,所以世界贸易的恢复必须排除制度方面的两个障碍:一是各国间的贸易壁垒;二是以邻为壑的汇率制度。与此相适应,当时的国际经济政策协调主要集中在国际贸易政策及与国际贸易相关的国际货币体系上。

1944年7月,由44国参加的"联合国货币金融会议"在美国新罕布什尔州的布雷顿森林举行,讨论战后国际货币制度的结构和运行等问题。会议通过《国际货币基金组织协定》和《国际复兴开发银行协定》,确立了新的国际货币制度的基本内容,其实质是建立一个以美国为中心的国际货币制度。1946年3月,国际货币基金组织正式成立,它是关于各国汇率制度安排和调整的国际协调组织。国际复兴开发银行即世界银行于1946年开始办理业务,其主要任务是对成员组织提供长期贷款和投资,以满足它们战后恢复和发展经济的资金需求。主要贷款对象

最初是受战争创伤较大的欧洲国家，后来贷款数量重点逐渐转向发展中国家。1948年1月1日正式生效的《关税与贸易总协定》是关于降低关税壁垒、商定国际贸易政策的共同准则，以及调整各国国际贸易纠纷的国际贸易多边协定。《关贸与贸易总协定》的签订，国际货币基金组织管理机构和世界银行的建立，在战后的国际经济政策协调中起到了重要作用：一是有严格的国际经济政策协调组织与世界银行的宗旨，因而能保证战后国际经济在这一协调中起到正常运行；二是协调范围明确，可以依体现各国内的更充分地利用各种资源，以解决国际收支方面出现的暂时的或非根本性的不平衡的，尽管该体系是以美国为中心，更多地代表了发达国家的利益，但它毕竟是多个国家共同协商产生的新型国际经济制度，在战后所起的作用是明显的。在此期间，世界经济与贸易协调所产生的问题进行调节；三是制定了一系列的国际合作与协调的规则，使成员国能在世界范围内更有效地发展水平超过了历史上任何时期，发达国家再也没有出现像在20世纪二三十年代那样的全球性经济危机。

战后直到20世纪70年代，宏观经济政策协调是在布雷顿森林体系的基本框架下运行的。

（二）以七国集团为主导的宏观经济政策协调

1973年，美国向全世界宣布美元与黄金脱钩，标志着布雷顿森林体系的崩溃及美国在世界政治经济领域的霸权相对削弱。在此背景下产生了七国集团：1975年11月，在法国总统德斯坦的倡议下，法国、英国、德国（西德）、意大利、美国和日本六国在巴黎郊外朗布依埃召开第一次首脑会议，加拿大与欧洲共同体相继于1976年、1977年出席。20世纪70年代中期以来，七国首脑会议每年举行一次，讨论世界经济政治协调的问题都是由七国财政部长及央行行长会议通过后，再提交首脑会议发挥了越来越重要的作用。从20世纪70年代中后期开始，七国政策进行协调，是七国集团宏观经济政策协调的主要决策者。很多重要议题都是由七国财长会议及央行行长会议通过后，再提交首脑会议发挥了越来越重要的作用。从20世纪70年代中后期开始，七国集团在宏观经济政策协调方面发挥了越来越重要的作用。其主要内容包括以下几个方面。

1. 财政政策协调

在每一年一度的七国首脑会议上，七国首脑和财长就各国的政府预算、税收政策的协调进行讨论并达成一定的协议，以促进各国经济的持续增长。为解决西方国家经济发展不平衡等问题，1978年举行的七国集团波恩会议首次成功、共同实行适度扩张性财政政策等措施，标志着七国集团经济政策协调取得首次成功。在此后的二十多年中，美国一直把财政政策作为反周期调节工具，特别是七国集团促进各国经济增长和和经济平衡的主要手段。因此，美国频繁地推动政策性协调，一直支持实施扩张性的财政政策以推动经济增长。在20世纪中期以后，财政政策的"协同增长计划"，而德国、日本对财政政策的协调则显得比较被动。

2. 货币政策协调

随着经济全球化的深入，一国货币政策产生的"溢出效应"会对其他国家产生影响。为了避免出现以邻为壑的货币政策，七国集团对各国货币政策进行协调，主要是协调各国利率政策，即通过各国共同实行协调降低利率的货币政策，以促进经济回升与发展；80年代中期以后，随着通货膨胀率有所上升，又调高利率，而在股市危机和经济不景气时又调低利率。虽然各国从各自利益出发，如20世纪80年代初，七国协调降低利率，以促进经济回升和经济发展；80年代中期以后，随着通货膨胀发，有时意见不尽一致，但总的说来通过协调大都能在短期内实现一定的政策目标。

3. 汇率政策协调

布雷顿森林体系瓦解以来，主要工业国实行的是管理浮动汇率制，外汇市场干预成为各国中央银行特别是发达国家中央银行进行汇率调节的主要手段。从20世纪70年代至今，西方国家在外汇市场干预方面的最重要特征是联合干预。20世纪80年代以来，七国集团为影响汇率的走势曾多次达成协议，其中影响较大的有1985年的广场协议、1987年的卢浮宫协议等。进入90年代以后，西方七国特别是美、日、德三个最主要的工业发达国家，仍然对外汇市场多次进行联合干预。

4. 贸易政策协调

从第一次首脑会议开始，七国集团凭借其强大的政治经济实力，对历次多边贸易谈判产生了重大的影响，并在一定程度上决定了世界贸易体制的发展方向。东京回合谈判期间的四届七国集团首脑会议，都在不同程度上影响了关贸总协定管理下的多边贸易谈判，对达成东京回合谈判的多边贸易协议起到了重要的促进作用。乌拉圭回合谈判中后期，几乎每届七国首脑会议都发表宣言，敦促乌拉圭回合取得进展。1995年世界贸易组织（WTO）接替关贸总协定管理世界贸易体系后，七国集团对目前由的多边贸易体制的支持仍未改变，并积极倡导多哈回合的谈判。但是，近年来随着贸易保护主义的抬头，七国集团贸易摩擦不断，在促进多边贸易谈判方面所起的作用也随之减弱。

5. 金融危机救助贷款

在历次经济危机中，国际货币基金组织资金期限大短、注资大慢、提供的国际贷款往往难以满足经济危机国的需要，而且其贷款往往附加一些宏观经济约束，经常受到国际舆论的批评。作为世界主要工业大国，七国集团的一个重要职能就是要形成有效的危机反应机制，面对金融危机充当最后贷款人的角色，以抑制金融及经济恐慌。1987年10月爆发股市危机、七国集团即向世界展示出它有能力担当这一角色。20世纪90年代发生的历次金融危机中，七国集团也都发挥了一定的最后贷款人的功能。

四、宏观经济政策国际协调的新特点

20世纪90年代以来，宏观经济政策协调表现出一些新的特点。

（一）全球性国际经济组织的协调作用下降

国际货币基金组织、关贸总协定等全球性的协调作用，主要体现为机构协调。但是，由于它们在运行过程中的缺陷，其协调作用已受到很大影响。例如，国际货币基金组织在处理亚洲金融危机中的表现，受到了许多经济学者和政治家的批评，面临着多方面改革的压力。再如，世贸组织也存在着各种制度缺陷，如谈判交易费用因其成员数量增多而不断增加，谈判耗时长，灵活性差，协议生效后的执行成本高，执行难等。近年来，要求世贸组织进行改革的呼声也不断出现，特别是2003年坎昆会议失败后，这种呼声更加高涨。

（二）七国集团的协调效力趋衰

20世纪80年代中后期，七国集团宏观经济政策协调曾经达到高潮，但是收益不大，没有达到政策制定者预期的效果，甚至还给某些国家的宏观经济带来负面影响。1998年，俄罗斯被正式接纳为会员，七国集团更名为八国集团，但俄罗斯只参加政治议题的讨论，在经济问题上仍保持七国体制。世界经济发展的不平衡使这些国家之间在某些重大问题上的协调性降低，近年来美国的单边主义倾向更加剧了这种趋势。美国推动宏观经济政策协调的动因往往是为了解决国内经济问题，但它不从自身寻找原因，而是将本国的经济问题归咎于外国的经济政策，要求别国进行经济政策的调整。美国的这种做法越来越受到各国的抵制。

（三）区域经济政策协调及双边经济政策协调不断发展，区域自由贸易成为新潮流

在不违背世贸组织原则的前提下，区域合作是对多边合作的补充。相对于多边合作，区域或双边合作具有更大的灵活性，往往可以避开世贸组织谈判中无法回避的难题。世贸组织成员经济实力和发展水平的差异，也促使一些地域邻近、经济互补的国家考虑优先采取区域合作的方法。坎昆会议的失败使得区域合作掀起热潮。目前，世界上已经签订的区域自由贸易协定达179个，内部货物贸易量占全球贸易总量的50%以上。在亚洲，除了亚太经济合作组织（APEC）外，近年来一些次区域性的国际合作也获得了发展，如由东盟10国加上中、日、韩三国的次区域性合作组织，即"10+3"，确立了首脑定期会晤、财长定期会商和政策对话等机制。在欧洲，欧盟各成员国的政策协调是目前较高级别的宏观经济政策协调。近年来，欧盟致力于促进欧盟各国向更加健全、更加紧密的经济联盟过渡。在实施"东扩"计划的同时，欧盟也积极开展跨区域的双边合作，先后与墨西哥、智利、南方共同市场、中东与地中海沿岸国家及海湾国家协商建立自由贸易区，其中与南非、墨西哥的自由贸易协议已经生效。在美洲，美洲经济贸易合作得到进一步发展。一是北美自由贸易区向南延伸。美国与尼加拉瓜、萨尔瓦多、危地马拉和洪都拉斯四个中美洲国家达成自由贸易协定。二是拉美自由贸易区取得实质进展。南方共同市场和安第斯共同体签署了自由贸易协定，为南美国家建立统一大市场奠定了基础。三是推动建立美洲自由贸易区。美洲自由贸易区将由北美自由贸易区、安第斯共同体、南方共同市场等联合组成，涵盖除古巴之外的所有34个美洲国家，从而建成世界上最大的南北区域经贸集团，但这一进程并不顺利。

（四）中国等发展中国家在宏观经济政策协调中的作用逐渐增强

目前，尽管七国集团仍被视为"富国俱乐部"，但它已不可能完全无视发展中国家尤其是中国的存在。主要原因有：一是中国的快速发展和不断壮大的经济实力对世界经济的影响越来越大；二是发达国家希望借此约束和影响中国，要求中国按其"游戏规则"办事。中国认为，作为一个发展中的大国，需要与七国集团建立必要的联系和沟通，积极参与宏观经济政策协调和规则的制定，为中国的经济发展营造良好的外部环境。

（五）G20峰会开始走向机制化

G7作为发达国家政策协调的重要平台，由于缺乏杰出的新兴市场的代表，自20世纪90年代开始，其协调作用已日趋下降。为了更好地倾听发展中国家的声音，早在1999年9月，七国财长就创造了G20（20国集团），作为G7的有益补充。这是在布雷顿森林体系框架内，主要国家（包括发达国家和发展中国家）之间的一个非正式对话机制。在2008年11月中旬的G20峰会上，世界主要发达国家与发展中国家决定加强宏观经济政策国际协调，以共同应对全球金融危机。此次峰会的最重要成果《高峰会关于金融市场与世界经济的宣言》总结了当前金融危机的根源并提出改革全球金融市场的共同原则。虽然宣言达成的原则只是框架性的，但是此次峰会意义重大。发达国家和发展中国家首次以首脑会议的方式共同应对全球金融危机并商讨国际金融体系改革方案，这象征着发展中国家在政策协调中的地位得到显著提升。当然，在 21 世纪的国际经济新秩序中，中国提出的"构建人类命运共同体"理念，充分体现了相互依存的国际权力观、共同利益观、可持续发展观和全球治理观，它超越了种族、文化、国家与意识形态的界限，为思考人类未来提供了全新的视角，为推动世界和平发展给出了一个理性可行的行动方案。

本章小结

开放经济的宏观经济目标是同时实现内外两个均衡。其中，内部均衡包括充分就业、物价稳定和经济增长；外部均衡指的是国际收支平衡。内部均衡与外部均衡目标之间有时是一致的，有时是冲突的。

开放经济可供选择的政策工具包括支出增减型政策（包括财政政策和货币政策）、支出转换型政策（包括汇率政策和直接管制政策）和其他政策（包括结构政策和融资政策），为了调控内外均衡，需要对不同的政策进行搭配。

蒙代尔—弗莱明模型作为开放经济宏观经济分析的"工作母机"，能够分析不同情况下财政政策和货币政策的有效性及开放经济的溢出效应等问题。

在经济全球化背景下，世界各国的宏观经济政策更容易相互传递和相互影响，因此，宏观经济政策的国际协调是十分必要的。宏观经济政策国际协调的主要原因之一，就是各国宏观经济政策的实施存在溢出效应。宏观经济政策国际协调主要包括六个层次：信息交换、危机管理、避免共享目标变量的冲突、合作协调中介目标、部分协调和全面协调。G7 是发达国家宏观经济政策协调的重要平台，G20 是包括发达国家和发展中国家之间的一个非正式对话机制。宏观经济政策协调机制由 G7 转向 G20，标志着中国等发展中国家在宏观经济政策协调中的作用逐渐增强。

本章重要概念

开放经济；内部均衡；外部均衡；米德冲突；支出增减型政策；支出转换型政策；财政政策；货币政策；丁伯根法则；有效市场分类原则；政策搭配；宏观经济政策国际协调

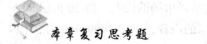
本章复习思考题

1. 开放经济的宏观经济目标是什么？
2. 简述内部均衡与外部均衡之间的关系。

3. 简述米德冲突的主要内容。
4. 开放经济的政策工具有哪些?
5. 试述开放经济的政策搭配原理。
6. 运用蒙代尔—弗莱明模型分析资本完全流动条件下的财政政策与货币政策的有效性。
7. 简述资本完全不流动和资本不完全流动条件下的蒙代尔—弗莱明模型。
8. 运用蒙代尔—弗莱明模型的扩展形式分析开放经济的溢出效应。
9. 什么是宏观经济政策国际协调? 其最新发展特点是什么?

参 考 文 献

[1] 陈彪如. 国际金融概论[M]. 上海：华东师范大学出版社，1988.

[2] 陈岱孙，厉以宁. 国际金融学说史[M]. 北京：中国金融出版社，1991.

[3] 陈雨露. 国际金融[M]. 5版. 北京：中国人民大学出版社，2018.

[4] 褚华. 人民币国际化研究[D]. 上海：复旦大学，2009.

[5] 窦尔翔，乔奇兵. 国际金融学[M]. 北京：经济科学出版社，2011.

[6] 何璋. 国际金融[M]. 3版. 北京：中国金融出版社，2006.

[7] 何泽荣. 国际金融原理[M]. 4版. 成都：西南财经大学出版社，2016.

[8] 黄静波. 应用国际金融学[M]. 北京：机械工业出版社，2011.

[9] 姜波克. 国际金融新编[M]. 6版. 上海：复旦大学出版社，2018.

[10] 李天德. 国际金融学[M]. 成都：四川大学出版社，2017.

[11] 李学峰，马君潞. 国际金融市场学[M]. 北京：首都经济贸易大学出版社，2009.

[12] 李永宁，郑润祥，黄明皓. 超主权货币、多元货币体系、人民币国际化和中国核心利益[J]. 国际金融研究，2010（7）.

[13] 刘舒年，温晓芳. 国际金融[M]. 4版. 北京：对外经济贸易大学出版社，2010.

[14] 刘园. 国际金融[M]. 3版. 北京：北京大学出版社，2017.

[15] 吕江林. 国际金融[M]. 3版. 北京：科学出版社，2015.

[16] 吕随启. 国际金融学[M]. 北京：中国发展出版社，2007.

[17] 吕随启，王曙光，宋芳秀. 国际金融教程[M]. 3版. 北京：北京大学出版社，2016.

[18] 乔臣. 货币国际化思想的流变[D]. 福州：福州师范大学，2011.

[19] 钱荣堃. 国际金融[M]. 成都：四川人民出版社，1994.

[20] 沈国兵. 国际金融[M]. 北京：北京大学出版社，2008.

[21] 史燕平. 国际金融市场[M]. 2版. 北京：中国人民大学出版社，2010.

[22] 孙刚，王月溪. 国际金融学[M]. 2版. 大连：东北财经大学出版社，2017.

[23] 王爱俭. 国际金融概论[M]. 4版. 北京：中国金融出版社，2019.

[24] 王晋斌. 论国际货币体系演变特点及现实启示[J]. 安徽大学学报（哲学社会科学版），2010（5）.

[25] 吴腾华. 国际金融学[M]. 上海：上海财经大学出版社，2008.

[26] 奚君羊. 国际金融学[M]. 2版. 上海：上海财经大学出版社，2013.

[27] 徐琤，盛宝莲. 国际金融学[M]. 2版. 上海：华东理工大学出版社，2017.

[28] 于波涛，于渤. 国际金融[M]. 北京：清华大学出版社，2008.

[29] 杨长江，姜波克. 国际金融[M]. 北京：高等教育出版社，2008.

[30] 易纲，张磊. 国际金融[M]. 上海：格致出版社，2008.

[31] 原雪梅. 国际金融[M]. 济南：山东人民出版社，2010.

[32] 张桂文. 货币国际化问题研究[D]. 成都：西南财经大学，2012.

[33] 张建军. 国际金融市场学[M]. 北京：电子工业出版社，2012.

[34] 朱孟楠. 国际金融学[M]. 2版. 厦门：厦门大学出版社，2013.

[35] 保罗·克鲁格曼. 国际经济学[M]. 海闻，等译. 北京：中国人民大学出版社，1998.

[36] 保罗·霍尔伍德，罗纳德·麦克唐纳. 国际货币与金融[M]. 何璋，译. 北京：北京师范大学出版社，1996.

[37] 基恩·皮尔比姆. 国际金融[M]. 汪洋，译. 北京：机械工业出版社，2015.

[38] 吉尔特 J. 贝克特，罗伯特 J. 霍德里克. 国际金融[M]. 蔡庆丰，余文建，汪冰冰，译. 北京：机械工业出版社，2015.

[39] 亨德里克·范登伯格. 国际金融与开放宏观经济学[M]. 周世民，译. 北京：中国人民大学出版社，2016.

[40] 劳伦斯·S. 科普兰. 汇率与国际金融[M]. 3版. 康以同，唐旭，周兴新，等译. 北京：中国金融出版社，2002.

[41] 贾恩卡洛·甘道尔夫. 国际金融与开放经济的宏观经济学[M]. 靳玉英，译. 上海：上海财经大学出版社，2006.